Jörg Oberste (Hrsg.)

Repräsentationen der mittelalterlichen Stadt

Jörg Oberste (Hrsg.)

Repräsentationen der mittelalterlichen Stadt

SCHNELL + STEINER

Forum Mittelalter · Studien
Band 4

Herausgeberin der Reihe
Edith Feistner

Die Abbildung der vorderen Umschlagseite zeigt:
Giotto: Austreibung der Dämonen aus Arezzo.
Fresko, Assisi, Basilika San Francesco (Oberkirche)

Bibliografische Information der Deutschen Bibliothek

Die Deutsche Bibliothek verzeichnet diese Publikation in der Deutschen Nationalbibliografie;
detaillierte bibliografische Daten sind im Internet über <http://dnb.ddb.de> abrufbar.

1. Auflage 2008
© 2008 Verlag Schnell & Steiner GmbH, Leibnizstraße 13, 93055 Regensburg
Satzherstellung: Vollnhals Fotosatz, Neustadt a. d. Donau
Umschlaggestaltung: Astrid Riege, Regensburg
Druck: Erhardi Druck GmbH, Regensburg
ISBN 978-3-7954-2101-4

Alle Rechte vorbehalten. Ohne ausdrückliche Genehmigung des Verlags, der Herausgeber und der Autoren ist es nicht gestattet, dieses Buch oder Teile daraus auf fotomechanischem oder elektronischem Weg zu vervielfältigen.

Weitere Informationen zum Verlagsprogramm erhalten Sie unter:
www.schnell-und-steiner.de

Inhaltsverzeichnis

Jörg Oberste
Einführung: Städtische Repräsentation und die Fiktion der Kommune 7

Theresia Heimerl
Zwischen Babylon und Jerusalem. Die Stadt als locus theologicus
im Mittelalter 13

Franziska Wenzel
hof, burc und stat. Identitätskonstruktionen und literarische Stadtentwürfe
als Repräsentationen des Anderen 25

Hans-Jürgen Becker
Defensor et patronus. Stadtheilige als Repräsentanten
einer mittelalterlichen Stadt 45

Jörg Oberste
Kommunebildung, politische Repräsentation und religiöse Praxis
in Toulouse (1119–1209) 65

Bruno Klein
Das Straßburger Münster als Ort kommunaler Repräsentation 83

Christoph Dartmann
Die Repräsentation der Stadtgemeinde in der Bürgerversammlung
der italienischen Kommune 95

Dieter Blume
Zur Entstehung und Entwicklung einer politischen Bildersprache
in den italienischen Kommunen 109

Ruth Wolff
Descriptio civitatis: Siegel-Bilder und Siegel-Beschreibungen
italienischer Städte des Mittelalters 129

Albert Dietl
Der öffentliche Raum als Bühne inschriftlicher Selbstinszenierung
von Künstlern in italienischen Kommunen des Mittelalters 145

Henrike Haug
Preteritum, Presens, Futurum. Über die Aufgaben von historischer Erinnerung
in der Gegenwart der Kommune Siena 165

Karsten Igel
Wohin in der Stadt? Sozialräumliche Strukturen und innerstädtische Mobilität
im spätmittelalterlichen Greifswald 179

Artur Dirmeier
Mit Brief und Siegel: Beglaubigungsmittel an Donau und Rhein 193

Olivier Richard
Von der Distinktion zur Integration. Die Repräsentation des Regensburger
Patriziats im Spätmittelalter 213

Walburga Knorr
Postmortale Präsenz und Repräsentation im spätmittelalterlichen
und frühneuzeitlichen Regensburg 229

Farbabbildungen 255

Abbildungsnachweis 271

Register 273

Einführung:
Städtische Repräsentation und die Fiktion der Kommune

Jörg Oberste

Die Frage nach der Repräsentation sozialer Gemeinwesen und Gruppen eröffnet vielfältige Perspektiven auf aktuelle Ansätze und Fragestellungen nicht nur der Städteforschung, sondern der interdisziplinär ausgerichteten Kulturwissenschaften im Allgemeinen.[1] Wie Gemeinschaften sich selbst wahrnehmen, mit welchen Mitteln sie Identität und Zusammenhalt nach innen generieren und notwendige soziale oder ökonomische Differenzen überbrücken und damit zugleich stabilisieren, wie in sich heterogene Gemeinschaften wie die Bürgerschaft einer großen Stadt das Gefühl, man könnte auch sagen die Fiktion, einer gemeinsamen Identität konstruieren und damit Stabilität und Dauerhaftigkeit hervorbringen – dies sind Schlüsselfragen für die von der Soziologie geprägte kulturwissenschaftliche Forschung.[2] Der Soziologe Emile Durkheim hat erläutert, wie die Bilder der „idealen Gesellschaft", die im Mittelalter in theologischen Schemata ihren Platz hatten, auf die gesellschaftliche Wirklichkeit zurückwirken, mehr noch: die Prozesse sozialen Wandels maßgeblich steuern. „Eine Gesellschaft besteht vor allem aus der Idee, die sie sich von sich selbst macht".[3] Für Max Weber sind es in einem ähnlichen Sinne die „Weltbilder", die als „Weichensteller die Bahnen bestimmt haben, in denen die Dynamik der Interessen das Handeln fortbewegte"[4]. Der soziale Wandel in den Städten und die Veränderung der theologischen Paradigmen, in denen Stadt und städtisches Bürgertum einer neuen Bewertung unterzogen wurden, gehen mithin Hand in Hand.

Die rechtliche und materielle Seite des städtischen Aufstiegs ist von der stadtgeschichtlichen Forschung seit dem 19. Jahrhundert und in ungebrochener Kontinuität bis heute

---

1 Vgl. den Band: Die Repräsentation der Gruppen. Texte, Bilder, Objekte (Veröffentlichungen des Max-Planck-Instituts für Geschichte 141), hg. v. Otto G. Oexle/Andrea v. Hülsen-Esch, Göttingen 1998.
2 Im interdisziplinären sozialwissenschaftlichen Theoriediskurs haben die am SFB 537 „Institutionalität und Geschichtlichkeit" entstandenen Konzepte und Arbeiten viel zur Klärung sozialer Stabilisierungsprozesse, ihrer Voraussetzungen, Mechanismen und Folgen beigetragen. Vgl. zur Einführung: Karl-Siegbert Rehberg, Institutionen als symbolische Ordnungen. Leitfragen und Grundkategorien zur Theorie und Analyse institutioneller Mechanismen, in: Die Eigenart der Institutionen. Zum Profil politischer Institutionentheorie, hg. v. Gerhard Göhler, Baden-Baden 1994, S. 47–84 und Gert Melville, Institutionen im Mittelalter. Neue Forschungsprobleme, in: Bulletin de la Société des Amis de l'Institut historique allemand 4 (1998), S. 11–33.
3 Emile Durkheim, Die elementaren Formen des religiösen Lebens, übers. v. Ludwig Schmidts, Frankfurt/M. 1981 (zuerst frz. 1912), S. 566.
4 Max Weber, Gesammelte Aufsätze zur Religionssoziologie, Bd. 1–3, 9. Aufl., Tübingen 1988 (zuerst 1920), S. 252. Vgl. zur historischen Rezeption Klaus Schreiner, Die mittelalterliche Stadt in Webers Analyse und die Deutung des okzidentalen Rationalismus, in: Max Weber, der Historiker (Kritische Studien zur Geschichtswissenschaft 73), hg. v. Jürgen Kocka, Göttingen 1986, S. 119–150.

intensiv und höchst ertragreich ausgeleuchtet worden.[5] Aus den Märkten wurden Städte, zuerst durch die Verdichtung der Siedlung, dann durch die Professionalisierung und Differenzierung im kaufmännischen, handwerklichen, dienstleistenden Sektor, schließlich durch die Ausbildung von Modi wirtschaftlicher Selbstverwaltung und kollektiver Partizipation an der städtischen Herrschaft.[6] Die urbane Gesellschaft ordnete sich zuerst nach wirtschaftlichen, bald nach politischen und rechtlichen Gegebenheiten. Es entstand jener „anstaltsmäßig vergesellschaftete, mit besonderen und charakteristischen Organen ausgestattete Verband von ‚Bürgern', welche in dieser ihrer Qualität einem nur ihnen zugänglichen gemeinsamen Recht unterstehen", – eine Definition, mit der Max Weber vor 1914 das idealtypische Konstrukt der okzidentalen Stadt im Mittelalter auf den Punkt brachte.[7] ‚Verband' im Weberschen Sinne heißt zugleich: Die demonstrative Geschlossenheit nach außen geht mit einer sozialen Differenzierung nach innen einher.[8] Über den Ort der Repräsentation in diesem Prozess wird in dem vorliegenden Band nachgedacht.

Die heuristischen Befunde und wissenschaftlichen Vorbilder liegen für die spannende Frage nach Selbstdarstellung bzw. Selbstwahrnehmung, nach Identitätskonstruktion und Herrschaftsstabilisierung auf ganz unterschiedlichen Feldern. Die Besetzung der Regensburger Tagung im November 2007 hat dabei deutlich gemacht, dass gerade die Kunstgeschichte in der Aufarbeitung der empirischen Befunde und in der Theoriebildung viele Impulse gesetzt hat.[9] Insgesamt geht es bei diesem Arbeitsgebiet um die Erforschung des geschichtlichen und kollektiven Selbstverständnisses mittelalterlicher Städte und ihrer Bewohner, wie es in Städtechroniken und Urkunden, aber auch in repräsentativen Bilddarstellungen wie Siegeln, Münzbildern oder Fresken zum Ausdruck kommt. Berühmt sind etwa die Versuche des Trierer Verfassers der *Historia Treverorum*

---

5 Vgl. einführend aus wirtschaftshistorischer Sicht Robert S. Lopez, La révolution commerciale dans l'Europe médiévale, Paris 1974, daher auch das Zitat der „révolution commerciale"; aus sozialhistorischer Sicht Henri Pirenne, Histoire économique et social du Moyen Age, 2. Aufl., Paris 1969; aus kulturgeschichtlicher Sicht Jacques Le Goff, Die Stadt als Kulturträger 1200–1500, in: Europäische Wirtschaftsgeschichte. The Fontana Economic History of Europe, Bd. 1: Mittelalter, hg. v. Carlo M. Cipolla, dt. Ausgabe hg. v. Knut Borchardt, Stuttgart/New York 1978 (engl. 1973), S. 45–66 und aus verfassungsgeschichtlicher Sicht Gerhard Dilcher, Bürgerrecht und Stadtverfassung im europäischen Mittelalter, Köln 1996.

6 Für den allgemeinen Sachverhalt sei auf die vorzügliche Darstellung der Cambridge Economic History of Europe, Bd. 2–3, Cambridge ²1987–1963 verwiesen. Eine breit vergleichende neuere Studie, die jedoch bezeichnenderweise religiöse Fragen nur am Rande behandelt, liegt vor mit Ernst Pitz, Europäisches Städtewesen und Bürgertum. Von der Spätantike bis zum hohen Mittelalter, Darmstadt 1991 (mit Bibliographie).

7 Der Aufsatz Max Webers „Die Stadt. Eine soziologische Untersuchung" erschien zuerst 1920/1921 im Archiv für Sozialwissenschaft und Sozialpolitik, Bd. 47, S. 621–772. Der Text findet sich unter dem nicht von Weber stammenden Titel „Die nichtlegitime Herrschaft. Typologie der Städte" auch in Webers Hauptwerk „Wirtschaft und Gesellschaft" (zuerst 1922). Hiernach wird zitiert: Max Weber, Wirtschaft und Gesellschaft. Grundriß der verstehenden Soziologie, 5., rev. Aufl., Tübingen 1972, S. 727–814, hier S. 743. Vgl. dazu die Beiträge in dem Sammelband Die okzidentale Stadt nach Max Weber. Zum Problem der Zugehörigkeit in Antike und Mittelalter (Historische Zeitschrift. Beihefte, n.F. 17), hg. v. Christian Meier, München 1994.

8 Vgl. Weber (wie Anm. 7), S. 23–28.

9 Vgl. zur Entwicklung des Stadtbildes und seiner ikonographischen Darstellung den von Kunsthistorikern, Architekturhistorikern und Historikern vorgelegten Band: Das Bild der Stadt in der Neuzeit 1400–1800, hg. v. Wolfgang Behringer/Bernd Roeck, München 1999.

aus dem 11. Jahrhundert, die Gründung seiner Stadt durch den assyrischen König Ninus aus dem Alten Testament und damit den historischen Vorrang vor den römischen Gründungen Köln und Mainz zu erweisen.[10] Ein nicht minder berühmtes Fresko des toskanischen Malers Ambrogio Lorenzetti aus dem 14. Jahrhundert bildet im Kommunalpalast zu Siena die Auswirkungen der guten städtischen Regierung ab: nämlich Friede in der Stadt und Prosperität im gesamten Umland. Unter einem solchen Bild sollten sich auch die Vertreter der kleinen, politisch völlig von Siena abhängigen Landgemeinden mit der städtischen Regierung identifizieren können.[11] Das erste bürgerschaftliche Siegel der Stadt Toulouse aus der Zeit um 1200 bildet auf der einen Seite das raimundinische Kreuz, ein Symbol des gräflichen Stadtherrn, und auf der anderen Seite den heiligen Saturninus, den Stadtheiligen, ab.[12] Der Stadtheilige als Patron der gesamten Bürgerschaft wurde auch in Deutschland und Italien immer wieder bei Festen, Prozessionen, Gerichtstagen und in Gefahrensituationen zur symbolischen Herstellung von Einheit und Frieden in der Stadt herangezogen, wie die Studie von Hans Conrad Peyer eindrucksvoll belegt.[13] Identität musste jedoch nicht allein in der Stadtgemeinde gestiftet werden; auch einzelne Gruppen im städtischen Sozialgefüge beanspruchten eigene Symbole, eigene Heilige und eigene Geschichtskonstruktionen. Wer die beeindruckende Sammlung spätmittelalterlicher Zunftreliquien und Zunftdevotionalien im Freiburger Augustinermuseum kennt, weiß um die identitätsstiftende Kraft vor allem religiöser Symbole.

Nicht zuletzt geht es in einer Reihe jüngerer Forschungen zum Idealbild, zur Topographie und Architektur mittelalterlicher Städte um Formen der Identitätskonstruktion.[14] Das Vorbild des Himmlischen Jerusalems (Offb 21,10–22) schlug sich gelegentlich auch in topographischen Entwürfen mittelalterlicher Städte nieder.[15] Einer ähnlichen Vorstellung folgte im übrigen auch der seit dem 12. Jahrhundert bei Neugründungen in Mode kommende vierteilige Stadtgrundriss, in dem wie in der Roma quadrata des Altertums vier Hauptstraßen den ummauerten Bezirk in vier Stadtteile untergliederten. Bei den

---

10 Vgl. Ilse Haari-Oberg, Die Wirkungsgeschichte der Trierer Gründungssage vom 10. bis zum 15. Jahrhundert, Bern u. a. 1994, hier bes. S. 21ff.

11 Vgl. zur *Allegoria del buon governo* Ambrogio Lorenzettis († 1348) im Kommunalpalast von Siena Bram Kempers, Gesetz und Kunst. Ambrogio Lorenzettis Fresken im Palazzo Pubblico in Siena, in: Malerei und Stadtkultur in der Dantezeit. Die Argumentation der Bilder, hg. v. Hans Belting/Dieter Blume, München 1989, S. 71–84.

12 Vgl. John H. Mundy, Liberty and Political Power in Toulouse 1050–1230, New York 1954, S. 121.

13 Neben der älteren Studie von Hans Conrad Peyer, Stadt und Stadtpatron im mittelalterlichen Italien, Zürich 1955 und der Fallstudie von Hans-Jürgen Becker, Stadtpatrone und städtische Freiheit. Eine rechtsgeschichtliche Betrachtung des Kölner Dombildes, in: Gedächtnisschrift für Hermann Conrad, hg. v. Paul Mikat/Gerd Kleinheyer, Paderborn 1979, S. 23ff. Jetzt grundlegend die kunsthistorische Arbeit von Albert Dietl, Defensor civitatis. Der Stadtpatron in romanischen Reliefzyklen Oberitaliens, München 1998.

14 Vgl. Albert Dietl, Die reale und die imaginierte Stadt: Kommunales Baugesetz und Städtebild in den ober- und mittelitalienischen Kommunen der Dantezeit, in: Stadt-Ansichten, hg. v. Jürgen Lehmann/Eckart Liebau (Bibliotheca Academica. Sammlung interdisziplinärer Studien 1), Würzburg 2000, S. 81–102 und Peter Johanek, Die Mauer und die Heiligen. Stadtvorstellungen im Mittelalter, in: Das Bild der Stadt in der Neuzeit (wie Anm. 9), S. 26–38.

15 Vgl. Alfred Haverkamp, „Heilige Städte" im hohen Mittelalter, in: Mentalitäten im Mittelalter. Methodische und inhaltliche Probleme (Vorträge und Forschungen 35), hg. v. František Graus, Sigmaringen 1987, S. 119–156.

Jerusalem- und Rombezügen sollte man jedoch nicht von der Stadtplanung als ‚Gesamtkunstwerk' ausgehen, sondern eher an städtebauliche Details denken, so wie es bereits bei der Gestaltung der Sakraltopographie der Bischofsstadt Konstanz am Ende des 10. Jahrhunderts der Fall ist: Bischof Konrad von Konstanz ließ auf einem kreuzförmigen Grundriss vier neue Pfarrkirchen bauen, die gemeinsam mit der Kathedrale die Patrozinien der fünf römischen Hauptkirchen übernahmen. Außerdem ließ er in der Nachbarschaft des Münsters eine Nachbildung der Grabeskirche zu Jerusalem errichten.[16] Roma eterna und himmlisches Jerusalem – innerhalb der Stadt brachten auch die Topographie und Architektur der öffentlichen Plätze und Gebäude, insbesondere der Rathäuser und Kommunalpaläste, in vielen Fällen die Idealvorstellung eines geordneten, geeinten und friedlichen städtischen Gemeinwesens zum Ausdruck.[17] Eine Idealvorstellung, in der die verschiedenen medialen Formen der Identitätsstiftung in der vormodernen Stadt ihren gemeinsamen Kern haben, sei es in den Traktaten und Predigten zur guten Stadtregierung, in den Präambeln der Stadtbücher und Ratsbeschlüsse, in den symbolischen Akten der Prozessionen an hohen Feiertagen, der Vereidigung neuer Amtsträger, der Einberufung der Bürgerversammlung oder der Ablegung des Bürgereids.[18] Wiederum kann und muss man auf die Omnipräsenz religiöser Symbole bei der Repräsentation des städtischen Gemeinwesens hinweisen.[19]

Diese Behauptung einer harmonischen Friedensgemeinschaft kontrastiert selbstredend mit den krassen sozialen, ökonomischen und politisch-rechtlichen Gegensätzen in den aufstrebenden Kommunen des hohen Mittelalters. Partizipation und Herrschaft war nur einer kleinen nichtadligen Elite von Kaufleuten, Juristen und Ministerialen vorbehalten, deren demonstratives Eintreten für das Gemeinwohl gewissermaßen als Ersatz für die fehlende ‚klassische' Legitimation mittelalterlicher Herrschaft ‚von oben' gehandelt wurde.[20] Die öffentlich inszenierte Frömmigkeit und Caritas in Testamenten, Stiftungen oder Gründungen, insbesondere die Gründung von Armenhäusern und Spitälern oder die Förderung des öffentlichen Straßen- und Brückenbaus gehören zum europaweit anzutreffenden Habitus städtischer Eliten.[21] Aus diesem Befund lassen sich indessen weniger religiöse als politisch-soziale Schlussfolgerungen ziehen. Diese Verhaltensweisen dienten der Rechtfertigung und Bewahrung von Herrschaft. In der Verfassungstheorie

---

16 Vgl. Johanek (wie Anm. 14), S. 31f.
17 Zur Architektur der italienischen Kommunalpaläste vgl. Jürgen Paul, Die mittelalterlichen Kommunalpaläste in Italien. Köln 1965.
18 Zur städtischen Predigt der Mendikanten vgl. Jörg Oberste, Gesellschaft und Individuum in der Seelsorge der Mendikanten. Die Predigten Humberts de Romanis an städtische Oberschichten, in: Das Eigene und das Ganze. Zum Individuellen im mittelalterlichen Religiosentum, hg. v. Gert Melville/Markus Schürer, Münster 2002, S. 497–527.
19 Vgl. Ulrich Meier, Mensch und Bürger. Die Stadt im Denken spätmittelalterlicher Theologen, Philosophen und Juristen, München 1994 und Jörg Oberste, Zwischen Heiligkeit und Häresie. Religiosität und sozialer Aufstieg in der Stadt des hohen Mittelalters (Norm und Struktur 17), Bd. 1–2, Köln/Weimar/Wien 2003.
20 Zum Theorem mittelalterlicher Herrschaft ‚von oben' und ‚von unten' vgl. Walter Ullmann, Individuum und Gesellschaft im Mittelalter, Göttingen 1974, bes. S. 74–107; Klaus Schreiner, „Iura et libertates". Wahrnehmungsformen und Ausprägungen „bürgerlicher Freyheiten" in Städten des Hohen und Späten Mittelalters, in: Bürger in der Gesellschaft der Neuzeit. Wirtschaft, Politik, Kultur, hg. v. Hans-Jürgen Puhle, Göttingen 1991, S. 59–106.
21 Vgl. Oberste (wie Anm. 19), Bd. 1, S. 12ff.

der hoch- und spätmittelalterlichen Städte war die Beteiligung aller Bürger an der Stadtherrschaft, die Idee also von der Stadtgemeinde als einheitlicher Rechtskörperschaft, das zentrale Organisations- und Legitimationsmodell für die kommunale Herrschaft. Beim Kölner Stadtschreiber Gottfried Hagen – und übrigens in einer Vielzahl von Ratsbeschlüssen aus deutschen Städten des späten Mittelalters – drückt sich dies in der Formel von „den armen und reichen Bürgern" aus, wenn von der gesamten Bürgerschaft – als gewissermaßen konstitutioneller Größe – die Rede sein soll.[22] Seit 1281 taucht in den Ratsbeschlüssen der Stadt Regensburg die Formel *arme unde riche* zur Bezeichnung der gesamten Bürgerschaft auf; seit dem frühen 14. Jahrhundert begannen solche Beschlüsse mit der Bekräftigung, das städtische Recht sei für alle gleich und *ze reicher und armer gemeinen nutz.*[23] In der Rechtspraxis war man von diesem Ideal weit entfernt. Die Inszenierung der Gemeinschaft und ihres ideellen Fundamentes, des Gemeinwohls, und damit auch die Techniken, Träger und Orte der Repräsentation hatten ihren zentralen Platz im politischen und sozialen Leben mittelalterlicher Städte.

Die Kreation städtischer Selbstbilder ist damit keineswegs allein oder primär ein religiöses Anliegen, solche Fiktionen sind eine Frage von Macht und Politik. Die politische Form der Kommune legte eine Rhetorik des städtischen Allgemeinwohls und der allgemeinen Repräsentation der Bürgerschaft durch die führenden Vertreter der Kommune nahe. Die Begriffe ‚Repräsentation' und ‚Konsens' spielten in diesem Sinne auch in der spätmittelalterlichen Korporationslehre eine Schlüsselrolle.[24] Die alltägliche Erfahrung ökonomischer Konkurrenzen und das Ringen um die Beteiligung an den neuen politischen Gremien auf kommunaler wie auf berufsständischer Ebene machten die Städte für die Mehrheit ihrer Bewohner zu Konfliktherden. In friedenstiftender und gleichzeitig herrschaftssichernder Absicht wurden Idealvorstellungen des Gemeinwesens in bildender Kunst und Literatur wie auch in politischen Manifestationen und öffentlichen Zeremonien der Erfahrung der „Gewaltgemeinschaft", um einen Begriff von David Nirenberg zu verwenden, bewusst gegenübergestellt.[25] Repräsentation erweist sich als ein vielschichtiger Prozess der Inklusion und Exklusion, der Identitätskonstruktion und des innerstädtischen Interessenausgleichs.

---

22 Vgl. Manfred Groten, Köln im 13. Jahrhundert. Gesellschaftlicher Wandel und Verfassungsentwicklung (Städteforschung A, 36), Köln/Weimar/Wien 1995, S. 254–257.

23 Regensburger Urkundenbuch, Bd. 1, hg. v. Josef Widemann, München 1912, Nr. 128, S. 66f.: *Ich Herman von Liehtenberch meister der stat ze Regenspurch und der geswron rat, wir tun chunt allen di disen brief an sehend oder hörend lesen, daz ein zweiung was in der stat einhalb von rittern, von den münzzern und von den briwen, und anderhalb von burgaern, chauflaeuten und armen und von reichen (…). noch anderhalb von den andern burgaern dagegen weder von armen noch von richen …* In einer Variante heißt es ebd., Nr. 151, S. 78 von Februar 1290: *Des haben wir geswron und alle die an disem brief her nach geschriben stent, junge und alte.* Im 14. Jahrhundert leitet die Formel in aller Regel dann die Ratsbeschlüsse ein. Vgl. ebd., Nr. 234, S. 119f. von Juli 1307: *Anno domini MCCCVII an sand Willwaldes tach wurden mein herren ze rat durch aller purgaer und purgerinne, reicher und armer gemeinen nutz, und daz auch ez immer me ein gemeins reht sol sein ewichlichen dem armen als dem reichen.*

24 Vgl. allgemein Pierre Michaud-Quantin, Universitas. Expressions du mouvement communautaire dans le Moyen-Age latin, Paris 1970, S. 25ff.

25 David Nirenberg, Communities of Violence: Persecution of Minorities in the Middle Ages. Princeton 1996; Nicole Gonthier, Cris de haine et rites d'unite. La violence dans les villes, XIIIe–XVIe siècle, Turnhout 1992.

Es waren jedoch nicht nur die alltägliche Erfahrung der Ungleichheit und die teilweise gewaltsam vorgetragenen Ansprüche weiterer städtischer Gruppen auf Partizipation an der Regierung,[26] die Brüche zwischen der selbstbewussten Selbstdarstellung städtischer Eliten und der Wahrnehmung von außen erkennen lassen. Das diesjährige Tagungsplakat weist auf eine andere Spielart solcher Änderungen in der Wahrnehmung und Bewertung der städtischen Lebensform hin. Die Abbildung zeigt die Austreibung der Dämonen aus Arezzo durch den Heiligen Franziskus. Als Giotto ab etwa 1290 mit den Arbeiten am Franziskus-Zyklus für die Oberkirche von San Francesco in Assisi begann, hatten die Franziskaner längst damit begonnen, durch weit gespannte seelsorgerische und theologische Aktivitäten das seit Jahrhunderten angespannte Verhältnis zwischen Kirche und Stadt tiefgreifend zu reformieren.[27] Die Dämonen der Avaritia und Luxuria, der Ketzerei und des allgegenwärtigen Mammon konnten zwar auch von den Franziskanern nicht wirklich besiegt werden, aber die Bewertungen der Stadt in Kirchenrecht und Theologie wurden durch das Eintreten der Mendikanten spürbar freundlicher.[28] Eine im späten Mittelalter bis zur Reformation konstant anwachsende Welle laikaler Frömmigkeit in den europäischen Städten ist nicht zuletzt als Resultat dieser franziskanischen Öffnung zur Stadt hin anzusehen.

Mit der Frage nach der städtischen Repräsentation werden mithin zentrale Bereiche des städtischen Selbstbewusstseins, des Selbstverständnisses einzelner städtischer Gruppen, der Wege der Identitätskonstruktion, des Interessenausgleichs und der Friedenswahrung erfasst. Die Bedeutung öffentlicher Inszenierungen, Rituale und Symbole wird in dieser Perspektive hervorgehoben. Die internationale Jahrestagung des Forums Mittelalter der Universität Regensburg, die vom 15. bis 17. November 2007 im historischen Runtingersaal der Stadt Regensburg stattfand, hat in interdisziplinärer und vergleichender Weise die oben gestellten Fragen aufgegriffen. Die intensiven Diskussionen über Fächergrenzen hinweg sind in den vorliegenden Tagungsband eingeflossen. Dafür sei den Referenten und Diskutanten an dieser Stelle herzlich gedankt.

Für die großzügige Unterstützung der Tagung ist der Universitätsstiftung Hans Vielberth zu danken! Von der reibungslosen Zusammenarbeit mit dem Verlag Schnell & Steiner (Regensburg) und seinem Verleger Dr. Albrecht Weiland haben das Layout und die fristgerechte Drucklegung profitiert. Die redaktionelle Bearbeitung des vorliegenden Tagungsbandes lag in der bewährten Hand der wissenschaftlichen Koordinatorin des Forums, Susanne Ehrich, die darin von Andrea Hofmann und Christian Malzer unterstützt wurde. Für den reibungslosen Ablauf der Tagung haben neben diesen beiden auch Elke Völcker, Anna Wipplinger, Solvejg Schlee und Sandra Lehner gesorgt. Ihnen allen sei dafür herzlich gedankt!

---

26 Vgl. Reinhard Barth, Argumentation und Selbstverständnis der Bürgeropposition in städtischen Auseinandersetzungen des Spätmittelalters. Lübeck 1403–1408, Braunschweig 1374–1376, Mainz 1444–1446, Köln 1396–1400, Köln/Wien 1974.

27 Grundlegend Nicole Bériou, L'avènement des maîtres de la Parole. La prédication à Paris au XIIIe siècle, Bd. 1–2, Paris 1998.

28 Mit weiterer Literatur Oberste (wie Anm. 19), Bd. 1, S. 125ff.

Zwischen Babylon und Jerusalem.
Die Stadt als locus theologicus im Mittelalter

Theresia Heimerl

Die Stadt als locus theologicus – die doppelte Lesbarkeit dieses Titels nimmt die Grundaussage des vorliegenden Beitrags vorweg. Die Stadt ist in der christlichen Theologie seit ihren Anfängen nie bloße Örtlichkeit, sondern besitzt immer auch einen theologisch-metaphorischen Mehrwert. Sie ist ein „locus theologicus" im mehrfachen Sinn – immer von Ambivalenz gekennzeichnet. Sowohl als Ort des konkreten Theologietreibens kann sie positive wie negative Bedeutung erlangen als auch, bzw. dem vorausgehend, als Topos, als Thema theologischer Bildsprache. Die Mehrdeutigkeit wird aus zwei gegensätzlichen Stadtparadigmen gespeist: Babylon und Jerusalem. Zwischen diesen beiden oszilliert die theologische Rede von der Stadt seit dem Alten Testament, und ebendort hat sie auch ihren Ursprung.

Daher ist es unumgänglich, in einem ersten ausführlichen Teil die Grundlegung und Ausformung theologischer Stadtdeutungen zu untersuchen. Hierzu gehören insbesondere die biblischen Stadtparadigmen Babylon und Jerusalem, ihre Grundlegung im Alten Testament und ihre für die mittelalterliche Theologie wohl prägendste Ausformung in der Offenbarung des Johannes. Ebenso gilt es, einen kurzen Blick auf die spezifische Deutung der Stadt in der monastischen Kultur der christlichen Spätantike zu werfen, bildet diese doch einen fortan wirksamen eigenen Traditionsstrang des locus theologicus Stadt. Und schließlich soll in diesen Grundlegungen noch das dritte christliche Stadt-Paradigma, Rom, Erwähnung finden.

Sodann sind diese Stadt-Deutungen im Mittelalter zu verfolgen, ihre Wiederaufnahmen und Umformungen zu beleuchten. Begonnen wird hierbei mit der monastischen Tradition. Am Beispiel der Texte Bernhards von Clairvaux soll die Aufnahme der Babylon- und Jerusalemmetaphorik in der Deutung von Stadt sowie deren Verknüpfung mit der Stadt als locus theologicus im örtlich-realen Sinn gezeigt werden. Nur kurze Erwähnung finden kann hier die Frage nach einer baulich-architektonischen Verortung des himmlischen Jerusalems.

Als weitere Stadt-Paradigmen der mittelalterlichen Theologie sind die Stadt als locus haereticus sowie locus mysticus zu behandeln. Und abschließend soll eine Zusammenschau der Stadt als locus theologicus versucht werden.

I. Biblische Voraussetzungen/Grundpositionen zum christlichen Stadtverständnis

Die Stadt als locus theologicus mittelalterlicher Theologie ist eine Bearbeitung und Weiterentwicklung der Stadt als locus biblicus, und hier sind es eindeutig zwei Städte, welche die Stadt als Thema prägen: Babylon und Jerusalem, oder wie es Wilhelm Korff formuliert: „[...] erscheint die Stadt als exponierter Lebensraum des Menschen hier unter der Perspektive von Heil und Unheil, paradigmatisch fassbar gemacht mit den Namen zweier Städte: Babel und Jerusalem."[1]

1. Das Alte Testament

Ganz allgemein lässt sich religionsgeschichtlich beobachten, dass die Stadt als Ereignis menschlicher Zivilisation oft als Manifestation einer Entfremdung von einem Urzustand verstanden wird. Insbesondere im vorderorientalischen und mediterranen Raum, welcher das biblische Stadtverständnis geprägt hat, ist Stadt Folge eines Degenerations- und Entfremdungsprozesses, wie ihn uns der von Ovid bekannte, aber auf Hesiod und vermutlich orientalische Vorlagen zurückgehende Mythos von den vier Zeitaltern vor Augen führt.[2] Diese Grundeinstellung findet sich auch in den Schriften des Alten Testaments.

Der ursprüngliche Ort des Menschen ist ein Garten, der Garten Eden, also Natur, welche den Menschen ohne dessen Anstrengung ernährt, sprich, ihm keinerlei Kulturleistungen abfordert.

Babylon: erste Stadt als Symbol menschlicher Hybris und Vereinzelung

Eine der ersten Erzählungen nach dem Sündenfall und der Sintflut ist indes jene vom Turmbau zu Babel: „Auf, bauen wir uns eine Stadt und einen Turm mit einer Spitze bis zum Himmel und machen wir uns damit einen Namen, dann werden wir uns nicht über die ganze Erde zerstreuen (Gen 11,4)."

Dieser erste Versuch des Menschen, eigenmächtig schöpferisch tätig zu sein, scheitert kläglich – eben weil der Mensch sich göttliche Kompetenzen anmaßt. Zugleich wird Babel zum Sinnbild für ein chaotisches Durcheinander vieler Menschen, in dem keiner den anderen versteht, und dadurch Symbol der Vereinzelung des Menschen in der nur scheinbaren Gemeinschaft der Stadt: „Der Herr zerstreute sie von dort aus über die ganze Erde und sie hörten auf, an der Stadt zu bauen. Darum nannte man die Stadt Babel (Wirrsal), denn dort hat der Herr die Sprache aller Welt verwirrt, und von dort aus hat er die Menschen über die ganze Erde zerstreut (Gen 11,8–9)."

Sodom und Gomorrah: Die Laster der Stadt

Die nächsten Städte, welche uns in der Bibel begegnen, sind ebenfalls Orte der Sünde: Sodom und Gomorrah, bis heute als Inbegriff sexueller Ausschweifungen sprichwört-

---

1 Wilhelm Korff, Identität und Lebensform. Zum Ethos der Stadt, in: Zwischen Babylon und Jerusalem. Beiträge zu einer Theologie der Stadt, hg. v. Michael Theobald/Werner Simon, Berlin 1988, S. 54, weiter heißt es dort: „Babel, der Ort der Vermessenheit, des Zusammenbruchs der Kommunikation, der Depersonalisierung allen menschlichen Begehrens. Jerusalem, der Ort des Aufgangs der Herrlichkeit Gottes, des endgültigen Offenbarwerdens seiner Liebe und darin der Neuschöpfung der Welt."

2 Vgl. Jonathan Z. Smith, Golden Age, in: Encyclopedia of Religion (Bd 5/6), hg. v. Mircea Eliade, New York 1993, S. 69–73.

lich.³ Diesen Orten des Lasters gegenüber steht die nomadische Existenz Abrahams,⁴ auf dessen Bitte hin sein Neffe Lot aus der Stadt gerettet wird. Die Städte selbst werden bis auf die Grundmauern zerstört. Auch hier schwingt deutlich das Bild von der Stadt als Ort der Gottlosigkeit und des Ungehorsams, besser der Selbstbestimmung mit – die Stadtbewohner weigern sich, den Boten Gottes zu gehorchen. Erst mit der Landnahme und der Bestätigung Jerusalems als Ort des Tempels und damit Gottes endet diese negative Sicht auf die Stadt.

Religionsgeschichtlich steht hier natürlich die Stadt als Ort alter, paganer Kulturen, wie der Sumerer, Babylonier und Ägypter, im Hintergrund, deren Faszination auf die nomadischen Israeliten wiederholt zum Gegenstand von Kritik und Strafe Gottes wird. Weiter sind bei den Lastern der Stadt auch die entsprechenden paganen Kulte mitzudenken, an deren Riten teilzunehmen den Israeliten verboten war und die gerne in warnender Übertreibung als dekadente Orgien oder blutige Zeremonien präsentiert wurden.

Jerusalem: Ort der Präsenz Gottes und zukünftige Hoffnung

Erst mit Jerusalem ist eine Stadt eindeutig positiv konnotiert, sie ist, weil sich in ihr die Bundeslade befindet, Ort der Präsenz Gottes (vgl. z. B. 1 Kön 8,12f; Ez 43,7). Dennoch ist das irdische Jerusalem des Alten Testaments immer wieder von „städtischen" Problemen bedroht, sprich, auch Jerusalem läuft Gefahr, durch das Verhalten seiner Bewohner Ort der Sünde zu werden, wie die Propheten nicht müde werden zu ermahnen. (vgl. Jer 1–3; Jes 3,16–4,1; Ez 5,5–17). Die Strafe für diese „städtischen Sünden" des Ungehorsams, der Hinwendung zu fremden Göttern und des sorglosen Lebens ist die bereits bekannte der Zerstörung der Stadt, diesmal durch eben jene Macht, die als Inbegriff des Städtischen gilt: Babylon.⁵

In der Zeit des babylonischen Exils entsteht neben der Hoffnung auf die Rückkehr ins reale Jerusalem auch die Hoffnung auf ein ganz neues, besseres Jerusalem, das zwar als irdische Stadt gedacht wird, aber bereits eindeutig utopische Züge trägt, wie die berühmte Verheißung in Jes 54,11–17, welche für die Vision des himmlischen Jerusalem in der Offenbarung Pate stand: „Ich selbst lege dir ein Fundament aus Malachit, und Grundmauern aus Saphir. Aus Rubinen mache ich deine Zinnen, aus Beryll deine Tore und alle deine Mauern aus kostbaren Steinen. Alle deine Söhne werden Jünger des Herrn sein, und groß ist der Friede deiner Söhne. Du wirst auf Gerechtigkeit gegründet sein. Du bist fern von Bedrängnis (Jes 54,11–14)."

---

3 Gen 19,23–25: „Als die Sonne über dem Land aufgegangen und Lot in Zoar angekommen war, ließ der Herr auf Sodom und Gomorra Schwefel und Feuer regnen, vom Herrn, vom Himmel herab. Er vernichtete von Grund auf jene Städte und die ganze Gegend, auch alle Einwohner der Städte und alles, was auf den Feldern wuchs."

4 Vgl. Otto Wahl, Stadt. Altes Testament, in: Bibeltheologisches Wörterbuch, hg. v. Johannes B. Bauer u. a., Graz 1994, S. 511: „Die Städte galten den halbnomadischen Israeliten vor der Landnahme als entartet."

5 Vgl. Berthold Altaner, Babylon DII: Theologisches, in: Reallexikon für Antike und Christentum (Bd. 1), hg. v. Th. Klauser u. a., Stuttgart 1950, S. 1131–1133.

Mit der zweiten und endgültigen Zerstörung des Tempels im Jahre 70 n. Chr. gewinnt diese ideale, in die Zukunft projizierte Sicht Jerusalems als Stadt Jahwes am Ende der Zeit bzw. bei der Wiederkunft des Messias die Oberhand, wenngleich das irdische Jerusalem als Ort besonderer Heiligkeit in der jüdischen Vorstellung weiter lebt.[6]
Jerusalem bleibt freilich die Ausnahme in einer eher ablehnenden Haltung gegenüber der Stadt, wie auch die Erzählung vom Propheten Jona und seiner Skepsis gegenüber der Bekehrbarkeit Ninives deutlich vor Augen führt.[7]

2. Das Neue Testament: Die Offenbarung des Johannes

Das Neue Testament und insbesondere die Offenbarung des Johannes haben schließlich das christlich-abendländische Stadtparadigma bzw. die zwei entgegengesetzten Stadtparadigmen entscheidend geprägt. Sozialgeschichtlicher Hintergrund des Neuen Testaments und seiner Stadt-Theologie(n) ist der Mittelmeerraum der Spätantike mit seinen zahlreichen, teilweise alten Städten und den beiden Großstädten Rom und Alexandria. Diese Städte waren, wie es G. Filoramo sehr schön beschreibt, „a melting pot for old and new religious movements"[8] und somit eigentlicher Entstehungsort des Christentums.[9] Gleichzeitig aber zog die städtische Lebensweise mit ihren Bädern, Spielen und der selbstverständlichen Prostitution beiderlei Geschlechts, aber auch mit eben jener Offenheit für verschiedene religiöse und philosophische Ideen sehr schnell die Kritik der ersten Christen auf sich, die in den realen Bedingungen des Stadtlebens das biblische Bild der Stadt als Ort der Sünde bestätigt sahen. In dieser Spannung aktueller Lebenserfahrung und religiöser Tradition entsteht das Städtebild der Offenbarung des Johannes.

Die Hure Babylon: Stadt als Ort aller Sünde, insbesondere des Reichtums und der Macht

Babylon ist Ort der Sünde schlechthin, Metapher für weltlichen Luxus, für Ausschweifungen aller Art, für Götzendienst, aber auch und vor allem für eine irdische Herrschaft, welche jegliche göttliche Ordnung verweigert. Die Beschreibung in Offb 18 macht deutlich, was alles mit Stadt assoziiert wird, und wird zugleich konstitutiv für alle negativen Stadtbilder bis in die Gegenwart:

„Gefallen, gefallen ist Babylon, die Große! Zur Wohnung von Dämonen ist sie geworden, zur Behausung aller unreinen Geister und zum Schlupfwinkel aller unreinen und abscheulichen Vögel. Denn vom Zornwein ihrer Unzucht haben alle Völker getrunken, und die Könige der Erde haben mit ihr Unzucht getrieben. Durch die Fülle ihres Wohlstands sind die Kaufleute der Erde reich geworden […].

---

6 Vgl. Klaus Thraede, Jerusalem II (Sinnbild) AII: Frühjudentum, in: Reallexikon für Antike und Christentum (Bd. 17), hg. v. Ernst Dassmann, Stuttgart 1996, S. 720f.
7 Vgl. Jona 4; Paul M. Zulehner, Stadt ohne Gott? Zur Theologie der Stadt, in: Zwischen Babylon und Jerusalem (wie Anm. 1), S. 43f.
8 Giovanni Filoramo, A History of Gnosticism, Oxford 1990, S. 176.
9 Vgl. Michael Sievernich, Christentum und bürgerliche Gesellschaft. Kirche in der säkularisierten Stadt, in: Zwischen Babylon und Jerusalem (wie Anm. 1), S. 84f.

Die Könige der Erde, die mit ihr gehurt und in Luxus gelebt haben, werden über sie weinen und klagen, wenn sie den Rauch der brennenden Stadt sehen. Sie bleiben in der Ferne stehen aus Angst vor ihrer Qual und sagen: Wehe! Du große Stadt Babylon, du mächtige Stadt! In einer einzigen Stunde ist das Gericht über dich gekommen.
Auch die Kaufleute der Erde weinen und klagen um sie, weil niemand mehr ihre Ware kauft: Gold und Silber, Edelsteine und Perlen, feines Leinen, Purpur, Seide und Scharlach, wohlriechende Hölzer aller Art und alle möglichen Geräte aus Elfenbein, […].
Wehe! Wehe du große Stadt, bekleidet mit feinem Leinen, mit Purpur und Scharlach, geschmückt mit Gold, Edelsteinen und Perlen. In einer einzigen Stunde ist dieser ganze Reichtum dahin (Offb 18,2–17)."
Diese Beschreibung Babylons, in der Offenbarung nicht nur Erinnerung an die alttestamentliche sündige Stadt par excellence, sondern vor allem Chiffre für Rom, fasst alle negativen Topoi der Stadt zusammen: Luxus, entstanden durch Wirtschaft (die oft genannten Kaufleute), politische Führerschaft durch ebendiese wirtschaftliche Macht und Attraktivität (Könige der Erde), moralischer Verfall und Dekadenz (Hurerei, übertriebener Luxus) und Ort der Gottlosigkeit. Eine Art negatives spirituelles Zentrum, in welchem sich alle bösen und unreinen Geister versammeln.

Das neue Jerusalem[10]

Als Gegenbild Babylons zeichnet uns die Johannes-Offenbarung Jerusalem, welches nun definitiv nicht mehr das irdische Jerusalem ist, sondern ein neues Jerusalem, welches „von Gott her aus dem Himmel herabkommt, erfüllt von der Herrlichkeit Gottes." Die ausführliche Beschreibung in Offb 21,9–22,5 macht diesen idealen Charakter deutlich. Nicht nur bieten die Zahlen und Materialien reichlich Anlass zu verschiedenster Interpretation, sondern Jerusalem wird hier fast spiegelbildlich zu Babylon dargestellt: Auch Jerusalem glänzt vor Gold und Edelsteinen, auch hierher kommen „die Völker und Könige der Erde", doch all dies geschieht ohne Zutun der Kaufleute, welche in der Deskription Babylons eine so große Rolle spielen. Nicht mehr menschliche Wirtschaft, sondern göttliche Fürsorge wie im Paradies lässt die Menschen gut leben: Bäume, die jeden Monat Früchte tragen, kristallklares Wasser und sogar der Baum des Lebens aus Gen 3, welcher den Menschen dort vorenthalten worden war, befinden sich im neuen Jerusalem. Diese Stadt braucht, im Unterschied zu den irdischen Städten, keinen Tempel mehr, da Gott in der gesamten Stadt selbst gegenwärtig ist. Die Spaltung in Schöpfung Gottes und Schöpfung des Menschen, welche einer Hereinholung Gottes in Form von Tempel und Heiligtum bedarf, ist überwunden.

---

10 Vgl. Klaus Thraede, Jerusalem II (Sinnbild) BIII: Apokalypse, in: Reallexikon für Antike und Christentum (wie Anm. 6), S. 724f.

II. Das (frühe) Christentum und die Stadt

Der Umgang des frühen Christentums, ja des Christentums bis weit in die Neuzeit hinein oder gar bis heute, spiegelt diese ambivalente Sicht von Stadt mit den beiden Extremformen Babylon und Jerusalem wider.[11]

Einerseits ist das Christentum von seinen ersten Anfängen an eine städtische Religion: Paulus missioniert in den städtischen Zentren der spätantiken Welt, Antiochia, Ephesos, Athen, Rom, die Städte werden früher christlich als das Land – der Ausdruck pagan für heidnisch meint nichts anderes als die eben noch heidnische Landbevölkerung –, und in den Städten entwickelt sich die christliche Gemeindestruktur und Ämterhierarchie.[12]

Andererseits sind es gerade die Laster der Stadt, vor welchen die Kirchenväter nicht müde werden zu warnen: Die Bäder, das Stadion, die Vergnügungsviertel, von all diesem soll sich ein guter Christ fernhalten.[13] Diese Sicht der Stadt als Ort heidnischer Vergnügungen gipfelt in der Bewegung der frühen Asketen, welche ganz bewusst die Stadt verlassen, um sich in der Wüste Gott zu widmen.

Johannes Chrysostomos (4. Jahrhundert), selbst Vertreter eines städtischen Christentums, idealisiert das Asketentum außerhalb der Stadt in folgender Gegenüberstellung: „Die Klöster sind Orte, wo es Einsamkeit gibt, wo kein Lachen, kein Aufruhr um weltliche Dinge herrscht, wo man fastet und am Boden schläft, wo man alles vom Glitzern, von der Menge, vom Lärm, von den Zerstreuungen und Beunruhigungen reinigt. Das Kloster ist ein ruhiger Hafen."[14] „Ihr aber weilt im Strudel des Menschengetümmels"[15], wo es, fasst man Homilie 12 zum Ersten Korinther-Brief zusammen, Theater, Prostitution beiderlei Geschlechts (vornehm übersetzt), Unzucht, Ausschweifung, Luxus gibt.[16]

Noch eine Sünde sehen bereits die Kirchenväter in der Stadt beheimatet, die für das mittelalterliche Stadtverständnis ganz wesentlich werden wird: die erste der sieben Todsünden, den (intellektuellen) Hochmut. Der Kirchenlehrer Tertullian hatte im 2. Jahrhundert die Frage gestellt: „Was hat Athen mit Jerusalem zu schaffen?"[17] und meinte damit eine gottesfürchtige, spirituelle Theologie, welcher er Athen als Zentrum sinnloser intellektueller Diskussionen gegenüberstellte.

---

11 Vgl. Werner Simon, Die Stadt als Lebensraum der christlichen Gemeinde, in: Zwischen Babylon und Jerusalem, (wie Anm. 1), S. 9: „Jerusalem oder Babylon – in den biblischen Schriften begegnet die Stadt als ein Bild der Hoffnung und des Heils, aber auch als ein Bild des Schreckens und der Gewalt. Im Bild der Stadt verdichtet sich die in den Verheißungen Gottes begründete Hoffnung auf ein versöhntes Leben in Gerechtigkeit und Frieden. Im Bild der Stadt wird aber auch jene Hybris anschaulich, die eine Herrschaft der Gewalt errichtet, die Menschen unterdrückt und knechtet. Die Stadt wird zum Gleichnis. Sie ist gleichnisfähig in Hinblick auf beides: auf mögliches Heil und mögliches Unheil."

12 Vgl. Michael Theobald, „Wir haben hier keine bleibende Stadt, sondern suchen die zukünftige" (Hebr 13,14). Die Stadt als Ort der frühen christlichen Gemeinde, in: Zwischen Babylon und Jerusalem (wie Anm. 1), S. 11–35.

13 Vgl. Johannes Chrysostomos, Hom 12 in 1 Cor 6–7, in: PG 61, S. 187f.

14 Johannes Chrysostomos, Hom 14 in 1 Tim, in: PG 62, S. 575.

15 Johannes Chrysostomos, Hom in Matt 68,3, in: PG 58, S. 643.

16 Chrysostomos (wie Anm. 13), S. 187.

17 Tertullian: De praescriptione haereticorum/Prozesseinreden gegen die Häretiker, CCSL 1, 1954 bzw. BKV 7, 1912, hier de praescriptione 7,9.

Und schließlich darf am Übergang von der Spätantike zum Mittelalter ein weiterer großer Theologe, wenn es um Stadt geht, nicht unerwähnt bleiben: Augustinus. Auch wenn seine beiden civitates weniger Städte im baulichen und organisatorischen Sinn, denn vielmehr civitates im Sinne von Staatsgebilden meinen, wird hier doch die Ambivalenz des christlichen Stadtbegriffes um eine Facette erweitert: Die civitas terrena als menschliche Kulturleistung, in der immer Babylon mitschwingt, der Versuch, menschliches Leben nach dem Sündenfall nach irdischen Regeln zu organisieren – und auf der anderen Seite die civitas Dei, die ähnlich wie Jerusalem kein einfaches Zurück zum Paradies ist, sondern dessen „verbesserte Version", salopp formuliert, bereits im Diesseits angebrochen und gleichsam eine unsichtbare ideale Organisationsform, nicht unähnlich der Intention der ersten Klöster, allerdings für Augustinus nicht ausschließlich auf diese beschränkt.

Mit Augustinus haben wir endgültig die Spätantike verlassen und kommen zur Stadt als Topos mittelalterlicher Theologie in einem zweifachen, aufeinander bezogenen Sinn: Die Stadt als geographischer, baulicher Ort des Theologietreibens und als Thema der Theologie.

III. Die Stadt als locus theologicus im Mittelalter

Wie wir soeben gesehen haben, sind die beiden Stadt-Topoi – jener der realen und jener der metaphorischen Stadt – seit der Frühzeit des Christentums aufeinander bezogen. Sie werden es noch einmal mehr mit dem Aufblühen der Stadt als Zentrum intellektuellen und wirtschaftlichen Lebens im 12. Jahrhundert.[18] Vor dieser Zeit, also im Frühmittelalter, ist Stadt kein Thema der Theologie und ist Theologie kein integraler Bestandteil von Stadt. Die Theologen sind vorwiegend in den Klöstern zu finden oder aber rund um einen Herrscher, wie etwa Alkuin oder Scotus Eriugena um Karl den Großen. Dies ändert sich grundlegend mit dem 12. Jahrhundert. Beide, monastische Theologie und Theologie (in) der Stadt, gewinnen ihr je eigenes Profil, und sie tun dies in den tradierten biblischen und parabiblischen Topoi.

1. „Flieht aus der Mitte Babylons" – Bernhard von Clairvaux und seine Warnung vor der Stadt

Pointiert finden wir den Topos von der Stadt als neues Babylon und der in ihr betriebenen Theologie als neuen Sündenfall der Hybris bei Bernhard von Clairvaux[19], der sich an jene jungen Männer wendet, die sich für die Verlockungen von Paris interessieren und die er statt dessen in die Zisterzienserklöster zu holen trachtet:

---

18 Jacques LeGoff, Die Geburt Europas im Mittelalter, München ²2004, 138f.

19 Zu Bernhard und seiner Theologie vgl. Jean Leclercq, Bernhard von Clairvaux. Ein Mann prägt seine Zeit, München/Wien ²1997; zur Stadt konkret vgl. Robert Konrad, Das himmlische und das irdische Jerusalem im mittelalterlichen Denken. Mystische Vorstellung und geschichtliche Wirkung, in: Speculum Historiale. Geschichte im Spiegel von Geschichtsschreibung und Geschichtsdeutung, hg. v. Clemens Bauer u. a. Freiburg/München 1965, S. 533–535.

Parcite, obsecro fratres, parcite animabus vestris [...] Horrendum cavete periculum, ignem qui paratus est declinate ... Quidni periclitetur castitas in d e l i c i i s, humilitas in d i v i t i i s, pietas in n e g o t i i s, veritas in m u l t i l o q u i o, charitas in hoc s a e c u l o nequam?
F u g i t e d e m e d i o B a b y l o n i s, f u g i t e e t s a l v a t a e a n i m a s v e s t r a s. C o n v o l a t e a d u r b e s r e f u g i i, ubi possitis et de praeteritis agere poenitentiam, et in praesenti obtinere gratiam, et futuram gloriam fiducialiter praestolari.[20]

Dies ruft Bernhard jenen jungen Männern zu, die sich in Paris am Mont Geneviève für die Philosophie- und Theologievorlesungen seines langjährigen Gegners Abaelard begeistern. Der Gegensatz von Athen und Jerusalem, wie ihn Tertullian formuliert hat, bricht hier auf. Sehen wir uns doch die mit der Stadt verbundenen Begriffe näher an: Verlockungen (*deliciis*), Reichtümer (*divitiis*), Geschäftigkeit (*negotiis*), Geschwätzigkeit (*multiloquio*). Ihnen gegenübergestellt sind die Tugenden des christlichen Lebens. Die Stadt Paris ist das neue Babylon. Dieses schließt auch und vor allem die Sünde des Hochmuts, der superbia, mit ein sowie die Welt- und Selbstzugewandtheit der Stadtbewohner. Und vor allem aber: Diese Stadt, dieses Babylon kann nur eine ihr entsprechende Theologie hervorbringen, die ebenso selbstbezogen, überheblich und sündhaft ist.

Was wir heute als Theologie im akademischen Sinn, als Studienrichtung an der Universität bezeichnen, ist ein Produkt der Stadt – und hat für so manche noch immer (oder schon wieder) einen babylonischen Beigeschmack, wie die jüngsten Äußerungen anlässlich des Papstbesuches in Österreich und zwar in der fernab jeder Stadt gelegenen päpstlichen Hochschule Heiligenkreuz zeigen:

„So wichtig die Integration der theologischen Disziplin in die *universitas* des Wissens durch die Katholisch-Theologischen Fakultäten an den staatlichen Universitäten (die sich alle in größeren Städten befinden, Anm. d. Autorin) ist, ist es doch ebenso wichtig, dass es so profilierte Studienorte wie den Euren gibt, wo eine vertiefte Verbindung von wissenschaftlicher Theologie und gelebter Spiritualität möglich ist. [...] Der Ordensvater der Zisterzienser, der heilige Bernhard, hat zu seiner Zeit gegen die Loslösung einer objektivierenden Rationalität vom Strom der kirchlichen Frömmigkeit gekämpft. Unsere Situation heute ist anders und doch sehr ähnlich. Bei dem Mühen um die Zuerkennung strenger Wissenschaftlichkeit im modernen Sinn kann der Theologie der Atem des Glaubens ausgehen. Aber so wie Liturgie, die den Blick auf Gott vergisst, als Liturgie am Ende ist, so hört auch eine Theologie, die nicht mehr im Raum des Glaubens atmet, auf, Theologie zu sein; eine Reihe mehr oder weniger zusammenhängender Disziplinen bliebe übrig."[21]

Wohin nun sollen diese jungen Männer aus dem babylonischen Paris der Zeit Bernhards fliehen? Ins Kloster, für Bernhard ganz klar Abbild und zugleich Vorschau des himmlischen Jerusalem. So sagt er in ep. 64: *Et si vultis scire, Clara-Vallis, est Ipsa est Jerusalem.*[22] Und in Sermo 55 in cantica nennt er sich selbst *monachus et*

---

20 Bernhard von Clairvaux, Sermo de conversione ad clericos XXI, S. 37f., in: Migne PL 182, S. 855 (Hervorhebungen d. d. Autorin).
21 Zitiert nach http://stephanscom.at/papstbesuch2007/pdf/09_pp_ansprache_heiligenkreuz.pdf, 05.05.2008, 16:34 Uhr, S. 5.
22 Bernhard von Clairvaux, epistola 64, in: Migne PL 182, S. 169.

Jerosolymita:²³ Der Mönch als Einwohner Jerusalems, der in seiner Existenz das himmlische Jerusalem bereits vorwegnimmt, nicht zuletzt in der Meditation des himmlischen Jerusalems der Offenbarung.²⁴ Nicht nur Klöster, sondern auch Kirchen waren für Bernhard Verortungen des himmlischen Jerusalem, wie ein Bericht über seinen Besuch in Speyer bei Cäsarius von Heisterbach zeigt, in dem es über den im Gebet verharrenden Abt heißt: *cuius cogitatus et delectatio non fuit in adificiis corruptibilibus, sed in structura Jerusalem caelestis*.²⁵ Freilich macht diese Aussage die Doppeldeutigkeit einer solchen ‚Verortung' bereits deutlich: Eben nicht das materielle Bauwerk ist Abbild des himmlischen Jerusalems für Bernhard, sondern die Heiligkeit des Ortes, für die das Bauwerk bestenfalls Verweis sein kann. Dementsprechend präsentiert sich das ideale Zisterzienserkloster auch nicht als getreues Abbild des Neuen Jerusalem mit Gold und Edelsteinen, sondern als radikal allen irdischen Schmuckes entkleideter Raum.²⁶ Die Stadt ist für Bernhard allein durch ihre Vielgestaltigkeit und Vielfältigkeit Verunmöglichung der Konzentration auf Gott, sie fordert geradezu zur Hybris heraus, auch ohne Turm.

2. Die Stadt als locus haereticus

Die Stadt in ihrer widersprüchlichen und vielfachen Bedeutung war geradezu dazu prädestiniert, auch zum Topos alternativer Theologie bzw. alternativer religiöser Bewegungen zu werden, wie Häresie wohl politisch korrekt zu bezeichnen wäre. Davor aber noch war Stadt oft realer locus theologicus, sprich Ort, an dem Häresie stattfand oder ihren Ausgang nahm. Die Stadt bildet mit der teilweisen Auflösung traditioneller gesellschaftlicher Orientierungsmuster, den neuen sozialen, wirtschaftlichen und kommunikativen Möglichkeiten und der akademischen und religiösen Infrastruktur (Bettelorden, Kathedralschulen, Universitäten) einen idealen Hintergrund für das Entstehen neuer religiöser Bewegungen.
Theologischer Ausgangspunkt ist zumeist die Suche nach dem himmlischen Jerusalem. Die Vorstellungen über dessen Verwirklichung differieren indes deutlich: In vielen Fällen ist es eher allgemein der Wunsch nach Verwirklichung eines apostolischen Lebens, der etwa für die Beginen nur in Städten oder größeren Ortschaften zu verwirklichen war, da nur dort Frauen überhaupt die Möglichkeiten hatten, selbstständig zu überleben und ihnen zudem das Umherziehen sehr bald seitens der Kirche verboten wurde. Ebenso dem städtischen Milieu zuzuschreiben, aber ohne spezifische Stadt-Theologie ist die schwer fassbare Gruppe von Häretikern in der (angeblichen) Nachfolge von Amalrich von Bena; deren praktisches Vorgehen und soziale Herkunft sind nur im städtischen Kontext denkbar: Akademisch gebildete Kleriker verführen religiös interessierte Witwen (ideell und physisch), veranstalten geheime Zusammenkünfte in deren Häusern.

---

23 Bernhard von Clairvaux, sermo 55 in cantica canticorum, in: Migne PL 183, S. 1045.
24 Vgl. Konrad (wie Anm. 19), S. 533: „als Gemeinschaft Gleichgesinnter fern von der Welt und der Sünde fühlten sich die Mönche bereits als Bürger des künftigen Sion und empfanden ihr Kloster als Vorstufe des himmlischen Jerusalem, …"
25 Caesarius von Heisterbach, Dialogus miraculorum (Bd. 2), hg. v. J. Strange, Köln 1851, Neudruck 1922, S. 14f.
26 Vgl. Matthias Untermann, Forma Ordinis. Die mittelalterliche Baukunst der Zisterzienser, München/Berlin 2001, S. 95–118.

Anders verhält es sich mit jenen alternativen religiösen Bewegungen, die bewusst die Stadt und deren biblische Typologien zum Thema machen. Grundsätzlich lassen sich hier zwei Paradigmen ausmachen: Jenes von Jerusalem, das temporär vom Bösen in Besitz genommen wird und damit die Endzeit einleitet. Und jenes von der konkreten Verwirklichung des himmlischen Jerusalem in einer irdischen Stadt, welche zuvor von allen babylonischen Elementen gereinigt werden muss.

Im ersten Paradigma wird Jerusalem als Ort der apokalyptischen Entscheidung verstanden, Ausgangspunkt hierfür ist 2 Thess 2,3–4: „Denn zuerst muss der Abfall von Gott kommen und der Mensch der Gesetzwidrigkeit erscheinen, der Sohn des Verderbens, der Widersacher, der sich über alles, was Gott oder Heiligtum heißt, so sehr erhebt, dass er sich sogar in den Tempel Gottes setzt und sich als Gott ausgibt."

Zusammen mit der sogenannten Endkaisersage, jenem parachristlichen Mythologem, welches erstmals im 4. Jahrhundert als Weissagung der tiburtinischen Sibylle auftaucht und vom Zug eines Endkaisers bzw. letzten Kaisers des römischen Reiches nach Jerusalem berichtet.[27] Die fränkische Neufassung stammt von Adson von Montier-en-Der in seinem Traktat über den Antichrist.[28] Das mehr oder weniger irdische Jerusalem wird hier zum Brennpunkt politischer und religiöser Entscheidungen. Diese Vorstellung erfährt in der Kreuzzugsrhetorik eine Aktualisierung, die Idee von der Befreiung Jerusalems aus der Hand der Muslime erhielt dadurch eine weltgeschichtlich-apokalyptische Dimension. Auch wenn die Vorstellung vom Endzeitkaiser, der sein Reich in Jerusalem errichtet, nie Eingang in die offizielle Theologie fand, so war sie doch weit verbreitet und stand auch in zumindest latenter Konkurrenz zum Papsttum mit seinem Sitz in Rom als Hauptstadt des Christentums.[29]

Das zweite Paradigma versuchte nicht das historische und geographische Jerusalem wieder mit theologischer Bedeutung aufzuladen, sondern vielmehr eine Stadt des mittelalterlichen bzw. frühneuzeitlichen Europas von Babylon in Jerusalem zu verwandeln. Dieses Paradigma findet sich tendenziell in mehreren alternativen religiösen Bewegungen (Häresien), die sich gegen den reichen Stadtklerus richten: angefangen mit Tanchelm von Antwerpen über die Ideen Segharellis und Fra Dolcinos (der dann aus den vom Klerus bzw. der weltlichen Obrigkeit beherrschten Städten in die Berge flieht) bis hin zu den frühneuzeitlichen Taboriten. Ihnen allen ist die Spannung von Stadt als Ort der Sünde und einer möglichen Bekehrung dieser Stadt zu einem neuen Jerusalem gemeinsam, ebenso die Kontraposition zur Stadt in einem neuen, vorläufigen Zentrum abseits der Stadt, zumeist auf einem Berg. Die spätantike und biblische Geschichtstheologie mischt sich hier mit den Ideen Joachim von Fiores und macht die Stadt zum Ort der Auseinandersetzung von rechtgläubiger Theologie und Häresie. Die Alternative des Klosters, das auch örtlich einen ganz klaren Kontrast zur Stadt darstellt, rückt immer mehr in den Hintergrund, immer deutlicher wird die Frage nach der Stadt als Babylon

---

27 Vgl. Konrad (wie Anm. 19), S. 536f.
28 Vgl. Robert Konrad, De ortu et tempore Antichristi. Antichristvorstellung und Geschichtsbild des Abtes Adso von Montier-en-Der (Münchener Historische Studien Abt. Mittelalterliche Geschichte Bd. 1), Kallmünz 1964, S. 537f.

29 Vgl. Konrad (wie Anm. 28), S. 537: „Weder die Romidee noch das Papsttum spielen [….] eine Rolle. An ihre Stelle tritt Jerusalem."

oder Jerusalem – wobei die Kritik an den babylonischen Zuständen der Stadt nunmehr aus den Reihen der Häretiker kommt.

Seine deutlichste Ausprägung erfährt dieses Paradigma von der Stadt als locus haereticus im Münster des Johannes von Leyden.[30] Jan Matthys und nach dessen Tod Johannes von Leyden, beide Vertreter der Täuferbewegung des 16. Jahrhunderts, riefen 1534 in Münster ein „Neues, von aller Sünde gereinigtes Jerusalem"[31] aus. Ihrer Meinung nach war das von Katholiken wie Lutheranern bewohnte Münster eine Stadt der Sünde, die es in Jerusalem umzuwandeln galt, indem man alle Sünder vertrieb und eine gänzlich neue Ordnung errichtete: Neue Gesetze, neue Straßennamen (der Domplatz wurde zum Berg Zion), eine neue Gesellschaftsordnung mit Johann von Leyden als messianischem König an der Spitze sollten den völligen Neubeginn und Anbruch des neuen Jerusalem kennzeichnen.

Erstmals wurde nicht das irdische Jerusalem zur Projektionsfläche christlicher Stadtutopie, sondern das Paradigma des neuen Jerusalem, losgelöst von seinem historischen und geographischen Vorbild, zur realisierten (oder für realisierbar gehaltenen) Metapher für eine neue „gottgewollte" Stadt mit entsprechender Gesellschaftsordnung. Berichte über die realen Zustände lassen freilich eher an ein früheres Stadium der Apokalypse denken, wenn von der Willkürherrschaft des selbsternannten neuen messianischen Königs, Angst und Hungersnot erzählt wird. Das Ende dieses neuen Jerusalem ist bekannt: Die Stadt wurde schließlich im Juni 1535 von den Truppen des katholischen Bischofs eingenommen, Johann von Leyden zu Tode gefoltert und die Stadt war wieder katholisch. Die Idee, eine reale Stadt zum neuen Jerusalem zu machen, existiert freilich bis heute, wie die Beispiele von Jim Jones und David Koresh und ihrer Städte zeigen.[32]

IV. Zusammenfassung

Die Stadt ist für die Theologie des Mittelalters locus theologicus im mehrfachen Sinn. Ausgangspunkt für jede theologische Reflexion über die Stadt sind die Stadtparadigmen des Alten und Neuen Testaments mit den beiden Polen Babylon und Jerusalem. Babylon steht für die Stadt im negativen Sinn als Ort der Hybris, der Selbstbezogenheit und Gottvergessenheit des Menschen und für Sünde und Laster aller Art. Dieses Babylon sieht Bernhard von Clairvaux im Paris seiner Zeit, des 12. Jahrhunderts, wieder auferstehen, dieses Babylon sehen Kritiker des Klerus bzw. Propagandisten eines radikalen christlichen Lebens auch in den Städten der folgenden Jahrhunderte durchschimmern. Diesem Stadt-Paradigma gegenüber steht Jerusalem, schon in der Bibel gleichzeitig realer Ort und eschatologische Utopie. Jerusalem wird in den ‚idealen Städten' der Klöster zu verwirklichen versucht, aber auch als Wiederauferstehung des geographischen Jerusalem im Zusammenhang mit den Kreuzzügen. Und schließlich findet sich

---

30 Vgl. Norman Cohn, Die Sehnsucht nach dem Millennium. Apokalyptiker, Chiliasten und Propheten im Mittelalter, Freiburg 1970, S. 288–310.

31 Cohn (wie Anm. 30), S. 289.

32 Vgl. Hugo Stamm, Im Bann der Apokalypse. Endzeitvorstellungen in Kirchen, Sekten und Kulten, Zürich 1998, S. 21–32, S. 211–221.

am Übergang zur Neuzeit ein erster konkreter Umsetzungsversuch des neuen Jerusalem in der Stadt Münster des Johannes von Leyden. Hier wird in schmerzlicher Deutlichkeit bereits das Problem moderner Utopien, die in ihrer Verwirklichung radikal scheitern, sichtbar.

Wie sehr die Stadt als locus theologicus über das Mittelalter hinaus wirksam geblieben ist, verdeutlichen zahlreiche Bezugnahmen in religiösem und parareligiösem Kontext, von denen eine, welche Babylon und New York vergleicht, den Abschluss dieses Beitrags bilden soll:[33]

„1) Both are the Capital of the World at a moment in history.
 2) Both are banking, entertainment, and commercial capitals of the world during their reign.
 3) Both are close to water, New York on the Hudson River, and old Babylon on the Euphrates River.
 4) Both are depraved and immoral.
 5) Both of them have people of God inside, and God warns them to get out.
    When Babylon the Great fell, it took all the world by surprise. Just like old Babylon, it was attacked in a way that was not expected. Most people looked in disbelief when they saw the first building burning. People felt dazed when the second building was hit. The whole complex fell down in one hour."

---

33 New York and Ancient Babylon Compared aus: http://www.rapturechrist.com/newsletteroct1_2004.htm, 05.05.2008, 16:57 Uhr.

hof, burc und *stat*.
Identitätskonstruktionen und literarische Stadtentwürfe
als Repräsentationen des Anderen

Franziska Wenzel

1. Wohnstätten

Die Anlage von Wohnstätten, zu der auch die Organisation eines bewohnbaren Stadtraums gehört, ist ein der Sprache vergleichbarer Ausdruck eines anthropologisch konstanten Verhaltens. Seit den ersten auswertbaren Befunden der Altsteinzeit sind es drei fundamentale menschliche Bedürfnisse, die eine Wohnstätte befriedigt.[1] Erstens wird ein architektonischer Rahmen für eine bestimmte soziale Gruppe geschaffen, in dem die Identität der Gruppe nach innen und außen gesichert ist; zweitens ist die Wohnstätte ein statischer Punkt im Chaos der Welt, von dem aus Ordnung gestiftet und soziale Identität konstruiert wird und drittens ist mit der Wohnstätte ein technisch effizientes Umfeld für die Stabilisierung der sozialen Beziehungen geschaffen. Wohnstätten sind damit immer als ein Teil der sozialen Kommunikation, als ein Teil menschlicher Identitätskonstruktion zu verstehen.[2] Sie sind auch der Ort, um sich miteinander über das Eigene auszutauschen und regen den Austausch mit dem Anderen, dem

---

1 André Leroi-Gourhan, Hand und Wort. Die Evolution von Technik, Sprache und Kunst, Frankfurt a. M. 1980, S. 397.
2 Siehe grundsätzlich die Bände von Peter von Moos (Hg.), Unverwechselbarkeit. Persönliche Identität und Identifikation in der vormodernen Gesellschaft, Köln/Weimar/Wien 2004 (Norm und Struktur 23), S. 355–377 und Dieter R. Bauer/Gabriela Signori (Hgg.), Patriotische Heilige. Beiträge zur Konstruktion religiöser und politischer Identitäten in der Vormoderne, Stuttgart 2007 (Beiträge zur Hagiographie 5).
3 Vgl. stellvertretend Das Eigene und das Fremde. Gesammelte Aufsätze zu Gesellschaft, Kultur und Religion, hg. v. Rüdiger Schloz, Würzburg 2005 (Religion in der Gesellschaft 19); Stadt und Religion in der frühen Neuzeit. Soziale Ordnungen und ihre Repräsentationen. Festschrift Heinz Schilling zum 65. Geburtstag, hg. v. Vera Isaiasz, Frankfurt a. M. 2007 (Eigene und fremde Welten 4); Florian Kragl, Die Weisheit des Fremden. Studien zur mittelalterlichen Alexandertradition. Mit einem allgemeinen Teil zur Fremdheitswahrnehmung, Bern u. a. 2005 (Wiener Arbeiten zur Germanischen Altertumskunde und Philologie 39), bes. S. 15–92; vgl. auch die Arbeiten zur Relation eigener und fremder Kultur von Christian Kiening, Umgang mit dem Fremden. Erfahrungen des ‚Französischen' in Wolframs „Willehalm", in: Wolfram-Studien XI (1989), S. 65–85; ders., Personifikationen. Begegnungen mit dem Fremd-Vertrauten in mittelalterlicher Literatur, in: Personenbeziehungen in der mittelalterlichen Literatur, hg. v. Helmut Brall/Barbara Haupt/Urban Küsters, Düsseldorf 1994, S. 347–387; ders., Alterität und Mimesis. Repräsentationen des Fremden in Hans Stadens „Historia", in: Nach der Sozialgeschichte. Konzepte für eine Literaturwissenschaft zwischen historischer Anthropologie, Kulturgeschichte und Medientheorie, hg. v. Martin Huber/Gerhard Lauer, Tübingen 2000, S. 483–510; ders., Ordnung der Fremde. Brasilien und die theoretische Neugierde im 16. Jahrhundert, in: Curiositas. Welterfahrung und ästhetische Neugierde in Mittelalter und

Fremden, an.³ Die Wahrnehmung und das Durchschreiten der Welt erfolgt auf zwei Wegen, „der eine ist dynamisch und besteht darin, den Raum zu durchqueren und dabei von ihm Kenntnis zu nehmen, der andere Weg ist statisch und gestattet es, um sich herum die aufeinanderfolgenden Kreise anzuordnen, die sich bis an die Grenzen des Unbekannten erstrecken" können.⁴

Es gibt einen Zeitraum in der Vormoderne, der für die Veränderung menschlicher Wahrnehmung reserviert ist. Die Welt in den literarischen Entwürfen ist nicht mehr vornehmlich eine Welt der Präsenz, in der die Letztbegründungen im Bereich der Transzendenz gesucht werden, wie das für den arthurischen Ritter in den höfischen Epen des Mittelalters gilt; sie wird langsam aber unaufhörlich eine mittelbare Welt, in der innerweltliche Verweiszusammenhänge die Weltsicht prägen, eine Weltsicht, deren Erfahrungen und deren Wissen vertikal und nicht allein horizontal organisiert sind.⁵ Diesen Zeitraum nennen wir die Frühe Neuzeit. Ist die Weltwahrnehmung vermittelt, sind die Verweiszusammenhänge repräsentativer Art und das heißt bezogen auf die Wohnstätte, dass sie menschliche Identität(en) repräsentiert. Jede Form einer solchen Vermittlung ist axiologisch besetzt, man kann sagen, dass jede Repräsentation Kondensationspunkt ideologischer Aussagen ist. Sie vergegenwärtigt diese immer mit; anders formuliert, räumliche Identitätskonstruktionen transportieren genuin eine bestimmte ideologische Aussage, die im gesellschaftlichen Gefüge kommuniziert werden kann.⁶

Wie das geschieht, möchte ich auf der Grundlage der genannten fundamentalen Prämissen hinterfragen: Welche Rolle spielen Stadtbeschreibungen für die Identitätskonstruktion im Rahmen der höfischen Literatur des Mittelalters (11.–13. Jahrhundert)? Was für eine Form des Stadtbildes wird wie und zu welchem Zweck inszeniert, und welche Funktion haben diese Inszenierungen im Rahmen der literarischen Handlung und des jeweils inszenierten kommunikativen Gefüges?

2. *stat* und *burc*, Hof und Stadt

Eine thematische und eine lexikalische Darstellungskonvention bestimmen meine Frage nach den literarischen Stadtinszenierungen: Thematisch bemerkenswert erscheint mir, dass die Stadtbeschreibung in den epischen Formen der mittelalterlich-höfischen Litera-

---

früher Neuzeit, hg. v. Klaus Krüger, Göttingen 2002 (Göttinger Gespräche zur Geschichtswissenschaft 15), S. 59–109. Zur fächerübergreifenden Wahrnehmung dieses Gegenstandes siehe z. B. den Sonderforschungsbereich 541 „Identitäten und Alteritäten" (1997–2003) der Universität Freiburg i. Br. und die dort initiierte 14 Bände umfassende Reihe „Identität und Alterität".

4 Leroi-Gourhan (wie Anm. 1), S. 402.
5 Vgl. zur Zeichenpraxis-Diskussion bezogen auf das Mittelalter Peter Strohschneider, Die Zeichen der Mediävistik. Ein Diskussionsbeitrag zum Mittelalter-Entwurf in Peter Czerwinskis „Gegenwärtigkeit", in: Internationales Archiv für Sozialgeschichte der deutschen Literatur 20/2 (1995), S. 173–191 und Ursula Peters, ‚Texte vor der Literatur'? Zur Problematik neuerer Alteritätsparadigmen der Mittelalter-Philologie, in: Poetica 39 (2007), S. 59–88, hier S. 61–66.
6 Vgl. Hans Georg Soeffner, Appräsentation und Repräsentation. Von der Wahrnehmung zur gesellschaftlichen Darstellung des Wahrzunehmenden, in: Höfische Repräsentation. Das Zeremoniell und die Zeichen, hg. v. Hedda Ragotzky/ Horst Wenzel, Tübingen 1990, S. 43–63.

tur eine untergeordnete Rolle spielt.[7] Ob der spezifische Aufführungsort als alleinige Ursache eine hinlängliche Antwort ist, möchte ich nicht entscheiden. Der historische Ort dieser Literatur ist der Hof, höfische Literatur findet vor allem an Höfen statt. Höfische Literatur ist keine städtische Literatur, sie hat kein städtisches Personal (bis auf einige Ausnahmen), und die wenigen Stadtbeschreibungen, die es dennoch gibt, sind keine Selbstbeschreibungen von Städtern, die sich feiern oder sich ihrer Stadt rühmen würden. Doch gibt es sie, die ausführliche literarische Stadtbeschreibung. Im „Herzog Ernst" z. B., einem Spielmannsepos aus dem späten 12. Jahrhundert, wird eine Stadt – für literarische Verhältnisse – erstaunlich weitläufig und detailliert beschrieben. Aber es ist nicht die eigene Kultur, die mit der Beschreibung der Stadt vor Augen geführt wird, sondern die unbekannte Kultur eines Kranichvolkes. Von einer Identitätsbehauptung der fremden Gemeinschaft, die im Rahmen der Literatur inszeniert wäre, ist in diesem Text nicht die Rede. Das Faszinosum hinter dieser Stadtbeschreibung ist das Wunderbare.[8]

---

7   Vgl. dazu die Arbeiten von Gabriele Schieb, Die Stadtbeschreibungen der Veldeküberlieferung, in: Beiträge zur Geschichte der deutschen Sprache und Literatur 74 (1952), S. 44–63 und 72–75; Erich Kleinschmidt, Stadt und Literatur in der frühen Neuzeit, Köln 1982 (Literatur und Leben N.F. 22) und der grundlegende komparatistische Ansatz von Hartmut Kugler, Die Vorstellung der Stadt in der Literatur des deutschen Mittelalters, München/Zürich 1986 (Münchener Texte und Untersuchungen zur deutschen Literatur des Mittelalters 88), der Aspekte der Urbanistik, Kunstgeschichte, Architektur, Literaturgeschichte und Soziologie verbindet; weiterführende Literatur S. 275–292. Kugler betont, aufgrund der Stadtgründungen als Erscheinungen des Hoch- und Spätmittelalters, habe sich das Thema Stadt als literarischer Gegenstand erst herausbilden müssen, ebd., S. 5 und obgleich städtische Neugründungen im 13. und 14. Jahrhundert zunehmen, habe es kaum einen Niederschlag in den deutschsprachigen Texten gegeben, ebd., S. 149.

8   Bereits Kugler (wie Anm. 7), S. IX, 5, 23f. und passim sieht im Hiat zwischen der historischen Wirklichkeit und den literarischen Stadtbeschreibungen ein unbedingt zu kalkulierendes Kriterium literarischer Inszenierungen. Fiktionale epische Stadt(bzw. Burg-)beschreibungen des Hoch- und Spätmittelalters finden sich bei: Rudolf von Ems, Alexander, V. 8677–8738 – Tyrus; Rudolf von Ems, Der guote Gêrhart, V. 1270–1308 – Castelgunt; Heinrich von Neustadt, Appollonius, V. 1025–1107 – Tharsis, V. 8073–8261 – Babylon, V. 10356–10365 – Ninive, V. 10934–11014 und 11062–11101 – Crisanda; Hartmann von Aue, Erec, V. 7811–7893 und 8056–8085 – Brandigân; Ulrich von Zazikhoven, Lanzelet, V. 189–240 – eine namenlose Stadt der Meerfee, V. 3532–3559 – Schâtel le mort, V. 4091–4189 – Dôdône; Herzog Ernst B, V. 2204–2816 – Grippia; Wolfram von Eschenbach, Parzival, 59,21–61,12 – Kanvoleiz, 180,15–184,18 – Pelrapeire, 398,10–399,30 – Schamfanzûn; Wolfram von Eschenbach, Willehalm 82,15–27 – Orange, 112,3–11 – Orleans; Heinrich von Veldeke, Eneide, V. 303–430 – Karthago; Heinrich von Veldeke, Servatius, V. 843–872 – Tongern, V. 951–982 – Maastricht; Wirnt von Grafenberg, V. 10730–10842 – Namur; Konrad von Würzburg, Partonopier und Meliur, V. 774–884 – Schiefdeire; Herbort von Fritzlar, Liet von Troye, V. 1755–1856 – Troja; Konrad von Würzburg, Der Trojanische Krieg, V. 17322–17694 – Troja; Ulrich von Etzenbach, Alexander, V. 9195–9212 – Tyrus. Eine Reihe chronikalischer Stadtbeschreibungen findet sich z. B. bei Rudolf von Ems, Weltchronik, V. 2249–2394 – Konstanz, Basel, Straßburg, Speyer, Trifels, Worms, Mainz, Köln, V. 3605–3669 – Trier und Babylon. Der Rahmen der stadtbeschreibenden Texte, die Kugler beachtet, spannt sich von den universalgeschichtlichen Entwürfen über den hellenistischen Roman, das höfische Epos, Legenden bis hin zu den Lobsprüchen der Spruchdichtung, gleichviel wie realistisch oder fiktional die Beschreibungen sind. Kuglers Überlegungen, ebd., S. 14, kalkulieren zwei rezeptionsgeschichtliche Dimensionen hochmittelalterlicher Stadtbeschreibungen, die nicht nur in den historischen Quellen, sondern eben auch für die literarischen Entwürfe nachzuweisen sind, die Rezeption des antiken Kartagobildes und die des himmlischen Jerusalems im Sinne einer Idealstadt.

Lexikalisch ist bemerkenswert, dass das Lexem *stat*[9] im Mittelhochdeutschen Ort, Stelle, Stätte und Stadt meint und dass es in der Literatur des 12. und 13. Jahrhunderts neben dem Begriff *burc*[10] und noch nicht endgültig geschieden davon auftaucht.[11] Der Begriff *burc* ist in seiner Bedeutung vergleichbar unspezifisch und kann Burg, Schloss aber auch Stadt meinen. Beides sind Begriffe, die vor allem für eines stehen, für die Zentren einer vornehmlich adligen Bevölkerung.

Es ist der unwahrscheinliche Fall, dass in der höfischen Literatur eine personale Gemeinschaft durch eine Stadt oder durch Gebäude repräsentiert wird. In der Regel ist es der Artushof, der die Idealvorstellung der höfischen Gemeinschaft vergegenwärtigt. Als der ideale Hof ist er in der epischen Literatur allgegenwärtig. Doch werden nicht die architektonischen Details einer Lokalität inszeniert, sondern der Artushof ist zunächst eine durch König und Artusritter personal organisierte Gemeinschaft, deren Idealität sich über die Herausgehobenheit und die Egalität aller Ritter bestimmt, symbolisiert durch die arthurische Tafelrunde oder anders formuliert, das Rund der Tafel vergegenwärtigt, was nicht ist, nämlich die Gleichrangigkeit der Ungleichrangigen.[12]

Sucht man im Rahmen der Fragestellung dieses Beitrages nach dem Ähnlichen, funktionieren Hof und Stadt gleichermaßen als Konvergenzpunkte von Identität, Idealität und Macht. Der Hof mit seinem König als dem Zentrum der arthurischen Welt steht für die stabile Ordnung der Welt ein. Und doch ist diese nur virtuell stabil, denn die arthurischen Ritter ziehen einer nach dem anderen aus, um die Ordnung ihrer Welt außerhalb des Hofes immer wieder neu zu stiften und bei ihrer Rückkehr anhand der Scharten ihrer Rüstung vor Augen zu führen. Der Hof ist wie die Stadt ein Ort, an dem Stabilität und Dynamik konvergieren, ein Ort, von dem aus die Welt durchquert wird und von dem aus Ordnung gestiftet, bestätigt und vor Augen geführt wird. Doch für den literarisierten arthurischen Hof gilt, dass Identität, Idealität und Macht an die physischen und nicht an die architektonischen Körper gebunden sind. Ob man das als literarische Reaktion auf das Reisekönigtum des frühen Mittelalters erkennt[13] oder an die historisch-anthropologischen Prämissen adliger Kommunikation zurückbindet wie das

---

9 *stat*: Matthias Lexer, Mittelhochdeutsches Handwörterbuch, Bd. II, Sp. 1144.

10 *burc*: Ebd., Bd. I, Sp. 390.

11 Zur fehlenden Differenzierung der Burg von anderen Bauwerken vgl. Elsbeth Orth, Ritter und Burg, in: Das ritterliche Turnier im Mittelalter. Beiträge zu einer vergleichenden Formen- und Verhaltensgeschichte des Rittertums, hg. v. Josef Fleckenstein, Göttingen 1986, S. 19–74, hier S. 20f.; dort auch weiterführende Literatur.

12 Ich habe diesen Gedanken entwickelt in: Franziska Wenzel, Keie und Kalogrenant. Zur kommunikativen Logik höfischen Erzählens in Hartmanns „Iwein", in: Literarische Kommunikation und soziale Interaktion. Studien zur Institutionalität mittelalterlicher Literatur, hg. v. Beate Kellner/Ludger Lieb/Peter Strohschneider, Frankfurt a. M. u. a. 2001 (Mikrokosmos 64), S. 89–109, hier S. 90–92.

13 Stellvertretend für die Fülle an Literatur zum Reisekönigtum seien hier nur zwei grundständige Arbeiten aufgeführt: Joachim Bumke, Höfische Kultur, Literatur und Gesellschaft im Mittelalter, München 1986, Bd. 1, S. 71–76; Norbert Ohler, Reisen im Mittelalter, München 1986, S. 208–233; jüngst zu einem konkreten Fall: Caspar Ehlers, Das mittelalterliche Reisekönigtum und seine Pfalzen: Franken als Königslandschaft bis 1190, in: Pfalz – Ganerbenburg – Stadt. Funktionswandlungen eines zentralen Ortes, Vorträge einer gemeinsamen Fachtagung des Lehrstuhls für Fränkische Landesgeschichte an der Universität Würzburg und der Stadt Bad Neustadt, hg. v. Helmut Flachenecker, Bad Neustadt 2007, S. 7–24.

beispielsweise Gert Althoff, Ernst Kantorowicz und Horst Wenzel tun, hängt ganz wesentlich vom Erkenntnisinteresse des Beobachters ab.[14]

Kantorowiczs Idee von den zwei Körpern des Königs[15] lässt sich heuristisch ertragreich auch mit den Begriffen Repräsentation und Appräsentation[16] beschreiben, insofern man sagen kann, dass die politische Idee des Königtums mit dem Körper des Königs mitrepräsentiert wird. Diese Idee kann den Tod des Körpers überdauern und so zu einer gesellschaftsrelevanten Leitidee[17] werden, die die Identität einer Gemeinschaft dauerhaft stützt. Identität lässt sich also im Anschluss an Kantorowicz auch vom Körper lösen und an eine Idee, ein Abstraktum gebunden denken, an ein Nichtvorhandenes, aber intersubjektiv Bekanntes. Im Bereich der mittelalterlich höfischen Literatur sind abstrakte Ideen in diesem Sinne immer körperlich bzw. dinglich rückgebunden, stehen also in der Mehrzahl der Beispiele in einem Repräsentationsverhältnis.

Die Identitätskonstruktionen in der höfischen Literatur sind ganz unmittelbar an die Körperlichkeit gebunden. Und gerade weil dies eine fundamentale und kommunikativ relevante Relation zu sein scheint, wird in einer Reihe von Texten danach gefragt, was geschieht, wenn Körper fehlen, Makel aufweisen oder Identitäten an architektonische Bauten, an bewegliche Güter und ethische Vorstellungen des Handelns gebunden werden. In solchen Inszenierungen wird etwas Abwesendes durch etwas anderes vertreten, werden abstrakte Vorstellungen dinglich bzw. im Handeln unmittelbar vergegenwärtigt, werden axiologische Besetzungen mitvergegenwärtigt, so dass die Identitätskonstruktionen komplexer werden und sich nicht mehr schlicht als ein Verhältnis der Repräsentation im Sinne der Vertretung des einen durch ein anderes Zeichen beschreiben lassen.[18]

---

14 Gert Althoff, Demonstration und Inszenierung. Spielregeln der Kommunikation in mittelalterlicher Öffentlichkeit, in: Frühmittelalterliche Studien 27 (1993), S. 27–50, wieder abgedruckt in: ders., Spielregeln der Politik im Mittelalter. Kommunikation in Frieden und Fehde, Darmstadt 1997, S. 229–257; ders., Genugtuung (satisfactio). Zur Eigenart gütlicher Konfliktbeilegung im Mittelalter, in: Modernes Mittelalter. Neue Bilder einer populären Epoche, hg. v. Joachim Heinzle, Frankfurt a. M./Leipzig 1994, S. 247–265; Ernst H. Kantorowicz. Die zwei Körper des Königs. Eine Studie zur politischen Theologie des Mittelalters, München 1990 (engl.: The King's Two Bodies [...]. Princeton 1957); Horst Wenzel, Zur Repräsentation von Herrschaft in mittelalterlichen Texten. Plädoyer für eine Literaturgeschichte der Herrschaftsbereiche und ihrer Institutionen, in: Adelsherrschaft und Literatur, hg. v. Joachim Bumke u. a., Bern 1980 (Beiträge zur älteren deutschen Literaturgeschichte 6), S. 339–375; ders., Repräsentation und schöner Schein am Hof und in der höfischen Literatur, in: Höfische Repräsentation. Das Zeremoniell und die Zeichen, hg. v. Hedda Ragotzky/Horst Wenzel, Tübingen 1990, S. 171–208; ders., Schrift und Bild. Zur Repräsentation der audiovisuellen Wahrnehmung im Mittelalter, in: Germanistik, Deutschunterricht und Kulturpolitik, hg. v. Johannes Janota, Tübingen 1993 (Vorträge des Augsburger Germanistentages 1991, 3), S. 101–121.

15 Vgl. Kantorowicz (wie Anm. 14).

16 Vgl. Soeffner (wie Anm. 6).

17 Zum soziologischen Begriff der Leitidee vgl. Karl-Siegbert Rehberg, Institutionen als symbolische Ordnungen. Leitfragen zur Theorie und Analyse institutioneller Mechanismen (TAIM), in: Die Eigenart der Institutionen. Zum Profil politischer Institutionentheorie, hg. v. Gerhard Göhler, Baden-Baden 1994, S. 47–84, hier S. 65–70; vgl. auch ders., „Die Öffentlichkeit" der Institutionen. Grundbegriffliche Überlegungen im Rahmen der Theorie und Analyse institutioneller Mechanismen, in: Macht der Öffentlichkeit – Öffentlichkeit der Macht, hg. v. Gerhard Göhler, Baden-Baden 1995, S. 181–211.

18 Zum Terminus und zum Begriffsfeld Repräsentation, Präsentation und Appräsentation vgl. den Artikel „Repräsentation", in: Historisches Wörterbuch der Philosophie, hg. v. Joachim Ritter. [ab Bd. 4: v. Karlfried Gründer], Bd. 1ff., Basel/Stuttgart 1971ff., hier Bd. 8, Sp. 790–853; Karl-

Ich möchte an einer kurzen Reihe epischer Texte vorführen, welche Funktion der Darstellung architektonischer Zentren im Rahmen der Selbstbeschreibungen adliger, kaufmännischer und städtischer Gemeinschaften zukommt. Der Parcours beginnt bei drei literarisch höfischen Inszenierungen einer idealen Stadt oder Burg, um das entworfene Selbst- und Fremdbild der idealen Gemeinschaft nachzuzeichnen. In den Blick rücken die Burg Brandigan im „Erec" Hartmanns von Aue, eine heidnische Stadt im Spielmannsepos „Herzog Ernst" und Magdeburg sowie die orientalische Hafenstadt Castelgunt im „Der guote Gêrhart" Rudolfs von Ems. Er endet bei zwei literarischen Passagen, einer frühen und einer späten, in denen die Bischofsstadt Köln im „Annolied" (11. Jahrhundert) und die Gründung von Palast und Kirche im Prosaroman „Fortunatus" (um 1500) als Bestandteile der Identitätsbehauptung bzw. der Identitätskonstruktion einer bestimmten sozialen Gemeinschaft eine Rolle spielen.

3. Artushof und Brandigan.
Schönheit und Affekt – zwei Seiten höfischer Identitätskonstruktion

Ich beginne im hohen Mittelalter, mit dem „Erec" Hartmanns von Aue, der um 1170 entstanden sein dürfte.[19] Der Protagonist, der Artusritter Erec, hat Enite nach zweifachem Auszug vom Artushof für sich gewonnen.[20] Er hat in einer Reihe von Kampfhand-

Bernhard Knape, Repräsentation und Zeichen. Studien zur Herrscherdarstellung in der vorhöfischen mittelhochdeutschen Epik, München 1974; Hasso Hoffmann, Repräsentation. Studien zur Wort- und Begriffsgeschichte von der Antike bis ins 19. Jahrhundert, Berlin 1998; Hans Ulrich Gumbrecht, Einführung: Inszenierung von Gesellschaft – Ritual – Theatralisierung, in: „Aufführung" und „Schrift" in Mittelalter und Früher Neuzeit, Stuttgart/Weimar 1996 (Germanistische Symposien, Berichtsbände 17), S. 331–337; ders., Ten brief Reflections on Institutions and Re/Presentation, in: Institutionalität und Symbolisierung. Verstetigung kultureller Ordnungsmuster in Vergangenheit und Gegenwart, Köln/Weimar/Wien 2001, S. 69–75; Karl-Siegbert Rehberg, Weltpräsenz und Verkörperung. Institutionelle Analyse und Symboltheorien. Eine Einführung in systematischer Absicht, in: ebd., S. 3–49; Wenzel, Repräsentation von Herrschaft (wie Anm. 14); ders., Repräsentation und schöner Schein (wie Anm. 14); Soeffner (wie Anm. 6). Ich fasse im Rahmen der genannten Verweiszusammenhänge den Vorgang der Vertretung eines Zeichenträgers durch einen anderen Zeichenträger als den fundamentalen Vorgang der Repräsentation im Sinne einer Stellvertretung auf. Der Vorgang der Repräsentation zielt im Bereich der höfischen Epik in der Regel auf die Direktheit des Indirekten, auf die Unmittelbarkeit des Vermittelten. Davon scheide ich den Vorgang der Appräsentation, weil sich erst dann das Phänomen der Mitvergegenwärtigung einer abstrakten Idee terminologisch sauber beschreiben lässt. Mit dieser Unterscheidung lässt sich sagen, dass ein Bote ebenso wie eine Statue des Königs den (abwesenden Körper des) König repräsentiert und zugleich die Idee des Königtums als eine Allianz von Macht, herrschaftlicher Identität und Idealität appräsentiert, also mitvergegenwärtigt.

19 Ich benutze die kommentierte Ausgabe aus dem Deutschen Klassiker Verlag: Hartmann von Aue, Erec, hg. v. Manfred Günter Scholz, übersetzt von Susanne Held, Frankfurt a. M. 2007. Für eine erste Orientierung: Hartmann von Aue. Epoche – Werk – Wirkung, München 1993, hg. v. Christoph Cormeau/Wilhelm Störmer; Joachim Bumke, Der „Erec" Hartmanns von Aue. Eine Einführung, Berlin 2006.

20 Zur Struktur des Artusromans, dem sogenannten Doppelweg vgl. nach wie vor Hugo Kuhn, „Erec", in: ders., Dichtung und Welt im Mittelalter. Stuttgart ²1969, S. 133–150, zuerst in: Festschrift Paul Kluckhohn und Hermann Schneider,

lungen seine Idealität bewiesen, die sogenannte arthurische Krise gemeistert und wird vor seiner Rückkehr an den Artushof eine letzte Aventiure bestehen, die „Joie de la curt"[21], die in der Forschung als ein nochmaliger, als ein symbolischer Durchgang durch alle gemeinsamen bisherigen Handlungen von *ami* und *amie* gilt. Erec muss nun an einem märchenhaften Ort, in einem umschlossenen Baumgarten, vor dem aufgepfählte Köpfe die Herausforderung der Aventiure visualisieren, mit dem stattlichen, kraftvollen und herausragenden Ritter Mabonagrin kämpfen. Mabonagrin selber hatte seiner Minnedame einen Wunsch gewährt und erst danach von dessen Inhalt erfahren.[22] So versprach er ihr, ausgeschlossen von der höfischen Gemeinschaft, im Baumgarten der Burg Brandigan zu verweilen, bis er besiegt werde. In zwölf Jahren tötete er achtzig Ritter, deren Häupter von seiner ritterlichen Stärke zeugen. Bevor es jedoch zum Kampf zwischen Mabonagrin und Erec kommt, reitet Erec in Brandigan ein.

Die Burg wird mit ihrem Standort, ihrer Wehrhaftigkeit, ihrer wunderbaren, reichen und weithin sichtbaren glänzenden Ausstattung genau beschrieben. Es ist eine überaus prächtige viereckige Burg auf einem hohen glattrunden Berg. Dreißig Türme aus mächtigen eisenverklammerten Quadern, mit Knäufen aus rotem Gold, die weit über die Zinnen hinausragen, umgeben die Wohngebäude innerhalb der Burgmauern. Unterhalb der Burg liegt ein Gewässer, das in eine tiefe Schlucht stürzt. Blickt man von den Zinnen hinab, glaubt man in die Hölle zu schauen (V. 7877–7881), sicher ein Hinweis *ex negativo* auf die einmalige, himmlische Pracht der Burg. Auf der einen Seite der Schlucht liegt eine wohlhabende Stadt, die bis ans Wasser heranreicht.[23] Auf der anderen Seite befindet sich jener wundervolle Park, in dem Mabonagrin, der Neffe des Burgherren, mit seiner Dame lebt. Die Beschreibung der Pracht Brandigans wird im Inneren der Wohngebäude fortgesetzt. Die Kemenaten, die Leuchtkraft der Edelsteine, mit denen die Fußböden belegt sind, und die achtzig Damen, die die Ankömmlinge zu sehen bekommen, werden in ihrer herausragenden Schönheit beschrieben (V. 8208–8226).

Doch mit all der Schönheit und Pracht, die von außen kommend sich nach innen hin fortsetzt, und die die Idealität dieser königlichen Wohnstätte sichtbar werden lässt, kontrastiert die offensichtliche Trauer der Damen, welche ganz im Inneren, im Herzen der Damen ihren Ort hat: *ez wâren ahzec vrouwen, / […] / si hâten an sich geleit / eine wât rîche, / und doch unvrœlîche, […] hie erzeigeten sie vil lîhte mite / daz in daz herze wære / in etelîcher swære […]* (V. 8227–8236). Die architektonische und die körperliche Schönheit, die zur *joie de la cour* geschaffen wurde, stimmt nicht mit dem Affektzustand

---

gewidmet zu ihrem 60. Geburtstag, Tübingen 1948, S. 122–147; Hans Fromm, Doppelweg, in: Werk – Typ – Situation. Studien zu poetologischen Bedingungen in der älteren deutschen Literatur des hohen und späten Mittelalters. Festschrift Hugo Kuhn, hg. v. Ingeborg Glier, Stuttgart 1969, S. 64–79; Walther Haug, Chrétiens de Troyes „Erec"-Prolog und das arthurische Strukturmodell, in: ders., Literaturtheorie im deutschen Mittelalter. Von den Anfängen bis zum Ende des 13. Jahrhunderts, Darmstadt 1992, S. 91–107.

21 Walter Haug, Joie de la curt, in: Blütezeit, Festschrift für L. Peter Johnson zum 70. Geburtstag, hg. v. Mark Chinca, Tübingen 2000, S. 271–290.

22 Zum Motiv des *rash boon* vgl. Haug (wie Anm. 21), S. 280.

23 Diese Konstellation von Burg und Stadt, die für Brandigan beschrieben wird, könnte ein Reflex auf die sogenannte Stadtburg sein, die Elsbeth Orth (wie Anm. 11), S. 25 anhand der Formel *burg und stat* in den Quellen ausmacht: Gemeint sind Burgen, denen eine Stadt topographisch und rechtlich subordiniert ist.

dieser Damen, ja des gesamten Hofes überein. Die Ursache dafür liegt im doppelten Ungleichgewicht, in dem sich die soziale Gemeinschaft Brandigans befindet: Auf der einen Seite die achtzig an diesen Ort gebundenen Witwen, deren Männer hier erschlagen wurden, auf der anderen Seite das von der Gesellschaft getrennte Paar, das *minnecliche* im Baumgarten verweilt. So wie die *joie de la cour* darniederliegt, so ist auch die Identität der Gemeinschaft gestört, weil sich die Identität des Hofes nicht mehr durch die Wechselseitigkeit von Rittern und edlen Damen und auch nicht mehr über die Dynamik dieser Beziehung bestimmt. Die Störung selbst wird im Affektzustand und in der Statik der sozialen Gemeinschaft sichtbar.

Mit dem Sieg Erecs über Mabonagrin wird dem Hof zu guter Letzt die Freude zurückgegeben (V. 9590–9609), denn das Paar, das exemplarisch für die gelingende und gemeinschaftsfähige Minnebeziehung einsteht, kehrt in die Burg Brandigan zurück. Erec reitet mit den trauernden höfischen Damen nach Britannien, um den Artushof zu ehren. Seine eigenen Taten, sichtbar in seiner vielzähligen weiblichen Begleitung, werden in einem Festakt gefeiert, der endlich auch den Affektzustand der Trauernden positiv verkehrt.

Eine Quintessenz dieser paraphrastischen Beschreibung könnte lauten, dass adlige Identität in der höfischen Literatur um 1200 zwar im Zusammenspiel architektonischer und körperlicher Schönheit sichtbar werden kann, dass sie jedoch in erster Instanz durch die wechselseitige Gemeinschaft der Ritter und Damen erzeugt wird. Der Stadtentwurf bildet dabei einen Hintergrund, vor dem deutlich wird, dass Sein und Schein, literarisiert anhand der Diskrepanz von äußerlicher Schönheit und innerer Trauer, einander entsprechen müssen, geht es um die Ostentation idealer adliger Identität. Deutlich wird auch, dass die Identität durch die Dynamik des Ritters bestimmt wird. Und so darf man wohl sagen, dass die Statik des Minnepaares und die Trauer der Damen vor der Herrlichkeit Brandigans der Kehrseite höfischer Identität entspricht und Erec als der Regulator dieses fehlerhaften Verweiszusammenhangs fungiert.

4. Fremdes und Eigenes.
Die wunderbare Stadt und die Appräsentation anarchischer Gewalt

Das sogenannte Spielmannsepos „Herzog Ernst" B, das ins frühe 13. Jahrhundert datiert wird, steht in einer langen Erzähltradition, die vom 11. bis ins 19. Jahrhundert reicht.[24] Den Kern dieser Erzähltradition bildet die folgende Geschichte: Ein bayeri-

---

24 Herzog Ernst. Ein mittelalterliches Abenteuerbuch. In der mittelhochdeutschen Fassung B nach der Ausgabe von Karl Bartsch mit den Bruchstücken der Fassung A, hg. v. Bernhard Sowinski, Stuttgart 1989. Das Epos bietet eine Fülle historischer Spuren, die sich jedoch aufgrund der Kontamination historischer und fiktionaler Erzählelemente nicht eindeutig zuordnen lassen. Vermutet wird als Anregung für den Ursprung der Herzog-Ernst-Sage der Aufstand Liudolfs, Herzogs von Schwaben gegen seinen Vater, Otto I, von 953. Anklänge an historische Situationen finden sich in der Empörung des kaiserlichen Stiefsohns gegen den Herrscher, in der Verleumdung durch den Pfalzgrafen vom Rhein, im Kampf zwischen dem Bayernherzog und dem Kaiser, in der Ächtung und dem Auszug in die Ferne und in der sagenhaften Versöhnung zum Weihnachtsfest. Vgl. Herzog Ernst, ebd., S. 406–414.

scher Herzog kämpft, von treuen Gefährten unterstützt, gegen die kaiserlichen Truppen Ottos, um sein durch Verleumdung in Misskredit gebrachtes Ansehen wiederherzustellen. Er unterliegt, fällt in Ungnade und zieht in den Orient in einen Kreuzzug. Zusammen mit seinen Mannen wird er in fantastische Gebiete verschlagen, lernt fremde Länder und wunderliche Völker kennen, erlebt eine Vielzahl seltsamer Abenteuer und kehrt weithin bekannt und berühmt zuletzt in seine Heimat zurück, wo er am Weihnachtstag die Verzeihung des Kaisers erlangt. Strukturell zerfällt das Epos in die sagenhafte Reichsgeschichte und die exotisch-fantastische Orientfahrt.[25]

Auf dieser Fahrt im zweiten Teil des Epos gerät der Protagonist mit seinen Schiffen in einen Sturm und wird an die Küste von Grippia verschlagen, ein Land, das Kranichschnäbler[26] bevölkern und an dessen Ufer die Ritter eine herrliche Stadt, ein *hêrlîche burc* (V. 2213), erblicken, die von einer hohen, prächtigen Marmormauer, von Schutzbauten, Türmen und Brustwehr umgeben ist und deren Pracht *vîl verre gleste* (V. 2250). Die Helden betreten diese wohlgeschützte Stadt, deren Torflügel jedoch offen stehen und die verlassen zu sein scheint. Sie begeben sich gerüstet und kampfbereit in eine fremde, doch hoch kultivierte und architektonisch faszinierende Umgebung. Sie gelangen unbehelligt in einen Tiergarten mit festlich geschmückten Tafeln, und dort setzen sie sich, um ihren Hunger zu stillen. Dann beladen sie ihre Schiffe mit den Lebensmitteln aus einem übervollen Lagerhaus, ohne von dem Reichtum der Stadt etwas zu nehmen. Der erwartete Widerstand der Fremde widerfährt ihnen nicht, und so danken sie Gott für das Speisewunder, das sie kampflos erleben durften. Allein der Herzog widersteht nicht dem Wunderbaren und kehrt mit seinem Gefährten, dem Grafen Wetzel, in die Stadt zurück, dass er sie *baz besehe* (V. 2487). Eine ausführliche Beschreibung folgt, bei der die wunderbare Pracht der Stadt anhand der Außenanlagen, der goldenen Kunstwerke und Paläste mit ihren reich verzierten Gewölben und Türen vor Augen geführt wird. In einem detaillierteren Schilderungsgang zoomt der Erzähler einen einzelnen goldgedeckten und mit Smaragden besetzten Palast heran, den sich der Herzog und sein Begleiter von innen ansehen. Dort finden sie eine edelsteingeschmückte Kemenate, in

---

25 Vgl. Uwe Meves, Studien zu König Rother, Herzog Ernst und Grauer Rock (Orendel), Frankfurt a. M. 1976 (Europäische Hochschulschriften 1/181); Hans Simon-Pelanda, Schein, Realität und Utopie. Untersuchungen zur Einheit eines Staatsromans (Herzog Ernst B), Frankfurt a. M./Bern/New York 1984 (Regensburger Beiträge zur deutschen Sprach- und Literaturwissenschaft/B 24); Otto Neudeck, Ehre und Demut. Konkurrierende Verhaltenskonzepte im „Herzog Ernst B", in: Zeitschrift für deutsches Altertum 121 (1992), S. 177–209; Jens Haustein, „Herzog Ernst" zwischen Synchronie und Diachronie, in: Zeitschrift für deutsche Philologie 116 (Sonderheft 1997), S. 115–130; Alexandra Stein, Die Wundervölker des „Herzog Ernst (B)". Zum Problem körpergebundener Authentizität im Medium der Schrift, in: Fremdes wahrnehmen – fremdes Wahrnehmen, hg. v. Wolfgang Harms/C. Stephen Jaeger in Verbindung mit ders., Stuttgart 1997, S. 21–48; Jasmin Schahram Rühl, Welfisch? Staufisch? Babenbergisch? Zur Datierung, Lokalisierung und Interpretation der mittelalterlichen „Herzog-Ernst"-Fassungen seit König Konrad III. auf der Grundlage der Wortgeschichte von „Burg" und „Stadt", Wien 2002; Otto Neudeck, Erzählen von Kaiser Otto. Zur Fiktionalisierung von Geschichte in mittelhochdeutscher Literatur, Köln u. a. 2003 (Norm und Struktur. Studien zum sozialen Wandel in Mittelalter und früher Neuzeit 18).

26 Zum Phänomen der Kranichschnäbler vgl. Claude Lecouteux, Kleine Beiträge zum „Herzog Ernst", in: Zeitschrift für deutsches Altertum 110 (1981), S. 210–221.

der sich ein Spannbett, ein wuchtiger Sessel und ein Samtteppich befinden, die auf das ausführlichste in ihrer Herrlichkeit beschrieben werden. Im Hof des Palastes entdecken die Protagonisten dann zwei Quellen, die ein Badehaus und die gesamte Bewässerungsanlage der Stadt speisen.[27] Die Begierde des Herzogs nach dem Wunderbaren ist so stark, dass er nicht widerstehen kann, mit Wetzel ein Bad nimmt und sich anschließend im Spannbett ausruht, bis sie ein ohrenbetäubender Lärm vor den Stadttoren an ihre gefährliche Lage erinnert. Die Bewohner dieser Stadt kehren mit ihrem König von einem Raubzug zurück, der dem indischen Königspaar den Kopf kostete und der indischen Prinzessin einen ungewollten Gatten bescheren soll. Das Erscheinungsbild der Städter ist adlig, von den Füßen bis zum Hals. Sie sind überaus schön und reich gekleidet. Aber es sind Vogelköpfler, Kranichschnäbler, die rauben, morden und zuletzt die Prinzessin mit ihren Schnäbeln erstechen.

Die Stadt ist (in einem ontologischen Sinne) das Wunderbare, das Andere und Ungewöhnliche, das Begehrlichkeiten auf Seiten des Protagonisten weckt und sein reguliertes Handeln außer Kraft setzt. Er bringt sich und seine Ritter durch den ausgedehnten Aufenthalt in der fremden Stadt in unnötige Gefahr, weil er nicht die Nachtseite des Unbekannten und Fremden, die Gefahr, kalkuliert. Anders formuliert: Er nimmt ohne Zweifel das Wunderbare der fremden Stadt wahr, doch die damit verbundene Gefahr vergegenwärtigt er sich nicht. Faszinosum und Gefahr des Fremden, die beiden Seiten der einen Medaille werden dem Protagonisten erst durch die Gestalt der Kranichschnäbler vor Augen gestellt. Diese Wesen verkörpern zugleich die vertraute ideale höfische Erscheinung und die unbekannte Gefahr.

Die hyperbolische Darstellung des Szenariums in Grippia befriedigt die Schaulust der Rezipienten. In der Beschreibung von Stadt und Städtern wird die bekannte eigene Zivilisation überformt und übersteigert. Aber die Idealvorstellung, ja die Utopie einer Stadt, die zum einen als Symbiose von Vorstellungen des himmlischen Jerusalem mit Orientvorstellungen gelten darf[28] und zum anderen ein Höchstmaß an Kultivierung zum Ausdruck bringt, wird mit dem unzivilisierten Wesen der Einwohner konfrontiert, deren Art wild ist, die aber in ihrem Äußeren, der Körperlichkeit, der Kleidung, den Verhaltensweisen bei Tisch, der Gestaltung des Lebensraums extreme Formen der bekannten Zivilisation aufweisen. Die fundamentale Aussage, bezogen auf den Diskurs gesellschaftlich höfischer Idealität, die hinter dieser aporetischen Darstellung steht, ist frappierend, weil gerade das Wilde, Gefahrvolle und Todbringende als ein integraler Bestandteil des höfisch Idealen evident wird, auch wenn es hier in Gestalt des Fremden zur Darstellung gelangt.

---

27 Die vergleichbare Karthago-Darstellung bei Heinrich von Veldeke, Eneide (wie Anm. 8) basiert, so Kugler (wie Anm. 7), S. 38–43 auf Darstellungskonventionen des antiken Städtelobs: Gründung, Lage, Befestigung, Bauten im Inneren, Reputation, und sie ist dennoch davon abgesetzt, insofern mit der Betonung von Wehrhaftigkeit und Abgrenzung gegenüber dem Umland die Vorstellung einer frühmittelalterlichen Burgstadt in die Beschreibung eingegangen zu sein scheint.

28 Kugler (wie Anm. 7), S. 131–138 weist auf die Analogie zum Stadtentwurf Trojas bei Konrad von Würzburg hin, den er als Verbindung von Darstellungskonventionen der Himmelstadt und der weltlichen Idealstadt markiert.

5. Ein Bistum als Ware.
Identitätskonstruktionen zwischen irdischem *muot*
und geistiger Demut

Ebenfalls aus der ersten Hälfte des 13. Jahrhunderts ist uns mit Rudolfs von Ems „Der guote Gêrhart" ein späthöfischer Roman überliefert, dessen Hauptfigur ein Kaufmann ist, ein Novum in der mittelhochdeutschen Literatur.[29] In dieser Exempelgeschichte vom guten Gerhard werden die ethischen Vorstellungen eines Kaufmanns und eines Kaisers miteinander konfrontiert. Um die Gott gegenüber erhobenen Lohnforderungen des Kaisers als menschliche Anmaßung zu demaskieren, lässt Rudolf von Ems den Kaufmann als Binnenerzähler auftreten. Die Lebensgeschichte, die der Kaiser aus dem Munde des Kaufmanns vernimmt, und die dessen Entwicklung vom *rîchen* zum wahrhaft demütigen Gerhard ausmacht, reut den Kaiser in dem Maße, dass er seine eigene *superbia* erkennt und die Geschichte zur Besserung der Christenheit aufschreiben lässt. Mit dem Protagonisten verbindet sich eine rezeptive Erwartungshaltung, die der Roman auch erfüllt, und das sind die Kauffahrten in die Fremde. Ich möchte zwei Episoden herausgreifen, in denen eine Stadt aus dem eigenen und eine aus einem fremden Kulturraum für die Identitätskonstruktionen des Eigenen funktionalisiert werden.

In „Der guote Gêrhart" findet sich das Motiv von Kaiser Otto als Stifter des Magdeburger Erzbistums und weiterer kirchlicher Einrichtungen.[30] Kaiser Otto wird bereits im „Herzog Ernst B" als Gründer eines *rîche*[n] *erzebistuom*[s] (V. 200) in der Stadt Magdeburg genannt. „Neben Hinweisen auf den Bistumspatron Mauritius, die erfolgreiche Christianisierung der Slawen und reiche Schenkungen [wird] die Stiftung eines nicht näher bezeichneten Klosters […] in einem [23] Verse umfassenden Abschnitt erwähnt. Magdeburg wird hier gewissermaßen zum Attribut des Herrschers",[31] oder anders formuliert, Magdeburg symbolisiert den Kaiser und dessen weltliche Macht. In „Der guote Gêrhart" wird die Stiftung in 53 Versen beschrieben. Der weltliche Ruhm, den der Kaiser dafür erwirbt, macht ihn weithin bekannt, doch will er den göttlichen Lohn, der für ihn notwendig aus seinem stifterischen Tun folgt, sehen: *Nû ger ich sunder valschen wân, / […] daz dû, vil süezer reiner got, / […] erzeigest waz ich sol von dir / ze*

---

29 Der guote Gêrhart von Rudolf von Ems, hg. v. John A. Asher, Tübingen 1989 (ATB 56). Vgl. stellvertretend für die Forschung die Monografien von Wolfgang Walliczek, Rudolf von Ems: „Der guote Gêrhart", München 1973 (Münchener Texte und Untersuchungen zur deutschen Literatur des Mittelalters 46); Werner Wunderlich, Der „ritterliche" Kaufmann. Literatursoziologische Studien zu Rudolf von Ems' „Der guote Gêrhart", Kronberg/Ts. 1975 (Scriptor Hochschulschriften, Literaturwissenschaft 7) und Reinhard Bleck, Keiser Otte und Künic Willehalm. Rudolf von Ems „Der guote Gêrhart", Wien 1985 (Wiener Arbeiten zur germanischen Altertumskunde und Philologie 28).

30 Otto lässt sich aufgrund der Anspielungen als der Sachsenkaiser Otto I. identifizieren, hier mit seinem Sohn Otto II. kontaminiert, der der rote Kaiser einer Erzähltradition um Otto war; vgl. Helmut Brackert, Rudolf von Ems. Dichtung und Geschichte, Heidelberg 1968, „Der Gute Gerhard" S. 34–57, hier S. 34.

31 Michael Schilling, Literarisches Magdeburg bis zur Zerstörung des Stadt im Jahre 1631, in: Magdeburg. Die Geschichte der Stadt 805–2005, hg. im Auftrag der Landeshauptstadt Magdeburg v. Matthias Puhle/Peter Petsch, Dössel (Saalkreis) 2005, S. 283–310, hier S. 284.

lône durch mîn arbeit hân, / die ich durch dich hân getân (V. 477–484). Im Rahmen der Identitätskonstruktion des Kaisers wird Magdeburg zu einer Ware, mit der sich der Herrscher sein Seelenheil erkaufen möchte. Die Stiftung ist keine Gabe[32] im Sinne wahrer religiöser Demut. Ihr wird ein Lohn erfordernder weltlicher Wert zugesprochen, der sie zum Handelsgut herabstuft.[33] Die Demut des Kaisers ist an den Warenwert, nicht aber an den wahren Wert ethischen Verhaltens gebunden.

Ganz anders stellt sich das Wertedenken des Kaufmanns dar. Gerhard gelangt auf seinen Reisen auch nach Marokko. Den ersten Eindruck dieser fremden Welt vermittelt ihm eine heidnische am Meer gelegene Stadt, die in ihrer Größe mit dem mittelalterlichen Köln verglichen wird (V. 1276f.). Die Stadt Castelgunt wird als ein umvierter Raum beschrieben, mit drei Landwegen und einem Zugang zum Meer. Sie wird in ihrem Reichtum, der Bewegung in die Stadt hinein und aus ihr heraus, als eine wehrhafte Handelsstadt gezeichnet. Dem Beobachter ist der Blick auf die Zufahrtswege durch eine Unmenge von Kamelen verwehrt, und auch hierin drücken sich Reichtum und Handelspotential der Stadt aus. Der Kaufmann Gerhard findet in dem Burggrafen Stranmur einen höflichen und gerechten, wenn auch heidnischen Schutzherrn, der ihm Geleit und Frieden während des Markttages gewährt und seine Waren vom Zoll befreit.

Diese fremde heidnische Stadt repräsentiert die marktorientierte ökonomische Weltsicht des Fernkaufmanns; Kauf, Kaufschatz, Gewinn und Handel (*wehsel*) sind die bedeutungstragenden kaufmännischen Begriffe im Rahmen dieser Textpassage. Doch der *kouf* (V. 1711), den Stranmur Gerhard zeigt, und der *wehsel* (V. 1716), den er ihm vorschlägt, durchbrechen alle bislang aufgebauten Erwartungen. Es sind 24 englische Ritter und 15 norwegische höfische Damen – unter ihnen eine Königstochter, die Gerhard mit seinem gesamten Kaufschatz (im Wert von 100 000 Mark) auslösen soll. Für Gerhard wird das Angebot des ökonomischen Wechsels zu einer guten Tat in Demut. Im geträumten Gespräch mit einem Engel offenbart sich ihm das ewige Leben als wahrhaftiges Entgelt für die Befreiung der christlichen Schar.

Die Befreiung der Christen aus heidnischer Gefangenschaft einerseits und die ökonomische Dimension der marokkanischen Stadt andererseits bilden den Hintergrund für die Identitätskonstruktion des Kaufmanns. Der Wert des Handelns bemisst sich für ihn nicht mehr über ein Guthaben und er lässt sich auch nicht mit einem Warenwert aufwiegen. Der wahre Wert des Handelns wird ethisch definiert. Es ist die Güte des Handelnden, sein *guot*-Sein, über das er sich bestimmt. So wird mit der heidnischen Handelsmetropole Castelgunt und dem Handel zwischen dem Kaufmann Gerhard und dem Burggrafen Stranmur ein realökonomischer Hintergrund inszeniert für eine moraltheologische Umkodierung des Umgangs mit Macht und Reichtum.

Das Erzbistum und die Städte in diesem Roman repräsentieren zwar feudalen und kaufmännischen Reichtum, und sie visualisieren in ihrer Pracht die irdische Macht der

---

32 Zur Semantik der Gabe vgl. Marion Oswald, Gabe und Gewalt. Studien zur Logik und Poetik der Gabe in der frühhöfischen Erzählliteratur, Göttingen 2004 (Historische Semantik 7), S. 13–45.

33 Vgl. Georg Elwert, Reziprozität und Warentausch. Überlegungen zu einigen Ausdrücken und Begriffen, in: Ethnologie im Widerstreit. Kontroversen über Macht, Geschäft, Geschlecht in fremden Kulturen, Festschrift für Lorenz G. Löffler, hg. v. Eberhard Berg u. a., München 1991, S. 159–177.

jeweils Herrschenden. Doch der mit den Orten verbundene Identitätsentwurf ist allein auf irdischen Ruhm zurückgeworfen. Das Exempel des Kaufmanns führt das transgressive Moment einer idealen Identitätskonstruktion vor, insofern die irdische Tat im Namen Gottes immer Heilsgewissheit impliziert und damit den Bereich des Irdischen transzendiert. Und so ist diese Konstruktion nicht im Sinne des *wehsels* ökonomisch fundiert, sie kann nicht mit irdischen Maßstäben gemessen werden. Sie ist ein antiökonomischer, ein heilsorientierter, ein weltabgewandter Identitätsentwurf.

Ideale Identität wird in der Geschichte des Kaufmanns nicht repräsentiert durch Reichtum und architektonische Pracht des Erzbistums Magdeburg oder durch den Reichtum der kaufmännischen Waren, und sie wird auch nicht über körperliche Idealität oder Statussymbole konstruiert. Es ist eine ethisch-religiöse Kategorie, die sich in erster Linie über ein ethisch-christliches Handeln bestimmt, unabhängig von Herkunft und Stand der Handelnden. Die Identität des Kaufmanns konstituiert sich zu allererst in seinem Handeln und die ethisch-religiösen Leitvorstellungen werden dabei mitvergegenwärtigt.

6. Städtelob und Patrozinium. Zur Heiligung städtischer Identität

Bereits im frühen Mittelalter findet sich eine vergleichbare Identitätskonstruktion, bei der ethisch-religiöse Facetten die literarische Identitätskonstruktion der Stadt prägen. Das „Annolied" dürfte im letzten Drittel des 11. Jahrhunderts entstanden sein,[34] parallel zu dem Annonachruf in den „Annalen" Lamperts von Hersfeld (1078/79) und einer fragmentarisch erhaltenen „Vita Annonis" Abt Reginhards (vor 1088), die anhand einer Neufassung von 1105 rekonstruierbar ist. Literarisch inszeniert wird das Wirken des Bischofs Anno zur Zeit seines Episkopats in Köln: Regentschaft, Bautätigkeit, Gründungen, Stiftungen, sein Einsatz während des Kriegsgeschehens. Erzählt wird auch von der Weltabkehr, von seinem Tod und den Wundern nach seinem Tode. Die negativen realhistorischen Facetten seines Wirkens werden von der literarischen Inszenierung nicht erfasst.[35] Eingebunden in einen welt- und heilsgeschichtlichen Großentwurf bis zur Wirkzeit Annos werden anhand der Semantik von Schöpfung, Sündhaftigkeit und Erlösungsfähigkeit zunächst die seit den Anfängen wiederkehrenden weltlichen Stadtgründungen und Zerstörungen in ihrer heilsgeschichtlichen Axiologie aufgedeckt. Vor diesem Hintergrund wird dann die Liaison von Stadt und Stadtpatron als ein wechselseitig repräsentatives Verhältnis inszeniert, das die Abfolge von Sündhaftigkeit und Erlösungsfähigkeit abbildet.[36]

---

34 Das Annolied. Mittelhochdeutsch und neuhochdeutsch, hg., übersetzt und kommentiert v. Eberhard Nellmann, Stuttgart ⁵1999 (RUB 1416); vgl. zu diesem Text zuletzt und stellvertretend für die Summe der Forschungen Hartmut Bleumer, Das „Annolied" als ästhetisches Objekt, in: Das fremde Schöne. Dimensionen des Ästhetischen in der Literatur des Mittelalters, hg. v. Manuel Braun/ Christopher Young, Berlin/New York 2007 (Trends in Medieval Philology 12), S. 255–279. Einen Forschungsquerschnitt bieten die Anmerkungen in diesem Beitrag.

35 Annolied (wie Anm. 34), S. 182–184.

36 Kugler (wie Anm. 7), S. 88–90 sieht im Stadtentwurf Kölns im „Annolied" einen Heilsort, der aufgeladen ist durch die Erzählung weltgeschichtlicher Etappen, welche wiederum durch einzelne Städte gekennzeichnet sind.

> *Ce Kolne was her gewîhet bischof.*
> *des sal diu stat iemir loben got,*
> *daz in der scônistir burge,*
> *dî in diutschemi lande ie wurde,*
> *rihtêre was der vrumigisti man,*
> *der ie ci Rîni biquam,*
> *ci diu daz diu stat desti mêror diuhte,*
> *wandi si ein sô wîse hêrin stedi plêgi.*
> *Koln ist der hêrristin burge ein.*
> *sent Anno brâht ir êre wole heim.* (7,1–12)[37]

Die Herrlichkeit der weltlichen Stadt wird in diesem Städtelob[38] durch die herausragenden Qualitäten Annos verstärkt und gemehrt. Sie wird in Ewigkeit gesichert im Stadtheiligen als dem Repräsentanten der Stadt. Annos Herrlichkeit wiederum wird durch die Stadt in ihrer Ausstrahlung intensiviert. Der Text selbst zeigt Anno in einer Position *alsi diu sunni* (34,10) zwischen Himmel und Erde, in welcher es ihm zusteht zwischen beiden Seiten, dem Kaiser und Gott zu vermitteln.[39]

Auch wenn irdischer Ruhm und Heiligkeit zu koexistieren scheinen – *gode was her [Anno] vili liep. / sêliclîche stûnt kolnischi werlt, / dû si sulichis bischovis wârin wert* (35,16f.) –, wird Anno einer Reihe von Prüfungen unterzogen, damit, wie es heißt, seine Seele keinen Schaden nehme. Landherren und Städter wenden sich im Kampf gegen ihn und er wird mit *gewêfinin ûze dir burg virtribin* (39,8). Die realhistorischen Zwistigkeiten zwischen den Städtern und ihrem Bischof[40] werden ethisch-religiös umgeformt und

---

37 „In Köln wurde er zum Bischof geweiht. / Deshalb soll die Stadt immer Gott loben, / dass in der schönsten Stadt, / die je in einem deutschen Land entstand, / der beste Mann Herrscher war, / der je an den Rhein kam, / auf dass die Stadt um so herrlicher erscheine, / weil eine so weise Herrschaft sie erleuchtete, / und seine Vorzüge um so heller strahlten, / weil er eine so herrliche Stadt regierte. / Köln ist eine der vorzüglichsten Städte. / Der heilige Anno hat ihr Ansehen gesichert."

38 Zum Städtelob als einem Gegenstand antiker Rhetorik Kugler (wie Anm. 7), S. 26–36.

39 Vgl. zu den Kölner Heiligen Gereon, Ursula, die Heiligen Drei Könige Hans-Jürgen Becker, Stadtpatrone und städtische Freiheit. Eine rechtsgeschichtliche Betrachtung des Kölner Dombildes, in: Beiträge zur Rechtsgeschichte. Gedächtnisschrift für Hermann Conrad, hg. v. Gerd Kleinheyer, Paderborn 1979 (Rechts- und staatswissenschaftliche Veröffentlichungen der Görres-Gesellschaft N.F. 34), S. 23–45; ders., Der Heilige als Landesherr. Zur staatsrechtlichen Symbolbedeutung des Patrons im europäischen Bereich, in: Symbolon. Jahrbuch der Gesellschaft für wissenschaftliche Symbolforschung 6 (1982), S. 9–25; ders., Art. „Patrozinium", in: Handwörterbuch der deutschen Rechtsgeschichte 3 (1983), Sp. 1564–1568. Zu einem im Rahmen der Stadtgeschichte konstruierten Patron siehe Jörg W. Busch, Barnabas, Apostel der Mailänder. Überlieferungsgeschichtliche Untersuchungen zur Entstehung einer stadtgeschichtlichen Tradition, in: Frühmittelalterliche Studien 24 (1990), S. 178–197. Busch sieht die Funktion des Apostels Barnabas für die Mailänder Stadtgeschichte ab dem dritten Viertel des 11. bis hinein ins 13. Jahrhundert in der Stärkung Mailands gegenüber der römisch geprägten Kirche nach dem Verfall der autonomen Stellung der Mailänder Metropolitankirche, ebd., S. 197. Von Barnabas wurde behauptet, er sei der erste Bischof der Stadt gewesen, und er habe das Christentum in Rom vor Petrus gepredigt, ebd. S. 178, um auf diese Weise eine von der römischen Kirche unabhängige eigenständige apostolische Sukzession zu etablieren.

40 Vgl. Anm. 35.

als Prüfung Annos dargestellt. Die Auseinandersetzungen münden in einen reichsweit ausgetragenen selbstzerstörerischen Krieg. Als Anno keine Möglichkeit der Schlichtung sieht, wird ihm das Leben zur Last, und er beschließt zu sterben (40,21f.). In einer Traumvision sieht er einen für ihn bestimmten herrlichen Stuhl an Gottes Seite, doch muss er zur Erde zurückkehren, um sich von einem Flecken auf seiner Brust zu reinigen: *von demi slâfe dir herro duo gestûnt, / wole wister, wad her solde dûn: / Kolêrin virgab her sîni hulte. / daz her si hazzite, wî grôz daz wârin ere sculte*[41] (43,21–24). Obgleich die Kölner ihn verrieten, schenkt er ihnen – in Christi Nachfolge – sein Wohlwollen, kehrt nach Köln zurück und stirbt nach körperlichem Leid.

Das Städtelob zu Beginn des Textes wird aus der Herrlichkeit Annos abgeleitet. Im Text wird im Anschluss an dieses Lob die heidnische Geschichte der Stadt bis zu dem Punkt erzählt, an dem Anno den Bischofsstuhl besetzt. Hier mündet die Erzählung in die christliche Geschichte vom Wirken Annos vor und nach seinem Tode. Die Entwicklung der Stadt ist teleologisch, sie reicht von der Gründung der ersten Stadt Ninive durch Ninus bis zur Gründung Kölns durch den Römer Agrippa.[42] All diese Gründungen sind eine Folge von Kriegen und Ausdruck der Gewaltherrschaft der heidnischen Sieger. Sie sollen Furcht und Schrecken verbreiten: *daz her eini burg worhte, / ci diu daz in dad liut vorte* (29,9f.). Jesu Inkarnation wendet diese Dimension städtischer Identität, insofern sie zur Ursache des bischöflichen Wirkens gegen Krieg und Sündhaftigkeit erklärt wird bis hin zu Anno von Köln. Als 33. Bischof dieser Stadt wird Anno in der Nachfolge Christi gezeichnet: Auch der Ursprung der Stadt Köln wird an eine Gewalttat gebunden, doch Annos Wirken, seine *guottât* im geistlichen Sinne, um einen Begriff aus „Der guote Gêrhart" aufzugreifen, und sein Tod befreien die Stadt von ihrer Sündhaftigkeit, so dass ihr Ansehen gesichert ist: *Sent Anno brâht ir êre wole heim* (7,12).

Im Städtelob wird Köln eine Teilhabe an der Heiligkeit Annos zugesprochen, und im Anschluss an das Städtelob wird die Geschichte dieser Teilhabe nachgeliefert. Erzählt wird von Sündhaftigkeit und Vergebung, von der Reinigung der Stadt durch das Werden und Wirken des Bischofs. Und nur deshalb, weil Anno im übertragenen Sinne für Köln gestorben ist, kann sich Köln über die Heiligkeit Annos definieren und dauerhaft an dessen Identität partizipieren.[43]

---

41 „Der Fürst erhob sich nun aus dem Schlaf. / Er wusste sehr gut, was er zu tun hatte: / Den Kölnern schenkte er sein Wohlwollen. / Dass er ihr Feind war – wie sehr war das ihre Schuld gewesen!"

42 Vgl. die genaue Paraphrase der Stadtgeschichte und die Interpretation der Abschnitte 8–33 bei Uta Goerlitz, Literarische Konstruktion (vor-) nationaler Identität seit dem „Annolied". Analysen und Interpretationen zur deutschen Literatur des Mittelalters (11.–16. Jahrhundert), Berlin/New York 2007 (Quellen und Forschungen zur Literatur- und Kulturgeschichte 45), S. 76–90: Köln erscheint „als eine römische Gründung zur Zeit der Machtfülle Roms in der Frühzeit der römischen Weltherrschaft, in welche die Geburt Christi fällt und welche die Voraussetzung für die Ausbreitung der Kirche über den Erdkreis bildet: eine Gründung, die unter den römischen und namentlich den rheinischen Städten der Franken gleichermaßen durch ihre Erbauung auf Befehl des Augustus ausgezeichnet ist wie durch die Verwandtschaft ihrer fränkischen Bewohner mit den römischen Ahnen aus Troja.", ebd., S. 88.

43 Die Stadtgeschichte Kölns ist zweistufig, basiert sie doch auf einer heidnisch-antiken Stadtgründung und einer Umgestaltung unter christlichem Vorzeichen. Dieses basale Schema der Stadtgeschichtsschreibung, das den Städten einen repräsentativen Habitus aufgrund römischer oder trojanischer Abstammung zuweist, wird im „Annolied" durch den ostentativen Hinweis auf die Dimension der Gewalt umgearbeitet. Die christ-

Im „Annolied" ist der Entwurf einer idealen Stadt an die Heiligkeit des Stadtpatrons gebunden. Anno repräsentiert das Heil der Stadt und die Stadt vergegenwärtigt vice versa den Glanz Annos. Doch werden die Städter in dieser Geschichte zur Prüfung Annos, insofern ihre Identität genuin an Gewalt und Sündhaftigkeit gebunden ist. Dass die Stadt des Stadtheiligen als Teil ihrer Identitätskonstruktion notwendigerweise bedarf, wird mit der Abfolge von Sünde und Erlösung heilsgeschichtlich begründet und durch das wechselseitig repräsentative Verhältnis im Städtelob ausgestellt.

7. Reise und Gründung.
Zur städtischen Identitätskonstruktion eines Kaufmanns

Um 1500 entsteht der anonyme Prosaroman „Fortunatus".[44] In diesem frühneuzeitlichen Roman spielen Städte als Kaufmannsstädte eine wesentliche Rolle.[45] Und auch der Protagonist des ersten Teils ist ein Kaufmann, ein reicher zyprianischer Kaufmann mit Namen Fortunatus, der die ganze damals bekannte Welt durchreist: Europa, Klein- und Vorderasien, Ägypten und Indien. Von Famagusta, seiner Heimatstadt bricht er auf, reist nach Flandern, nach England, in die Bretagne, dann durch das Römische Reich, durch Frankreich, Spanien, Italien und den Vorderen Orient. „Über Konstantinopel und den Balkan gelangt er nach Nordeuropa. Nach fünfzehn Jahren kehrt er nach Famagusta zurück und nach weiteren zwölf bricht er nochmals auf, um der *haiden land* (S. 98) zu sehen, eine Fahrt, die ihn nach Alexandrien, Persien, Cathay und Indien bringt."[46]

lich-heilsorientierte Dimensionierung der Stadtgeschichte reinigt mit der Figur Annos und dem Erlösungsgedanken den heidnisch-antiken Ursprung auf höherer Stufe. Vgl. Doris Knab, Das Annolied, Probleme seiner literarischen Einordnung, Tübingen 1962 (Hermaea N.F. 11), S. 96; Kugler (wie Anm. 7), S. 90.

44 Romane des 15. und 16. Jahrhunderts. Nach den Erstdrucken mit sämtlichen Holzschnitten, hg. v. Jan-Dirk Müller, Frankfurt a. M. 1990, S. 383–585. Vgl. für einen ersten Überblick: Jan-Dirk Müller, Nachwort, in: ebd., S. 898–1011; Dieter Kartschoke, Weisheit oder Reichtum? Zum Volksbuch vom Fortunatus und seinen Söhnen, in: Literatur im Feudalismus, hg. v. Dieter Richter, Stuttgart 1975, S. 213–259; Hans-Jürgen Bachorski, Geld und soziale Identität im „Fortunatus". Studien zur literarischen Bewältigung frühbürgerlicher Widersprüche, Göppingen 1983; Jan-Dirk Müller, ‚Curiositas' und ‚erfarung' der Welt im frühen deutschen Prosaroman, in: Literatur und Laienbildung im Spätmittelalter und der Reformationszeit, Symposion Wolfenbüttel 1981, hg. v. Ludger Grenzmann/Karl Stackmann, Stuttgart 1984 (Germanistische Symposien, Berichtsbände 5), S. 252–271; Hannes Kästner, Fortunatus. Peregrinator mundi. Welterfahrung und Selbsterkenntnis im ersten deutschen Prosaroman der Neuzeit, Freiburg i.Br. 1990 (Rombach Wissenschaft, Reihe Litterae); Anna Mühlherr, „Melusine" und „Fortunatus". Verrätselter und verweigerter Sinn, Tübingen 1993 (Fortuna vitrea 10); Ralf-Henning Steinmetz, Welterfahrung und Fiktionalität im „Fortunatus", in: Zeitschrift für deutsches Altertum 133 (2004), S. 210–225.

45 Vgl. zur Berufsgruppe der Kaufleute Heribert R. Brenning, Der Kaufmann im Mittelalter. Literatur – Wirtschaft – Gesellschaft, Pfaffenweiler 1993 (Bibliothek der historischen Forschung 5); Jean Favier, Gold und Gewürze. Der Aufstieg des Kaufmanns im Mittelalter, Hamburg 1992; Peter Spufford, Handel, Macht und Reichtum. Kaufleute im Mittelalter, Darmstadt 2004.

46 John L. Flood, Fortunatus in London, in: Reisen und Welterfahrung in der deutschen Literatur des Mittelalters, hg. v. Dietrich Huschenbett/John Margetts, Würzburg 1991 (Würzburger Beiträge zur deutschen Philologie 7), S. 240–263, hier S. 240.

Der Kaufmann Fortunatus kehrt am Ende seiner ersten Reise in seine Heimatstadt Famagusta zurück. Dort kauft er sein Elternhaus und die umstehenden Gebäude, lässt alles Alte abreißen, um zu Ehren seiner verstorbenen Eltern einen Palast erbauen zu lassen. Dieses neue Gebäude repräsentiert die Summe der architektonischen Glanzlichter seiner ersten Städtereise: *den lyeß er machen auff das allerzyerlichest / Wann er gar vil kostlicher gepew gesehen het* (S. 82). Er stiftet daneben eine Kirche mit dreizehn sie umgebenden Häusern, er setzt zwölf Kapläne ein und stattet die Kirche mit entsprechenden Pfründen, Zinsbriefen, Renten und Einkünften für den Dompropst und die Kapläne aus. Er regelt damit die Fortexistenz seiner Stiftung über den Tod der Insassen hinaus. Zwei Gräber lässt er in der Kirche anlegen, eines wird die Grablege seiner Eltern, eines bleibt ihm vorbehalten. Es ist eine Familiengrablege, die den Fortbestand der Familie über den irdischen Tod hinaus sichert. Dann beschließt er im Angesicht der architektonischen Vorzüglichkeit von Palast und Kirche zu heiraten: *ainem solichen palast / dem zymmet wol ain ersammes wesen* (S. 83). Ein Graf, dessen Töchter für eine Heirat in Frage kommen, sieht in den beiden Repräsentationsbauten keinen Nutzen: *so secht ir wol er hat vil gelts verpauen das kainen nutz tregt* (S. 83). Die Barschaft sei verbaut worden und trage keinen Gewinn ein. Städtisch umbauter Raum besitzt in dieser Perspektive keinen ökonomischen Wert. Als Vertreter des Adels definiert der Graf Reichtum über den Besitz von Land und Leuten und damit verharrt er in der alten Vorstellung der Naturalwirtschaft, an die er ökonomische Sicherheit bindet. Der ökonomische Wert eines Gebäudes wird deshalb im Vergleich mit feudalen Vorstellungen von Grundbesitz gering eingeschätzt. Der König, der die Heirat zwischen einer Adligen und dem Kaufmann vermittelt, schätzt den Wert der Bauten und die finanziellen Bemühungen um ihren Fortbestand in *ewig zeit* (S. 84) dagegen ideell und ethisch ein. Er erkennt den Repräsentationswert der Gebäude: Weltlicher und geistlicher Bau repräsentieren Reichtum und Wissen des Kaufmanns, und sie weisen in ihrem Status als Immobilie die Effizienz seines Lebens über den Tod hinaus aus.

Die Schönheit der weltlichen Architektur repräsentiert die visuellen und ökonomischen Ansprüche des dynamischen Lebens der Frühen Neuzeit, und das Gotteshaus steht für den Fortbestand der Familie im Namen Gottes ein. Die beiden Richtlinien, denen Fortunatus in seinem bisherigen Leben folgte, werden im weltlichen und kirchlichen Bau symbolisiert: Fortunatus hat für seine zukünftige Familie einen statischen Ort, ein Haus, geschaffen, das es ihm – nach dem Tod seiner Eltern – erlaubt, seine Neugierde wiederum in eine dynamische Reisebewegung durch die Welt umzusetzen. Der weltliche und der geistliche Repräsentationsbau des Kaufmanns erhalten eine dem Artushof vergleichbare Funktion. In ihnen konvergieren die Stabilität und die Dynamik der kaufmännischen Identität. Ein Ort ist entstanden, von dem aus die Welt durchquert wird. Doch gilt im Gegensatz zum arthurischen Hof, dass Identität, Idealität und Macht nicht mehr an den physischen Körper gebunden bleiben, sondern von diesem gelöst in die architektonischen Körper überführt wurden. Insofern das gebündelte Wissen und der Reichtum des Kaufmanns die Erbauung von Palast und Kirche möglich machten, erhalten die beiden Gebäude eine Geschichte und werden damit zu Kondensationspunkten einer bestimmten kaufmännischen Idee: Sie appräsentieren die Identität der zyprianischen Kaufmannsfamilie.

8. Hof, Burg und Stadt.
Identitätsentwürfe zwischen Idealität, Gewalt und Demut

Ich versuche einige Schlussfolgerungen: Wenn Wohnstätten ein architektonischer Rahmen für soziale Gruppen sind, durch den sich Identität sichern lässt, wenn sie ein statischer Punkt sind, von dem aus Identität konstruiert werden kann, wenn von ihnen aus ein Austausch über das Eigene und der Austausch mit dem Fremden organisiert wird, sich auf diesem Wege die Weltwahrnehmung dynamisch wie bei den Jägern und Sammlern oder statisch wie bei den sesshaften Bauern beschreiben lässt, dann hat man es bei jedem einzelnen Fall des literarischen Parcours durch mittelalterliche Identitätskonstruktionen mit der Vorstellung einer Kombination beider Formen der Weltwahrnehmung zu tun.

Für den Artushof und für die Stadt im frühneuzeitlichen Roman gilt gleichermaßen, dass sie Kondensationspunkte von Idealität und Macht sowie daraus resultierender Identitätsbehauptungen sind. Nur: Der Artushof ist virtuell stabil, weil er vorderhand durch eine personell organisierte Gemeinschaft um den König vergegenwärtigt wird, eine dynamische Gemeinschaft, in der der Ritter ausziehen muss, um den Ordnungsanspruch des Hofes und damit verbunden seine eigene Identitätsbehauptung körperlich zu präsentieren. Da die höfische Identität des Einzelnen immer an die paradoxe Vorstellung höfischer Idealität gebunden ist, an die Vorstellung der idealen Minnebeziehung, die zugleich einen Ort hat und keinen hat, muss der Ritter von seiner Dame fortstreben, sobald er sie gewonnen hat, um dann wieder zu ihr und zum Hof zurückzukehren, wenn er seine Idealität bewiesen und zugleich visualisiert hat. Letztlich geht es um die Bewahrung des Wissens der höfischen Ordnung in einem zirkulären Modell, in einer linearen Bewegung vom Artushof fort und zu diesem zurück. Mit „Erec" ist das Modell am exemplarischen Fall konkretisiert, wobei sich die Kreisbewegung Erecs in der Brandiganepisode mit Mabonagrin und seiner Dame wiederholt. Es dürfte deutlich geworden sein, wie das zirkuläre Modell höfischer Identitätskonstruktion funktioniert, und dass es mit der Brandiganepisode auf dem Prüfstein steht. Ich möchte es nochmals sagen: Die Stadt repräsentiert das Andere, die Schönheit, die nicht mit dem momentanen Affektzustand konform geht, denn der Affektzustand der Trauer visualisiert das Missverhältnis von Schein und Sein, sichtbarer architektonischer und körperlicher Schönheit, Pracht und Herrlichkeit und affektivem Befinden der Gemeinschaft. Dieses Missverhältnis basiert auf einem Mangel, der in der Statik der Baumgartenminne zum Ausdruck kommt. Die Hilfe kommt von außen, insofern Erec die Mobilität des höfischen Ritters vorführt und die statische Situation Brandigans dynamisiert.

Die Stadt im frühneuzeitlichen Roman ist ein faktisch stabiler Ort, für den der Ordnungsanspruch und die Identitätsbehauptung durch die Gebäude vergegenwärtigt werden. Der Palast repräsentiert dabei eine neue kaufmännische Identität und visualisiert deren Machtanspruch gegenüber dem etablierten Adel. Der Palast wird mit einer neuen Geschichte, mit einer Geschichte des Anderen versehen, insofern er die visuellen und ökonomischen Ansprüche des Kaufmanns, die er auf seinen Reisen gewonnen hat, vergegenwärtigt. Die Kirche wiederum repräsentiert den Fortbestand der Kaufmannsfamilie in Gottes Namen. Sie sichert damit die Identität der Familie über die Generationengrenze hinweg, retrospektiv mit der Grablege und prospektiv mit der Familiengründung durch Fortunatus. Beide Bauten repräsentieren auf diese Weise eine in der Zeit stabile Wir-Identität der Kaufmannsfamilie. Die Reisebewegungen des Kaufmanns funktionieren nicht wie der Auszug des Ritters wissensbewahrend, vielmehr dienen sie der Wissenserweiterung. Die Wohnstätte als statischer Ort repräsentiert dabei in idealer Weise die kaufmännische Identität, insofern das Fremde und das Eigene harmonisch zusammenfließen. Diese Identität kann wiederum in den von ihr fortstrebenden Reisen dynamisiert, modifiziert und erweitert werden, ohne dass sich dies neuerlich in der Architektur der Gebäude niederschlagen würde.

Im „Herzog Ernst", in der Beschreibung der grippianischen Stadt und ihrer Einwohner, führt die Wahrnehmung des Fremden nicht zu dessen Integration in den eigenen Identitätsentwurf. Die Stadt selber repräsentiert in ihrer wunderbaren Herrlichkeit Macht und Idealität der fremden Kultur, nicht aber deren Identität, insofern diese für den Artusritter an den Körper und das Verhalten der sozialen Gemeinschaft gebunden ist. Die fremden, wunderbaren und faszinierenden Körper der grippianischen Kranichschnäbler präsentieren die Diskrepanz von Schein und Sein und sie repräsentieren für den Rezipienten des Epos, was virulent für höfische Identitätskonstruktionen zu sein scheint, dass die Gewalt als ein integraler Bestandteil immer mit zu kalkulieren ist.

Im „Annolied" ist der Entwurf einer idealen Stadt in wechselseitiger Abhängigkeit mit dem Stadtpatron gestaltet. Anno repräsentiert das Heil der Stadt und die Stadt die Herrlichkeit ihres Patrons. Die historisch virulente Gewaltdimension, die Annos Wirken zugeschrieben wurde, ist im literarischen Entwurf heilsgeschichtlich umgearbeitet worden, insofern sich die Gewalt gegen den Stadtpatron richtet – nicht aber von diesem ausgeht – und in der genuinen Sündhaftigkeit des Menschen gründet. Die Sündhaftigkeit wird nicht mit der Geschichte des Sündenfalls, sondern stadtgeschichtlich begründet. Stadtgründungen werden an eine Ursprungsgewalt gebunden. Aus dieser Geschichte heraus appräsentiert die ideale Stadtbevölkerung Kölns die Gewalt, die in der Situation des Krieges zur unmittelbar körperlichen Prüfung des Stadtpatrons wird. Was der „Herzog Ernst" nur postuliert, dass nämlich Gewalt als ein integraler Bestandteil idealer Identitäten zu kalkulieren ist, das ist im „Annolied" mit der Geschichte der Stadt und der Geschichte Annos historisiert. Dass Gewalt ein integraler Bestandteil städtischer Identität sein muss, erhält eine der Abfolge von Sündenfall und Sündenvergebung adäquate heilsgeschichtliche Begründung: Anno imitator Christi.

In „Der guote Gêrhart" wird vorgeführt, dass und wie sich ideale Identität, die zunächst an den architektonischen Reichtum und an den Reichtum beweglicher Güter gebunden ist, von diesem lösen kann. Städte sind hier zunächst Orte des Handelns, des Warentauschs und des Wertedenkens, sie repräsentieren eine ökonomische und damit dem idealen Entwurf fremde Form der Identität, aber sowohl die kaufmännische Identität als auch die des Kaisers werden zuletzt allein an ethisches, an demütiges Handeln gebunden. Ständische und religiöse Unterschiede, Diskrepanzen zwischen dem Eigenen und dem Anderen werden in diesem Text überschritten hin auf ein alles übergreifendes christliches Handeln.

Defensor et patronus.
Stadtheilige als Repräsentanten einer mittelalterlichen Stadt

Hans-Jürgen Becker

Einleitung: Formen der städtischen Repräsentation und der Kult des Patrons

Die Termini *repraesentatio* bzw. *repraesentare* kommen in der Rechtssprache der Antike nur an wenigen Stellen vor. In den Digesten z. B. ist damit insbesondere die sofortige Barzahlung einer Schuld gemeint. Nur am Rande kommt das Wort in der Bedeutung „die Stelle von etwas vertreten" vor.[1] In der Rechtssprache des frühen Mittelalters taucht *repraesentare* in der Bedeutung auf „sich vor Gericht einfinden". In den begriffsgeschichtlichen Untersuchungen zum Wort „Repräsentation" von Hasso Hofmann[2] und Adalbert Podlech[3] wird mit Recht darauf hingewiesen, dass sich die Bedeutung des Wortes erst im hohen Mittelalter wandelt und nun den Sinn von „darstellen" annehmen kann. Dies gilt insbesondere von der Feier der Liturgie, wobei der kultische Vollzug des Abendmahls als *repraesentatio* der Heilstat Christi verstanden wird. Erst in der spätmittelalterlichen Korporationslehre wird der Terminus zu einem Begriff, der ganz eng in Verbindung mit Organisation und Ausübung von Herrschaft steht. Zur Beantwortung der Frage, wie Herrschaft legitimiert werden kann, wurde eine politische Repräsentationslehre entwickelt, die freilich menschliche Verbände voraussetzt, die als rechtlich handelnde Körperschaften konzipiert sind. Erst in diesem Zusammenhang gewinnt der Begriff auch für die mittelalterliche Stadtkommune eine zentrale Bedeutung.

Nun wäre es wohl verfehlt, wollte man die Bedeutung des Begriffs „Repräsentation" oder genauer „Repräsentationen", wie er im Tagungsthema verwandt wird, auf seine Bedeutung innerhalb der Repräsentationslehre beschränken. Gemeint sind doch wohl die verschiedenen Formen, wie sich ein Gemeinwesen selbst wahrgenommen und sich nach außen hin dargestellt hat. Hier ergibt sich ein breites Feld für historische Untersuchungen. In diesem Kontext ist es wohl erlaubt, noch einmal auf die Bedeutung und die Funktion des Kultes des Stadtheiligen in einer mittelalterlichen Stadt einzugehen. Zwar ist die Thematik des Stadtpatrons in den letzten Jahren von der Mediävistik in ihren

---

1 Vgl. Hermann Gottlieb Heumann/Emil Seckel, Handlexikon zu den Quellen des römischen Rechts, 10. Aufl. Graz 1958 (Nachdr. der 9. Aufl. Jena 1907), S. 509f.
2 Vgl. Hasso Hofmann, Repräsentation. Studien zur Wort- und Begriffsgeschichte von der Antike bis ins 19. Jahrhundert, 4. Aufl. Berlin 2003.
3 Vgl. Adalbert Podlech, Art. „Repräsentation", in: Geschichtliche Grundbegriffe. Historisches Lexikon zur politisch-sozialen Sprache in Deutschland, hg. v. Otto Brunner/Werner Conze/Reinhart Koselleck, Bd. 5, Stuttgart 1984, S. 509–547.

vielen Spezialrichtungen, von der Theologie- und Kunstgeschichte, von der Sozial- und Politikwissenschaft, von der Musikwissenschaft und der Rechtsgeschichte fachübergreifend behandelt worden, doch sei es gestattet, einen gedrängten Überblick über den Forschungsstand zu geben. So säkular wir im Hinblick auf die Welt der Heiligen geworden sind, so umgeben uns doch die Spuren ihrer Verehrung als Repräsentanten einer christlichen politischen Gemeinschaft bis heute, etwa auf den Fahnen vieler Nationen, so zum Beispiel von England (St. Georgskreuz), Schottland (St. Andreaskreuz), Russland (Bildnis von St. Georg) oder Schweden (Kronen von St. Erich). Was hat es mit heiligen Repräsentanten dieser Art, was hat es mit den heiligen Schutzpatronen einer Stadt auf sich?

1. Der Patron

Der Patron in der antiken Kirchengeschichte

Im frühen Christentum hat sich die Vorstellung entwickelt, dass besonders herausragende Persönlichkeiten nach ihrem Tod als Patrone mit der Bitte angerufen werden können, sie möchten sich bei Gott um Schutz und Schirm für ihre Schützlinge einsetzen.[4] Verständlich ist dies, wenn man die christliche Lehre berücksichtigt, wonach die Glaubenden[5], d. h. die Lebenden und die in Christus Verstorbenen, eine *communio sanctorum* bilden, die sich gemeinsam auf dem Heilsweg der Erlösung befinden. Im Apostolischen Glaubensbekenntnis heißt es dementsprechend: „Ich glaube an die Gemeinschaft der Heiligen." Innerhalb dieser Gemeinschaft ist es selbstverständlich, dass man einander beisteht. Als Fürsprecher bei Gott sind insbesondere jene berufen, die bereits Aufnahme im Himmel gefunden haben. Nach der Vision der Apokalypse (Offb 6,9–11 und 20,4) haben die Seelen derjenigen, die dem Wort Gottes die Treue gehalten und deshalb ihr Leben als Märtyrer verloren haben, schon vor der Endzeit und dem Jüngsten Gericht im Himmel Aufnahme gefunden. Am Festtag eines solchen Märtyrers, also am Jahrestag seines gewaltsamen Todes, versammelt sich die Gemeinde an seinem Grab, um einen feierlichen Gottesdienst abzuhalten, in dessen Verlauf der Bericht über sein Martyrium verlesen wird. Nach der „Konstantinischen Wende" konnte

---

4 Zum Folgenden vgl. Peter Brown, The cult of the saints. Its rise and function in Latin Christianity, Chicago 1981; Jochen Martin, Die Macht der Heiligen, in: Jochen Martin/Barbara Quint (Hg.), Christentum und antike Gesellschaft, Darmstadt 1990, S. 440–474; Arnold Angenendt, Art. „Patron", in: Lexikon des Mittelalters 6 (1993), Sp. 1806–1808; ders., Der Heilige: auf Erden – im Himmel, in: Jürgen Petersohn (Hg.), Politik und Heiligenverehrung im Hochmittelalter (Vorträge und Forschungen 42), Sigmaringen 1994, S. 11–52; Hans-Jürgen Becker, Der Heilige und das Recht, in: Petersohn (wie oben), S. 53–70; Ernst Dassmann, Kirchengeschichte, Bd. 2, Teil 2: Theologie und innerkirchliches Leben bis zum Ausgang der Spätantike, Stuttgart 1999, S. 200ff.

5 Im Neuen Testament als „Heilige" bezeichnet; vgl. 1 Kor 1,2; 2 Kor 1,1; Eph 4,12; Kol 1,12. Das älteste Zeugnis für den Ausdruck „Gemeinschaft der Heiligen" findet sich in der Schrift „Explanatio Symboli" des in Serbien wirkenden Bischof Niketas von Remesiana (gest. 414). Vgl. auch Johannes Peter Kirsch, Die Lehre von der Gemeinschaft der Heiligen im christlichen Altertum, Mainz 1900.

man darangehen, über den Gräbern der Märtyrer kirchliche Gebäude zu errichten. Kaiser Konstantin selbst gestaltete die bis dahin eher verborgene Heiligenverehrung zu einem Staatskult um. Eusebius berichtet, dass Konstantin gesetzlich anordnete, die Gedenktage der Märtyrer durch öffentliche Gottesdienste zu verherrlichen. Die gewaltigen Märtyrer-Kirchen, die der Kaiser in Rom, im Heiligen Land und insbesondere in seiner neuen Hauptstadt Konstantinopel errichten ließ, sprechen für sich. In Bezug auf die neuen Kirchen im Zweiten Rom sagt Eusebius: „Um die nach seinem Namen benannte Stadt in besonderer Weise auszuzeichnen, schmückte er sie mit […] stattlichen Kirchen zu Ehren der Märtyrer. Hierdurch wollte er sowohl das Andenken der Märtyrer selbst ehren, als auch seine Stadt dem Gott der Märtyrer weihen".[6] Der theologische Sinn ist später von Augustinus in die Worte gefasst worden, dass die Opfer am Grabe der Märtyrer nicht einem Idol, sondern Gott dargebracht werden: *[…] ut ex ipsorum locorum admonitione maior adfectus exsurgat ad acuendam caritatem […] Colimus ergo martyres eo cultu dilectionis et societatis, quo et in hac vita coluntur sancti homines Dei […], sed illos tanto devotius, quanto securius post certamina omnia superata.*[7]

Man suchte die Nähe zu den Gräbern der Märtyrer, um sich in ihrer Nachbarschaft geborgen zu fühlen. Die eigene Grabstätte wählte man seit dieser Zeit mit Vorliebe *apud sanctos*. Wo Kirchen unabhängig von einem bereits vorhandenen Märtyrergrab errichtet wurden, stattete man sie mit Gebeinen von Märtyrern aus, die zu diesem Zweck aus den ursprünglichen Gräbern erhoben und in die Kirche überführt wurden: Nun hatte man ebenso wie die Märtyrerkirchen einen *patronus*. Als Beispiel sei auf Mailand verwiesen, wo Ambrosius im Jahre 386 die Gebeine der Märtyrer Gervasius und Protasius aus ihren Gräbern erheben ließ, damit für die von ihm errichtete Basilica Romana *patroni* zur Verfügung standen.[8] Der Mailänder Bischof begründete den Sinn dieses Kultes mit den Worten: *Martyres [sunt] obsecrandi, quorum videmur nobis corporis pignore patrocinium vindicare […]. Non erubescamus eos intercessores nostrae infirmitatis adhibere, quia ipsi infirmitates corporis etiam cum vincerent, cognoverunt.*[9] Die Reliquien der Märtyrer werden als „Sicherheitspfand" (*pignus*) verstanden. Die Märtyrer sind „Fürsprecher" (*intercessores*), die ihre Klienten unter ihre „Schirmherrschaft" (*patrocinium*) stellen.

Der Patron im römischen Recht

Es ist auffällig, dass die Kirchenväter bei der Erläuterung des Heiligenkultes Termini verwenden, die aus dem römischen Recht stammen. Dies kann nicht wundern, wenn man zum einen bedenkt, dass schon die Autoren des Alten und des Neuen Testaments häufig rechtliche Begriffe verwandt haben, um religiöse Sachverhalte zu umschreiben.

---

6 Zitiert nach der Übersetzung von Ludwig Voelkl, Die Kirchenstiftungen des Kaisers Konstantin im Lichte des römischen Sakralrechts (Arbeitsgemeinschaft für Forschung des Landes Nordrhein-Westfalen, Geisteswissenschaften 117), Köln 1964, S. 45 Anm. 121.

7 Augustinus, Contra Faustum Manichaeum, CSEL 25 (1891), S. 562, Z. 16–22.

8 Vgl. Alba Maria Orselli, L'idea e il culto del Santo Patrono cittadino nella letteratura latina cristiana, Bologna 1965, S. 42; Ernst Dassmann, Ambrosius von Mailand. Leben und Werk, Stuttgart 2004, S. 129, 150 ff.

9 Ambrosius, De viduis liber unus, Cap. 9, Migne PL 16, Sp. 251.

Besonders eindringlich kommt dies zum Ausdruck, wenn die Heilstat Christi als „Erlösung" (*redemptio*), als Loskauf aus der Gefangenschaft, bezeichnet wird. Zum anderen nahmen die Bischöfe in nachkonstantinischer Zeit häufig öffentliche Aufgaben im Staatswesen wahr, so dass ihnen als Amtsträgern die Rechtssprache vertraut war. Im Kult des Heiligen, der um Schutz und Schirm gebeten wird, werden, wie am Beispiel des Ambrosius gezeigt wurde, regelmäßig die Begriffe *patronus*, *pignus*, *intercessor* und *defensor* verwandt. Was bedeuten sie in der römischen Rechtssprache?

Der Begriff *patronus* verweist auf das Institut des Patronats (*patrocinium*), das in der Spätantike eine Vielfalt von Erscheinungsformen aufweist.[10] Besondere soziale Bedeutung kam dem Patronat im Verhältnis zwischen einem Herrn und seinem ehemaligen Sklaven zu, dem der Herr die Freiheit zugestanden hatte: Als Freigelassener stand er nunmehr zu seinem Patron in einer besonderen rechtlichen Beziehung, die zur wechselseitigen Förderung verpflichtete.[11] Es können drei Typen unterschieden werden: Das Patronat über Einzelpersonen, das ländliche Patronat des Grundbesitzers über Kolonen bzw. freie Bauern und schließlich das Städtepatronat. Gemeinsam ist allen Formen die Gegenüberstellung von Pflichten des Klienten (*officia, reverentia, salutatio, servitium*) und von Pflichten des Patrons (*beneficium*). Der Patron übt auch das Gerichtspatronat aus, d. h. er gewährt in seiner Eigenschaft als Schirmherr (*advocatus*) dem Klienten Verteidigung (*defensio*) und Schutz (*intercessio*). Die Patronatsgewalt tendiert immer mehr zu einem allgemeinen Schutzverhältnis, das durch die Bindungen von *pietas* und *fides* bestimmt wird. Die Institution des Patronats und die damit verbundenen Funktionen wurden in der Spätantike in den kirchlich-religiösen Bereich für das Verhältnis des Heiligen zu seiner Klientel übertragen.

In ähnlicher Weise bedeutet *pignus* in der römischen Rechtssprache eine Sache, die als Pfand zur Sicherung einer Forderung dient.[12] Im übertragenen Sinn kann der Terminus auch als „Unterpfand", etwa als Unterpfand der Treue oder der ehelichen Liebe, verstanden werden. *Defensor* ist gleichfalls ein Rechtsbegriff und bezeichnet eine Person, die einen Beklagten vor Gericht vertritt bzw. die für den Schutz von

---

10 Vgl. Richard Saller, Personal patronage under the early empire, Cambridge 1981 (Nachdr. 2002); Jens-Uwe Krause, Spätantike Patronatsformen im Westen des Römischen Reiches (Vestigia 38), München 1987; ders., Das spätantike Stadtpatronat, in: Chiron 17 (1987), S. 1–57. – Vgl. ferner Heumann/Seckel (wie Anm. 1), S. 411; Henri Leclerq, Art. „Patron" und „Patronage", in: Dictionnaire d'archéologie chrétienne et de liturgie 13 (1938), Sp. 2511–2568; Elmar Bund, Art. „Patronus", in: Der kleine Pauly. Lexikon der Antike 4 (1979), Sp. 559 f.; Giuseppe Gagov, Il culto delle reliquie nell'antichità. Riflesso nei due termini „patrocinia" e „pignora", in: Miscellanea Franciscana 58 (1958), S. 484–512.

11 Vgl. Fritz Schulz, Prinzipien des römischen Rechts, Berlin 1954, S. 157; Max Kaser, Das römische Privatrecht, 1. Abschnitt: Das altrömische, das vorklassische und klassische Recht, 2. Aufl. München 1971, S. 298–302; ders., Das römische Privatrecht, 2. Abschnitt: Die nachklassischen Entwicklungen, 2. Aufl. München 1975, S. 137–142.

12 Vgl. Heumann/Seckel (wie Anm. 1), S. 430f.; Max Kaser/Rolf Knütel, Römisches Privatrecht, 18. Aufl. München 2005, S. 148 ff.; Michael Braukmann, Pignus. Das Pfandrecht unter dem Einfluß der vorklassischen und klassischen Tradition der römischen Rechtswissenschaft (Quellen und Forschungen zum Recht und seiner Geschichte 14), Göttingen 2008.

Mindermächtigen, etwa von Unmündigen, verantwortlich ist.[13] Als *defensor civitatis* fungierte ein neben der lokalen Gerichtsbarkeit eingesetzter Beamter, der die Bevölkerung gegen Übergriffe der Behörden schützen sollte.[14] Und *intercessor* wird jemand genannt, der für die Schuld eines anderen einsteht bzw. diese Schuld auf sich nimmt.[15] Man kann also festhalten: Zentrale Begriffe der spätantiken Märtyrerverehrung stehen in engem Zusammenhang mit der zeitgenössischen Rechtsordnung.[16] Wie die Schaffung der Kultstätten sich nach den Bestimmungen des römischen Sakralrechts richten muss, so lehnt sich auch der Kult an das römische Recht an. Beim Kult wird dies sichtbar, wenn neben die bloße Verehrung (*veneratio*) der Zeugen und Märtyrer Gottes immer häufiger die Anrufung (*invocatio*) der Heiligen tritt. Die Schutzfunktion des Heiligen steht dabei im Zentrum: Wie ein *patronus* soll der Märtyrer bei Gott als Bittsteller für seinen Klienten eintreten und in Form der *intercessio* um Hilfe bitten bzw. für einen milden Richterspruch Gottes eintreten. Umgekehrt leistet der Bittende wie ein Klient seinem Patron Ehrendienste. Die verehrten Leiber der Heiligen werden als Pfänder betrachtet, die den Gläubigen zu ihrer Sicherheit dienen.

2. Die Stadt im Imperium Romanum der Spätantike

Die Institution des Stadtpatrons hat sich in der Spätantike aus der des Bischofspatrons entwickelt. Um besser verstehen zu können, wie sich die Institution des Stadtpatrons herausbilden konnte, wird es also zweckmäßig sein, sich zunächst die spätantike Stadt und ihre Verwaltung zu vergegenwärtigen. Sodann wäre der Blick darauf zu lenken, welche Funktion der Bischof in der spätantiken Stadt ausübt. Schließlich ist dann der Weg aufzuzeigen, wie es zum Kult des Patrons der Diözese und damit zu einem Bischofspatron gekommen ist.

Die antike Stadt und ihre Verwaltung

Die Stadt des Imperium Romanum wies zwar eine relativ einheitliche Grundausstattung an öffentlichen Gebäuden wie Forum, Rathaus, Tempel, Thermen auf, doch unterschieden sich die urbanen Gebilde nach ihrer jeweiligen historischen und wirtschaftlichen Entwicklung. Am Urbild der Stadt Rom – der *urbs* schlechthin – orientiert, führte die intensive Munizipalisierung und Urbanisierung im Westen des Reichs zu einer Vielfalt verschiedener Städtetypen. Man kann insbesondere *civitas, oppidum,*

---

13 Vgl. Heumann/Seckel (wie Anm. 1), S. 128 f.; Dieter Medicus, Art. „Defensor", in: Der kleine Pauly. Lexikon der Antike 1 (1975), Sp. 1422f.; Kaser (wie Anm. 11), 2. Abschnitt, S. 223; Wolfgang Waldstein/Michael Rainer, Römische Rechtsgeschichte, 10. Aufl. München 2005, § 38 Rdnr. 10, S. 229.

14 Vgl. Vicenzo Mannino, Ricerche sul „defensor civitatis", Mailand 1984; Robert M. Frakes, Contra potentium iniurias: the defensor civitatis and late Roman justice, München 2001.

15 Vgl. Heumann/Seckel (wie Anm. 1), S. 279; Dieter Medicus, Art. „Intercessio", in: Der kleine Pauly. Lexikon der Antike 2 (1979), Sp. 1420.

16 Vgl. Guillaume Emil de Sainte Croix, Suffragium: from Vote to Patronage, in: The British Journal of Sociology 5 (1954), S. 33–49.

colonia, municipium, civitas peregrina und *vicus* unterscheiden.[17] In der Spätantike waren die Städte zwar weitgehend durch Selbstverwaltungsorgane regiert worden, doch wurden sie mehr und mehr durch Dekurionen unterstützt, die von der kaiserlichen Verwaltung bestellt wurden.[18] Mit dem Einzug des Christentums gewannen daneben der Bischof und sein Klerus Einfluss auf einzelne Sektoren der städtischen Verwaltung, insbesondere in der Sorge für die Armen und mit der Ausrichtung von kultischen Festen. Für die Städte ergaben sich aber Schwierigkeiten dadurch, dass die staatlichen Vorgaben häufig gegenüber der faktischen Macht von Großgrundbesitzern nicht mehr durchgesetzt werden konnten. Deshalb erschien es im Jahre 368 erforderlich, zum Schutz der Bevölkerung vor der Macht dieser *potiores* ein besonderes Patrozinium für die Bevölkerung einzurichten: Diese *defensores plebis* sollten die städtische Bevölkerung gegen die Unrechtstaten von seiten der Mächtigen schützen. Aus dieser Institution entwickelte sich das Amt des *defensor civitatis*, der das städtische Gemeinwesen sowohl vor Übergriffen der Mächtigen als auch gegen Willkür der staatlichen Behörden schützen sollte: „Er soll die […] städtische Bevölkerung gegen ‚ungerechtfertigte Steuerveranlagungen', ‚Insolenz der Verwaltungsbediensteten' (*officiales*) und ‚Pflichtvergessenheit der höheren Richter' (*iudices*) auf geeignete Weise in Schutz nehmen (Codex Iust. 1,55,4)."[19]

Der Bischof als Stadtherr

Neben dem *defensor civitatis* kam in der Stadt der Spätantike auch dem Bischof die Aufgabe zu, sich für die sozial Schwachen einzusetzen. Die Notsituation bot dem Bischof Gelegenheit, nicht nur die Organisation der Kirchengemeinde, sondern auch das innerstädtische Leben zu stabilisieren, die Verteidigungsbereitschaft der Stadt zu stärken und in der konkreten Bedrohung mit dem Feinde zu verhandeln.[20] Von seiten der Kaiser wurde zusätzlich die Stellung des Bischofs ganz wesentlich dadurch gestärkt, dass die *episcopalis audientia* den weltlichen Gerichten gleichgestellt wurde: „Statt an den *defensor civitatis* kann man sich auch an den Bischof wenden; die Bischöfe erhalten Kontrollfunktionen gegenüber der Gerichtsbarkeit des Statthalters […]."[21]

---

17 Vgl. Frank Kolb, Die Stadt im Altertum, München 1984; ders., Art. „Stadt, Griechenland und Rom", in: Der Neue Pauly. Enzyklopädie der Antike, Bd. 11, Stuttgart 2001, Sp. 894–899; John Rich (Hg.), The City in Late Antiquity, London 1992; Jens-Uwe Krause/Christian Witschel (Hg.), Die Stadt in der Spätantike – Niedergang oder Wandel?, Stuttgart 2006.

18 Vgl. Jochen Martin, Spätantike und Völkerwanderung, 4. Aufl. 2001, S. 94 ff.; A. Laniado, Le christanisme e l'évolution des institutions municipales du Bas-Empire: l'exemple du *defensor civitatis*, in: Krause/Witschel (wie Anm. 17), S. 319–334.

19 Christian Gizewski, Art. „Defensor, II: Staatsrechtlich", in: Der Neue Pauly, Bd. 3, Stuttgart/Weimar 1997, Sp. 362.

20 Vgl. Wilhelm Gessel, Die spätantike Stadt und ihr Bischof, in: Bernhard Kirchgässer/Wolfram Baer (Hg.), Stadt und Bischof. Veröffentlichungen des Südwestdeutschen Arbeitskreises für Stadtgeschichtsforschung 14, Sigmaringen 1988, S. 9–28; Elisabeth Herrmann, Der spätantike Bischof zwischen Politik und Kirche: Das exemplarische Wirken des Epiphanius von Pavia, in: Römische Quartalschrift 90 (1995), S. 198–214.

21 Martin (wie Anm. 18), S. 96 u. 198; vgl. ferner Artur Steinwenter, Art. „Audientia episcopalis", in: Reallexikon für Antike und Christentum 1 (1950), S. 915–917; H. Jaeger, Justien e l'episcopalis audientia, in: Revue historique de droit français et étranger 38 (1960), S. 214–262; Wolfgang Waldstein, Zur Stellung der episcopalis audientia im spätrömischen Prozeß, in: Dieter Medicus (Hg.), Festschrift für Max Kaser, München 1976, S. 533–

Ob der Bischof auf diese Weise bereits in der Spätantike nach und nach zu einem Stadtherrn wurde, ist umstritten. Man wird die Verhältnisse in Byzanz,[22] die in Oberitalien[23] und die in Gallien[24] unterscheiden müssen. Doch lässt sich nicht leugnen, dass der Bischof schon in der Spätantike zur mächtigsten Figur im Kräftefeld der Stadt geworden war. Durch die vom Königtum im Laufe des frühen Mittelalters verliehenen Privilegien ist dann in der Tat eine bischöfliche Stadtherrschaft entstanden.[25]

Der Heilige Patron der Bischofskirche

An der Wende vom 4. zum 5. Jahrhundert hat sich in den Bischofsstädten Italiens der Kult eines Patrons stabilisiert, der zunächst Patron der Bischofskirche, dann aber Patron der Stadt wird.[26] Es wurde bereits erwähnt, dass Ambrosius von Mailand für die neu errichtete Basilica Romana die Gebeine der Märtyrer Gervasius und Protasius überführen ließ, damit sie ein *patrocinium* darstellen sollten.[27] Die Schutzheiligen tragen dazu bei, kirchliche und weltliche Macht zu stärken. Kirchliche Schriftsteller wie Paulinus von Nola oder Prudentius, die ebenso wie Ambrosius mit der römischen Rechtswelt vertraut waren, verwandten die Begriffe *patronus*, *defensor* und *pignus* im Zusammenhang mit dem Kult des örtlichen Heiligen, der zunächst nur Zeuge der christlichen Botschaft, nun aber als Fürsprecher die Anliegen der *civitas* bei Gott vertreten soll.[28] Während im 5. Jahrhundert die Bezeichnung „Patron der Stadt" insbesondere auf den jeweiligen Märtyrer oder Apostel bezogen war, dessen Grab die Stadt hütete, wird im 6. Jahrhundert der städtische Kult auf jene großen, heiligmäßigen Bischöfe ausgedehnt, die jeweils für die betreffende Stadt Bedeutendes geleistet hatten oder der Legende nach geleistet haben sollen: War der Bischof zunächst nur Repräsentant des *patronus*, dessen Grab er kultisch verehrte, so dauert es nicht lang, bis Bischöfe selber Heilige Stadt-

---

556; Maria Rosa Cimma, L'episcopalis audientia nelle costituzioni imperiali da Costantino a Giustiniano, Turin 1989; Dassmann (wie Anm. 8), S. 234ff.

22 Vgl. Dietrich Claude, Die byzantinische Stadt im 6. Jahrhundert, München 1969.

23 Vgl. Frank M. Ausbüttel, Die Verwaltung der Städte und Provinzen im spätantiken Italien, Frankfurt am Main 1988.

24 Vgl. Friedrich Prinz, Die bischöfliche Stadtherrschaft im Frankenreich vom 5. bis zum 7. Jahrhundert, in: Franz Petri (Hg.), Bischofs- und Kathedralstädte des Mittelalters und der frühen Neuzeit, Köln 1976, S. 1–26.

25 Vgl. Sergio Mochi Onory, Vescovi e città (sec. IV–VI), Bologna 1933; Gerhard Dilcher, Bischof und Stadtverfassung in Oberitalien, in: Zeitschrift für Rechtsgeschichte (Germanistische Abteilung) 81 (1964), S. 225–266; ders., Die Entstehung der lombardischen Stadtkommune, Aalen 1967, S. 44ff.; Hagen Keller, Die Entstehung der italienischen Stadtkommunen als Problem der Sozialgeschichte, in: Frühmittelalterliche Studien 10 (1976), S. 169–211, insbes. S. 172ff.

26 Vgl. Martin (wie Anm. 18), S. 78 u. S. 123 f.; ders., Die Macht der Heiligen, in: Jochen Martin/Barbara Quint (Hg.), Christentum und antike Gesellschaft (Wege der Forschung 649), Darmstadt 1990, S. 440–474; Arnold Angenendt, Art. „Patron", in: Lexikon des Mittelalters, Bd. 6, 1999, Sp. 1806–1808.

27 Vgl. Ernst Dassmann, Ambrosius und die Märtyrer, in: Jahrbuch für Antike und Christentum 18 (1975), S. 49–68; Nikolaus Gussone, Adventus-Zeremoniell und Translation von Reliquien, in: Frühmittelalterliche Studien 10 (1976), S. 125–133, insbes. S. 126 f.

28 Ch. Petri, L'évolution du culte des saints aux premiers siècles chrétien: du témoin à l'intercesseur, in: Jean-Yves Tilliette (Hg.), Les fonctions des saints dans le monde occidental (IIIe – XIII siècle), Rom 1991, S. 15–36; Orselli (wie Anm. 8), S. 32ff., S. 43ff. (Ambrosius), S. 46ff. (Paulinus von Nola), S. 51ff. (Prudentius).

patrone werden. Gerade in Mailand und in Modena ist dies gut zu beobachten, wo die spätantiken Bischöfe Ambrosius (339–397)[29] bzw. Geminianus (gest. um 397)[30] im Laufe des Mittelalters jeweils zum identitätsstiftenden Stadtpatron ihrer Städte werden. Zwar ist der verehrte Heilige in der Spätantike Zeichen für die *unitas* der städtischen Gemeinschaft, auch wird er mit Stolz als Beweis für den hohen Rang der Stadt im Verhältnis zu anderen Städten angeführt, doch kann man zu dieser Zeit noch nicht davon sprechen, der Stadtpatron repräsentiere die Stadt bzw. er nehme die Rolle eines leitenden Organs der *civitas* ein. Diese Funktion wird der Stadtheilige erst im Laufe des Mittelalters bekommen.

3. Der Umbruch der städtischen Herrschaft im Mittelalter und die Funktion des Stadtpatrons

Die Geschichte der europäischen Stadt im hohen Mittelalter[31] zeigt bei allen regionalen Unterschieden eine Gemeinsamkeit auf: Ihre Bewohner sind bestrebt, sich von ihrem jeweiligen Stadtherrn, sei es von der Herrschaft des Adels oder eines Bischofs, zu emanzipieren. Die *cives* sind bemüht, sich selbst zu organisieren und ihre Interessen selbst zu vertreten. Dieser Vorgang verdichtet sich im 11. Jahrhundert, also zu einer Zeit, in der Wirtschaft und Handel florieren, in der soziale Bewegungen um die Durchsetzung von Frieden und Freiheit ringen, in der durch eine Abschichtung von Kirche und weltlichen Herrschaftsformen die Selbständigkeit der Städte wächst und in der zaghaft das Interesse an rechtswissenschaftlichen Fragen zunimmt. Im Rahmen dieser Entwicklung der Stadtkommune spielen die Schwureinung der Bürger (*coniuratio*) und die Einsetzung von Konsuln eine zentrale Rolle.

Die Ablösung der Stadtherrschaft durch städtische Selbstverwaltung ist ein Prozess, der in den Regionen Europas zeitlich und inhaltlich unterschiedlich verlaufen ist. Und doch ist auffällig, dass in diesem Prozess der Kult des Stadtpatrons häufig eine bedeutende Rolle spielt: Gemeint ist der Kult um den Stadtheiligen, der dazu dient, die Bürgerschaft im Innern zu einen und die innerstädtischen Kräfte zur Abwehr der äußeren Feinde zu stärken. Es war insbesondere Hans Conrad Peyer, der in seiner Habilitationsschrift von 1955 diese Funktion am Beispiel der Städte Venedig, Mailand, Florenz und Siena herausgearbeitet hat.[32] In seiner Schlussbetrachtung stellt er fest:

---

29 Vgl. Dassmann (wie Anm. 8), insbes. S. 262 ff. und 280ff.

30 Vgl. Roland Rölker, Adel und Kommune in Modena. Herrschaft und Administration im 12. und 13. Jahrhundert, Frankfurt am Main 1994, S. 345f.; Albert Dietl, Defensor civitatis. Der Stadtpatron in romanischen Reliefzyklen Oberitaliens, München 1998, insbes. S. 20ff.

31 Vgl. Hans Planitz, Die deutsche Stadt im Mittelalter, Köln/Wien, 2. Aufl. 1965; Dilcher, Die Entstehung (wie Anm. 25); Gerhard Dilcher/Karl-Siegfried Bader, Deutsche Rechtsgeschichte. Land und Stadt – Bürger und Bauer im Alten Europa, Berlin u. a. 1999; Edith Ennen, Die europäische Stadt des Mittelalters, 4. Aufl. Göttingen 1987; Eberhard Isenmann, Die deutsche Stadt im Spätmittelalter 1250–1500, Stuttgart 1988; Uwe Grieme/Nathalie Kruppa/Stefan Pätzold (Hg.), Bischof und Bürger. Herrschaftsbeziehungen in den Kathedralstädten des Hoch- und Spätmittelalters, Göttingen 2004; Felicitas Schmieder, Die mittelalterliche Stadt, Darmstadt 2005.

32 Vgl. Hans Conrad Peyer, Stadt und Stadtpatron im mittelalterlichen Italien, Zürich 1955. Ital. Übersetzung: Città e santi padroni nell'Italia medievale (Le vie della storia 35), Florenz 1998.

„Erst im 11. Jahrhundert trat eine deutliche Wende ein. Mit den Kriegen Venedigs gegen Slaven und Sarazenen nahm der Marcuskult, mit den Kämpfen Mailands gegen Nachbarn und salische Kaiser die Verehrung des Ambrosius einen neuen kräftigen Aufschwung. Der heilige Anführer der Stadt im Kampfe wurde zum Inbegriff der gottgewollten Unabhängigkeit und Macht der werdenden Stadtstaaten, zum Stadtpatron im eigentlichen Sinne des Wortes. Auch die inneren Parteien, aus deren Kämpfen schließlich die Stadtkommune, d. h. die Stadtrepublik hervorging, begannen sich auf den Schutzheiligen der Stadt zu berufen."[33]

Weitere bedeutende Darstellungen zur Geschichte des Stadtpatrons in Italien,[34] in Südfrankreich[35] und in Deutschland[36] haben diese Repräsentationsfunktion zum Teil bestätigt, zum Teil modifiziert. Allerdings ist festzuhalten, dass jede Stadt und jeder Stadtpatron eine eigene Geschichte haben: Es gibt Fälle, in denen der Stadtpatron gerade für die Neuordnung der politischen Organisation steht, es gibt aber auch Fälle, in denen diese Funktion des Stadtheiligen zwar intendiert war, jedoch ein erneuter Wechsel in der Herrschaftsstruktur diese Funktion wieder hinfällig gemacht hat.[37] Stets ist zu beachten, dass es einen Kunstgriff des Historikers darstellt, die politisch-rechtliche Funktion des heiligen Patrons isoliert herauszuheben und demgegenüber die stets vorhandene religiöse und spirituelle Dimension des Kultes, die im christlichen Glauben verwurzelt ist, zu vernachlässigen.

---

33 Peyer (wie Anm. 32), S. 59.

34 Vgl. Orselli (wie Anm. 8); dies., La città altomedievale e il suo santo patrono (Quaderni della Rivista di storia della Chiesa in Italia 7), Rom 1979; dies., L'immagine religioso della città medievale, Ravenna 1985; Pierre Racine, Évêque et cité dans le royaume d'Italie: aux origines des communes italiennes, in: Cahiers de civilisation médiéval 27, 1984, S. 129–139; Paolo Golinelli, Città e culto dei santi nel medioevo italiano (Biblioteca di storia urbana medievale 4), 2. Aufl. Bologna 1996; Diana Webb, Patrons and Defenders. The Saints in the Italian City-states, London/New York 1996; Kristin Böse, Neue Heilige in toskanischen Kommunen. Die Inszenierung von Stadtheiligkeit in Bildviten des 15. Jahrhunderts, in: Dieter R. Bauer/Klaus Herbers/Gabriela Signori (Hg.), Patriotische Heilige. Beiträge zur Konstruktion religiöser und politischer Identitäten in der Vormoderne (Beiträge zur Hagiographie 5), Stuttgart 2007, S. 193–209.

35 Vgl. Anke Krüger, Südfranzösische Lokalheilige zwischen Kirche, Dynastie und Stadt vom 5. bis zum 16. Jahrhundert (Beiträge zur Hagiographie 2), Stuttgart 2002.

36 Vgl. Hans-Jürgen Becker, Der Heilige als Landesherr. Zur staatsrechtlichen Symbolbedeutung des Patrons im europäischen Bereich, in: Symbolon. Jahrbuch für Symbolforschung NF 6, Köln 1982, S. 9–25; ders., Art. „Stadtpatron", in: Handwörterbuch zur deutschen Rechtsgeschichte, Bd. 4, Berlin 1990, Sp. 1861–1863; Wolfgang Brückner, Devotio und Patronage. Zum konkreten Rechtsdenken in handgreiflichen Frömmigkeitsformen des Spätmittelalters und der frühen Neuzeit, in: Klaus Schreiner u.a (Hg.), Laienfrömmigkeit im späten Mittelalter. Formen, Funktionen, politisch-soziale Zusammenhänge (Schriften des Historischen Kollegs, Kolloquien 20), München 1992, S. 79–91; Toni Diederich, Stadtpatrone an Rhein und Mosel, in: Rheinische Vierteljahrsblätter 58 (1994), S. 25–86; Wilfried Ehbrecht, Die Stadt und ihre Heiligen. Aspekte und Probleme nach Beispielen west- und norddeutscher Städte, in: Ellen Widder/Mark Mersiowsky/Peter Johanek (Hg.), Vestigia Monasteriensia (Studien zur Regionalgeschichte 5), Bielefeld 1995, S. 197–261 (mit umfangreichen Literaturhinweisen); Klaus Graf, Maria als Stadtpatronin in deutschen Städten des Mittelalters und der frühen Neuzeit, in: Klaus Schreiner (Hg.), Frömmigkeit im Mittelalter, München 2002, S. 125–154.

37 So zutreffend Christoph Dartmann, Der Stadtpatron in der kollektiven Identität des frühkommunalen Italiens: Mailand und Florenz, in: Bauer/Herbers/Signori (wie Anm. 34), S. 179–192, insbes. S. 189.

4. Alte und neue Stadtpatrone – Wechsel des Patrons

Wenn sich in einer Stadt der Kult des Stadtpatrons etabliert hatte, konnte es geschehen, dass nach Verfassungskämpfen und Wechsel der Stadtherrschaft auch der Patron ausgetauscht wurde. Im Zeitalter der Kommune ist in Italien zu beobachten, dass zuweilen neben den tradierten Stadtpatron, dessen Kult häufig mit der bischöflichen Kathedrale verbunden ist, ein Ko-Patron tritt, dessen Kult von städtischen Bürgern oder der Kommune selbst gefördert wird und bisweilen den Kult des überlieferten Stadtheiligen gänzlich verdrängen kann. Die neuen Ziele der Bürgerschaft verlangen nach einem neuen Heiligen, der die geänderten Wertvorstellungen legitimieren kann.[38]
Dies lässt sich am Beispiel von Bologna gut demonstrieren.[39] Hier gab es zunächst noch keinen ausgeprägten Kult eines Stadtpatrons, doch kam Petrus als Titelheiligem der Kathedrale eine gewisse repräsentative Rolle zu. 1141 wurden dann die Reliquien eines heiligen Bischofs der Stadt, Petronius, aufgefunden: Um die *inventio* dieses Heiligen entwickelte sich ein Kult, der die Funktion hatte, das Einvernehmen zwischen dem Bischof und der durch Konsuln regierten Stadt zu demonstrieren. Dann aber entwickelte sich Jahrzehnte später ein weiterer Kult um zwei Heilige, die beide den Namen Proculus trugen. Der eine Proculus war ein heiliger Bischof: Sein Kult war geeignet, die Position des Bologneser Bischofs zu stärken. Der andere Proculus war ein junger Krieger, der nach der Legende einen tyrannischen römischen Präfekten, der Christen verfolgte, getötet und dafür dann selbst den Märtyrertod hatte erleiden müssen. Der Kult des zweiten kriegerischen Heiligen vermochte den Kampf der Stadt Bologna gegen Kaiser Friedrich I., bei dem es zur Tötung des kaiserlichen Vikars Bezo gekommen war, ideologisch zu rechtfertigen. Im Kampf gegen Friedrich I. wurde aber auch der heilige Petronius sehr populär und konnte sich schließlich durchsetzen: Nach innerstädtischen Auseinandersetzungen, aus denen die guelfische Partei als Siegerin hervorgegangen war, wurde Petronius 1284 zu einem von vier Stadtpatronen erklärt. Nach dem Sieg Bolognas über den ghibellinischen Herrscher von Ferrara wurde Petronius 1301 durch Ratsbeschluss zum alleinigen Herrn und Verteidiger von Bologna erhoben.
In Lodi war es Kaiser Friedrich I., der seiner ihm ergebenen Stadt half, den Kult des alten Stadtpatron Bassianus zu stärken.[40] Bei der Translation der Reliquien in die neue Kathedrale legte Barbarossa 1163 selbst Hand an, wie er es zwei Jahre später in Aachen auch bei der Erhebung und Translation der Gebeine Karls des Großen im Rahmen von dessen Heiligsprechung tat. Nach dem Sieg der lombardischen Liga wandten sich allerdings die Bürger von Lodi wieder einem anderen Heiligen, nämlich dem heiligen Bischof Albertus zu, weil der alte Stadtpatron durch die staufische Politik kompromittiert erschien.

---

38 Vgl. Peyer (wie Anm. 32), S. 60 f.; Golinelli (wie Anm. 34), S. 67ff.

39 Vgl. Francesco Lanzoni, San Petronio, vescovo di Bologna, nella storia e nella legenda, Rom 1907; Francesco Filippini, San Petronio, vescovo di Bologna: storia e leggenda, Bologna 1948; Peyer (wie Anm. 32), S. 36f.; Antonio Ivan Pini, Origine e testimonianze del sentimento civico bolognese, in: La coscienza cittadina nei comuni italiani del Duecento (Convegni del Centro di Studi sulla Spiritualità Medievale 11), Todi 1972, S. 137–193; Golinelli (wie Anm. 34), S. 79ff.; Orselli, L'immagine (wie Anm. 34).

40 Vgl. Golinelli (wie Anm. 34), S. 82f.; Jürgen Petersohn, Kaisertum und Kultakt in der Stauferzeit, in: Petersohn (wie Anm. 4), S.101–146, insbes. S. 110.

Auch in Florenz[41] kam es zu einem Wechsel im Kult des Stadtpatrons. Seit dem 12. Jahrhundert werden der heilige Zenobius und die heilige Reparta in den Hintergrund gedrängt. Nunmehr entwickelt sich Johannes der Täufer zum Hauptpatron der Stadt. Er ist es, der die Stadt repräsentiert. Dies zeigt sich insbesondere darin, dass Liegenschaften dem Stadtpatron Johannes übertragen werden, dass die unterworfenen Nachbargemeinden dem Heiligen an seinem Festtag (24. Juni) Wachskerzen darbringen, dass am Patronatsfest Gefangene begnadigt werden. Ein ähnliches Zeremoniell wird in sehr vielen Städten Italiens und Südfrankreichs vollzogen.

Auch nördlich der Alpen ist es zuweilen zu einem Wechsel des Stadtpatrons gekommen. Als Beispiel sei auf Köln verwiesen, das zunächst – wie an den alten Stadtsiegeln abzulesen ist – Petrus, den Patron der Kathedrale, auch als Stadtpatron betrachtete.[42] Daneben entwickelte sich ein lebhafter Kult um die heilige Ursula und den heiligen Gereon. Doch diese Patrone werden in den Hintergrund gedrängt, als sich der Kampf gegen den bischöflichen Stadtherrn um die Stadtfreiheit zuspitzte. Die Gebeine der Heiligen Drei Könige waren 1162 nach dem Sieg über Mailand von Kaiser Friedrich I. seinem Kanzler Rainald von Dassel geschenkt worden, der die Reliquien 1164 in feierlichem Zug nach Köln brachte. Hier sollte die neue Grabesstätte, die den heiligen Königen aus dem Morgenland in der Kölner Kathedrale bereitet wurde, eine Art von Reichsheiligtum werden. Doch diese Pläne ließen sich nicht realisieren: Die Heiligen Drei Könige wurden nicht zu Reichspatronen, sondern vielmehr zu Stadtpatronen der Reichsstadt Köln. Da die Stadt im Jahre 1288 in der Schlacht von Worringen auf der siegreichen Seite gestanden hatte, konnte sie dem unterlegenen Erzbischof wichtige Autonomierechte abtrotzen. In den Legenden des 13. und 14. Jahrhunderts sind es die Stadtpatrone Ursula, Gereon und vor allem die Heiligen Drei Könige gewesen, die den Sieg und den Gewinn an städtischen Freiheitsrechten für die Stadt errungen haben. So ist es nur konsequent, dass in der Folge die Dreikönigsfahne zum *vexillum civitatis* wird und dass die drei Kronen das Wappen und die Münzen der Reichsstadt schmücken.

Ein weiteres Beispiel für den Wechsel des Patrons einer deutschen Stadt bietet Soest. In den frühen Stadtsiegeln von 1168 und 1236 erscheint noch der heilige Petrus, doch mit dem Kampf um die Unabhängigkeit von der bischöflichen Herrschaft erscheint auf den Siegeln von 1279 und 1282 der heilige Patroclus als neuer Stadtpatron.[43]

5. Der Stadtheilige als Schützer der städtischen Kommune vor Feinden von Außen

Die mittelalterliche Stadt gewinnt an Gestalt durch die Stadtmauer, die sie umgibt.[44] Militärisch ist die Mauer ein wichtiges Mittel zur Abwehr der äußeren Feinde, rechtlich definiert der von der Mauer umgrenzte Raum den Bereich des städtischen Friedens. Die

---

41 Vgl. Peyer (wie Anm. 32), S. 46ff.
42 Zum Folgenden Hans-Jürgen Becker, Stadtpatrone und städtische Freiheit. Eine rechtsgeschichtliche Betrachtung des Kölner Dombildes, in: Gerd Kleinheyer/Paul Mikat (Hg.), Beiträge zur Rechtsgeschichte. Gedächtnisschrift für Hermann Conrad, Paderborn 1979, S. 23–45.
43 Vgl. Ehbrecht (wie Anm. 36), S. 236–242, insbes. S. 238.
44 Dieter Werkmüller, Art. „Stadtmauer", in: Handwörterbuch zur deutschen Rechtsgeschichte, Bd. 4, Berlin 1990, Sp. 1857–1861.

Stadtmauer lässt die Stadt als Friedens-, Freundschafts- und Schutzverband sichtbar werden. Deshalb sind Errichtung und Unterhalt der Mauer eine zwingende Pflicht der Stadtbürger. Die Mauerwacht – häufig nach Stadtvierteln oder Wachten aufgeteilt – gehört neben der Steuerpflicht zu den Lasten, die ein Bürger zu tragen hat. Weil somit die Stadtmauer zu den Grundelementen einer mittelalterlichen Stadt gehört, ist dies ein Bereich, in dem der Schutz des Stadtpatrons besonders gefragt ist. Schon aus der Spätantike werden Berichte überliefert, in denen es der Patron der Stadt ist, der Wache über die Mauer hält. So wurde ein Riss in der römischen Stadtmauer beim Monte Pincio nach dem Bericht des Prokop in seinem „Gotenkrieg" ganz bewusst nicht repariert, weil man im Volk glaubte, der Apostel Petrus werde dort persönlich Wache halten.[45] Bei einem Angriff auf die italienische Stadt Nola soll der heilige Felix, bei einer Attacke gegen die spanische Stadt Mérida soll die heilige Eulalia zu Hilfe gekommen sein.[46] Die Legenden, die davon berichten, dass der Stadtpatron auf der Mauer erscheint und die Angreifer abwehrt, sind von sehr zahlreichen Städten überliefert. Die Kölner Legenden berichten beispielsweise, dass bei einer Belagerung der Stadt im Jahre 1265 die heilige Ursula und ihre Gefährtinnen durch ihr nächtliches Erscheinen den Feind vertrieben haben. 1268 soll es Gereon mit seinen Gefährten von der thebäischen Legion gewesen sein, der einen Überfall auf die Stadt vereitelt hat.[47] Häufig wird das Bild des Stadtheiligen an den Mauern und Toren der Stadt angebracht. So findet man beispielsweise an bedeutenden Stadttoren von Mailand[48] den heiligen Ambrosius, in Ragusa (Dubrovnik)[49] den heiligen Blasius.

Wenn der Feind vor den Toren der Stadt bekämpft werden muss, wird im Mittelalter als Zentrum des städtischen Heeres häufig ein *carroccio*, ein Fahnenwagen (lat. *plaustrum vexilli*) mitgeführt.[50] Solche Fahnenwagen sind in der Regel mit einer Standarte (italien. *gonfalone*, mittelhochdt. *stanthart*) geschmückt, die das Bild des Stadtpatrons zeigt. Da solche Standarten, die auch bei innerstädtischen Prozessionen mitgeführt wurden, vielfach regelrechte Kunstwerke waren, sind viele in den Museen erhalten.[51] Für Deutschland sei auf das Stadtbanner von Köln[52] mit den drei Kronen und auf die Kampfesfahne von Würzburg[53] mit dem Bild des heiligen Kilian verwiesen.

---

45 Vgl. Orselli (wie Anm. 8), S. 94f.
46 Vgl. Orselli (wie Anm. 8), S. 76f. und S. 89.
47 Vgl. Becker (wie Anm. 42), S. 32ff.
48 An der Mailänder Porta Ticinese ist San Ambrogio abgebildet, wie er das Modell seiner Stadt der Muttergottes entgegenstreckt; vgl. Maria Teresa Fiorino, Uno scultore campionese a Porta Nuova, in: Chiara Bianchi (Hg.), La Porta Nuova delle mura medievali di Milano: dai Novelli ad oggi, Mailand 1991, S. 107–128, insbes. S. 110. Zur Abbildung des Ambrosius an der Porta Romana, die den Bischof mit dem Attribut der Geißel zeigt, vgl. Dassmann (wie Anm. 8), S. 287.
49 Vgl. Marko Margaritoni, Sveti Vlaho: povjesnice i legende, Dubrovnik 1998.
50 Vgl. Hannelore Zug Tucci, Il carroccio nella vita comunale italiana, in: Quellen und Forschungen aus italienischen Archiven und Bibliotheken 65, 1985, S. 1–104; Ernst Voltmer, Il carroccio. Turin 1994, insbes. S. 231ff.; ders., Leben im Schutz der Heiligen. Die mittelalterliche Stadt als Kult- und Kampfgemeinschaft, in: Christian Meier (Hg.), Die okzidentale Stadt nach Max Weber. Zum Problem der Zugehörigkeit in Antike und Mittelalter (Historische Zeitschrift, Beihefte NF 17), München 1994, S. 213–243, insbes. S. 240ff.; Tilmann Struve, Salierzeit im Wandel. Zur Geschichte Heinrichs IV. und des Investiturstreites, Köln 2006, S. 186ff.
51 Für Umbrien: Francesco Santi, Gonfaloni umbri del Rinascimento, Perugia 1976. Für die Toskana: La Toscana e i suoi comuni: storia, territorio, popolazione, stemmi e gonfaloni delle libere comunità toscane, 2. Aufl. Venedig 1995.
52 Vgl. Kölnisches Stadtmuseum. Auswahlkatalog, Köln 1984, S. 162f. (Kölner Stadtbanner, sog. Lochnerfahne)
53 Vgl. Max H. von Freeden, Aus den Schätzen des

Der Stadtpatron wird nicht nur als Helfer in der Schlacht angerufen, der Ruf seines Namens wird in der Schlacht zum Kriegsgeschrei: Der Schlachtruf der Mailänder lautete „San Ambrogio",[54] in Florenz rief man „San Giovanni",[55] in Siena „Santa Maria"[56] und in Venedig „San Marco".[57]

6. Der Stadtheilige als Garant der städtischen Einheit im Inneren und als Repräsentant des Gemeinwesens

In der Frühphase der Entstehung der Kommune kommt es nicht selten zu einer Friedenseinung zwischen den zuvor verfeindeten Gruppen in der Stadt. Es ist ein Phänomen, das sich gut in die allgemeine Friedensbewegung dieser Epoche einreiht. Ein solcher Friedenspakt unter den Bürgern bedarf aber eines Katalysators. Diese Funktion übernimmt nicht selten ein heiligmäßiger Bischof oder der Stadtpatron. In Piacenza wird 1091 der Kampf zwischen den *milites* und dem *populus* durch Abschluss einer beschworenen Friedenseinung (*concordia et pax*) beendet. Mittler ist hier der Ortsbischof, dem es gelingt, in dieser Situation durch Auffindung und Erhebung der Gebeine der heiligen Euphemia ein Element der Eintracht zu schaffen.[58] Ein Relief, das eine solche Friedenseinung zeigt, findet sich im Tympanon der Abtei San Zeno in Verona: Zwischen den auf Pferden reitenden Angehörigen des Adels auf der einen und den Stadtbürgern auf der anderen Seite ist der Stadtpatron San Zeno abgebildet, der diese Einigung herbeigeführt hat. Die Umschrift lautet: „*Dat presul signum populo munimine dignum / vexillum Zeno largitur corde sereno.*"[59]

Die Rolle als Stifter der Einheit ist die Vorstufe zur Anschauung, dass der Stadtpatron das Gemeinwesen repräsentiert. In seinem Kult verdichtet sich das Gemeinwesen zu einer Einheit, die als Rechtsträger angesehen wird. Noch bevor der römischrechtliche Gedanke der *universitas* sich im Rechtsleben als Vorläufer der „Juristischen Person" durchsetzen kann,[60] nimmt der Stadtheilige vielfach diese Funktion ein: Er ist Träger der städtischen Rechte, er ist Wächter über die städtische Rechts- und Friedensordnung.

Mainfränkischen Museums Würzburg, ausgewählte Werke, 3. Aufl. Würzburg 1976, Nr. 109; Kilian. Mönch aus Irland – aller Franken Patron 689–1989, Katalog, München 1989, Nr. 393, S. 360f.
54 Vgl. Peyer (wie Anm. 32), S. 37.
55 Vgl. Peyer (wie Anm. 32), S. 49.
56 Vgl. Peyer (wie Anm. 32), S. 49f.
57 Vgl. Peyer (wie Anm. 32), S. 20.
58 Vgl. Dilcher, Die Entstehung (wie Anm. 25), S. 136 f.; Luigi Canetti, Gloriosa Civitas. Culto dei santi e società cittadina a Piacenza nel Medioevo, Bologna 1993, S. 155; Golinelli (wie Anm. 34), S. 261–266.
59 Dilcher, Die Entstehung (wie Anm. 25), vor S. 135; Golinelli (wie Anm. 34), S. 74; Andrea von Hülsen-Esch, Romanische Skulptur in Oberitalien als Reflex der kommunalen Entwicklung im 12. Jahrhundert. Untersuchungen zu Mailand und Verona, Berlin 1994.
60 Zur Rechtsgeschichte der mittelalterlichen „*universitas*" vgl. Hans-Jürgen Becker, Die Steinerne Brücke zu Regensburg als „Juristische Person", in: Diethelm Klippel (Hg.), Colloquia für Dieter Schwab zum 65. Geburtstag, Bielefeld 2000, S. 105–116, insbes. S. 111ff.

7. Der Kult des Stadtheiligen im täglichen Leben

Das Bild des Stadtheiligen: Gemälde und Plastik

Die Funktion des Stadtpatrons als Repräsentant der Stadt ist den Bürgern vielfältig vor Augen geführt worden. Hier ist in erster Linie an das offizielle Bild des Stadtpatrons zu denken, das entweder in der Rathauskapelle oder im Festsaal des Rathauses, seltener in der Kathedrale zu sehen war. Vielfach schreiben die Statuten einer Stadt vor, dass und wie ein solches Bild des Stadtpatrons anzufertigen ist.[61] In Venedig ist das Bild von San Marco zusammen mit dem Löwen als seinem Attribut nicht nur in der „Staatskapelle" – also dem Markusdom – und im Palast des Dogen, sondern an vielen Orten der Stadt zu sehen. Wie die Säule mit dem Markuslöwen die Piazza vor dem Dogenpalast schmückt, so findet sich diese Säule als Zeichen der venetianischen Herrschaft auf den Plätzen von allen Städten der Terra Ferma, die durch die Serenissima erobert worden waren.

Stilbildend für einen verbreiteten Bildtyp des Stadtpatrons war das Marienbild, das in Siena für die Stadtpatronin Maria entwickelt worden ist.[62] Nachdem sich die Stadt 1260 nach der siegreichen Schlacht von Montaperti an die Gottesmutter übereignet hatte, gab man die Schaffung eines würdigen Bildes der Patronin in Auftrag: Eine solche Maestà war zunächst von Guido da Siena, dann von Duccio di Buoninsegna (im Dom) und schließlich von Simone Martini (im Palazzo Pubblico) geschaffen. Viele Städte der Toskana haben sich an diesen Bildtyp der Maestà bei der Schaffung von Bildern ihres Stadtpatrons angeschlossen, so z. B. San Gimignano und Massa Marittima. Wenn um das Jahr 1445, also fast zwei Jahrhunderte später, ein Maler im Auftrag der Stadt Köln für die Ratskapelle das berühmte Bild der Stadtpatrone anfertigt, steht er noch in dieser Tradition, die von Siena ausgeht.[63]

Nur wenig später entsteht neben der Maestà eine neue Bildgattung: Hier wird der Heilige bildlich als Patron dargestellt, der die ihm anvertraute Stadt wie auf einem Teller in den Händen hält und dem Schutz Gottes anvertraut. Besonders charakteristisch für diesen Bildtyp ist das Gemälde des heiligen Geminianus, das Taddeo di Bartolo für die Stadt San Gimignano geschaffen hat: Der auf einem Thron sitzende Heilige trägt das Modell der turmreichen Kommune auf seinen Knien und hält seine Rechte segnend über die Stadt, die seinen Namen trägt.[64]

---

61 Vgl. Webb (wie Anm. 34), S. 124f. unter Hinweis auf die Statuten von Perugia (1343), Florenz (1325), Modena (1306–1307), Vicenza (1264) und Verona (1276).

62 Vgl. Peyer (wie Anm. 32), S. 49–58; Hellmut Hager, Die Anfänge des italienischen Altarbildes (Veröffentlichungen der Bibliotheca Hertziana in Rom 17), München 1962, S. 134ff.; Robert Oertel, Die Frühzeit der italienischen Malerei, 2. Aufl. Stuttgart 1966, S. 127, 133f., S. 146 und 162; Hans Belting, Bild und Kult. Eine Geschichte des Bildes vor dem Zeitalter der Kunst, 2. Aufl. München 1991, S. 446–456. – Zum Kult der Stadtpatronin Maria in Siena, vgl. insbes. Webb (wie Anm. 34), S. 251–316; Kerstin Beier, Maria Patrona. Rituelle Praktiken als Mittel stadtbürgerlicher Krisen- und Konfliktbewältigung. Siena 1447–1456, in: Schreiner (wie Anm. 36), S. 97–124.

63 Hierzu Becker (wie Anm. 42), insbes. S. 37ff.; Hiltrud Kier, Die Kölner Ratskapelle und Stephan Lochners Altar der Stadtpatrone, in: Franz J. Much (Hg.), Baukunst des Mittelalters in Europa. Hans Erich Kubach zum 75. Geburtstag, Stuttgart 1988, S. 757–778.

64 Vgl. Sibilla Symeonides, Taddeo di Bartolo, Siena 1965, S. 39ff., S. 199 und Tafel Va. Zu ähnlichen Darstellungen vgl. Thomas Szabó, Die Visualisierung städtischer Ordnung in den Kommunen

Ein weiterer sehr verbreiteter Bildtyp zeigt die Vedute der jeweiligen Stadt, über der oben am Himmel der Stadtpatron oder eine ganze Schar von städtischen Heiligen erscheinen, um den Segen für die Stadt, die ihrem Schutz anvertraut ist, herbeizuflehen.[65]

Die Gegenwart des Stadtpatrons im Alltag der mittelalterlichen Stadt

Für die Präsenz des Stadtpatrons im täglichen Leben sorgten die Darstellung seines Bildes oder seines Attributes auf vielen Objekten. Sehr bedeutsam war ein Brauch, der sich in manchen Städten Mitteleuropas durchsetzte: Das städtische Siegel zeigt vielfach den Stadtpatron als Repräsentanten der Stadt, in deren Namen die besiegelte Urkunde ausgestellt wurde.[66] Den Typ des Stadtheiligensiegels, bei dem das Bild des Heiligen in der Regel von einer Stadtmauer umgeben ist, findet sich etwa in Mainz (St. Martin), Köln (St. Peter), Neuß (St. Quirin), Lüttich (St. Lampert), Regensburg (St. Peter). In jenen Städten, die ein solches Stadtpatron-Siegel führen, orientiert sich in der Regel auch das Stadtwappen an den Emblemen des Heiligen.[67] So führt Köln bekanntlich das Wappen mit den Kronen der Heiligen Drei Könige, Mainz das Rad des heiligen Martin, Regensburg die Schlüssel von St. Peter. Für den Bürger war noch einprägsamer, dass die Münzen der Stadt häufig gleichfalls das Bildnis oder das Emblem des Stadtpatrons zeigten. In manchen Städten, so etwa in Venedig,[68] ist das Emblem des Stadtpatrons stets gegenwärtig, im Siegel, im Wappen und auch auf der städtischen Münze.

Der Stadtpatron ist in wenigen Fällen auch durch ein städtisches Denkmal geehrt worden. In Mailand findet sich an der Porta Romana eine Darstellung von San Ambrogio, wie er mit einer Riemenpeitsche die Feinde vertreibt.[69] Zwar ist ursprünglich der Kampf des Bischofs gegen die häretischen Arianer gemeint, doch geht man wohl nicht fehl, dass

---

Italiens, in: Hermann Maué (Hg.), Visualisierung städtischer Ordnung. Zeichen – Abzeichen – Hoheitszeichen, Nürnberg 1993, S. 55–67, insbes. S. 55f.

65 Viele Beispiele bei Harald Keller, Die hohe Kunst der Stadtvedute, Stuttgart 1983; Hugo Borger/Frank Günter Zehnder, Köln – die Stadt als Kunstwerk. Stadtansichten vom 15. bis 20. Jahrhundert, 2. Aufl. Köln 1986; Werner Kreuer, Imago civitatis. Stadtbildsprache des Spätmittelalters, Köln 1993; Wolfgang Behringer (Hg.), Das Bild der Stadt in der Neuzeit 1400–1800, München 1999; Bernd Roeck (Hg.), Stadtbilder der Neuzeit, Ostfildern 2006.

66 Vgl. Hermann Jakobs, Eugen III. und die Anfänge europäischer Stadtsiegel, Köln/Wien 1980; ders., Nochmals Eugen III. und die Anfänge europäischer Stadtsiegel, in: Archiv für Diplomatik 39 (1993), S. 85–148; Toni Diederich, Die alten Siegel der Stadt Köln, Köln 1980; ders., Prolegomena zu einer neuen Siegel-Typologie, in: Archiv für Diplomatik 29 (1983), S. 242–284; ders., Siegel als Zeichen städtischen Selbstbewußtseins, in: Maué (wie Anm. 64), S. 142–152; Wilhelm Volkert, Die älteren Regensburger Stadtsiegel, in: Regensburger Almanach 1991, S. 36–43; Artur Dirmeier, Siegel aus Blei und Wachs. Der heilige Petrus als Patron von Domkirche und Stadt, in: Maria Baumann (Hg.), Tu es Petrus. Bilder aus zwei Jahrtausenden, Regensburg 2006, S. 95–106. Vgl. ferner den Beitrag von Artur Dirmeier in diesem Band.

67 Vgl. Otto Renkhoff, Stadtwappen und Stadtsiegel, in: Erika Kunz (Hg.), Festschrift für E. E. Stengel, Münster/Köln 1952, S. 56–80. – Zu den Stadtwappen italienischer Kommunen vgl. Szabó (wie Anm. 64), S. 60ff.; Vieri Favini/Alessandro Savorelli, Segni di Toscana: identità e territorio attraverso l'araldica dei comuni (Le vie della storia 67), Florenz 2006.

68 Vgl. Alfons Zettler, Die politischen Dimensionen des Markuskults im hochmittelalterlichen Venedig, in: Petersohn (wie Anm. 4), S. 541–571.

69 Vgl. Peyer (wie Anm. 32), S. 33ff.; von Hülsen-Esch (wie Anm. 59).

dieses Denkmal an den Sieg über alle Feinde Mailands erinnern soll. In Köln entstand ein ähnliches Denkmal, dass an die Abwehr des Überfalls auf die Stadt im Jahre 1268 erinnert: Das Mahnmal an der Ulrepforte zeigt den Abwehrkampf der Bürger, die durch die auf den Zinnen der Stadtmauer stehenden Stadtpatrone, hier insbesondere St. Ursula mit ihren Jungfrauen und St. Gereon, unterstützt werden.[70]

Der Regelung des Kultes des Stadtheiligen in den städtischen Statuten

Beim spätmittelalterlichen Kult des Stadtpatrons handelte es sich in erster Linie um eine Angelegenheit der Bürger, also um eine religiöse Betätigung von Laien. Dies wird dadurch belegt, dass in sehr vielen städtischen Statuten der Kult des Patrons gesetzlich detailliert geregelt worden ist. Dieser Umstand – zuvor nur wenig beachtet[71] – ist durch Diana Webb in Grundzügen dargestellt worden, wobei sie die Darstellung nach Sachthemen gegliedert hat.[72]

Sie verweist zunächst auf jene Statuten, die mit der Anrufung (*invocatio*) des Stadtpatrons beginnen. Dies geschieht u. a. in den Statuten von Foligno, Piacenza, Cremona, Ascoli Piceno, Treviso, Osimo, Florenz, Modena, Montopoli, Borgo San Lorenzo, Lucca, Vicenza, Pisa und Todi.[73] Sodann untersucht sie jene Statuten, in denen durch den Gesetzgeber die öffentlichen Festtage (*dies feriati*) festgelegt werden. An solchen Tagen ruht die Tätigkeit der Gerichte. Auch Handel und Handarbeit sind untersagt. In diesem Zusammenhang wird auch das Fest des Stadtpatrons angesprochen.[74] In manchen Statuten wird genau festgelegt, welche Gaben (*offerta*) dem Stadtpatron an seinem Festtag zu leisten sind.[75] Am Beispiel der Statuten von Siena, Reggio Emilia, Perugia, Faenza, Lucca, Spoleto, Parma, Piacenza, Foligno, Pisa, Treviso, Florenz, Forlì wird deutlich, dass vor allem Kerzen (*cerea, cereum fioritum, luminaria*) gespendet werden. Auffällig ist, dass nicht nur die einzelnen Bürger eine Kerze darbringen müssen, auch die Stadtviertel und die unterworfenen Territorien (*contrata, vicinia*) des Contado müssen solche Kerzenopfer leisten. Sie bringen damit ihre Zugehörigkeit zur Stadt und zugleich ihre Abhängigkeit vom Zentrum des Stadtstaates zum Ausdruck. Zuweilen wird auch die Spende eines Baldachins (*palium, signum victoriae*) vorgeschrieben.

Sehr bedeutsam sind die in vielen Statuten enthaltenen Anordnungen, wie die Prozession am Festtag des Stadtpatrons zu gestalten ist.[76] Häufig wird bei diesen Umzügen ein Schrein mit den Reliquien oder doch wenigstens die Fahne des Stadtpatrons (*gonfalone*) mitgeführt. Aus den Anweisungen, in welcher Reihenfolge sich die Teilnehmer in die Prozession einreihen müssen, ergibt sich wie in einem Spiegel die

---

70 Vgl. Becker (wie Anm. 42), S. 36f.; Helmut Scharf, Kleine Kunstgeschichte des deutschen Denkmals, S. 65 und Abb. T 46.
71 Hinweise auf Regelungen des Festes des Stadtpatrons in den Statuten von Siena bei Peyer (wie Anm. 32), S. 79, Fußnote 16, in den Statuten von Arezzo, Cremona, Forlì, Modena, Parma und Siena bei Becker (wie Anm. 42), in den Fußnoten 26, 30 und 37; in den Statuten von Florenz, Pisa und Siena bei Szabó (wie Anm. 64), in den Fußnoten 20, 42, 43 und 44.
72 Vgl. Webb (wie Anm. 34), part II, chapter 3: Saints and Statues, S. 95–134.
73 Vgl. Webb (wie Anm. 34), S. 103–106.
74 Vgl. Webb (wie Anm. 34), S. 106–111.
75 Vgl. Webb (wie Anm. 34), S. 111–119.
76 Vgl. Webb (wie Anm. 34), S. 119–121.

soziale und politische Struktur der Stadt. Gemäß den Statuten von Florenz aus den Jahren 1322–1325 gingen voran „Podestà, Volkskapitän und Defensor mit ihren Richtern und Notaren – wohl in Begleitung ihres bewaffneten Gefolges –, dann kamen die Vorsteher der Zünfte und der *Vexillifer iustitie*, und nach ihnen die Bannerträger der Waffenverbände und deren Mitglieder in der Reihenfolge, wie sie in die *Ordinamenta Societatum* eingetragen waren".[77]

Mit dem Festtag des Stadtpatrons ist gemäß den Statuten oft auch ein Spiel in Form eines Rennens, zu Fuß oder zu Pferd, verbunden.[78] Die Statuten geben nicht nur den Tag des Rennens an, in Verona also an San Zeno, in Arezzo an San Donato, in Siena an Maria Himmelfahrt, sondern legen auch die Regeln fest. Dem Sieger winkt ein Preis (*bravium*), der oft in einem Tuch (*pallium*) besteht. Von diesem Preis her wird das Rennen oft, so auch in Siena, *il palio* genannt.

Schließlich ordnen viele Statuten an, dass blasphemische Äußerungen im Hinblick auf den Stadtpatron mit schweren Strafen belegt werden, denn das Heil der Stadt erscheint durch solche Beleidigungen des Heiligen gefährdet zu werden (Statuten von Ferrara, Modena, Camerino, Spello und Todi).[79]

Auch in den Städten nördlich der Alpen ist der Kult des Stadtpatrons vielfach durch Ratsbeschlüsse und in Statuten geregelt worden. Im Vordergrund stehen Bestimmungen über die jährliche Prozession, die am Tag des Stadtpatrons stattfindet. Aber auch bei jeden vom Stadtregiment angeordneten Prozessionen, die an die Rettung der Stadt vor einer Naturkatastrophe oder vor einem feindlichen Überfall erinnern sollen, wird der Stadtpatron einbezogen, denn der Zug führt an seiner Statue, an seinem Bild oder an seinem Schrein vorbei.[80] Als Beispiel soll hier nur auf die Stadt Köln und ihren Kult um die Heiligen Drei Könige sowie die weiteren Stadtpatrone Ursula und Gereon erinnert werden.[81] Im 15. Jahrhundert kommt ein neuer städtischer Gedenktag zu den zahlreichen schon vorhandenen hinzu: 1475 war die Bedrohung durch den burgundischen Herrscher Karl den Kühnen abgewehrt worden. Der Rat stiftete am 28. Juni 1482 zwei Prozessionen und zwei Gedenkgottesdienste, die jedes Jahr an das Ereignis erinnern sollten. Von der Prozession am 28. Juni wird bestimmt, sie solle ihren Anfang am Rathaus nehmen und zum Schrein der Heiligen Drei Könige im Dom führen. Anschließend

---

77 Szabó (wie Anm. 64), S. 58 und S. 66, Anm. 20. Zu den Festlichkeiten in Florenz vgl. auch Robert Davidsohn, Die Geschichte von Florenz, Bd. 4, Teil 3, Berlin 1927, S. 294–296; Richard C. Trexler, Public life in Renaissance Florence, New York 1980.

78 Vgl. Webb (wie Anm. 34), S. 121–124.

79 Vgl. Webb (wie Anm. 34), S. 124.

80 Vgl. Karl Fröhlich, Kirche und städtisches Verfassungsleben im Mittelalter, in: Zeitschrift für Rechtsgeschichte (Kanonistische Abteilung) 53 (1953), S. 188–287, insbes. S. 266ff.; Andrea Löther, Städtische Prozessionen zwischen repräsentativer Öffentlichkeit, Teilhabe und Publikum, in: Gert Melville/Peter von Moos (Hg.), Das Öffentliche und Private in der Vormoderne (Norm und Struktur 10), Köln/Weimar/Wien 1998, S. 435–459; dies., Prozessionen in spätmittelalterlichen Städten. Politische Partizipation, obrigkeitliche Inszenierung, städtische Einheit, Köln/Weimar/Wien 1999; Luitgard Gedeon, Zur Geschichte der Prozessionen in Frankfurt am Main, 2. Aufl. Marburg 2005. Weitere Hinweise auf Literatur zu den mittelalterlichen Stadtprozessionen bei Ehbrecht (wie Anm. 36), insbes. S. 222, Anm. 64.

81 Vgl. Becker (wie Anm. 42), S. 40f.; Wolfgang Herborn, Fest- und Feiertage im Köln des 16. Jahrhunderts, in: Rheinisch-Westfälisches Jahrbuch für Volkskunde 25 (1983/84), S. 27–61, insbes. S. 46ff.

soll sich der Zug zur Rathauskapelle bewegen, wo im Angesicht des Altars der Stadtpatrone mit dem berühmten, Stefan Lochner zugeschriebenen Gemälde eine Predigt zum Gedenken an die Rettung der Stadt gehalten werden soll.

Schluss: Die Säkularisierung des Stadtheiligen

Der Kult des Stadtpatrons geriet an der Wende vom Spätmittelalter zur Neuzeit in eine Krise, die mehrere Ursachen hat. Zum einen führt die rationale Administration einer Kommune, aber auch ihre politische Herrschaftsdeutung dazu, den Kult des Stadtpatrons zu säkularisieren. Hierzu möge ein Hinweis auf die Situation in Siena genügen, wo schon sehr früh (1337–1340) in den Fresken Ambrogio Lorenzettis das politische Regiment (*buon governo – mal governo*) dargestellt worden ist. Bezeichnenderweise wird dort die Stadt Siena als Person, als bärtiger Mann mit Szepter, dargestellt.[82] Gerhard Dilcher beschreibt diese Gestalt mit den Worten: „Die zentrale thronende Herrschergestalt stellt nämlich nach Umschrift und Symbolik die Kommune Siena selbst dar. Die Umschrift CSCCV, ursprünglich CSCV ist aufzulösen in ‚Commune Senensium Civitatis Virginis', und diese, Maria, die Schützerin der Stadt, ist mit dem Kinde auch auf dem Schild der Herrschaftsgestalt abgebildet."[83] Die Stadtpatronin ist also zwar noch in Umschrift und kleiner Abbildung auf dem Schild gegenwärtig, doch wird ihre Herrschaft nur noch angedeutet. Die Stadt hat einen eigenen Körper gefunden, der sie repräsentiert. Die schützende Heilige ist nur noch in Andeutungen zu erkennen. Dies kann man wohl als eine Art von Säkularisierung des Stadtpatronats auffassen.

Ganz allgemein wird seit dem 14. und verstärkt mit Beginn des 16. Jahrhunderts eine Krise der Heiligenverehrung durch die neue Art des wissenschaftlichen Denkens ausgelöst. Dies hängt mit der kritischen Sicht der humanistischen Gelehrten zusammen, die im Rahmen ihrer Quellenuntersuchungen die legendenhafte Überlieferung der Heiligenviten hinterfragen. Schließlich und vor allem hat die kirchliche Reformation die Einstellung zum Heiligenkult deutlich verändert.[84] Die Reformatoren verurteilten bekanntlich den zu ihrer Zeit praktizierten Kult, weil sie dadurch die alleinige Heilsmittlerschaft Christi verdunkelt sahen. Sie lehnen damit aber keineswegs die Heiligenverehrung ab, wie schon aus Artikel 21 der Confessio Augustana zu ersehen ist.[85] Statt der Anrufung

---

82 Vgl. die Abbildung des Freskenausschnitts im Farbabb.-Anhang und den Beitrag von Henrike Haug in diesem Band. Auf dem Grabdenkmal des Bischofs Guido Tarlati im Dom zu Arezzo von 1330 wird gleichfalls die *signoria* in der Gestalt eines Mannes mit Szepter abgebildet, Abbildung Randolph Starn, Ambrogio Lorenzetti, Palazzo Pubblico a Siena, Turin 1996, S. 58.

83 Vgl. Gerhard Dilcher, Zum Verhältnis von Recht und Stadtgestalt im Mittelalter, in: Michael Stolleis/Ruth Wolff (Hg.), La bellezza della città. Stadtrecht und Stadtgestaltung im Italien des Mittelalters und der Renaissance (Reihe der Villa Vigoni 16), Tübingen 2004, S. 47–70, insbes. S. 66. Hier auch (S. 63, Anm. 27) die neuere, noch immer sehr kontroverse Literatur zur Deutung dieser Fresken.

84 Vgl. Gerhard Knodt, Leitbilder des Glaubens. Die Geschichte des Heiligengedenkens in der evangelischen Kirche, Stuttgart 1998.

85 Vgl. Leif Grane, Die Confessio Augustana. Eine Einführung in die Hauptgedanken der lutherischen Reformation, 3. Aufl. Göttingen 1986, S. 161ff.

der Heiligen um Fürbitte soll nunmehr aber im Gedenken und auch in der Predigt das Exempel der christlichen Lebensführung in den Mittelpunkt gestellt werden.

Dies gilt teilweise auch in reformierten Territorien, die ein besonderes Verhältnis zu den Bildern im religiösen Bereich entwickelt hatten. In Zürich[86] zum Beispiel führt der Kult der Stadtpatrone Felix und Regula zu heftigen Kontroversen, in deren Folge zwar der Eid zu den Stadtpatronen abgeschafft und auch die Gemälde der Stadtheiligen aus den Kirchen entfernt werden. Es bleibt aber bei der Verehrung der Stadtpatrone Felix und Regula, was sich insbesondere an der Beibehaltung deren Festtages (11. September) wie auch in der Fortführung der mit den Bildnissen der Stadtpatrone geschmückten Hoheitszeichen (Siegel, Münzen, Wappenscheiben) zeigt. Erst im Rahmen der Aufklärung wird selbst diese distanzierte Art des Heiligengedenkens suspekt. – Im katholischen Bereich wird im Rahmen der Erneuerungsbewegung zunächst 1563, dann 1625 und 1630 die Kanonisation von Heiligen neu geregelt.[87] Hier kam es noch einmal zu einem neuen Aufblühen des Heiligenkultes, insbesondere in der Verehrung von Landes- und Stadtpatronen.

Mit der Säkularisierung, die im Gefolge der Aufklärung – begünstigt durch die Umbrüche nach der französischen Revolution – um sich griff, ist es aber um den Kult der Stadtpatrone still geworden. Nur an wenigen Orten wird ihr Festtag noch durch eine Prozession gefeiert. Weitgehend haben sich die heiligen Schutzpatrone in die Welt der Symbole zurückgezogen. Diese Symbole aber, zum Beispiel der Markuslöwe im Wappen von Venedig, die gekreuzten Petersschlüssel im Wappen der Stadt Regensburg, die drei Kronen der Heiligen Drei Könige im Wappen der Stadt Köln, lassen spüren, dass die einst so gewichtige Bedeutung der Stadtpatrone als Repräsentanten ihrer Stadt noch bis heute nachwirkt.

---

86 Vgl. Thomas Maissen, Die Stadtpatrone Felix und Regula. Das Fortleben einer Thebäerlegende im reformierten Zürich, in: Bauer/Herbers/Signori (wie Anm. 34), S. 211–227.

87 Vgl. Hans-Jürgen Becker, Heilige Landespatrone. Entstehung und Funktion einer rechtlichen Institution in der Neuzeit, in: Stefan Samerski (Hg.), Die Renaissance der Nationalpatrone, Köln/Weimar/Wien 2007, S. 27–40, insbes. S. 33f.

Kommunebildung, politische Repräsentation und religiöse Praxis in Toulouse (1119–1209)

Jörg Oberste

E l baron de la vila, li plus ric e l milhor, / Cavalier e borzes e Capitol ab lor…
Chanson de la Croisade contre les Albigeois, um 1218[1]

1. Die Anfänge der kommunalen Bewegung

Die Anfänge der Toulousaner Kommune fallen in die Regierungszeit des Grafen Alfons Jourdain (1112–1148). Den jüngeren Sohn des berühmten Kreuzfahrers Raimund von Saint-Gilles und Nachfolger seines Bruders Bertrand, der sich wie seine Vorfahren als „Graf von Toulouse, Herzog von Narbonne und Markgraf der Provence" betitelte,[2] brachten bereits die problematischen Umstände seines Herrschaftsantrittes in eine besondere Beziehung zu den Einwohnern seiner Hauptstadt. Die seit der Karolingerzeit erhobenen Ansprüche der aquitanischen Herzöge auf weite Teile des Toulousaner Territoriums hatten in der Phase der schnellen Herrschaftswechsel und häufigen Abwesenheiten der Grafen um das Jahr 1100 dazu geführt, dass Herzog Wilhelm IX. von Aquitanien, dessen Ansprüche durch die Heirat mit Philippa, der Tochter Wilhelms IV. von Toulouse, untermauert wurden, zwischen 1098 und 1100 sowie zwischen 1114 und 1119 in Toulouse Fuß fassen konnte.[3] In einem frühen Akt politischer Willensbildung proklamierten die Toulousaner im Jahre 1119 ihren „seigneur naturel" Alfons Jourdain zum Herrn über die Stadt; in Abwesenheit des Herzogs von Aquitanien wurde dessen Viguier, Wilhelm von Montmaurel, im Château Narbonnais festgesetzt und Graf Alfons mit Hilfe der städtischen Miliz aus dem belagerten Orange nach Toulouse geleitet[4]. In den folgenden drei Jahrzehnten seines Komitats wurden die Grundlagen der städtischen Kommune in Toulouse gelegt.

---

1 Chanson de la croisade albigeoise, Str. 191, ed. Eugène Martin-Chabot (Les classiques de l'histoire de France au moyen-âge), Bd. 3, Paris 1961, S. 50f.: „Die Barone der Stadt, die Reichsten und Mächtigsten / Adlige und Bürger und unter ihnen das Kapitel".

2 *Ego Ildefonsus comes Tholose, dux Narbonensis et marchio Provincie …*, so etwa der Beginn des Toulousaner Stadtprivilegs von November 1141, ed. Claude Devic/Joseph Vaissète, Histoire générale de Languedoc, 2., überarb. Aufl., Bd. 1–15, Toulouse 1872–1893 (zuerst Bd. 1–5, 1729–1742), hier HGL V, Nr. 549, Sp. 1051.

3 Vgl. Philippe Wolff u. a., Histoire de Toulouse, Toulouse 1974 (ND 1994), S. 94–96. Vom Juli 1098 stammt ein erstes Privileg Wilhelms IX. und Philippas für die Abtei Saint-Sernin, ed. HGL V (wie Anm. 2), Nr. 400, Sp. 754–756.

4 Wolff (wie Anm. 3), S. 96f.

Die frühesten namentlichen Belege für eine herausgehobene Gruppe innerhalb der Einwohnerschaft und deren genossenschaftlichen Zusammenschluss stellen die Zeugenlisten der gräflichen Urkunden seit den 1120er Jahren dar, in denen unter der Bezeichnung *boni viri* oder *probi homines* angesehene Bürger oder städtische Adlige erscheinen, deren Familien in aller Regel seit der zweiten Hälfte des 12. Jahrhunderts auch die Verantwortung im neuen Rat und Konsulat der Stadt übernahmen.[5] Das älteste Stück im Cartular der Kommune von Toulouse datiert vom Beginn der 1120er Jahre. Es handelt sich um den Rückkauf bestimmter Zollrechte (*comemoratio libertatis de portacico*) durch die *probi homines de Tolosa et burgo*, welche ihrerseits das genannte *portaticum* zu Seelenheilzwecken den Stadtheiligen Saturninus und Stephan stifteten. Allein diese kollektive Form der Stiftung verweist auf eine enge Verbindung und ausgeprägte Gruppenidentität der *probi homines*. Graf Alfons und Bischof Amelius von Toulouse bekundeten ihre Zustimmung zu dem Akt, an dessen Ende die Namen von 14 *probi homines* aufgezählt werden, darunter beispielsweise Pontius de Villanova, der spätere Stadtvikar und Konsul.[6] Festzuhalten bleibt zum einen die strikte Trennung von Altstadt und Burgus, die sich in der Kennzeichnung des Geltungsbereiches wie in der Zusammensetzung der *probi homines* niederschlug, und zum anderen der korporative Charakter der zuletzt Genannten, der nicht nur eine gewisse Entscheidungsfreiheit in dieser für die Einwohnerschaft wichtigen Frage, sondern auch eine gemeinschaftliche Verfügung über Rechte und Güter zu beinhalten schien. Mangels einer kontinuierlichen Überlieferung aus der ersten Hälfte des 12. Jahrhunderts lässt sich über die konstitutionelle Grundlage dieses Gremiums nur noch aussagen, dass es in einiger Regelmäßigkeit am gräflichen Gericht dann beteiligt wurde, wenn es um finanzielle Lasten der Einwohner ging.[7]

Graf Alfons Jourdain hatte in unmittelbarer Nachbarschaft des gräflichen Palastes, des Château Narbonnais, vor dem südlichen Stadttor gelegen, eine Siedlung (*salvetas*) errichten lassen, deren wirtschaftliche Privilegien er im Jahre 1141 auf das gesamte Toulousaner Stadtgebiet ausdehnte. Allen Männern und Frauen der Altstadt und des Burgus (*omnibus hominibus et feminis modo habitantibus in urbe Tholosana et in suburbio*) gewährte er künftig das Vorrecht des abgabenfreien Salz- und Weinhandels.[8] Sechs Jahre später verzichtete Alfons dann auf bestimmte Zoll- und Marktabgaben (*questa*, *tolta*) und das Recht auf Zwangsleihen (*presta*), dies alles jeweils *in civitate*

---

5 Vgl. z. B. die Schenkung Alfons Jourdains an die Abtei Lézat aus dem Jahre 1127, an der neben dem städtischen Vikar des Grafen, Guicaldus Enguillbertus, aus einer wichtigen Familie der Civitas stammend, auch die Bürger Guillelmus de Dalbs, Paganus Cocus und Bernardus Ortolanus beteiligt waren (HGL V [wie Anm. 2], Nr. 495, Sp. 944f.). Vgl. John H. Mundy, Liberty and Political Power in Toulouse, 1050–1230, New York 1954, S. 31–33 und Philippe Wolff, Communes, libertés, franchises urbaines. Le problème des origines: le cas des consulats méridionaux, in: Les origines des libertés urbaines, Rouen 1990, S. 235–242, S. 236.

6 AA1: 14, Cartulaire du consulat de Toulouse, ed. Roger Limouzin-Lamothe, La commune de Toulouse et les sources de son histoire 1120–1249. Etude historique et critique suivie de l'édition du cartulaire du consulat, Toulouse 1932, S. 287f.

7 Vgl. Ernest Roschach, Etude sur la commune de Toulouse, in: Histoire générale de Languedoc, Bd. 7, 2. Aufl., Toulouse 1879, S. 216; Mundy (wie Anm. 5), S. 32f., S. 44.

8 Die Urkunde ist publiziert in HGL V (wie Anm. 2), Nr. 549, Sp. 1051–1053 und als AA1: 1, ed. Limouzin-Lamothe (wie Anm. 6), S. 261–263. Vgl. den kurzen Kommentar ebd., S. 120.

Tolosa et suburbio sancti Saturnini.[9] Zudem befreite er die Einwohnerschaft vom berittenen Militärdienst (*cavalcata*), sofern nicht das Toulousain selbst mit Krieg überzogen werde. Abschließend bestätigte der Graf den Toulousanern alle Gewohnheiten und Freiheiten (*omnes illos bonos mores et franquimentos*), die seine Vorgänger und er selbst ihnen gewährt hatten. Wie auch schon 1141 trägt diese Urkunde am Ende die Namen einer Reihe von Bürgern, deren Zugehörigkeit zu den *probi homines* unumstritten ist. In beiden Zeugenlisten erscheinen Stephanus Carabordas, Bonus Mancipius Maurandus und als Notar Pontius Vitalis.[10] Alle drei entstammten bedeutenden Familien, die in den folgenden Jahrzehnten eng mit der sozialen und politischen Entwicklung in Toulouse verbunden blieben. Stephanus Carabordas gehörte einer altstädtischen Familie an, deren Sitz in der Pfarrei der Daurade lag. Urkundliche Belege für kirchliche Stiftungen Stephans lagern in den Fonds der Daurade und der benachbarten Johanniter.[11] Bonmacip Maurandus ist einer der ersten Vertreter dieser wichtigen Familie im Burgus, dem unter anderem die Erbauung des *castrum* an der Rue du Taur zugeschrieben wird; Pontius Vitalis hingegen kann als öffentlicher Notar, gelegentlich noch als *scriba comitis* bezeichnet, in den Urkunden von 1141 bis 1162 nachgewiesen werden.[12] Nimmt man die Namen der anderen, nur einfach belegten Zeugen der Privilegien von 1141 und 1147 hinzu, lassen sich ein Dutzend Personen und Familien von ähnlicher Bedeutung feststellen, an erster Stelle die Stadtvikare Arnaldus Guilaberti (1141) und Pontius de Villanova (1147), dann etwa Willelmus de Brugariis (1141), der im Jahre 1152 unter den erstmals bezeugten *capitularii* aufgeführt wird, und mit Petrus de Roaxio (Roais) sowie Curvus de Turribus (jeweils 1147) zwei frühe Repräsentanten führender altstädtischer Geschlechter. Auf jene Namen stößt man in den folgenden Jahrzehnten immer wieder, und zwar nicht nur in den politischen Akten der Kommune, sondern zugleich in den kirchlichen Fonds der Stadt und des Umlandes sowie letztlich im Zusammenhang mit Häresie und Katharismus. Man denke dabei nur an die zeitgenössische Aussage des Bernhard-Biographen Gottfried von Auxerre, der über die Mission des Heiligen in Toulouse anno 1145 vermerkte, unter den Häresieanhängern dieser Stadt seien die führenden Einwohner (*maximi civitatis*) zu finden gewesen.[13]

---

9   Die Urkunde von Juli 1147 ist publiziert als AA1: 2, ed. Limouzin-Lamothe (wie Anm. 6), S. 263f.

10 In der Urkunde von 1141 erscheint folgende Zeugenliste: *Arnaldus Gilaberti, Arnaldus Geraldi, Bernardus Seguerelli, Petrus Alcotovarii, Augerius Boderii, Bastardus Descalquencis, Pilistortus, Adalbertus, Petrus Guillelmi, Guillelmus de Burgariis et Stephanus Carabordas, Adhemarus Caraborda, Bonum Mancipium Mauranni, Petrus Vitalis, Ugo Comtorius, Poncius de Soreda, Bernardus Raimundus Babtizatus, Bernardus Raimundus Maleti, Bertranus de Tauro, et caeteri plures qui ibi adherant. Hanc cartam transtulit Raimundus de exemplario quod Poncius Vitalis scripsit* (Limouzin-Lamothe [wie Anm. 6], S. 262). Im Juli 1147 bezeugen die folgenden Personen die Beurkundung: *Signum Stephani Caraborde, Guillelmi Ramundi, Boni Mancipii Mauranni, Petri Guidonis, Toseti, Poncii de Soreda, Poncii de Villanova, Petri de Roais, Guillelmi de Brugariis, Curvi de Turribus (....). Poncius Vitalis scripsit* (ebd., S. 263f.).

11 Zur Vergebung seiner Sünden stiftet Stephanus dem Hospital des heiligen Johannes in Jerusalem einen Zehnten, Archives départementales de la Haute-Garonne, Toulouse, H Malte, Toulouse 123, 3 von Juli 1141. In einer Urkunde der Daurade erscheint er unter den *boni homines* der Stadt, Archives départementales de la Haute-Garonne, Toulouse, 102H 177 von April 1151.

12 Vgl. Mundy (wie Anm. 5), S. 258, Anm. 1.

13 Epistola Gaufredi monachi Claravallensis, Migne PL 185, Sp. 411–415, hier 411: *ex his vero qui favebant haeresi illi plurimi erant et maximi civitatis illius* (i.e. Toulouse).

Der Inhalt der gräflichen Privilegien deutet in mehrfacher Hinsicht auf die Formierung der Bürgerschaft zur Kommune hin. Von der Abgabenbefreiung des Jahres 1141 waren zwei der zentralen Wirtschaftsbereiche des 12. Jahrhunderts betroffen, der Wein- und Salzhandel. Das Privileg kam mithin dem in den Oberschichten stark vertretenen kaufmännischen Bevölkerungsteil in Altstadt und Burgus zugute, deren Zusammenwachsen zu einem gemeinsamen Wirtschafts- und Rechtsbezirk in dieser Zeit ausweislich der städtischen Urkunden erhebliche Fortschritte machte.[14] Der freien Entfaltung des gesamtstädtischen Handels- und Marktgeschehens war auch die Aufhebung von *tolta* und *questa* sowie der Zwangsleihen aus dem Jahre 1147 förderlich, mit welcher der Graf seine ökonomischen Feudalrechte in Toulouse weitgehend einbüßte. Den ursprünglich feudalrechtlichen Charakter der gräflichen Stellung gegenüber den Toulouser Bürgern unterstreicht die Einschränkung der militärischen Dienstverpflichtungen.[15] Zwar kann für einen Teil der Toulouser Eliten eine ritterliche Herkunft nachgewiesen werden, so etwa für die de Tolosa oder de Escalquencis,[16] jedoch besaßen unstrittig auch Einwohner bürgerlichen Standes das Vorrecht, in der städtischen Miliz zu Pferde zu dienen. Als Zeugnis kann eine Schenkung an die ersten Templer in Toulouse aus den 1130er Jahren angesehen werden, in welcher eine Reihe von Einwohnern der Altstadt ihre Waffen und Pferde stifteten.[17]

Man hat in diesem ritterlichen Privileg ein gewichtiges Indiz zu sehen für die Fusionierung des städtischen Adels und der führenden Bürgerfamilien zu einer städtischen Aristokratie (Wolff) bzw. einem Patriziat (Mundy),[18] die ihre bzw. das seine Verbindungen untereinander durch Geschäft und Korporation, Matrimonium und Erbschaft auf- und ausbaute. Die Namen der Zeugenlisten wie auch die inhaltliche Ausgestaltung der Urkunden von 1141 und 1147 weisen übereinstimmend darauf hin, dass in Toulouse eine privilegierte Gruppe der Einwohnerschaft ihre wirtschaftliche und politische Dominanz mehr und mehr durch rechtliche wie soziale Fundamente abzusichern begann. In diese Richtung deutet nicht zuletzt die Konfirmation der alten Gewohnheiten und Freiheiten im Jahre 1147, mit welcher sich Alfons Jourdain – in der Zeit der erneuten Bedrohung durch aquitanisch-französische Ansprüche – des Rückhalts der städtischen Oberschichten versicherte.

---

14 Vgl. zu diesem Prozess des Zusammenwachsens die Skizze von Philippe Wolff, Civitas et Burgus. L'exemple de Toulouse, in: Die Stadt in der europäischen Geschichte. FS Edith Ennen, hg. v. Werner Besch u. a., Bonn 1972, S. 200–209. Die Urkunde von 1141 markiert deshalb einen wichtigen Einschnitt, da sie zwar mit der Unterscheidung *civitas Tolose* und *suburbium sancti Saturnini* beginnt, jedoch im weiteren Verlauf erstmals von *villa Tolose* als Oberbegriff für die gesamte, Civitas und Burgus umgreifende Stadt spricht (ebd., S. 203).

15 Limouzin-Lamothe (wie Anm. 6), S. 263: ... *neque habeo in predicta civitate nec in suburbio cavalcatam comunem, nisi bellum in Tolosana michi pararetur.*

16 Zur Herkunft dieser Familien vgl. John H. Mundy, The Repression of Catharism at Toulouse. The Royal Diploma of 1279, Toronto 1985, S. 209–216, S. 268–283.

17 Archives départementales de la Haute-Garonne, Toulouse, H Malte, Toulouse 1, Nr. 45.

18 Mundy (wie Anm. 5), S. 44: „The patriciate of Toulouse was an aristocracy of wealth and leadership"; Wolff (wie Anm. 5), S. 239 (am Beispiel der Stadt Nîmes): „les Chevaliers des Arènes (…); enfin des citoyens de la ville – des marchands, mais aussi des propriétaires fonciers. Cette ambitieuse aristocratie urbaine procède de façon feutrée".

2. Der schrittweise Ausbau: die kommunalen Privilegien 1152 bis 1180

Es dauerte nur noch fünf weitere Jahre, bis sich in den Quellen zum ersten Mal der wachsende Einfluss jener vorgenannten *probi homines* in konstitutionellen Termini äußerte. Inzwischen hatte Raimund V. (1148–1194) als Graf von Toulouse das Erbe seines Vaters angetreten, das vor allem auch ein äußerst angespanntes Verhältnis zu den Vizegrafen von Béziers aus der Familie Trencavel einschloss.[19] Pünktlich zum Beginn seines Feldzugs gegen den abtrünnigen Vasallen im Jahre 1152 setzte Raimund die Begünstigungen der Toulousaner Einwohnerschaft weiter fort, indem er Strafverschärfungen gegenüber säumigen Schuldnern und der gesetzlichen Regelung bestimmter Kreditformen zustimmte.[20] Entscheidend ist bereits der Anfang dieser berühmten Urkunde: *Hec est carta de stabilimento, quod fecit commune consilium urbis Tholose et suburbii, consilio Ramundi comitis*. Ein gemeinsamer Rat der Altstadt und des Burgus von Toulouse traf die bezeichneten Regelungen, zu denen der Graf und Stadtherr nur approbierend beitrat. Über die Einsetzung und Befugnisse dieses Gremiums lassen sich nur indirekte Schlüsse aus den Zeugenlisten dieser und späterer Urkunden ziehen. Nach den ersten sechs Namen der Liste von 1152, allesamt aus den bekannten Familien, folgt der Hinweis, diese sechs seien damals die *capitularii* gewesen. Die nächsten vier Zeugen werden als berufene Richter (*constituti iudices*) und die folgenden zwei als Advokaten bezeichnet.[21]

Bedenkt man, dass auch die nachfolgenden Urkunden das Zusammenspiel von gemeinsamem Rat und je zwölf *capitularii*, *iudices* bzw. *advocati* beibehielten und die erstmals im Jahre 1175/1176 so bezeichneten städtischen Konsuln (*consules*) bis zu einer Reform in den 1180er Jahren ebenfalls zwölf an der Zahl waren, so hat man mit der Zeugenliste von 1152 zweifellos den exekutiv wie judikativ entscheidenden Ausschuss des Rates, den Vorläufer des späteren Konsulates, vor Augen. Unter den zwölf Ausschussmitgliedern waren immerhin sechs (Pontius de Villanova, Willelmus de Brugariis, Petrus Guido, Petrus de Roais, Pontius de Soreda und Willelmus Rainaldi) bereits an den Akten von 1141 bzw. 1147 beteiligt gewesen, was für eine gewisse Kontinuität in der Besetzung der städtischen Führungspositionen um die Mitte des 12. Jahrhunderts spricht.

Die Eigenständigkeit der kommunalen Institutionen nahm in Toulouse im Zuge der kriegerischen Verwicklungen Raimunds V. weiter zu. Bereits 1158 hatte der zweite Ehe-

---

19 HGL III (wie Anm. 2), S. 790f.
20 Die Urkunde ist ediert in HGL V (wie Anm. 2), Nr. 595, Sp. 1163–1165 und als AA1: 4, ed. Limouzin-Lamothe (wie Anm. 6), S. 266–269. Vgl. die Kommentare ebd., S. 122–124; zuvor bereits von Roschach (wie Anm. 7), S. 218f.; dann von Mundy (wie Anm. 5), S. 32ff. und zuletzt von Wolff (wie Anm. 5), S. 236.
21 AA1: 4, ed. Limouzin-Lamothe (wie Anm. 6), S. 268: *Huius constitutionis testes sunt Poncius de Villanova, Guillelmus de Brugariis, Senoretus de Ponte, Petrus Guidonis, Ramundus Guillelmi, Bernardus Mandatarius, hi sex qui tunc erant capitularii. Item Petrus de Roais et Maurinus et Poncius de Soreda et Arnaldus Petri, qui tunc erant constituti judices, et Willelmus Rainaldi et Arnaldus Signarius, qui tunc erant advocati.* Auch die folgende Urkunde aus demselben Jahr ist eine *carta de stabilimento quod fecit commune consilium urbis Tolose et suburbio*, die von den vorgenannten zwölf Amtsträgern bezeugt wird (HGL V [wie Anm. 2], Nr. 596, Sp. 1165–1168; AA1: 5, ed. Limouzin-Lamothe [wie Anm. 6], S. 269–271).

mann Eleonores von Aquitanien, der englische König Heinrich II. (1154–1189), die Ansprüche seiner Gemahlin auf das Toulousain durch ein Bündnis mit Aragon und einen umfassenden Angriff auf die raimundinischen Gebiete geltend gemacht, während Raimund in der Provence von Saint-Gilles aus nicht nur gegen die Trencavel vorging, sondern auch gegen Rechte seines eigenen Lehnsherrn, Ludwigs VII. von Frankreich (1137–1180).[22] Auf die aquitanisch-aragonesische Invasion in der Mitte der 1160er Jahre reagierten die Toulousaner *capitularii* mit einem Appell an den französischen König. Im Namen der gesamten Bürgerschaft legten vier *capitularii* und zwei weitere Ratsmitglieder um 1164 ein Treueversprechen vor Ludwig ab, jedoch *salva fidelitate domini nostri Comitis*.[23] Die Situation wurde verschärft durch ein allgemeines Interdikt, das aufgrund der provençalischen Eroberungen über alle Territorien Raimunds verhängt worden war. Im Jahre 1164 intervenierte Ludwig VII. zugunsten von Toulouse bei Papst Alexander III. mit der Versicherung, die Stadt sei unschuldig und ihre Bürger dem Papst treu ergeben.[24] Dieser hob den in der Stadt geltenden Bann allerdings nur unter der Bedingung auf, dass der Graf keinen Zutritt erhielt.[25]

Mitten in dieser Krise, im November 1164, stellte Raimund V. den Toulousanern ein Privileg aus, das die im nahegelegenen Garonne-Hafen von Verdun erhobenen Zölle auf ein Mindestmaß reduzierte.[26] Diese Maßnahme leitete eine Phase aggressiver Außenhandelspolitik ein, mit der die Stadt Toulouse unter der Führung einer kommerziell orientierten Elite die Monopolisierung des Garonne-Handels und des übrigen Fernhandels im Languedoc anstrebte und die in den Eroberungen des frühen 13. Jahrhunderts ihren Höhepunkt erlebte.[27] An erster Stelle erscheint in der Zeugenliste von 1164 als *capitularius et vicarius* Pontius de Villanova, der während der Abwesenheit des Grafen zur dominierenden Persönlichkeit aufgestiegen war. Zudem wird erstmals das Amt des *subvicarius* bezeugt, das von einem Espanolus verwaltet wurde, den Raimund V. im Jahre 1167 selbst zum Stadtvikar erhob.[28] Hat man in Pontius de Villanova ausweislich der frühen Privilegien einen der Hauptvertreter der Kommunalbewegung zu sehen, könnte man hinter seiner Ablösung als gräflicher Vikar durch Espanolus, der keine Berührung mit der städtischen Selbstverwaltung gehabt zu haben scheint, einen Restitutionsversuch stadtherrlicher Ansprüche gegen die inzwischen mächtig gewordene Kommune vermuten. Die Stellung Raimunds erwies sich jedoch als zu schwach, um ein solches Vorhaben entschlossen in die Tat umzusetzen, wie die zunächst gescheiterten Friedensverhandlungen mit Heinrich II. von England im Jahre 1167 in der Abtei Grandmont und seine schließliche Anerkennung der aquitanischen Lehnshoheit sechs Jahre später dokumentieren.[29]

---

22 HGL III (wie Anm. 2), S. 852–870.
23 Den diesbezüglichen Brief des Toulousaner Rates zitiert Mundy (wie Anm. 5), S. 264, Anm. 32.
24 Gallia Christiana XIII, Instrumenta, Nr. 31, Sp. 22: … *Ipsa quidem civitas innocens est, et vestrae sanctitati obediens, et ville episcopus a domino Narbonensi consecratus. Itaque deprecamur mansuetudinem vestram, ut laxetis interdictum istud.*
25 Im Überblick HGL VI (wie Anm. 2), S. 24–53. Das Antwortschreiben Alexanders III. ging den *Consulibus et universo clero et populo Tolosano* zu. Bei der Begriffswahl muss man die Erfahrungen der Kurie mit den italienischen Kommunen bedenken, in denen das Konsulat weit verbreitet war.
26 AA1: 3, ed. Limouzin-Lamothe (wie Anm. 6), S. 264f.
27 HGL VI (wie Anm. 2), S. 196–202.
28 AA1: 3, ed. Limouzin-Lamothe (wie Anm. 6), S. 265.
29 HGL VI (wie Anm. 2), S. 24f., S. 52f.

Der außenpolitischen Niederlage Raimunds folgte nur wenig später, im März 1176, ein weiterer Schritt zur Verselbständigung der Toulousaner Kommune. In einer privatrechtlichen Angelegenheit, in der ein verlassener Ehemann gegen seine Gemahlin klagte, verfügten zwölf *capitularii*, sechs aus der Altstadt und sechs aus dem Burgus, höchstrichterlich die Scheidung der vorgenannten Ehepartner.[30] Der innovative Charakter dieser Urkunde liegt auf der Hand: Im Gegensatz zu früheren, sachlich ähnlich gelagerten Gerichtsentscheiden fehlt der Hinweis auf die approbierende Beteiligung des Grafen oder seines Vikars. Statt der vormaligen Unterscheidung von sechs Kapitularen und weiteren Richtern bzw. Advokaten tritt jetzt ein geschlossenes Gremium von zwölf Kapitularen auf, dessen paritätische Besetzung aus Einwohnern der Altstadt und des Burgus eigens hervorgehoben wird. Zuletzt geben die *capitularii* eine geradezu programmatische Unabhängigkeitserklärung ab, deren Wortlaut von der bisherigen Forschung wenig beachtet wurde: „In dieses Kapitel waren zu jener Zeit berufen aus der Altstadt (*de urbe*) Raimundus de Roaxio et Raimundus Galinus [...] und aus dem Burgus (*de suburbio*) Olricus Carabordas [...], allesamt unter Eid stehend (*sub vinculo iurisiurandi*), dass sie die öffentlichen Gerichtsfälle (*res communes*) der Altstadt und des Burgus von Toulouse, die vor sie gebracht werden, sorgfältig anhören, erwägen und behandeln und mit richterlicher Vollmacht entscheiden".[31] Im nächsten Satz betiteln sich die zwölf namentlich Aufgeführten dann zum ersten Mal selbst als *consules*, die ihre Entscheidung „mit vielen anderen bewährten Männern aus dem Rat" gefällt hätten.

Diese Textstelle ist aus zwei Gründen bemerkenswert. Blieb die Bedeutung von *capitularii* im semantischen Umfeld des als *capitulum* bezeichneten gräflichen Gerichtes, so spricht die Selbstbeschreibung als Konsuln – nach dem Vorbild der oberitalienischen oder anderer meridionaler Konsulate – endgültig für die Errichtung einer politisch autonomen Kommunalverwaltung. Zuvor waren die Kapitulare nur von dritter Seite, so 1164 durch Papst Alexander III., als *consules* angesprochen worden. Zum zweiten scheint sich in der Erwähnung der anderen *probi homines* als beratendes Gremium eine Kompetenzverteilung zwischen Konsuln und Rat anzudeuten, die wenig später durch die Bezeichnung von kleinem Rat und großem Rat explizit eingeführt wird. Als Zeugen treten nicht mehr namentlich, sondern in Beschränkung auf die amtliche Titulatur *ipsi capitularii et multi alii probi homines* auf.[32]

Für die innerstädtische Administration muss trotz des gemeinsamen Konsulates weiterhin von einer erheblichen Eigenständigkeit der Altstadt und des Burgus

---

30 Die Urkunde ist publiziert in HGL VIII (wie Anm. 2), Nr. 24, Sp. 315f. und als AA1: 33, ed. Limouzin-Lamothe (wie Anm. 6), S. 328–330.

31 Limouzin-Lamothe (wie Anm. 6), S. 329: *De quo capitulo, tempore illo, erant constituti capitularii de urbe Raimundus de Roaxio et Raimundus Galinus et Guillelmus Raimundus de Portaria et Bernardus de Sancto Romano et Raimundus Gaitapodium et Stephanus de Populivilla, et de suburbio Olricus Carabordas, Stephanus de Monte Valrano, prior ecclesie sancti Petri Coquinarum, et Petrus Rufus et Arnaldus Raimundus, filius dictus Raimundi Frenarii, et Bertrandus Raimundus et Petrus Guitardus, sub vinculo iurisiurandi, ut res communes Tolose urbis et suburbii ante eos delatas diligenter audirent et fideliter consulerent et tractarent et iudicario ordine diffinirent.* Vgl. allgemein zur Bedeutung dieser Urkunde ebd., S. 126f., S. 152f.; zuvor bereits kurz Roschach (wie Anm. 7), S. 323ff.; dann ausführlicher Mundy (wie Anm. 5), S. 53–57 und, resümierend, Wolff (wie Anm. 5), S. 236.

32 Limouzin-Lamothe (wie Anm. 6), S. 330.

ausgegangen werden, wie vor allem das Cartular von Saint-Sernin bezeugt. Im März 1172 beklagte sich Abt Hugo von Saint-Sernin (1141–1175) bei den Bailli der Bruderschaft (*baiulis de confratria*) über einen gravierenden Viehdiebstahl, dessen Opfer Abhängige der Abtei Saint-Sernin waren (*homines naturales ecclesie Sancti Saturnini*).[33] Die Amtsleute der vorgenannten *confratria* leiteten daraufhin eine Untersuchung ein, an deren Ende die Verurteilung eines gewissen Petrus Raimundus stand. Der Fall macht klar, dass für die Einwohner des Burgus eine eigene Gerichtsbarkeit von einer Bruderschaft wahrgenommen wurde, die in enger Abstimmung mit dem Abt und Kapitel von Saint-Sernin handelte. Als Kopf dieser Bruderschaft taucht in den 1160er und 1170er Jahren ein Bernardus Adalberti auf, der in dieser Zeit regelmäßig zu den ersten Zeugen der Rechtsgeschäfte der Abtei zählte.[34] Der Stellenwert seiner Position wird dadurch unterstrichen, dass er zudem in den Jahren 1158 und 1164 bis 1166 als *capitularius* im gesamtstädtischen Kapitel tätig war.[35] Da nach 1176 keine Spuren der genannten Bruderschaft mehr auffindbar sind, liegt es nahe, in der paritätischen Besetzung des Konsulates durch jeweils sechs Vertreter der Altstadt und des Burgus die rechtlich-konstitutionelle Vereinigung der beiden Stadtgebiete zu sehen. Allerdings ist noch im Jahre 1220 von einer eigenen Schatzkammer des Burgus die Rede.[36] Zu ergänzen ist die Herausbildung von Stadtteilen (*partidas*), die die in Toulouse um 1228 entstandene „Chanson de la Croisade contre les Albigeois" als administrative Zwischenebenen mit gewählten Vertretern und vorrangig fiskalischen und militärischen Aufgaben benennt.[37] In Altstadt und Burgus kristallisieren sich jeweils sechs Partidas heraus, die sich einerseits von den städtischen Kirchen, andererseits von den Stadttoren herleiten: in der Altstadt La Daurade, Pont-Vieux, La Dalbade, Saint-Pierre et Saint Géraud, Saint Etienne und Saint Romain; im Burgus Saint-Pierre des Cuisines, Las Croses, Arnaud-Bernard, Posamille, Matabiau und Villeneuve.

Die politische Schwächephase Raimunds V. hielt zum Nutzen der kommunalen Eigenentwicklung nach 1176 weiter an. Als ein Manifest der Hilflosigkeit liest sich der Brief, den der Graf im Jahre 1177 an das Generalkapitel von Cîteaux sandte. Hatte ihm die Unterwerfung unter die aquitanische Lehnshoheit außenpolitisch etwas Luft verschafft, so geriet ihm spätestens seit dem päpstlichen Konzil in Tours im Jahre 1163 die Verbreitung des Katharismus im Toulousain zu einer ernsthaften politischen Herausforderung, da die Kirche insistierend auf seine Verantwortung für die Häresiebekämpfung in seinen

---

33 Cartulaire de l'abbaye de Saint-Sernin de Toulouse (844–1200), Bd. 2, ed. Pierre Gérard/Thérèse Gérard, Toulouse 1999, Nr. 58, S. 575–577.
34 Vgl. ebd., Nr. 43, 54, 300, 349, 430 und 602, S. 50–415.
35 Vgl. die neuesten Listen bei John H. Mundy, Society and Government at Toulouse in the Age of the Cathars (Studies and Texts 129), Toronto 1997, S. 387f.
36 In dem Akt von Oktober 1220 regelten die Konsuln die Konfiskation und den Verkauf von Gütern derjenigen Toulousaner Bürger, die während des Besatzungsregimes Simons von Montfort mit den neuen Machthabern kollaboriert hatten (ed. HGL VIII [wie Anm. 2], Nr. 210, Sp. 736–738). Vgl. zur konstitutionellen Entwicklung von Civitas und Burgus in Toulouse insgesamt Wolff (wie Anm. 14), S. 200–209.
37 Vgl. dazu ausführlich Ernest Roschach, Quelques donnés sur la vie municipale à Toulouse tirées de la Chanson de la croisade contre les Albigeois, in: Mémoires de l'Académie des Sciences, Inscriptiones et Belles-Lettres de Toulouse, sér. 9,9 (1897), S. 154–190, hier S. 181–185.

Territorien pochte.³⁸ Das Schreiben Raimunds V. aus dem Jahre 1177, das Gervasius von Canterbury († ca.1210) im Zusammenhang mit dem Friedensschluss zwischen Heinrich II. von England und Ludwig VII. von Frankreich überliefert,³⁹ gipfelt in dem Eingeständnis, die Vertreibung der Häretiker habe seine Kräfte überstiegen, da in seinen Ländern gemeinsam mit dem Adel eine große Vielzahl von Menschen vom rechten Glauben abgefallen sei. Aus diesem Grund nehme er Zuflucht zu Rat und Hilfe der Zisterzienser.⁴⁰ Der von römischen Legaten geführte Prozess gegen den Patrizier Petrus Maurandus im Jahre 1178 verdeutlicht, dass Raimund nicht nur mit dem Abfall seiner ländlichen Vasallen zu kämpfen hatte, sondern zugleich mit der Ausbreitung des Katharismus innerhalb der städtischen Oberschicht von Toulouse.⁴¹

Die Albigenserkriege (1209–1229) und nach ihrer Beendigung die Einführung der dominikanischen Inquisition in Toulouse sollten die politische Sprengkraft dieser konfliktären Situation, an der nicht nur Kirche, Graf und Kommune, sondern innerhalb letzterer auch unterschiedliche Fraktionen und Strömungen mitwirkten, besonders eindringlich vor Augen führen. Zunächst äußerte sich die weitere innerstädtische Machtverschiebung zugunsten des Konsulates in der Erhöhung seiner Mitgliederzahl auf 24, die – unter Beibehaltung der Parität zwischen Altstadt und Burgus – um 1180 erfolgt sein muss. Die Urkunde im städtischen Cartular von November 1180, im Übrigen ein bedeutsames Zeugnis zur frühen städtischen Topographie, führt als *capitularii* auf altstädtischer Seite mit Tosetus und Bertrandus Ato de Tolosa, Petrus und David de Roaxio (Roais), Willelmus de Castronovo, Arnaldus de Villanova, Raimundus Ato de Montibus sowie auf der Seite des Burgus mit Bernardus Petrus de Cossa, Stephanus und Bernardus Carabordas, Petrus Raimundus Descalquencis und Geraldus de Caturcio vor allem Mitglieder der alten städtischen Aristokratie auf, die seit den frühesten Regungen der kommunalen Bewegung in den 1120er Jahren die politischen Ansprüche der Bürgerschaft vertreten hatte.⁴²

3. Rezession und Höhepunkt: die Jahre 1186 bis 1202

Bis auf ein kurzes Intermezzo in den Jahren 1186 bis 1189, in denen Raimund die Zahl der Konsuln wieder auf zwölf reduzieren konnte, blieb die Besetzung des Konsulates bis in die Regierungszeit Alfons' von Poitiers (1249–1272) konstant.⁴³ Wiederum gaben

---

38 Konzil von Tours 1163, can. 4, Sacrorum conciliorum nova et amplissima collectio, Bd. XXII, ed. Giovanni Domenico Mansi, Venezia 1778, Sp. 1177f.

39 Gervase of Canterbury, Chronica, Rolls Series 73,1, ed. William Stubbs (Rerum Britannicarum Medii Aevi Scriptores. Rolls Series 73,1), London 1879, S. 270f.

40 Ebd., S. 270f.: *ad tantum et tale negotium* (i.e. der Häresiebekämpfung) *complendum vires meas deficere cognosco, quoniam terrae meae nobiliores, jam praelibata infidelitatis tabe, aruerunt, et cum ipsis maxima hominum multitudo a fide corruens aruit, unde id perficere non audeo nec valeo. Nunc igitur ad vestrum confugiens subsidium ...*

41 Vgl. Jörg Oberste, Zwischen Heiligkeit und Häresie. Religiosität und sozialer Aufstieg in der Stadt des hohen Mittelalters, Bd. 2: Städtische Eliten in Toulouse, Köln u. a. 2003, S. 11–17.

42 AA1: 19, ed. Limouzin-Lamothe (wie Anm. 6), S. 295–298.

43 Limouzin-Lamothe (wie Anm. 6), S. 135–137; Mundy (wie Anm. 5), S. 60f.

äußere Belastungen den Ausschlag für das schnelle Ende des Machtkampfes zwischen Graf und Kommune in den 1180er Jahren. Zeitgleich mit dem Feldzug des englischen Thronfolgers Richard Löwenherz, der wieder einmal für die Rechte des Hauses Poitou im Toulousain stritt,[44] lassen sich zwei innenpolitische Akte von höchster Brisanz datieren. Am 6. Januar 1189 wurde in der Pfarrkirche Saint-Pierre-des-Cuisines ein innerstädtischer Frieden abgeschlossen, dessen Formeln nur schwerlich den Charakter einer gräflichen Niederlage kaschieren konnten. In der ersten Urkunde diesen Datums gelobte Raimund, allen Toulousanern künftig ein guter und gerechter Stadtherr zu sein: *ero inde fidelis dominus et bonus iudicator.*[45] Fernerhin erteilte er allen städtischen Parteibildungen, an denen er zuvor selbst kräftig mitgewirkt hatte, zugunsten des Friedens in Civitas und Burgus eine klare Absage. Die Urteile der Konsuln und des Rates (*iusticiam quam consules Tolose iudicaverint, vel alii probi homines*) erkannte er an, und dem Friedensbündnis, das Bischof Fulkrand von Toulouse (1179–1200) gemeinsam mit Tosetus de Tolosa und Aimericus de Castronovo geschlossen hatte, trat er feierlich bei. Umgekehrt schworen bei dieser Gelegenheit die kommunalen Vertreter ihrem Stadtherrn die Treue, vorbehaltlich aller von ihnen erworbenen Rechte, Gewohnheiten und Freiheiten.[46] Da freilich gerade letztere den Anlass zu den zurückliegenden Auseinandersetzungen geboten hatten, kann man in der vorliegenden Urkunde zu Recht den Beginn einer auch konstitutionell abgesicherten, kommunalen Autonomie sehen, welche durch die nominelle Stadtherrschaft des Grafen kaum mehr geschmälert wurde.[47] In einer zweiten Urkunde desselben Tages kamen der bereits erwähnte Bischof Fulkrand und die Konsuln überein, alle Schwurgenossenschaften, Bündnisse und Verträge, die anlässlich des Kampfes um die Stadtherrschaft geschlossen worden waren, aufzuheben und für ungültig zu erklären.[48]

Ob man so weit gehen kann wie John Mundy, der aus den zitierten Akten die Bildung einer Friedensbruderschaft auf Initiative des Bischofs unter der Führung der beiden Ritter Tosetus de Tolosa und Aimericus de Castronovo folgert, mag dahingestellt bleiben.[49] Fest steht, dass jene beiden Sprösslinge führender altstädtischer Familien in den Jahren vor und um 1200 immer wieder in den Konsulatslisten erscheinen und dass Aimericus später eine prominente Rolle in der berühmten Weißen Bruderschaft des Bischofs Fulko von Toulouse (1205–1231) einnahm, in der sich nach dem Bericht des Wilhelm von Puylaurens während der Albigenserkriege die katholische Partei in

---

44 Am ausführlichsten berichtet Roger von Hoveden über Richards Feldzug, der bis vor die Tore von Toulouse führte: Roger of Hoveden, Chronica. Pars posterior, Rolls Series 51,3, ed. William Stubbs (Rerum Britannicarum Medii Aevi Scriptores. Rolls Series 51,2), London 1869, S. 193–195.

45 AA1: 8, ed. Limouzin-Lamothe (wie Anm. 6), S. 275–277.

46 Ebd., S. 276: *salvis et retentis omnibus eorum iuribus et consuetudinibus et afranquimentis, sicut habent et habere debent.*

47 Vgl. dazu bereits HGL VI (wie Anm. 2), S. 131–133; dann Limouzin-Lamothe (wie Anm. 6), S. 138 mit dem Fazit: „après 1189, ils (i. e. les consuls) semblent avoir atteint l'apogée de leur puissance. Ils sont devenus les représentants et les chefs de la population urbaine".

48 AA1: 9, ed. Limouzin-Lamothe (wie Anm. 6), S. 277f.: ... *Hoc ita facto, dompnus Fulcrandus, tolosanus episcopus, et consules civitatis Tolose et suburbii iudicando dixerunt ut omnia sacramenta et pacta et federa que erant facta in Tolosa, in civitate vel suburbio, intuitu vel occasione rixarum et sedicionum, quicumque ea fecissent, essent soluta et fracta.*

49 Mundy (wie Anm. 5), S. 65f. In seiner Studie von 1997 kommt er auf diese These nicht zurück.

Toulouse zusammenschloss.⁵⁰ Überblickt man die Konsulate der Jahre 1189 bis 1202, so verfestigt sich generell der Eindruck, dass mit zunehmender konstitutioneller Absicherung ihrer städtischen Führungsposition die alteingesessenen adligen und reichen bürgerlichen Familien der Civitas und des Burgus die soziale Abschichtung eines in sich geschlossenen, geburtsständischen Patriziates ansteuerten. Entscheidend für diesen sozialen Prozess war nicht die herkömmliche Einteilung in Adel und Bürgertum, sondern die lokale Verschmelzung zu einer Führungsschicht, die sich vorrangig durch ihren adligen Lebensstil – zu welchem auch der berittene Kriegsdienst zählte –, durch matrimoniale Verbindungen und die Monopolisierung der politischen Machtressourcen auszeichnete. Auf vergleichbare Beispiele aus dem deutschen Raum hat in einer jüngeren Untersuchung Manfred Groten aufmerksam gemacht, der diesen Prozess als „organisatorische Verdichtung eines älteren Melioratsverbandes" beschreibt.⁵¹

Ein Charakteristikum der Toulousaner Kommune gerät hingegen im Vergleich mit den unabhängigen Stadtrepubliken Oberitaliens in den Blick. Diese hatten ihre Autonomie in aller Regel gewaltsam unter der Form einer – zumindest idealiter – die gesamte städtische Einwohnerschaft umfassenden *coniuratio* gegen Kaiser und Bischof erkämpft. Der natürlich äußerst befangene Blick Ottos von Freising auf die Mailänder Kommune, die gleichsam den Prototyp des kommunalen Modells überhaupt repräsentiert, erfasst die wesentliche Konsequenz aus dieser Ursprungssituation. Die städtische Verfassung musste eine basale Ausgleichsfunktion übernehmen, die die politische Partizipation aller Gruppen und damit ein gewisses Maß an innerstädtischem Frieden gewährleistete: „(Die Mailänder) liebten die Freiheit so sehr, dass sie lieber zur Unerfahrenheit der Konsuln (*insolentiam potestatis consulum*) als zum kaiserlichen Richterspruch Zuflucht nahmen. Und da sie sich bekanntlich aus drei Ständen zusammensetzten, den *capitanei*, den Valvassoren und dem Volk, wurden zur Vermeidung von Hochmut die Konsuln nicht aus einem, sondern aus allen drei Ständen gewählt und jedes Jahr ausgewechselt, damit sie nicht durch die Liebe zur Macht verführt würden".⁵²

In Toulouse, wie im Übrigen auch in den meisten deutschen Städten, gestaltete sich der Prozess der Kommunebildung eher als Wechselspiel zwischen Einwohnerschaft und Stadtherrn, in dessen Verlauf der letztere – zumeist aus wirtschaftlichen oder militärischen Notwendigkeiten – den wichtigsten städtischen Familien weitreichende Zuge-

---

50 Guillaume de Puylaurens, Chronica XV, ed./trad. Jean Duvernoy, Toulouse 1996, S. 70–73.

51 Manfred Groten, Köln im 13. Jahrhundert. Gesellschaftlicher Wandel und Verfassungsentwicklung (Städteforschung A,36), Köln/Weimar/Wien 1995, S. 69–78, hier S. 74.

52 Otto von Freising, Gesta Friderici II, 13, MGH. Script. rer. Germ. 46, ed. Georg Waitz/Bernhard von Simson, Hannover 1912, S. 116. Vgl. zum Charakter der Mailänder Kommune Cinzio Violante, La pataria milanese e la riforma ecclesiastica, Bd. 1: Le premesse (1045–1057), Roma 1955, bes. S. 175–213; Hagen Keller, Der Übergang zur Kommune. Zur Entwicklung der italienischen Stadtverfassung im 11. Jahrhundert, in: Beiträge zum hochmittelalterlichen Städtewesen (Städteforschung A, 11), hg. v. Bernhard Diestelkamp, Köln/Wien 1982, S. 55–72; zur Ausgleichsfunktion der kommunalen Verfassung Hagen Keller, „Kommune": Städtische Selbstregierung und mittelalterliche „Volksherrschaft" im Spiegel italienischer Wahlverfahren des 12.–14. Jahrhunderts, in: Person und Gemeinschaft im Mittelalter. FS Karl Schmid, hg. v. Gerd Althoff u. a., Sigmaringen 1988, S. 573–616 sowie Renato Bordone, La società cittadina del regno d'Italia. Formazione e sviluppo delle caratteristiche urbane nei secoli XI e XII (Bibliotheca storica subalpina 202), Torino 1987, S. 9–14.

ständnisse im politischen Bereich machte. Unter der rechtlichen Form der Privilegierung und der nominellen Bekräftigung der Treue zum Stadtherrn sahen sich diese Familien nicht gezwungen, an eine Partizipation breiter Kreise der städtischen Bevölkerung zu denken. Anders gesagt stand in Toulouse an der Stelle sozial ausgewogener Machtverteilung und jährlich wechselnder Konsulate ein zunehmend eng verflochtenes Patriziat, dessen Hauptvertreter über lange Zeiträume hinweg immer wieder die leitenden Positionen ausfüllten. Leider bleibt für Toulouse der Modus der Konsulatswahlen für diese entscheidende Periode im Dunklen, da die früheste systematische Kodifikation der städtischen Freiheiten und Rechte aus dem Jahre 1286 stammt, und damit aus einer Zeit, in der die kommunale Selbstverwaltung längst im kapetingischen Zentralismus ihre engen Grenzen gefunden hatte.[53] Doch allein dieser Überlieferungsbefund verrät den wesentlichen Charakterzug des Toulousaner Patriziates. Eine für die gesamte Einwohnerschaft gültige und einklagbare Verfassung, wie sie in Form der öffentlich ausgelegten Kommunalstatuten aus Ober- und Mittelitalien bekannt ist und auf die jeder kommunale Amtsträger einen Eid ablegen musste,[54] konnte nicht im Interesse einer auf Absonderung und Statussicherung bedachten Führungsschicht liegen, die ihre Rechte seit den 1120er Jahren stattdessen in einem städtischen Cartular sammelte, das bezeichnenderweise vorrangig Privilegien – Sonderrechte – enthielt.

Fragt man nach den konkreten Feldern der Privilegierung, wird der elitäre Zug der kommunalen Bewegung in Toulouse zusätzlich unterstrichen. Die Konsuln setzten gegen den Bischof am Ende des 12. Jahrhunderts (1189 bis 1198) ihre Zuständigkeit für Kredite und Schuldenangelegenheiten durch und gewannen somit die Kontrolle über einen Sektor, der als essentielle ökonomische Stütze der Toulousaner Oberschichten anzusehen ist.[55] Die kirchenrechtliche Brisanz des Themas erhellt im Übrigen eine Urkunde von 1215, derzufolge Bischof Fulko den Versuch unternahm, einen Gerichtshof *ad audiendas querelas et controversias usurarum* zu etablieren. Doch bereits während des Besatzungsregimes Simons von Montfort nur ein Jahr später taucht in den Quellen wieder ein weltliches Wuchergericht auf, bestehend aus vier Toulousaner Bürgern, welches auch unter den Nachfolgern Simons amtierte.[56]

---

53 Diese Statuten und ihr Kommentar aus dem Jahre 1296 werden kommentiert und ediert von Henri Gilles, Toulouse 1969. Über die kapetingische Städtepolitik noch immer grundlegend Achille Luchaire, Les communes françaises à l'époque des Capetiens directs, Paris 1911.

54 Zu den oberitalienischen Kommunalstatuten vgl. die Forschungsergebnisse des Projektes A am SFB 231 „Pragmatische Schriftlichkeit im Mittelalter" der Universität Münster, hier vor allem die Bände: Die Statutencodices des 13. Jahrhunderts als Zeugen pragmatischer Schriftlichkeit. Die Handschriften von Como, Lodi, Novara, Pavia und Voghera (Münstersche Mittelalter-Schriften 64), hg. v. Hagen Keller/Jörg W. Busch, München 1991 und Kommunales Schriftgut in Oberitalien. Formen, Funktionen, Überlieferung (Münstersche Mittelalter-Schriften 68), hg. v. Hagen Keller/Thomas Behrmann, München 1995.

55 Mit allen Belegen jetzt Jörg Oberste, L'usurier, un hérétique? La décrétale Ex gravi (1311/12) et les mutations de la société citadine aux XIIe et XIIIe siècles, in: Pouvoir, Justice et Société. Actes des XIXe Journées d'Histoire du Droit, hg. v. Jacqueline Hoareau-Dodinau/Pascal Texier, Limoges 2000, S. 399–447.

56 Mireille Castaing, Le prêt à intérêt à Toulouse aux XIIe et XIIIe siècles, in: Bulletin philologique et historique du Comité des travaux historiques et scientifiques (1953/1954), S. 273–278, hier S. 277f.

4. Kaufleute als *homines novi* um 1200

Die wirtschaftliche Thematik führt auf eine bedeutende Zäsur im Formierungsprozess der Toulousaner Kommune hin, welche sich an den überlieferten Konsulatslisten ablesen lässt. Im Jahr 1197 hatten die Konsuln die Strafen gegen säumige Schuldner drastisch erhöht und damit jegliche Bedenken aufgrund des kanonistischen Wucherverbotes aus dem Weg geräumt.[57] Genau in jener Zeit erreicht die Überlieferung privatrechtlichen Schriftgutes im Bereich wirtschaftlicher Transaktionen ihren vorläufigen Höhepunkt, wie Mireille Castaing nachgewiesen hat.[58] Entscheidend ist, dass sich als Träger dieser wirtschaftlichen Hochkonjunktur immer weniger die Mitglieder der alten städtischen Aristokratie und immer häufiger aufstrebende Kaufleute und Bankiers identifizieren lassen. Ein beeindruckendes Beispiel stellt das Cartular der Familie de Capitedenario in den Archives Départementales de la Haute-Garonne dar, das allein für das ausgehende 12. und beginnende 13. Jahrhundert 144 Stücke versammelt. Erstmals begegnet im Jahre 1152 ein Bernardus de Capitedenario († 1198), der städtischen und ländlichen Grundbesitz erwarb.[59] Sein Sohn Pontius zählte ausweislich der in großer Vielzahl erhaltenen Verträge und seines Testamentes aus dem Jahre 1229 bereits zu den reichsten Männern der Stadt.[60] Im Jahre 1225 kaufte er von Saint-Sernin ein befestigtes Wohnhaus mit anliegenden Geschäften und einer Kapelle in unmittelbarer Nachbarschaft zur Abtei.[61] Zu diesem Zeitpunkt hatte Pontius nicht nur in der symbolisch herausgehobenen Lage des Familiensitzes mit den alten Geschlechtern wie den Maurandi gleichgezogen, sondern als Konsul der Jahre 1202, 1213 und 1225 war er längst in die politische Führungsschicht von Toulouse aufgestiegen.

Dass er auch bei der Unterzeichnung des Vertrags von Paris anno 1229 als Zeuge anwesend war und von dem Dominikaner Bernard Gui an einer Stelle sogar als *patronus loci* tituliert wird,[62] sind weitere Belege einer ungewöhnlich erfolgreichen Karriere. Blickt man an den Anfang seiner politischen Betätigung zurück, in das Jahr seines ersten Konsulates 1202, stellt sich ein überraschender Befund heraus. Von den 24 Konsuln dieses Jahres lassen sich nur noch fünf den älteren patrizischen Familien zuordnen, alle anderen sind als *homines novi* anzusehen, deren gleichzeitige Berufung in das Konsulat auf eine konzertierte Aktion gegen die quasi-oligarchischen Strukturen der Kommune gewertet werden muss.[63] Ob man – wie John Mundy – die Neuaufsteiger tatsächlich als

---

57 AA1: 18, ed. Limouzin-Lamothe (wie Anm. 6), S. 293–295.
58 Castaing (wie Anm. 56), S. 273–278 und Mireille Castaing-Sicard, Les contrats dans le très ancien droit toulousain (Xe–XIIIe siècle), Toulouse 1959, S. 27–64.
59 Zur Familiengeschichte ausführlich Mundy (wie Anm. 16), S. 155–167.
60 Das Testament liegt in zwei Fassungen vor: Paris, Bibl. Nat., Coll. Doat 40, f. 216v–231r sowie als Kopie in Archives départementales de la Haute-Garonne, Toulouse, Saint-Bernard 21 (März 1229).
61 Archives départementales de la Haute-Garonne, Toulouse, Saint-Bernard 138, f. 91r–94v (Oktober 1225).
62 Bernardus Guidonis, De fundatione et prioribus conventuum, ed. Paul A. Amargier (Monumenta ordinis fratrum praedicatorum historica 24), Roma 1961, S. 48.
63 Am ausführlichsten dazu Mundy (wie Anm. 5), S. 67–73, der pointiert: „In the consular election of 1202, however, the situation changed abruptly. Without revolution or trouble within the town, the oligarchy was decisively broken. A popular party won a landslide" (S. 67).

"popular party" bezeichnen kann, die die Oligarchie in Toulouse endgültig beendet habe, ist allerdings anzuzweifeln. Die Konsulatslisten der Jahre 1202 bis zum Ende der Albigenserkriege 1229 dokumentieren vielmehr, dass sich eine kleine Gruppe erfolgreicher Kaufleute und Bankiers die Mitwirkung in den politischen Angelegenheiten der Kommune erstritten hatte, jedoch ohne die älteren Familien aus ihren angestammten Positionen zu verdrängen. Vielmehr sind schon bald Vernetzungen geschäftlicher und matrimonialer Art zu beobachten, die auf die Bildung eines neuen Patriziates bzw. die Erweiterung des alten schließen lassen. Besonders auffällig ist dabei die Häufung von Gläubigern sowohl der alten Familien als auch der Toulousaner Kirchen unter den Neuaufsteigern des frühen 13. Jahrhunderts.[64]

Kann man aufgrund der recht homogenen sozialen Provenienz der Beteiligten einiges über die Ursachen für die revolutionären Vorgänge im Jahre 1202 vermuten, so verschweigen die Quellen jeden Hinweis auf einen konkreten Anlass. Hervorzuheben ist jedoch, dass genau in diesem Jahr die Kommune einen Feldzug gegen die Gemeinden des Umlandes begann, der die Bildung eines ländlichen Herrschaftsbezirkes nach dem Vorbild des italienischen Contado zum Ziel hatte. Da die kleineren Landgemeinden der städtischen Miliz nichts entgegenzusetzen hatten, kam es alsbald zu Friedensschlüssen, die der Stadt Toulouse eine wirtschaftliche Hegemonie, weitgehende Zoll- und Handelsfreiheit für ihre Kaufleute und gewisse politische Vorrechte, etwa die jurisdiktionelle Zuständigkeit der Toulousaner Konsuln betreffend, sicherten.[65] Der eindeutig ökonomische Hintergrund dieser kriegerischen Maßnahme spricht für eine steigende Gewichtung wirtschaftlicher Belange in der städtischen Politik, so dass es eine zwangsläufige Entwicklung war, die aufstrebenden Kaufleute und Bankiers, deren Kapital ausweislich der überlieferten Kreditverträge schon seit längerem von den politischen und kirchlichen Eliten in Anspruch genommen wurde, am Konsulat zu beteiligen.

64 Unter den Konsuln der Jahre nach 1202 ist die kaufmännische Provenienz in folgenden Fällen gesichert: Pontius de Capitedenario; Guillelmus Johannes, *mercator*, Konsul 1202/03 (Archives départementales de la Haute-Garonne, Toulouse, E 538, Febr. 1237); Bernardus Gausbertus, *mercator*, Konsul 1203/04 (Archives départementales de la Haute-Garonne, Toulouse, E 501, Dez. 1235); Arnaldus Petrus, *cambiator*, Konsul 1207/1208 (Archives départementales de la Haute-Garonne, Toulouse, E 501, Febr. 1214); Bernardus Molinus, Teilhaber an städtischen Zöllen, Konsul 1203/04 (AA1: 55 v. 1205, ed. Limouzin-Lamothe [wie Anm. 6], S. 366–369); Raimundus Polerius (Pullarius), Teilhaber an städtischen Zöllen, Konsul 1202/03 (AA1: 55 v. 1205, ebd.); Pontius Puer (Konsul 1202/03) und sein Bruder Arnaldus Puer (1203/04), *monetarius* bzw. *cambiator* (AA1: 38–39 v. 1202, ed. Limouzin-Lamothe [wie Anm. 6], S. 337–340); Pontius Palmata, Konsul 1204/05, 1218–1220, 1223/24, *creditor* der Maurandi (Archives départementales de la Haute-Garonne, Toulouse, 101H 599, X, 35, 17); Petrus Guillelmus de Orto, Konsul 1207/08, 1217/18 u.ö., *creditor* des Jordanus de Villanova; Petrus de Ponte maior (iuvenis), Konsul 1202/03, 1213/14, 1220/21, *creditor* des Jordanus de Villanova (Archives départementales de la Haute-Garonne, Toulouse, E 573, März 1225, Kopie 1233); Raimundus Centullus, Konsul 1202/03, *creditor* von S. Sernin (Archives départementales de la Haute-Garonne, Toulouse, 101H 502, I, 1, 42 v. 1225); Vitalis Geraldus, Konsul 1204/05, *creditor* der Maurandi (Archives départementales de la Haute-Garonne, Toulouse, 101H 500, X, 34, 10 v. 1233).

65 Zu den Vorgängen allgemein HGL VI (wie Anm. 2), S. 196–200; die Friedensverträge sind publiziert in HGL VIII (wie Anm. 2), Nr. 109–122, Sp. 476ff.

Klarer als die Ursachen und Anlässe lassen sich mithin die unmittelbaren Folgen des politischen Wechsels im Jahre 1202 nachvollziehen. Bei einem Beschluss von Mai 1205 sprechen die Konsuln anlässlich der Erhebung genereller Steuern im Toulousain erstmals von der *Tolosana patria*.[66] Nur wenige Jahre später trifft man auf das große Siegel der Kommune von Toulouse, das von einem konsularischen Notar verwahrt wurde und auf der einen Seite das Osterlamm mit Nimbus und Kreuz mit der Legende *SIGILLVM CAPITVLI NOBILIVM TOLOSE*, auf der anderen Seite schließlich die Abbildung des Château Narbonnais und der Abtei Saint-Sernin mit der Umschrift *SIGILLVM CONSVLVM CIVITATIS ET SVBVRBIS TOLOSE* zeigt.[67] Unzweifelhaft spricht daraus ein gesteigertes Bewusstsein für die kommunale Autonomie und ein höherer Repräsentationswillen bei den neuen politischen Spitzen, welche im Unterschied zu den älteren Familien in aller Regel keine persönlichen Bindungen an Graf oder Bischof mehr hatten, auch wenn sie sich mit Saint-Sernin und dem Château Narbonnais der traditionellen städtischen Leitsymbole bedienten. Fernerhin ist ein beträchtlicher Anstieg der legislativen Tätigkeit des Konsulates in den Jahren nach 1202 festzustellen. Städtische Verordnungen zum wichtigen Getreide- und Weinhandel, vor Jahrzehnten noch Gegenstand gräflicher Privilegierung, zum Pilger- und Herbergenwesen, zur Reform der Zölle im Toulousain und zur städtischen Münze, von alters her die Leitwährung des Languedoc, gingen in nur wenigen Jahren in das kommunale Cartular ein.[68] Neben den traditionellen Wirtschaftszweigen hatte sich im 12. Jahrhundert die Wallfahrt an das Grab des Märtyrers Saturninus zu einer weiteren bedeutenden Einnahmequelle entwickelt, die nicht zuletzt davon profitierte, dass in Toulouse die von Moissac und Conques kommenden Jakobspilger zusammentrafen, um sich auf den Übergang der Pyrenäen vorzubereiten.[69]

Neben den Veränderungen im Konsulat des Jahres 1202 ist im frühen 13. Jahrhundert freilich noch eine zweite Zäsur hervorzuheben, die für die weitere Analyse der sozialen, politischen und religiösen Verhältnisse in Toulouse einschneidend ist: der Beginn der Albigenserkriege im Jahre 1209. Aus historischer Sicht markiert dieses Datum sogar den entscheidenden Wendepunkt in der politischen und sozialen Entwicklung des Midi, auch wenn sich dies in aller Deutlichkeit erst nach dem Frieden von Paris im Jahre 1229 abzuzeichnen begann. Über die ‚Wende' des Jahres 1202 ist bereits gesagt worden, dass es sich dabei keineswegs um eine revolutionäre Ablösung der bisher herrschenden Stadtaristokratie, sondern um deren – allerdings schlagartige – Erweiterung durch die Träger des städtischen Wirtschaftslebens handelte. Eine solche Anpassung der soziopolitischen Strukturen an primär ökonomische Notwendigkeiten, welche sich im Übrigen hervorragend an der Verschuldung der älteren Eliten bei den neuen kaufmännischen Aufsteigern

---

66 AA1: 55, ed. Limouzin-Lamothe (wie Anm. 6), S. 366–369.
67 Zum ersten Mal ist das Siegel der Konsuln in den Briefen an König Peter II. von Aragon aus den Jahren 1211 und 1213 sicher belegt. Vgl. HGL VIII (wie Anm. 2), Nr. 161, Sp. 612–619 von 1211. Die Umschrift und Beschreibung bei Roschach (wie Anm. 37), S. 166f.
68 HGL VIII (wie Anm. 2), Nr. 108, Sp. 475f. von 1202 (Getreide- und Weinhandel); ebd., Nr. 126, Sp. 513–516 von 1205 (Pilger- und Herbergenwesen); ebd., Nr. 130, Sp. 527–530 von 1205 (Zölle im Toulousain); ebd., Nr. 135, Sp. 540f. von 1207 (Münze).
69 Zur Bedeutung von Toulouse als Pilgerzentrum vgl. Elisabeth Magnou-Nortier, Dans la tourmente hérétique (XIIe–XIVe siècles), in: Le diocèse de Toulouse (Histoire des diocèses de France 15), hg. v. Philippe Wolff, Paris 1983, S. 47–83, hier S. 47–54.

ablesen lassen, konnte nicht ohne Folgen für das Selbstverständnis und die Formen politischer wie religiöser Repräsentation des gehobenen Toulousaner Bürgertums bleiben.

5. Politische Repräsentation und religiöse Praxis

In den Untersuchungen zur Religiosität der Toulousaner Eliten erweist sich gerade die soziale Gruppe der aufstrebenden Geschäftsleute als ungemein produktiv und umtriebig. Ihr Aufstieg in der Stadt wird signifikant von einem dichten Netzwerk an Stiftungen, Verträgen und Kontakten mit lokalen Kirchen und Klöstern begleitet, wenn nicht getragen.[70] Pontius de Capitedenario, immerhin einer der ausgewiesenen Wucherer seiner Heimatstadt und Hauptgläubiger der Abtei Saint-Sernin in den Jahren 1200 bis 1225, trat als einer der frühesten Förderer des noch jungen Predigerordens in Toulouse in Erscheinung. Sein Testament sah insgesamt die ungeheure Summe von über 10.000 Sous für die Unterstützung von Kirchen und für mildtätige Zwecke vor.[71] Familiäre Kontinuitäten, die räumliche Nachbarschaft innerhalb des Stadtviertels und das beidseitige Interesse an der Dauerhaftigkeit der Bindungen führten in diesem wie in vielen anderen Fällen dazu, dass sich aus reinen Geschäftsbeziehungen stabilere Beziehungen weltlicher und geistlicher Art ergaben. Das Auftreten als Zeuge in kirchlichen Urkunden oder die Hinzuziehung als Rechtsbeistand signalisiert die Vertrauensstellung von Laien bei bestimmten kirchlichen Rechtsgeschäften; pastorale Dienste, Fürsorge, Memoria und Begräbnis umreißen unterdessen die Möglichkeiten geistlicher Gegenleistungen. Dass es dabei zu komplexen Beziehungsnetzen kam, die sowohl die Pfarrkirchen und nachbarschaftlichen Ordenshäuser als auch Kirchen anderer Stadtviertel und des Umlandes mit einbezogen, illustriert etwa das besonders reichhaltige Familiencartular der Capitedenario aus den Jahren 1167 bis 1237. Die unmittelbare Nachbarschaft des Familiensitzes zur Abtei Saint-Sernin, welche zugleich die Ortspfarrei war, geht zwar erst auf einen Hauskauf im Jahre 1225 zurück, doch bereits zuvor erschienen Bernardus de Capitedenario und vor allem sein Sohn Pontius regelmäßig in den klösterlichen Rechts- und Wirtschaftsangelegenheiten. Daneben begünstigte Pontius, wie gezeigt, die Ansiedlung der Dominikaner im Burgus von Toulouse, denen er freilich in seinem Testament von 1229 das Nachsehen gegenüber dem zweiten großen Mendikantenkonvent, den Franziskanern, gab. Als geistlicher Bezugspunkt hatte für den reichen Unternehmer schließlich die vor den Toren der Stadt gelegene Zisterzienserabtei Grandselve große Bedeutung, die später, nach dem Tode seiner Tochter Stephana, als Universalerbe in den Familienbesitz eintrat. Testamentsvollstrecker waren gemeinsam die Äbte von Saint-Sernin und Grandselve mit ihren Prioren.[72]

Die Demonstration gemeinnützigen Handelns stand für die politischen Spitzen der Kommune – neben individuellen religiösen Bedürfnissen und Präferenzen – im Vordergrund ihrer religiösen Praxis. Bereits um 1100 dehnte der umtriebige Raimon Gairart seine karitativen Aktivitäten – neben dem Kirchbau von Saint-Sernin und der Gründung des benachbarten Hospitals – auf die Errichtung einer außerstädtischen Garonne-Brücke

---

70 Vgl. dazu ausführlich Oberste (wie Anm. 41) S. 186ff. und S. 261ff.

71 Archives départementales de la Haute-Garonne, Toulouse, 7D 21 (Kopie von 1704).

72 Archives départementales de la Haute-Garonne, Toulouse, 7D 21.

bei Castelginest aus, deren Einkünfte den Armen des Hospitals zuflossen.[73] Erstmals hinterließ im Jahre 1194 der Kaufmann Petrus Arnaldus der Alten und Neuen Brücke testamentarisch 5 Sous bzw. zwölf Denare;[74] die Präferenz richtete sich in aller Regel nach dem Wohnort und dem Verhältnis zur Daurade, die als Träger der Neuen Brücke seit den 1130er Jahren über ein gräfliches Privileg verfügte. Im 13. Jahrhundert wurden die Brücken regelmäßig unter jene *pauperes loci* gezählt, denen Anteile an den mildtätigen Stiftungen eingeräumt wurden.[75] Ausführliche Anweisungen gab der Großkaufmann Bernardus Bruno, welcher der von der Daurade nach Saint-Cyprien verlaufenden Neuen Brücke immerhin 20 Sous zur Verfügung stellte. Sollte die Fertigstellung eines neuen Brückenbogens und Pfeilers innerhalb der nächsten zehn Jahre gelingen, gingen zusätzlich je 100 Sous an die Bauherren; andernfalls kam dieses Geld den Bedürftigen zu.[76] Gerade die aus den technischen Schwierigkeiten resultierenden Bauverzögerungen und -hindernisse ließen den Brückenbau zu einer großen Gemeinschaftsaufgabe werden, zu deren Bewältigung nicht allein der Etat des Konsulates herangezogen werden konnte, aus dem in Toulouse bereits der Straßenbau, die Kanalisation oder die Errichtung des Kommunalhauses zu Beginn des 13. Jahrhunderts finanziert wurden.[77]

Der Münzer Pontius David stiftete neben einer geringeren Subvention für die Brücken stolze 200 Sous für öffentliche Bauten (*communi operi huius ville Tolose*), worunter zu diesem Zeitpunkt in erster Linie der Kommunalpalast zu verstehen ist, der programmatisch auf die alte Stadtgrenze zwischen Burgus und Civitas gesetzt wurde.[78] Das Eintreten reicher Bürger und Patrizier für eine öffentliche Sache von allgemeiner Bedeutung konnte in dem Maße als religiöse Tugend angesehen werden, in dem sich das Selbstbild der Kommune als eines gemeinschaftlichen Sozialverbandes mit quasi öffentlich verbürgter Schutzpflicht gegenüber den Armen und Bedürftigen entwickelte. In dieser sehr konkret verstandenen und wahrgenommenen Caritas erfüllte die konsularische Regierung im Übrigen eine wichtige Bedingung für die Anerkennung als legitime christliche Herrschaft, die vor dem 12. Jahrhundert allein an herrscherliches und adliges Handeln geknüpft war. Die Wahl religiöser Symbole für die Repräsentation der Kommune, für die das Beispiel des ersten Kommunalsiegels aus der Zeit um 1200 oder die jährliche Prozession der Konsuln an den Exuperiusaltar von St. Sernin stehen, befestigte die Alleinvertretungsansprüche des Patriziates und die Ausübung legitimer Herrschaft in der Kommune von Toulouse.

---

73 Pierre Gérard, Pauvreté et assistance dans le diocèse de Toulouse aux XIIe et XIIIe siècles, Toulouse 1988, S. 24.

74 Archives départementales de la Haute-Garonne, Toulouse, E 2, Nr. 2 von September 1194.

75 Insgesamt betrifft dies Testamente aus den Jahren 1202, 1206, 1208, 1209, 1212, 1214, 1218 (erstmals auch mit der Nennung der Brücke an der Bazacle), 1229, 1230, 1230, 1234, 1235, 1251, 1252, 1257, 1258, 1270, 1275, 1277, 1283, 1293, 1297, vgl. die Edition bei Oberste (wie Anm. 41), Anhang.

76 C. Douais, La vie de saint Raymond, chanoine, et la construction de l'église Saint-Sernin (1080–1118), in: Bulletin d'histoire des communications du Midi de la France 13 (1894), S. 150–163, hier S. 17: *et operi Pontis Novi XX sol. tol.; tamen voluit, mandavit et statuit testator predictus quod si infra X annos proxime subsequentes fierent pilaria et volture in dicto ponte, quod dicti ejus spondarii darent de bonis ipsius testatoris primo pilari C sol. tol. et prime volture alios C sol. tol., alioquin quod dicti CC sol. tol. darentur et dividerentur amore Dei per dictos suos spondarios pauperibus infra Tholosam habitantibus tam in vestibus quam in aliis eisdem pauperibus necessariis.*

77 Vgl. beispielsweise die Verordnung im städtischen Cartular zur Kanalisation und Wasserordnung in AA1: 19, ed. Limouzin-Lamothe (wie Anm. 6), S. 295–298 von November 1180.

78 Archives départementales de la Haute-Garonne, Toulouse, H. Malte, Toulouse 1, Nr. 17 von Januar 1208 (n.D.).

Das Straßburger Münster als Ort kommunaler Repräsentation

Bruno Klein

Das mittelalterliche Straßburger Münster, die Kathedralkirche des elsässischen Bistums, ist als Gebäude in seiner architektonischen Struktur, als Kirche in ihrer liturgischen und institutionellen Funktion und als Monument in seiner historischen Dimension viel zu komplex, um ausschließlich als Objekt kommunaler Repräsentation bezeichnet werden zu können. So war das heutige, seit dem späten 12. Jahrhundert errichtete Münster, das einen durch mehrere Brände geschädigten Vorgängerbau vom Beginn des 11. Jahrhunderts ersetzt, noch zu der Zeit begonnen worden, als die bischöfliche Stadtherrschaft nicht in Frage gestellt war.[1] Insofern repräsentierte der Bau in seiner Anfangsphase ebenso wie sein Vorgänger die vom Bischof geleitete *communio christiana*, die aber sicher nicht identisch war mit der eigenständigen Kommune Straßburg, die erst im 13. Jahrhundert entstand. Und so fühlten sich Bischof und Domkapitel noch 1253 als die eigentlichen Bauherren, die, so ein aus dem genannten Jahr datierender Ablassbrief, „das besonders großartige Werk ihrer Kirche begonnen haben und es zu vollenden wünschen".[2]

Allerdings gibt schon dieser Ablass nicht mehr die ganze Wahrheit wieder, hatte doch bereits 1252 der Kardinallegat Hugo von Santa Sabina bei der Durchreise dem Rat und der Bürgerschaft von Straßburg das Recht zugestanden, selbst im Falle des Interdiktes über Bischof und Kapitel die Messe an jenem Altar im Münster abhalten zu können, an dem normalerweise die erste Morgenmesse gelesen werde – womit der Altar am Lettner gemeint war.[3] Es ist kaum anders vorstellbar, als dass der Straßburger Rat dieses Privileg am Bischof vorbei ausgehandelt hat. Denn der Bischof protestierte gegen das genannte Privileg und ließ dabei nicht unerwähnt, dass die Straßburger Bürger sogar soweit gingen, Asyl unter dem Lettner zu gewähren und sich damit ein ausschließlich dem Bischof zustehendes Recht anmaßten.[4]

---

1 Zum Straßburger Münster allgemein zuletzt: Benoît Van den Bossche, Straßburg – Das Münster, Regensburg 2001 (Frz. Originalausgabe Saint-Léger-Vauban 1997); dort auch eine kurze Bibliographie der jüngeren Literatur, die ältere ausführlich im Standardwerk von Hans Reinhardt, La cathédrale de Strasbourg, Paris 1972. Die Baugeschichte des Langhauses wurde seitdem in ausführlicher Argumentation korrigiert von Yves Gallet, La nef da la cathédrale de Strasbourg, sa date et sa place dans l'architecture gothique rayonnante, in: Bulletin de la Cathédrale de Strasbourg 25 (2002), S. 49–82. Eine Darstellung des Bauverlaufs aus der Sicht der Bauorganisation bei: Barbara Schock-Werner, Die Münsterbauhütte in Straßburg: unser Lieben Frauen Werk. Œuvre Notre-Dame, in: Die Baukunst im Mittelalter, hg. v. Liana Castelfranchi Vegas, Solothurn 1995, S. 221–250. Zuletzt: Benoît Van den Bossche, La cathédrale de Strasbourg. Sculpture des portails occidentaux, Paris 2006.

2 Nach Reinhardt (wie Anm. 1), S. 18 und S. 209, n. 10.

3 Vgl. Reinhardt (wie Anm. 1), S. 19 und S. 209 mit weiterführender Literatur.

4 Vgl. Reinhard (wie Anm. 1), S. 19.

Es ist unwahrscheinlich, dass die genannten Quellen aus den Jahren 1252 und 1253, in denen sich einerseits Bischof und Kapitel als Alleinverantwortliche für den Bau bezeichneten und aus denen andererseits hervorgeht, dass sie es tatsächlich nicht mehr waren, nur zufällig in einem so kurzen Zeitraum entstanden sind. Vielmehr scheint es, dass beide Parteien – Bischof und Domkapitel auf der einen und die Kommune auf der anderen – in dieser Zeit begannen, das Münster als ein wichtiges Instrument im Streit um die innerstädtische Vorherrschaft zu verstehen.

Auffällig ist, dass es genau zu dieser Zeit auch zu einem deutlichen Stil- und Dimensionswandel kam. Ja, es fand gegen 1250[5] sogar der gravierendste Konzeptionswechsel in der zu jenem Zeitpunkt bereits rund 70jährigen Geschichte des Münsterneubaus statt: Alle älteren Baupläne wurden verworfen und der Bau eines ungewöhnlich großen, vor allem aber sehr modernen gotischen Langhauses begonnen. Dieses sprengte die Dimensionen der bislang in Bau befindlichen Kathedrale und stellte auch stilistisch einen radikalen Bruch mit den Ostpartien dar (Abb. 1). Dies wird beispielsweise bei einem Vergleich mit dem ungefähr gleich alten Wormser Dom deutlich, wo Chor, Querhaus und Langhaus in einem ausponderierten Verhältnis zueinander stehen, wie dies wohl ursprünglich auch für Straßburg vorgesehen war. Im Innern des Straßburger Münsters wird der radikale Planwechsel daran deutlich, dass das Langhaus viel höher, viel lichter und viel filigraner als Chor und Querhaus ist, denn man hat sich keine allzu große Mühe gegeben, Stilbrüche und Dimensionsunterschiede zu kaschieren.

Mit dem Planwechsel kam es aber auch zu einer auffälligen Beschleunigung der Bauarbeiten: Hatte man zuvor rund 70 Jahre gebraucht, um z. T. auf den Mauern der noch vom Vorgängerbau stammenden Krypta Chor und Querhaus zu errichten, so genügten nun ca. 25 Jahre für das Langhaus. Zudem ging man damals mit großem Optimismus an den Bau, denn die drei zuerst errichteten östlichen Joche des neuen Langhauses sind so lang, dass man, wenn man weiter westlich gleich große Joche angelegt hätte, unweigerlich in Konflikt mit der offenbar noch aufrecht stehenden Fassade der alten Kathedrale gekommen wäre. Somit sollte diese abgerissen werden und an ihrer Stelle etwas ganz Neues entstehen.[6]

Es wird mit Recht angenommen, dass Auseinandersetzungen zwischen Bürgern und Klerus, oder zwischen nach Autonomie strebenden Kommunen und auf alten Rechten beharrenden bischöflichen Stadtherrn, Auswirkungen auf die Gestalt jener Kathedralen hatten, die während dieser Konflikte in Bau waren.[7] Doch es mussten keineswegs immer negative Folgen wie z. B. Bauunterbrechungen sein. Denn ein Kathedralbau konnte in Konflikten auch vermittelnde Funktionen haben, wenn er dazu benutzt wurde, die

---

5 Ich beziehe mich mit der hier angenommenen Spätdatierung des Langhauses auf die Zeit zwischen ca. 1250 und 1275 ausdrücklich auf Gallet (wie Anm. 1).

6 Dies wurde später in der zweiten Bauphase des Langhauses offenbar korrigiert, weshalb die damals errichteten westlichen Langhausjoche etwas schmaler wurden und die alte Fassade damit – zumindest vorläufig – stehen bleiben konnte.

7 Vgl. zur Bauorganisation generell: Wolfgang Schöller, Die rechtliche Organisation des Kirchenbaues im Mittelalter, vornehmlich des Kathedralbaues. Baulast, Bauherrenschaft, Baufinanzierung, Köln 1989, zu Straßburg speziell ab S. 210; Henry Kraus, Gold was the mortar. The economics of cathedral building, London 1979, dort Kapitel 5 zur Straßburger Kommune als Bauherrin.

Das Straßburger Münster als Ort kommunaler Repräsentation

Abb. 1: Das Straßburger Münster von Nordosten. Zeichnung von J. J. Arhardt 1671

Gemeinschaft in ihrer Geschlossenheit zu symbolisieren, welche vom Zerbrechen bedroht war. Und wenn die widerstreitenden Parteien versuchten, durch ihr Engagement für den Kathedralbau ihr jeweiliges Engagement für das Gemeinwohl zu demonstrieren, dann konnte es sogar zu einer Beschleunigung des Bauprozesses und zu einer Steigerung der Dimensionen kommen, weil es auf diesem Weg möglich wurde, die Größe des eigenen Einsatzes zum Ausdruck zu bringen. Voraussetzung hierfür war wiederum, dass die Kathedrale als ein Objekt begriffen wurde, das es den Parteien ermöglichte, sich selbst als wichtiger Teilhaber an dem mit dem Kirchenbau verbundenen Transzendenzanspruch zu begreifen. Naturgemäß fiel dies den Bischöfen und den Domkapiteln leichter als profanen Institutionen wie den Kommunen, da diese die Beteiligung am Kathedralbau erst als Mittel zur ihrer Transzendierung entdecken mussten.[8]

Für Straßburg scheint dies alles zugetroffen zu haben. Die zunehmenden Auseinandersetzungen zwischen Bischof und Domkapitel auf der einen und der Straßburger Kommune auf der anderen Seite hatten um 1250 offenbar den Dombau erreicht, der zunehmend als Bindemittel zwischen den widerstreitenden Parteien diente. So versuchte der Klerus die Stadt für die Baufinanzierung zu gewinnen, ohne freilich die Bauverwaltung aus der Hand geben zu wollen. Zu diesem Zweck könnte es notwendig geworden sein, die Dimensionen des geplanten Bauwerks zu verändern, um den Bruch mit der bisherigen Konzeption der „Bischofskathedrale" wie die Notwendigkeit öffentlicher Beteiligung gleichermaßen deutlich werden zu lassen. Dass damit aber Schleusen geöffnet wurden, die nicht mehr geschlossen werden konnten, zeigt sich am souveränen Zugriff der Stadt auf das Gebäude.

Die parteipolitische Funktionalisierung des Straßburger Münsters in den 50er Jahren des 13. Jahrhunderts führt zu einer kritischen Situation, in der Stabilisierungsleistungen erforderlich werden. In diesem Sinne ließe sich vielleicht die Wiederverwendung der Kaiserscheiben aus dem alten Dom interpretieren: In einem Augenblick, in dem es zu einem nicht ungefährlichen Traditionsbruch kam, wurde der ultramoderne Neubau des Münsters mit historischen Scheiben historischer Kaiser ausgestattet – ein Programm, das für Bischof und Kommune gleichermaßen unverfänglich war. Denn dass die öffentlicher gewordene Bauaufgabe nun nicht mehr nur den Bischof oder die *ecclesia argentinensis* repräsentierte, sondern auch die Kommune, steht außer Frage.

Als der Bischof dann 1262 die Schlacht von Hausbergen gegen die Straßburger Bürger verlor – wobei es primär nur um einen Interessenskonflikt zwischen der Stadt und dem Familienverband des damaligen Bischofs Walter von Geroldseck ging –, war die Autonomie der Kommune faktisch besiegelt. Der Prozess zur Kommunalisierung der Kathedrale bzw. zur Kommunalisierung der Bauaufgabe „Kathedrale" beschleunigte sich. Indiz hierfür ist ein Wechsel in der Verwaltung des Dombaus: Lag die Bauträgerschaft zuvor beim Bischof, so befand sie sich ab 1263 in den Händen des Kapitels, um dann in den ausgehenden 1280er Jahren in die Hände der Stadt überzugehen. Zwar ist der genaue Prozess in seinen einzelnen Etappen mangels Quellen nicht rekonstruierbar, so dass in der Forschung verschiedene Ansichten über das exakte Datum der Kommunalisierung

---

8   Grundsätzliche Überlegungen zu Partizipation an mittelalterlichen Bauprojekten: Martin Warnke, Bau und Überbau. Soziologie der mittelalterlichen Architektur nach den Schriftquellen, Frankfurt a. M. 1976.

der Bauaufgabe bestehen. Doch es bedarf keiner weiteren Diskussion, dass dieser administrative Wandel am Ende des 13. Jahrhunderts vollzogen war.[9] Spätestens ab diesem Zeitpunkt ist also damit zu rechnen, dass der Bau des Straßburger Münsters nicht mehr nur Ausdruck einer spirituell-abstrakten *communitas christiana*, sondern auch derjenige einer *communitas christiana argentinensis* der Kommune Straßburg sein konnte und sollte. Der Aneignungsprozess war zweifellos kompliziert. Wie in anderen Fällen auch lässt er sich hier ebenfalls fast nur mittels der Analyse des Gebäudes selbst erhellen, da die Quellen aus dem administrativen Bereich hierbei kaum weiterhelfen. Immerhin lassen sich die Ergebnisse der Bauanalyse mit ein paar Nachrichten zum Bauverlauf überblenden, welche dazu beitragen, das Bild zu präzisieren.
Beispielsweise wurde der Lettner des Straßburger Münsters, dessen Nutzung, wenn nicht sogar ‚Aneignung' durch die Stadt schon in den 1250er Jahren zum Konflikt zwischen Bischof und Kommune geführt hatte, zu einem nicht exakt bestimmbaren Zeitraum bald nach 1260 neu errichtet.[10] Der zeitliche Zusammenhang zwischen der Schlacht von Hausbergen und dem Neubau des Lettners legt zumindest den Verdacht nahe, dass an diesem kritischen Ort der Kathedrale damals eine Neugestaltung geradezu unerlässlich wurde, obwohl der vorhergehende Lettner an dieser Stelle erst einige Jahrzehnte alt war. Jedenfalls ist auffällig, dass der neue Lettner im ikonographischen Sinne ein Kompromissangebot an die Laien macht: Große Statuen von Aposteln evozieren deren Vorbildhaftigkeit, kleinere Szenen mit den Darstellungen der Werke der Barmherzigkeit appellieren an den möglichen Beitrag der Laien zur Gewinnung des individuellen Heils, das von der Kirche verwaltet wurde.[11] Ja, es ist nicht einmal auszuschließen, dass als eines der Werke der Barmherzigkeit auch die Unterstützung des Kirchenbaus, speziell des Straßburger Münsters gemeint war, wodurch sich dort Klerus und Laien gemeinsam um die Erlösung kümmern konnten.

In den für den Übergang von klerikaler zu kommunaler Bauverwaltung entscheidenden Jahren wurde das Langhaus vollendet und der Bau der neuen Westfassade begonnen. Das Datum der Fertigstellung des Langhauses ist in mehreren Quellen überliefert. Am wichtigsten, denn zeitgenössisch, ist der Eintrag im Lektionar des Straßburger Kapitels: „Am 7. September 1275, am Vorabend des Geburtsfestes der Jungfrau Maria, wurde der mittlere Teil der hohen Gewölbe und das ganze Bauwerk der Kathedrale von Straßburg vollendet, mit Ausnahme der äußeren Türme, unter der Regierung von Rudolf, römischem König, im zweiten Jahr seiner Regierung [...]."[12]
Bereits einige Monate vor der Fertigstellung des Langhauses im Jahr 1275 stellte der Straßburger Bischof Konrad von Lichtenberg mehrere Briefe aus.[13] Der erste war an den

---

9 Vgl. hierzu ausführlich Peter Wiek, Das Straßburger Münster. Untersuchungen über die Mitwirkung des Stadtbürgertums am Bau bischöflicher Kathedralkirchen im Spätmittelalter, in: Zeitschrift für die Geschichte des Oberrheins 107, N.F. 68 (1959), S. 40–113.

10 Vgl. Peter Kurmann, Le jubé de la cathédrale de Strasbourg et la filiation rémoise de ses statues, in: Bulletin de la cathédrale de Strasbourg. Bulletin du Centenaire 25 (2002), S. 83–102 und S. 100–102.

11 Vgl. Kurmann (wie Anm. 10), S. 86f.

12 Herzog August Bibliothek Wolfenbüttel, Codex. Arg. Inv. 71, fol. 99v (nach Reinhardt, wie Anm. 1, S. 19).

13 Nach Reinhardt (wie Anm. 1), S. 19f. Zitate der Quellen ebendort S. 209.

Klerus seiner Diözese gerichtet, mit der Bitte, Geld sammeln zu lassen, „weil die ‚fabrica' der Kathedrale nach vielen Jahren der Bautätigkeit nicht mehr in der Lage sei, das begonnene Werk aus eigenen Mitteln zu vollenden." Mit dem zweiten Schreiben bestimmte der Bischof, dass alle unrechtmäßig eingezogenen Güter, die ihren Besitzern nicht mehr zurückerstattet werden könnten, der Dombauhütte zukommen sollten. Der dritte Brief ging an alle Einwohner der Stadt und lud sie ein, die große Glocke zugunsten des Neubaus der Kathedrale läuten zu lassen, die sich nun, mit ihrem reichen Schmuck, der den Blumen des Mai gleiche, in die Höhe erhebe und die immer mehr die Blicke derjenigen anziehe, die gekommen seien, um sie zu bewundern, und sie mit angenehmer Unterhaltung erfreue. Durch den vierten Brief wurden schließlich alle eingeladen, das große Reliquienkreuz in der Kathedrale zu verehren und dort Spenden für den Bau zu deponieren.

Bei der oberflächlichen Lektüre dieser Quellen lassen sich keine Spuren einer administrativen Beteiligung der Straßburger Kommune am Kathedralbau ausmachen – genau dieser Eindruck war aber wohl intendiert. Auffällig ist lediglich, dass die Baunachrichten dieser Zeit aus direkten oder indirekten Appellen an die städtische Öffentlichkeit stammen, deren Hilfe bei der Baufinanzierung somit unerlässlich geworden zu sein scheint.

Die vorgesehene Übereignung der zu Unrecht eingezogenen Güter könnte ein Indiz für einen Vermittlungsversuch von Bischof Konrad sein. Denn mit diesen Gütern dürften vornehmlich solche aus der Zeit des *Bellum Walterianum* zwischen Stadt und Bischof im Jahr 1262 und davor gemeint gewesen sein, die der damalige Bischof Walter von Geroldseck beschlagnahmt hatte. Dieses alte Unrecht ließ sich heilen, indem der strittige Besitz nun der gemeinschaftlichen Bauaufgabe der Kathedrale zugeführt wurde.

Noch aufschlussreicher ist die Erwähnung der „fabrica", die nicht mehr in der Lage sei, das begonnene Werk aus eigenen Mitteln zu vollenden. Denn erstens bestätigt der Bischof indirekt, dass er nicht mehr selbst der Bauherr ist, und zweitens fordert er die Straßburger damit geradezu auf, sich an der „fabrica", also an der bautragenden Institution zu beteiligen. All dies ist zwar nicht grundsätzlich neu, da solche Appelle an die Unterstützung durch die Öffentlichkeit ein schon seit langem probates Mittel bei der Baufinanzierung waren. Dennoch zeigt sich deutlich, dass der Handlungsrahmen des Bischofs beschränkt war, er sich aber gleichwohl durch solche Briefe, Predigten und Ermahnungen immer wieder ins Spiel bringen konnte.

Die zunehmende Einbeziehung der Kommune führte beim Bau der Fassade zu einer abermaligen, diesmal wirklich umwälzenden Veränderung: Nach der aus dem 16. Jahrhundert stammenden Chronik des Daniel Specklin soll Bischof Konrad von Lichtenberg[14] bereits 1275 den ersten Spatenstich für diese neue Fassade getan haben. Nach der Chronik von Königshofen ist der Grundstein jedoch erst am 25. Mai 1277 gelegt worden. Laut der zeitgenössischen Chronik der Dominikaner von Colmar waren 1280 Ausschachtungsarbeiten in Gang.

---

14 Vgl. hierzu und zum Folgenden Reinhardt (wie Anm. 1), S. 20 und S. 209.

Diese zumindest partiell widersprüchlichen Nachrichten müssen nicht unbedingt Anzeichen einer problematischen Überlieferung sein, sondern könnten gerade in ihrer Disparität ein Körnchen Wahrheit enthalten: Nach der Vollendung des Langhauses dauerte es mindestens fünf Jahre und wahrscheinlich sogar noch länger, bis die neue Fassade begann aus dem Boden herauszuwachsen. Man könnte dies mit dem Umfang der bauvorbereitenden Arbeiten erklären, die für den Abriss der alten ottonischen Fassade und die Ausschachtungen für die neue Fassade notwendig waren. Es ist allerdings wichtig, in diese Überlegungen noch die Informationen aus zwei weiteren Quellen einzubeziehen: 1298 gab es einen großen Brand, der Dächer, Glocken, Orgel und Ausstattung der Kathedrale von Straßburg zerstörte, sowie 355 Häuser in der Stadt. Auch waren laut dem Chronisten Twinger von Königshofen zahlreiche Steine der Kirche durch die Hitze so stark beschädigt worden, dass sie ersetzt werden mussten.[15] Damals muss es zweifellos zu einer größeren, in ihrer Dauer jedoch nur schwer einschätzbaren Bauunterbrechung gekommen sein. Fertiggestellt waren die unteren Geschosse der Fassade dann wohl gegen 1316, da in jenem Jahr eine große Glocke aufgehängt werden konnte. Weil sich als Ort für eine solche Glocke am Straßburger Münster nur die Turmuntergeschosse seitlich der Fassadenrose anbieten, dürfte der Bau damals bis auf dieses Niveau gediehen gewesen sein.

So großartig die in jenen Jahren errichteten Fassadengeschosse auch sein mögen, sie rechtfertigen keine fünfjährige Bauvorbereitung. Denn bei einer denkbaren vierzigjährigen Gesamtbauzeit zwischen 1275 bis 1316, in der sehr zügig gearbeitet wurde, von der auch noch die Reparaturphase nach dem Brand von 1298 abgezogen werden muss, werden davon kaum ganze fünf Jahre alleine für vorbereitende Arbeiten benötigt worden sein, die keinerlei anspruchsvolle Steinmetzkunst erforderten – zumindest nicht von jener außerordentlichen Qualität, wie sie in den aufgehenden Fassadengeschossen allenthalben anzutreffen ist. Außerdem wurden für den Neubau der Fassade Teile der Fundamente des Vorgängerbaus benutzt.

Viel wahrscheinlicher ist deshalb, dass es sich bei der 1275 und vielleicht noch einmal 1277 erfolgten Grundsteinlegung für die neue Fassade um nicht mehr als einen symbolischen Akt gehandelt hat.[16] Gebaut wurde damals und in den folgenden Jahren aber noch nichts, weshalb man wohl 1280 noch immer bei den Fundamenten war. Trotzdem war die Zwischenzeit nicht von Untätigkeit erfüllt, sondern vielmehr vom Ringen um die Gestalt des Neubaus. Denn es kam hier, wie Jahrzehnte zuvor, schon bei der Planung des Langhauses zu einem abermaligen radikalen Planwechsel, der bewältigt werden wollte.

---

15 Die Chroniken der oberdeutschen Städte, Straßburg 1. Bd., hg. v. Carl Hegel, Leipzig 1870 (Die Chroniken der deutschen Städte vom 14. bis ins 16. Jahrhundert, Bd. 8), S. 723.

16 Im 16. Jahrhundert weiß Specklin, dessen mögliche Quellen unbekannt sind, zu erzählen, dass es bei der Grundsteinlegung zu einem Streit mit tödlichem Ausgang zwischen übereifrigen Bauleuten gekommen sei. Der erschrockene Bischof Konrad habe daraufhin eine neuntägige Unterbrechung der Bauarbeiten angeordnet bis zur Neuweihe des Baugrundes und einer abermaligen Grundsteinlegung. Diese ohnehin nicht belastbare Information sollte nicht überbewertet werden; dennoch wäre zu erwägen, ob sie nicht doch ein entferntes Echo auf die für den Baufortgang problematische Phase nach dem offiziellen Baubeginn darstellt.

Besonders markant sind die strukturellen Unterschiede der Straßburger Westfassade zu den übrigen Westbauten der Zeit. Denn im Vergleich zu zahlreichen anderen Kirchen mit Doppelturmfassaden – ob romanisch oder gotisch – fällt eine deutliche Disproportion dieser Fassade gegenüber Langhaus und Chor auf.[17] Egal, ob man Straßburg spätromanischen Bauten in Deutschland wie dem Limburger Dom aus der ersten Hälfte des 13. Jahrhunderts gegenüberstellt oder Kathedralen von Amiens oder Reims als gotischen Beispielen aus Frankreich – stets entwickelt sich die Fassade harmonisch aus dem Baukörper heraus, selbst wenn es wie in Reims mehrfache Planwechsel gegeben hatte. In Straßburg ist dies nicht der Fall, und es kommt hinzu, dass sich das Fassadendesign dort auch von unten nach oben dynamisch entwickelt, wobei bereits der untere Teil des Fassadenmassivs die Höhenlinien des gerade erst vollendeten Langhauses übersteigt. Daraus resultieren dann im Inneren zahlreiche problematische Anschlüsse, die aber offenbar in Kauf genommen wurden, um einen denkbar großen Westbau errichten zu können. Gleichzeitig übersteigt die Breitenausdehnung der Fassade diejenige des nur wenig älteren Langhauses, so dass dort, wo beide Gebäudeteile einander berühren, sehr komplizierte Pfeiler errichtet werden mussten, deren Fundamentierung sich teilweise extrem aufwändig gestaltete – und damit bis ins 20. Jahrhundert hinein zu nicht völlig beherrschbaren statischen Problemen führte.[18]

Ihre ungewöhnlichen Dimensionen sollte die Fassade keineswegs von Anfang an erhalten, denn wie eine Reihe früher Entwurfszeichnungen zeigt, sollte sie ursprünglich schmaler und niedriger werden. Es ist klar, dass man sich viel Aufwand und Geld hätte sparen können, wenn man eine in den Dimensionen zum Langhaus passende Fassade errichtet hätte, die ja sicher einmal geplant war. Erstaunlicherweise scheint man aber in Straßburg innerhalb kurzer Zeit vom einen Extrem ins andere gefallen zu sein: Erst dachte man daran, die Fassade des Vorgängerbaus zu erhalten, wie die darauf Rücksicht nehmende Dimensionierung der östlichen Langhausjoche verrät, dann ging es nach einer sehr kurzen Übergangsphase an den Bau der ‚überdimensionierten' heutigen Fassade. Denn sparsam und konservativ, wie offenbar anfangs angedacht, wollte man später eben nicht sein, und so wurde mit ästhetischen Mitteln ein historischer Bruch inszeniert. Auffällig ist abermals, dass sich diese Planänderungen gerade in jenen Jahren vollzogen haben müssen, in denen die Bauhütte von der kapitularen in die kommunale Verwaltung überging. Ja, es hat nach den zitierten Quellen sogar den Anschein, als hätten Bischof und Kapitel gegen 1275 im unmittelbaren Anschluss an die Fertigstellung des Langhauses den Bau der Fassade angestrebt, was in diesem Tempo schlechterdings nur mit einer kleineren, zu den Ansätzen des Langhauses passenden Fassade möglich gewesen wäre. Doch war es ihnen damals wohl kaum mehr möglich, die Kathedrale unter den traditionellen Verantwortlichkeiten zu vollenden. Nicht einmal eine Reihe von Wundern,[19] die sich innerhalb weniger Tage 1280 ereignete und dem Domkapitel

---

17 Vgl. Van den Bossche (wie Anm. 1), S. 91.
18 Vgl. Robert Will, Enquête historique et archéologique sur les fondations de la cathédrale, in: Bulletin de la cathédrale de Strasbourg 18 (1988), S. 43–62.
19 Vgl. Dieter Mertens, Der Straßburger Ellenhard-Codex in St. Paul im Lavantthal, in: Geschichtsschreibung und Geschichtsbewußtsein im späten Mittelalter (Vorträge und Forschungen, hg. vom Konstanzer Arbeitskreis für mittelalterliche Geschichte, Bd. 31), hg. v. Hans Patze, Sigmaringen 1987, S. 543–580, hier S. 557.

Stiftungen einbrachte, vermochte den Neubau entscheidend voranzutreiben. Hingegen sprechen die lange ‚Nichtbauzeit' und die unterschiedlichen Pläne dafür, dass damals vor allem um Gestalt und Dimensionen der Fassade gerungen wurde. Am Ende gab es zwei Resultate: Erstens waren die Dimensionen der Fassade gewaltig vergrößert worden und zweitens die Verwaltung der Dombauhütte in kommunale Regie übergegangen. Jedenfalls gab es ab 1284 einen städtischen Prokurator der Dombauhütte namens Ellenhard[20], wobei dieses Datum eng mit dem tatsächlichen Baubeginn der Fassade korrelieren dürfte. Der an sich unverfängliche und von allen Beteiligten tragbare Wunsch, die Dimensionen der Fassade zu steigern, bot am Ende der Kommune die Gelegenheit, ihre überlegene Planungs- und Finanzkompetenz unter Beweis zu stellen, indem sie ein Bauwerk von solchen Ausmaßen zu errichten versprach, dass es die Möglichkeiten von Bischof und Kapitel schlicht überforderte. Anders ausgedrückt: Die Kommune hatte höher gepokert, gewonnen und dann die Bank übernommen.[21] In der wichtigsten Quelle zu diesem Vorgang, der rund einhundert Jahre später geschriebenen Chronik von Königshofen, klingt dies freilich höflicher: Die älteren Mitglieder des Domkapitels, das 1263 die Bauleitung übernommen hatte, stellen in den 1290er Jahren fest, dass die jüngeren Mitglieder nicht mehr hinreichend am Bau interessiert waren, weshalb sie die Stadt baten, sich dieser Aufgabe zu stellen. Selbst wenn es tatsächlich zu einem solchen Antrag des Kapitels an die Stadt gekommen sein sollte, hätte das Interesse der Stadt am Dombau doch schon vorher feststehen müssen, während umgekehrt den jüngeren Mitgliedern des Kapitels damals klar war, dass der Neubau des Münsters nicht mehr ihrer war.

Man kann sich fragen, ob es neben der Größensteigerung noch weitere Indizien für eine Kommunalisierung der Straßburger Westfassade gibt. Zweifellos betreten wir dünnes Eis, wenn wir die Frage in derselben Schlichtheit beantworten wollten, in der sie gestellt ist. Doch scheint es durchaus ein paar in diese Richtung weisende Indizien zu geben: So machte die Stadt diese Westfassade damals zu ihrem Monument, indem sie beispielsweise ihr eigenes Gericht und die jährliche Erneuerung des Treueschwurs vor diese Fassade verlegte. Und bald nach deren Baubeginn wird der Dombau insgesamt im Geschichtswerk eines anonymen Straßburger Dominikaners als Beleg für den Fortschritt gewertet, der im 13. Jahrhundert stattgefunden hatte, und die neue Fassade wird in Spendenaufrufen als *opus plurimum sumptuosum* bezeichnet.[22] Auch der städtisch bestellte Verwalter der Straßburger Münsterbauhütte, Ellenhard, interpretiert gegen Ende des 13. Jahrhunderts den neuen Gebäudeteil in seinem Geschichtswerk als Anzeichen für das goldene Zeitalter, das mit der Herrschaft Rudolfs von Habsburg für Straßburg angebrochen sei, und verbindet diesen Neubau mit einer Reihe von Wundern, die sich damals im Münster ereignet hatte.[23]

20 Vgl. Mertens (wie Anm. 19), S. 564 und S. 556, wo ausführlich referiert wird, dass der Übergang der Baupflegerschaft vom Domkapitel auf die Stadt sich formal am wahrscheinlichsten anlässlich der Aufgabe des Amts eines *rector fabricae* durch Marquard von Entringen vollzog und damit bis spätestens 1286. Vgl. auch: A. Schulte, Aus dem Leben des Straßburger Domkapitels 1150–1332, in: Elsaß-Lothringisches Jahrbuch 6 (1927), S. 1–46.

21 Dass der Bau der Westfassade den Anlass zur Veränderung der Bauorganisation lieferte, hat schon Wiek (wie Anm. 9), S. 91 vermutet.

22 Vgl. Mertens (wie Anm. 19), S. 574–575.

23 Vgl. Mertens (wie Anm. 19), S. 571.

Es scheint, dass der zweimalige Wechsel des Stils und der Dimensionen, der am Straßburger Münster im 13. Jahrhundert stattgefunden hatte und der jeweils mit Wandlungen bei der Bauträgerschaft sowie der Weiterentwicklung des Verständnisses der sekundären Funktionen des Münsters verbunden war, den Anlass dazu lieferte, den Bau insgesamt als ein Monument von Geschichte und Geschichtlichkeit zu erkennen. Welch weitreichende Wirkung dies hatte, zeigt sich unter anderem daran, dass Ellenhard, der erste städtische Leiter der Dombauhütte, eine Chronik in Auftrag gab, die unter anderem historiographische Bestandteile wie eine „Continuatio" der „Imago Mundi" des Honorius Augustodunensis enthielt, die ursprünglich wohl um die Mitte des 13. Jahrhunderts für das Straßburger Domkapitel angefertigt worden war.[24] Genau in jenem Augenblick also, in dem dieses Kapitel das neue Langhaus in seinen modernen hochgotischen Formen errichten ließ, beschäftigte es sich mit der Geschichte, und es liegt nahe, dass die eingangs erwähnte Konzeption der Fenster mit den Kaiserbildern ebenfalls in dieser Zeit entstand. Zwar sind die genaueren Gründe, warum beides gleichzeitig geschah, nicht exakt zu rekonstruieren, doch ist es zumindest wahrscheinlich, dass wir hierin einen Reflex auf die krisenhafte Situation am Beginn des Interregnums erkennen können, in der Aktualität und Traditionsbindung gleichermaßen bedeutend waren. Vor allem dürfte die Übernahme der alten Kaiserbilder auch Kontinuität gerade in dem Augenblick visualisiert haben, in dem sowohl die bauliche wie die institutionelle Integralität des Münsters aufs Höchste bedroht waren.[25] Deshalb erscheint es nur konsequent, dass später auch Ellenhard, der erste städtische Dompfleger, kurz nach seinem Amtsantritt ebenfalls eine Chronik anfertigen ließ, die der ein knappes halbes Jahrhundert älteren des Domkapitels in weiten Teilen folgt. Denn in beiden Übergangsphasen kam es darauf an, durch Geschichte Identität zu stiften und in kritischer Situation den Anspruch des jeweils neuen Bauträgers zu stabilisieren.

Doch trotz der wiederholten Versuche, stets erneut Kontinuität zu propagieren und zu inszenieren, sind die qualitativen Veränderungen, ja Fortschritte nicht zu übersehen. Denn mit dem Neubau der Straßburger Westfassade am Ende des 13. Jahrhunderts wurden nicht nur die bisherigen Maßstäbe des Dombaus gesprengt, sondern kam es auch zu einem abermaligen stilistischen Bruch, der wohl nur als Versuch zu Inszenierung von Fortschritt interpretiert werden kann. Der Straßburger Münsterbau steht somit für ein neues Geschichtsbewusstsein, denn diese Kathedrale demonstriert den Fortschritt und nicht nur den gleichbleibenden Ablauf der Zeiten. Nicht mehr die Integration fast gleichberechtigter alter und neuer Partien steht hier im Vordergrund, sondern die Steigerung der Dimensionen von Ost nach West. Auch die zunehmende stilistische

---

24 Vgl. Mertens (wie Anm. 19), S. 560.

25 „Die Wiederverwendung der romanischen Kaiserbilder paßte durchaus in das ikonographische Konzept: Mit ihnen sollte Kontinuität demonstriert werden. So wie die Existenz des Reiches diejenige der verschiedenen Kaiser und Dynastien überdauerte, so war die Ecclesia Argentinensis mit ihrem Heilsauftrag trotz der mehrfachen baulichen Erneuerung der Mutterkirche unwandelbar ein und dieselbe. Dieser Gedanke war wohl der eigentliche Grund für die Übernahme der romanischen Kaiserbilder, die zweifellos zu den repräsentativsten Ausstattungsstücken des Vorgängerbaus gehört hatten." Peter Kurmann, Deutsche Kaiser und Könige. Zum spätstaufischen Herrscherzyklus und zur Reiterfigur Rudolfs von Habsburg am Straßburger Münster, in: Kunst im Reich Kaiser Friedrichs II. von Hohenstaufen, Bd. 2, hg. v. Alexander Knaak, München/Berlin 1997, S. 154–168, S. 159.

Modernität kann als qualitativer Fortschritt der Geschichte interpretiert werden. Doch war dies keineswegs die ursprüngliche Intention beim Neubau des Münsters gewesen, der im Laufe des 13. Jahrhunderts vielmehr unter wechselnden Vorzeichen stand. Denn wurden die ältesten Teile im Osten noch aus rein pragmatischen Gründen erneuert, so lässt sich erst beim Bau des Langhauses eine historische Reflexion nachweisen, nach der alt und neu als ebenbürtig bewertet wurden. Erst durch den Neubau der Fassade wurde der gesamte Münsterbau einheitlich als Zeugnis des geschichtlichen Fortschrittes interpretiert. Dieter Mertens, dem wir die fundamentale Arbeit zur Chronik des ersten kommunalen Dombauverwalters Ellenhard verdanken, hat beobachtet: „Für Ellenhard bedeutete der Münsterbau nicht eigentlich den Gegenstand, sondern den Antrieb zu historiographischer Aktivität."[26]

Es sei abschließend noch einmal auf den dritten Brief von 1275 des Straßburger Bischofs Konrad von Lichtenberg an die Einwohner der Stadt zurückgekommen, in dem es heißt, dass die Kathedrale „immer mehr die Blicke derjenigen anziehe, die gekommen seien, um sie zu bewundern, und sie mit angenehmer Unterhaltung erfreue". Trotz aller Rhetorik geht aus dieser Passage klar hervor, dass damals öffentlich über die Kathedrale und deren Form gesprochen wurde, dass sie betrachtet und gedeutet wurde. Den verbalen Teil dieses Diskurses können wir heute kaum noch rekonstruieren, doch ist die Kathedrale als Kernbestandteil des visuellen Diskurses noch immer erhalten. Diese Kathedrale war nicht das Symbol einseitiger politischer Parteinahme, doch war sie lesbar als Monument der Geschichte der Stadt Straßburg. Auf diese Weise vermochte sie die Stadt sehr komplex und vor allem in ihrer Historizität, d. h. als ein geschichtlich gewachsenes Gebilde zu repräsentieren. Sie führte dem Bürger immer wieder den zielgerichteten historischen Fortschritt der Stadt vor Augen, wobei die Gegenwart, zumindest solange die Kathedrale im Bau war, als das Goldene Zeitalter erscheinen musste. Auch ohne dass es eines konkreten Bildprogramms bedurft hätte – das an der Straßburger Westfassade allerdings geradezu in Überfülle vorhanden ist und auf das sich hier nicht eingehen lässt –, genügte vor allem das Bauwerk selbst, um die Stadt zu repräsentieren.

Der Stil- und Formenwandel eines Monuments wie des Straßburger Münsters lässt sich nicht nur als Ausdruck kontinuierlichen Geschmackswandels interpretieren: Der Blick auf den völlig einheitlichen Kölner Dombau, bei dem es jahrhundertelang keine Veränderungen gab, beweist, dass dies nicht der Fall gewesen sein kann.[27] Es liegt deshalb nahe, den Stil- und Dimensionswandel historischer Monumente gerade dann, wenn sie so heterogen wirken wie das Straßburger Münster, als Option zur Inszenierung von Geschichte zu lesen.

---

26 Mertens (wie Anm. 19), S. 578. S. 574 schreibt Mertens zur Entstehung des Ellenhard-Codex: „Nicht schon der Sieg der Stadt über den Bischof führte zur Aufzeichnung des *Bellum Waltherianum*; nicht schon die große Privilegienerteilung König Rudolfs von 1275 zugunsten der Stadt und ihres Außenbesitzes, die diese a d s p e z i a l e o b s e q u i u m i m p e r i i reservierte, führte zur Darstellung der zeitgenössischen Reichsgeschichte, sondern erst die Übernahme der Bauträgerschaft der Münsterkirche durch Meister und Rat, in deren Namen Ellenhard nun amtete, veranlassten diesen zu der Deutung straßburgischer Gegenwart."

27 Vgl. Arnold Wolff, Der Kölner Dombau in der Spätgotik, in: Beiträge zur rheinischen Kunstgeschichte und Denkmalpflege, NF 2 (1974), S. 137–150.

Die Repräsentation der Stadtgemeinde in der Bürgerversammlung der italienischen Kommune

Christoph Dartmann

Die Frage nach „Repräsentationen der vormodernen Stadt" stellt einen Begriff ins Zentrum der Überlegungen, der sich wachsender Beliebtheit erfreut.[1] Er wird zunehmend als Schlüssel genutzt, um Selbstbilder zu erfassen und zu analysieren, durch die städtische Gruppenidentitäten konstruiert wurden. Literarische Werke, Bilder, das Stadtbild selbst, die Figur des Stadtheiligen und vieles mehr können als Medien erfasst werden, in denen Identitäten gleichermaßen zum Ausdruck gebracht wie neu formuliert wurden. Von zentraler Bedeutung ist dabei, dass es sich zunächst einmal um Identitätsbehauptungen handelte. Der integrative Anspruch, den sie erhoben, ist nicht davon zu trennen, dass sie zugleich auch die Deutungsmacht darüber beanspruchten, was die Stadt ausmachte, welchen Werten sie verpflichtet waren und welche Gruppen das Gemeinwesen trugen oder gefährdeten. Der Rekurs auf das vermeintlich Gemeinsame und Charakteristische der Stadt diente damit nicht nur der Integration der Bürgerschaft, sondern zugleich auch der Distinktion von denjenigen, die jenseits der Grenzen des Eigenen standen. In diesem Sinne kann kulturhistorische Forschung zu Repräsentationen der vormodernen Stadt dazu beitragen, die Inhalte und zugleich die Tragweite derartiger Selbstbilder zu untersuchen.[2]

---

1 Zu Begriff und Konzepten von „Repräsentationen" vgl. die Hinweise von Barbara Stollberg-Rilinger, Einleitung: Was heißt Kulturgeschichte des Politischen?, in: Was heißt Kulturgeschichte des Politischen?, hg. v. ders. (Zeitschrift für Historische Forschung, Beiheft 35), Berlin 2005, S. 9–24, unter Rückgriff auf Hasso Hofmann, Repräsentation. Studien zur Wort- und Begriffsgeschichte von der Antike bis ins 19. Jahrhundert (Studien zur Verfassungsgeschichte 22), Berlin ⁴2003; Roger Chartier, Kulturgeschichte zwischen Repräsentationen und Praktiken. Einleitung, in: Ders., Die unvollendete Vergangenheit. Geschichte und die Macht der Weltauslegung, Berlin 1989, S. 7–19. In anderer Weise unterscheidet der Soziologe Karl-Siegbert Rehberg im Dienste einer Theorie und Analyse institutioneller Mechanismen zwischen Präsenz stiftenden Symbolen und Abwesendes repräsentierenden Zeichen: Karl-Siegbert Rehberg, Präsenzmagie und Zeichenhaftigkeit. Institutionelle Formen der Symbolisierung, in: Zeichen – Rituale – Werte. Internationales Kolloquium des Sonderforschungsbereichs 496 an der Westfälischen Wilhelms-Universität Münster, hg. v. Gerd Althoff (Symbolische Kommunikation und gesellschaftliche Wertesysteme 3), Münster 2004, S. 19–36. Vgl. auch Susann Baller/Michael Pesek/Ruth Schilling/Ines Stolpe, Einleitung, in: Die Ankunft des Anderen. Repräsentationen sozialer und politischer Ordnungen in Empfangszeremonien, hg. v. dens. (Eigene und fremde Welten. Repräsentationen sozialer Ordnungen im Vergleich 5), Frankfurt am Main/New York 2008, S. 11–32. Demnächst auch: Repräsentationen sozialer Gruppen. Formen und Theorien, hg. v. Jörg Baberowski/David Feest/Priska Jones, Frankfurt am Main/New York (im Druck), darin: Ruth Schilling, Kollektive Identität – Repräsentationen von Kollektiven. Zwei Modelle zur Erfassung von Gruppenprojektionen in der Frühen Neuzeit?

2 Jeder Versuch, die zu diesem Forschungsfeld erschienene Literatur repräsentativ abzubilden, muss scheitern. Vgl. neben den im vorliegenden Band versammelten Beiträgen etwa Carla Meyer, Die Stadt als Thema. Nürnbergs Entdeckung in Texten um 1500, Ostfildern (im Druck), v. a.

Wenn heute bei „Repräsentationen" vor allem an die symbolisch verdichtete Darstellung von sozialen oder politischen Gruppen und den ihnen gemeinsamen Werten und Selbstbildern gedacht wird, spiegelt sich darin eine Akzentverschiebung, die in den letzten beiden Jahrzehnten erfolgt ist. Denn zuvor wurde vor allem in verfassungs- und politikgeschichtlichen Argumentationszusammenhängen von „Repräsentation" gesprochen, und zwar in einem deutlich anderen Sinn. Bereits seit dem Spätmittelalter spielten Fragen der Repräsentation in der Korporationslehre eine entscheidende Rolle. Juristisch verstanden geht es darum, wie die Stellvertretung einer verfassten Gemeinschaft (*universitas*) durch einige Wenige zu gewährleisten ist. Auf Grund welcher Delegierung oder auch welcher juristischen Fiktion kann das, was wenige Repräsentanten tun, entweder allen Mitgliedern oder der gesamten Gemeinschaft als juristischer Person zugerechnet werden?[3] Politikwissenschaftliche Arbeiten zur Repräsentation gehen über diesen engeren, eher verfassungsgeschichtlich gedachten Fragehorizont hinaus. Wenn etwa für Florenz in der Frührenaissance konstatiert wurde, es habe eine Verschiebung von sozialer zu politischer Repräsentation gegeben, meinte das Folgendes: Die Kriterien, nach denen die Mitglieder in den Entscheidungsgremien der Stadt benannt wurden, wandelten sich. Während zunächst die Zugehörigkeit zu bestimmten Nachbarschaften oder berufsständischen Gruppen entscheidend war, trat im 15. Jahrhundert zunehmend die Anhängerschaft zu einem bestimmten politischen Lager innerhalb der Bürgerschaft in den Vordergrund. In diesem Sinne waren also in den kommunalen Organen zunächst eher die sozialen, dann die politischen Kräfteverhältnisse in der Stadt repräsentiert.[4] Wie lassen sich die verschiedenen Zugangsweisen zum Begriff „Repräsentation" systematisieren? Zunächst einmal muss man wohl darauf hinweisen, dass das von Jürgen Habermas geprägte Konzept der „repräsentativen Öffentlichkeit" den vormodernen Gegebenheiten nicht gerecht wird. Es ist als negative Folie entwickelt worden, um – mit gegenwartskritischer Absicht – die Spezifika der bürgerlichen Öffentlichkeit deutlich hervortreten zu lassen. Im Kontrast zur kritischen, informierten Öffentlichkeit als Korrektiv staatlichen Handelns, wie sie sich seit dem 18. Jahrhundert entwickelt hat, entwirft Habermas das Zerrbild einer passiven Masse, die sich von prunkvollen Repräsentationen vormoderner Herrscher überwältigen ließ. Wie mittlerweile zahlreiche Studien zu politischen Ritualen, zu symbolischer Kommunikation wie zum Funktionieren vormoderner Öffentlichkeit nachgewiesen haben, dienten die spektakulären Staatsakte nicht der Überwältigung einer passiven Zuschauermenge, sondern stellten ein Kerngeschäft von Politik dar. Die Inszenierungen verdeckten nicht die Substanz des Politi-

Kapitel 2. Konzepte, die mit dem Begriff „Identität" arbeiten, diskutieren Dies./Christoph Dartmann, Einleitung, in: Identität und Krise? Zur Deutung vormoderner Selbst-, Welt- und Fremderfahrungen, hg. v. dens. (Symbolische Kommunikation und gesellschaftliche Wertesysteme 17), Münster 2007, S. 9–22.

3 Vgl. Hofmann (wie Anm. 1); Adalbert Podlech, Art. „Repräsentation", in: Geschichtliche Grundbegriffe. Historisches Lexikon zur politisch-sozialen Sprache in Deutschland, hg. v. Otto Brunner/ Werner Conze/Reinhart Koselleck, 5, Stuttgart 1984, S. 509–547; jetzt auch Barbara Stollberg-Rilinger, Ständische Repräsentation – Kontinuität oder Kontinuitätsfiktion?, in: Zeitschrift für Neuere Rechtsgeschichte 28 (2006), S. 279–298.

4 Vgl. Riccardo Fubini, From social to political representation in Renaissance Florence, in: City states in classical antiquity and medieval Italy. Athens and Rome, Florence and Venice, hg. v. Anthony Molho/Julia Emlen/Kurt Raaflaub, Stuttgart 1991, S. 223–239.

schen, die vielmehr in ihnen zur Verhandlung kam.[5] Schließt man dieses Modell aus, bleiben zwei Grundtypen der Repräsentation, die sich mit den Worten Barbara Stollberg-Rilingers wie folgt umschreiben lassen: einerseits „symbolische Verfahren der Darstellung und der Verkörperung", andererseits „institutionelle Zurechnungsverfahren" – oder mit anderen Worten: Repräsentation als Symbolisierung und Repräsentation als Mandat.[6] Der Titel „Die Repräsentation der Stadtgemeinde in der Bürgerversammlung der italienischen Kommune" nimmt in gezielter Unschärfe beide Konzepte von „Repräsentationen" in den Blick. Denn in der Versammlung aller Mitglieder der Bürgergemeinde, also der gemessen an der gesamten Bevölkerung eine Minderheit darstellenden Gruppe der steuerzahlenden, in der Stadt ansässigen Haushaltsvorstände, überlappten sich, so die Ausgangsvermutung, die beiden genannten Modi der Repräsentation. Anders als in frühneuzeitlichen Territorien oder gar der gesamten Kirche, die von Arbeiten zur vormodernen Repräsentationstheorie besonders intensiv in den Blick genommen worden sind, konnte das Agieren aller, im Namen aller oder der Gesamtheit sowie vor den Augen aller ineinander übergehen.

Die Bürgerversammlung der italienischen Stadtkommune ist in der Forschung seltsam unterbelichtet geblieben.[7] Sie war zu Beginn der Stadtgemeinden in den Jahrzehnten um

---

5 Vgl. Jürgen Habermas, Strukturwandel der Öffentlichkeit. Untersuchungen zu einer Kategorie der bürgerlichen Gesellschaft. Mit einem Vorwort zur Neuauflage 1990, Frankfurt am Main ⁵1996; vgl. zur gegenwartskritischen Stoßrichtung dieser Studie Hans Joas/Wolfgang Knöbl, Sozialtheorie. Zwanzig einführende Vorlesungen, Frankfurt am Main 2004, S. 297–313, insbes. S. 300f.; zur mediävistischen Auseinandersetzung mit Habermas und zu den verschiedenen Aspekten von „Öffentlichkeit" im kommunalen Italien vgl. die Hinweise bei Christoph Dartmann, Medien in der städtischen Öffentlichkeit: innere Friedensschlüsse in den italienischen Kommunen des Mittelalters, in: Friedensschlüsse, hg. v. Bent Jörgensen/Raphael Matthias Krug/Christine Lüdke (Documenta Augustana 18), Augsburg (im Druck), S. 23–50.
Dass symbolische Kommunikation und politische Rituale politische und soziale Ordnungen in der Vormoderne nicht nur darstellten, sondern herstellten, gehört zu den leitenden Hypothesen der Arbeit des seit 2000 tätigen Münsterschen Sonderforschungsbereichs 496 „Symbolische Kommunikation und gesellschaftliche Wertesysteme vom Mittelalter bis zur Französischen Revolution". Grundbegriffe diskutiert Barbara Stollberg-Rilinger, Symbolische Kommunikation in der Vormoderne. Begriffe – Forschungsperspektiven – Thesen, in: Zeitschrift für Historische Forschung 31 (2004), S. 489–527; repräsentativ jüngst: Wertekonflikte – Deutungskonflikte. Internationales Kolloquium des Sonderforschungsbereichs 496 an der Westfälischen Wilhelms-Universität Münster, 19.–20. Mai 2005, hg. v. ders./Thomas Weller (Symbolische Kommunikation und gesellschaftliche Wertesysteme 16), Münster 2007; vgl. schon Raum und Konflikt. Zur symbolischen Konstituierung gesellschaftlicher Ordnung in Mittelalter und Früher Neuzeit, hg. v. Christoph Dartmann/Marian Füssel/Stefanie Rüther (Symbolische Kommunikation und gesellschaftliche Wertesysteme 5), Münster 2004. Für die mediävistische Arbeit einschlägig Gerd Althoff, Spielregeln der Politik im Mittelalter. Kommunikation in Frieden und Fehde, Darmstadt 1997; Ders., Die Macht der Rituale. Symbolik und Herrschaft im Mittelalter, Darmstadt 2003.

6 Stollberg-Rilinger (wie Anm. 1), S. 14.

7 Die Bürgerversammlungen haben vor allem für die Frühphase der kommunalen Entwicklung breitere Beachtung gefunden: Hagen Keller, Pataria und Stadtverfassung, Stadtgemeinde und Reform: Mailand im ‚Investiturstreit', in: Investiturstreit und Reichsverfassung, hg. v. Josef Fleckenstein (Vorträge und Forschungen 17), Sigmaringen 1973, S. 321–350; Olaf Zumhagen, Religiöse Konflikte und kommunale Entwicklung. Mailand, Cremona, Piacenza und Florenz zur Zeit der Pataria (Städteforschung. Veröffentlichungen des Instituts für vergleichende Städtegeschichte in Münster. Reihe A: Darstellungen 58), Köln/Weimar/Wien 2002; Edward Coleman, Representative Assemblies in Communal Italy,

1100 der Fokus des politischen Lebens. Auch wenn einige der zunächst dort vollzogenen Akte mit der Zeit an kleinere Gremien übertragen wurden, gehörte die regelmäßig einberufene Versammlung aller Bürger bis zum Ende des Mittelalters zu den wichtigsten Elementen des städtischen Institutionengefüges. Daher folgt zunächst eine einführende Skizze dieser Bürgerversammlungen, ehe in einem zweiten Schritt einige politische Abläufe aus Genua während des 13. Jahrhunderts genauer in den Blick genommen werden, um abschließend der Frage nachzugehen, inwiefern das Nachdenken über Repräsentationen dazu beitragen kann, die Bürgerversammlung in der italienischen Stadtkommune präziser zu erfassen.

Was war eigentlich die Bürgerversammlung und was machte man dort? Für die Versammlung aller geschworen Mitglieder der Stadtgemeinde benutzen die Quellen die Begriffe *parlamentum*, *contio* oder *arengum*. Die Gewohnheit, ‚alle' auf einem Platz oder in einer zentralen Kirche der Stadt zusammenzurufen, ist nicht erst mit der Kommune entstanden, sondern lässt sich bereits für die Jahrzehnte zuvor fassen, besonders gut in der Mailänder Überlieferung. Dort liegen für die Zeit ab der Mitte des 11. Jahrhunderts zahlreiche Belege für Versammlungen des Klerus und des Volks vor, in denen zentrale Belange behandelt wurden.[8] Ging es bei ihnen vor allem um kirchliche Geschäfte, etwa die Bischofswahl oder die Beilegung innerkirchlicher Konflikte, erweiterte sich das Spektrum der öffentlich behandelten Themen in der Kommune des 12. Jahrhunderts. Die Anlässe für eine Einberufung der Bürgerversammlung konnten vielfältig sein. Die Kommune konstituierte sich in iterativen Akten komplementärer Eide zwischen Bürgern und Amtsträgern. In regelmäßigem, oft jährlichem Rhythmus legten die Mitglieder der Kommune einen Bürgereid ab, in dem sie versprachen, ihre Pflichten gegenüber den Mitbürgern und der Kommunalregierung zu erfüllen. Dazu gehörte etwa friedliches Verhalten in der Stadt, die Beteiligung an militärischen Aufgaben und finanziellen Lasten der Stadtgemeinde sowie Gehorsam gegenüber den Regierenden und ihre aktive Unterstützung. Im Gegenzug schworen die Amtsträger, die ihnen übertragene Macht nur im Dienste der Kommune auszuüben, nicht den eigenen Vorteil zu suchen und sich streng den Normen und den Kontrollinstanzen der Stadtgemeinde zu unterwerfen. Sofern der Amtswechsel und die Erneuerung des Bürgereides im selben Rhythmus erfolgten, inszenierten die wechselseitigen Versprechungen ein von Amtsrollen definiertes Beziehungsgeflecht, das durch persönlich formulierte Eide jedesmal

in: Political Assemblies in the Earlier Middle Ages, hg. v. P. S. Barnwell/Marco Mostert (Studies in the Early Middle Ages 7), Turnhout 2003, S. 193–210. Auf den Umstand, dass die *parlamenta* der späteren Kommune weitaus weniger Aufmerksamkeit gefunden haben, weist hin Ulrich Meier, „Nichts wollen sie tun ohne die Zustimmung ihrer Bürger". Symbolische und technische Formen politischer Verfahren im spätmittelalterlichen Florenz, in: Vormoderne politische Verfahren, hg. v. Barbara Stollberg-Rilinger (Zeitschrift für Historische Forschung. Beiheft 25), Berlin, 2001, S. 175–206; vgl. jedoch Christoph Dartmann, Schrift im Ritual. Der Amtseid des Podestà auf den geschlossenen Statutencodex der italienischen Stadtkommune, in: Zeitschrift für Historische Forschung 31 (2004), S. 169–204; Ders., Friedensschlüsse im kommunalen Italien: öffentliche Interaktion und schriftliche Fixierung, in: Frühmittelalterliche Studien 38 (2004), S. 355–369; Ders. (wie Anm. 5).

8 Vgl. Keller (wie Anm. 7); Zumhagen (wie Anm. 7); Coleman (wie Anm. 7). Eine Neubewertung der dort aufgeführten Belege erfolgt in meiner vor dem Abschluss stehenden Habilitationsschrift „Politische Interaktion in der italienischen Stadtkommune".

neu geknüpft wurde. Die Begründung von durch Ämter festgelegten Sozialbeziehungen in persönlich gehaltenen Versprechen wird etwa in der Formulierung eines *iuramentum sequimenti* sinnfällig: „Ich schwöre auf die heiligen Evangelien, den gegenwärtigen Podestà und Richter als meinen Podestà und Richter anzuerkennen [...] und allen ihren Befehlen in jeder Angelegenheit Folge zu leisten."[9] Ein zweiter Anlass für die Einberufung einer Bürgerversammlung bestand im Ausrufen von Informationen, die alle betrafen. Dekrete der Kommunalregierung wurden ebenso öffentlich verlesen wie der Bannspruch über einen Bürger, der aus der Gemeinde ausgeschlossen wurde und dadurch zahlreiche Rechte bis hin zur Geschäftsfähigkeit verlor. Dies sahen schon die Eidbreven der Genueser Kommunalkonsuln aus dem Jahr 1143 vor;[10] Petra Schulte hat auf ein Comasker Statut des 13. Jahrhunderts aufmerksam gemacht, in dem die Publizierung eines Privatkonkurses mit anschaulichen Details verbunden wurde: Wenn ein überschuldeter Kreditnehmer sein übriggebliebenes Vermögen dem Gläubiger übertragen wollte, um aus dem Schuldbann gelöst zu werden, wurde das vermittels eines demütigenden Rituals kundgetan: Der insolvente Bürger musste sich – nur mit einem Hemd bekleidet – vor der Volksversammlung mit nacktem Gesäß dreimal auf einen bestimmten Stein setzen.[11] Ein dritter Anlass für die Einberufung der Bürgergemeinde war die Begründung gemeinsamen Agierens nach Innen oder Außen. Sowohl bei innerstädtischen Strafaktionen als auch bei der Einberufung kommunaler Militärkontingente diente die Bürgerversammlung als Forum, um sich der Zustimmung der *cives* zu vergewissern und so die Legitimität kollektiven Agierens abzusichern. Dieses Vorgehen ist für Genua gegen Ende des 12. Jahrhunderts belegt. In diesen Jahren stellten die Genuesen ihre Regierungsform um. Bestand die Spitze der Kommune bis dahin aus einem Gremium von mehreren Konsuln aus den Reihen der Bürger, berief man nun einen auswärtigen Adeligen, der mit einem kleinen Mitarbeiterstab in der Stadt erschien und sie für ein Jahr regierte, den sogenannten Podestà. Für die Jahre 1191 und 1196 ist belegt, dass zwei der ersten Podestà gegenüber einzelnen Bürgern, die sich nicht den Normen der Kommune unterworfen hatten, zu drastischen Strafen griffen. Zunächst beriefen sie eine *contio* ein, um ihr folgendes Agieren durch die Bürgerschaft legitimieren zu lassen. Der Mörder eines Konsuls oder ein zum Rebell gewordener Bürger wurden bestraft, indem sie aus der Stadt verbannt, ihr Palast aber dem Erdboden gleich gemacht wurde. Dies

---

9   Zu Bürger- und Amtseiden Petra Schulte, „Omnis homo sciat et audiat". Die Kontrolle kommunalen Handelns in Como im späten 12. und 13. Jahrhundert, in: Mélanges de l'École française de Rome. Moyen Âge 110.2, 1998, S. 501–547, hier S. 506–522; Dartmann, Schrift (wie Anm. 7), S. 182–188; Hagen Keller/Christoph Dartmann, Inszenierungen von Ordnung und Konsens. Privileg und Statutenbuch in der symbolischen Kommunikation mittelalterlicher Rechtsgemeinschaften, in: Zeichen – Rituale – Werte, hg. v. Althoff (wie Anm. 1), S. 201–223, hier S. 212–221. Die Formulierung aus den Statuten von Albenga: *Ego civis Albingane [...] iuro ad sancta Dei evangelia habere et tenere presentem potestatem et iudicem pro potestate et iudice meo et civitatis Albingane et districtus, a presenti die usque per totum mensem aprilis proximum, et universis eorum preceptis [...] in omnibus obedire* (Gli statuti di Albenga del 1288, hg. v. Josepha Costa Restagno [Fonti per la storia della Liguria 3 = Collana storico-archeologica della Liguria occidentale 27], Bordighera 1995, S. 26).

10 Codice diplomatico della Repubblica di Genova dal DCCCLVIII al MCLXIII 1, hg. v. Cesare Imperiale di Sant'Angelo (Fonti per la storia d'Italia 77), Rom 1936, Nr. 128 (1143), S. 153–166 (Amtseid der Konsuln) und Nr. 285 (Februar 1157), S. 350–362 (Bürgereid).

11 Schulte (wie Anm. 9), S. 525.

geschah, indem beide Podestà in Rüstung in einer Volksversammlung erschienen, um von da aus zu ihren Strafexpeditionen aufzubrechen. Das Gewicht dieser Maßnahmen in der zeitgenössischen Wahrnehmung spiegelt sich darin, dass die Pariser Handschrift der Genueser Kommunalannalen zum Jahresbericht von 1196 eine Miniatur mit dem Podestà Drudus Marcellinus in der Bürgerversammlung bieten, während für 1191 die Zerstörung des Palastes unter Aufsicht des aus Brescia stammenden Podestà Manegold de Tetocio bebildert wurde.[12] Ein letzter, besonders gut dokumentierter Anlass für das Zusammenkommen der Bürger stellte schließlich das Management kommunaler Ausnahmesituationen dar. Wenn etwa grundsätzliche Veränderungen in der städtischen Verfassung anstanden oder man den Versuch machte, die endemischen Konflikte innerhalb der städtischen Eliten vermittels eines großen Friedensschlusses zu beenden, geschah dies in der Regel während eines *parlamentum*, durch das erneut die Beteiligung aller gewährleistet wurde. Zugleich konnte die Menschenmenge als Drohkulisse fungieren, um Einzelne dazu zu zwingen, sich den Vorgaben der Kommunalregierung oder anderer Friedensstifter und Vermittler zu unterwerfen. Die Genueser Konsuln nahmen darüber hinaus die Unterwerfungen besiegter Städte aus der Nachbarschaft oder auch die Lehnseide zahlreicher Adeliger aus Ligurien oder Sardinien in der Regel während einer Bürgerversammlung entgegen. Sogar sardische Könige wurden so zu Vasallen der ligurischen Hafenmetropole.[13] Diese vier genannten Anlässe – die Konstituierung der Stadtgemeinde in Bürger- und Amtseiden, die Publikation von Maßnahmen der Kommunalregierung, die Begründung kollektiven Agierens nach Innen und Außen sowie das Management kommunaler Ausnahmesituationen sind bereits für das 12. Jahrhundert nachzuweisen, prägen aber die innerstädtische politische Interaktion bis zum Aus-

12 Zur Kommune unter der Regierung durch Podestà während der ersten Hälfte des 13. Jahrhunderts vgl. Giulio Milani, I comuni italiani. Secoli XII–XIV (Quadrante Laterza 126), Rom/Bari 2005, S. 61-107; Massimo Vallerani, La politica degli schieramenti: reti podestarili e alleanze intercittadine nella prima metà del Duecento, in: Comuni e signorie nell'Italia settentrionale: la Lombardia, hg. v. Giancarlo Andenna u. a. (Storia d'Italia, hg. v. Giuseppe Galasso 6), Turin 1998, S. 427-453; Daniel Waley, The Italian City-Republics, London ³1988, S. 32-68. Zur Geschichte Genuas vgl. Steven A. Epstein, Genoa and the Genoese, 958-1528, Chapell Hill/London 1996; Storia di Genova. Mediterraneo, Europa, Atlantico, hg. v. Dino Puncuh, Genua 2003. Zu den Interventionen der Genueser Podestà vgl. die Kommunalannalen des Otobonus Scriba zu den Jahren 1190 und 1196: Annali genovesi di Caffaro e de' suoi continuatori 2: dal MCLXXIV al MCCXIV, hg. v. Luigi Tommaso Belgrano/Cesare Imperiale di Sant'Angelo (Fonti per la Storia d'Italia 12), Rom 1901, S. 37 und S. 61f., die Miniaturen ebd. Tafel 4 (Abb. 25) und Tafel 8 (Abb. 37). Zu diesem Geschichtswerk vgl. Frank Schweppenstette, Die Politik der Erinnerung. Studien zur Stadtgeschichtsschreibung Genuas im 12. Jahrhundert (Gesellschaft, Kultur und Schrift – Mediävistische Beiträge 12), Frankfurt am Main u. a. 2003; Chris Wickham, The Sense of the Past in Italian Communal Narratives, in: The Perception of the Past in Twelfth-Century Europe, hg. v. Paul Magdalino, London/Rio Grande 1992, S. 173-189; Giovanna Petti Balbi, Caffaro e la cronachistica genovese, Genova 1982.

13 Zu innerstädtischen Friedensschlüssen vgl. Ulrich Meier, Pax et tranquillitas. Friedensidee, Friedenswahrung und Staatsbildung im spätmittelalterlichen Florenz, in: Träger und Instrumentarien des Friedens im hohen und späten Mittelalter, hg. v. Johannes Fried (Vorträge und Forschungen 43), Sigmaringen 1996, S. 489-523; Dartmann (wie Anm. 5); Ders., Friedensschlüsse (wie Anm. 7). Zu den Unterwerfungen auswärtiger Herrschaftsträger vgl. etwa das Beispiel des sardischen *iudex et rex* Bariso von Arborea: Schweppenstette (wie Anm. 12), S. 43-50 und S. 240-279, mit weiteren Hinweisen.

gang des Mittelalters. Hingewiesen sei etwa auf den großen Friedensschluss in Florenz, den der Kardinallegat Latino im Winter 1279/80 vermittelte, die Italienzüge Heinrichs VII. und Karls IV., die Konflikte um die Ciompi in Florenz im Sommer 1378 oder noch die Übertragung der Herzogswürde in Mailand an Francesco Sforza im Spätwinter des Jahres 1450.[14]

Über die Abläufe während einer Bürgerversammlung liegen nicht so präzise Informationen vor, wie es wünschenswert wäre, vor allem für die frühere Phase der Kommune. In Sondersituationen, wie sie für Genua während des 12. Jahrhunderts belegt sind, fand sich neben der Bürgerschaft und den städtischen Amtsträgern auch der Klerus unter der Leitung des Erzbischofs ein. In einem Fall führte man auch die Reliquien des Stadtheiligen mit sich.[15] Diese wegen ihres Ausnahmecharakters besonders detailliert geschilderten Situationen spiegeln jedoch nicht die alltägliche Routine wider – man wird mit wesentlich weniger farbigen Verläufen zu rechnen haben. Schon in der Mitte des 12. Jahrhunderts hatten sich feste Orte und Zeiten für die Einberufung eines *parlamentum* etabliert. Als Anhaltspunkt für die Frequenz, mit der die Bürgerschaft zusammenkam, mag ein Statut aus Pistoia dienen, das bestimmt, man habe die Versammlung alle zwei Monate einzuberufen.[16] Das Signal zum Zusammenströmen konnte durch Glockenschläge gegeben werden, aber ebenso durch kommunale Ausrufer oder eine Posaune. Während der Versammlung scheint es vor allem zum Austausch feierlicher, zuvor festgelegter oder durch die Routine autorisierter Sprechakte gekommen zu sein. Die komplementären Eide von Bürgern und Amtsträgern gehören dazu, ebenso aber ein kollektiver Eid, für den man folgende Technik entwickelt hatte: der *cintracus*, ein

---

14 Zum Florentiner Friedensschluss, den der Kardinallegat Latino vermittelte, vgl. Meier (wie Anm. 13); zu Heinrich VII. Dartmann, Friedensschlüsse (wie Anm. 7), mit weiteren Hinweisen. Den Aufenthalt Karls IV. in Siena behandeln die publizierte Magisterarbeit von Gerrit Jasper Schenk, Der Einzug des Herrschers. ‚Idealschema' und Fallstudie zum Adventuszeremoniell für römisch-deutschen Herrscher im [!] spätmittelalterlichen italienischen Städten zwischen Zeremoniell, Diplomatie und Politik (Edition Wissenschaft. Reihe Geschichte 13), Marburg 1996, sowie Christoph Dartmann, ‚Furor'. Ordnungsvorstellungen und Konfliktpraktiken im kommunalen Siena, in: Raum und Konflikt, hg. v. Dartmann/Füssel/Rüther (wie Anm. 5), S. 129–153. Die Übertragung der Herzogswürde auf Francesco Sforza behandelt Christoph Dartmann, Die Ritualdynamik nichtlegitimer Herrschaft – Investituren in den italienischen Stadtstaaten des ausgehenden Mittelalters, in: Investitur- und Krönungsrituale. Herrschaftseinsetzungen im kulturellen Vergleich, hg. v. Marion Steinicke/Stefan Weinfurter, Köln/Weimar/Wien 2005, S. 125–136.

15 Vgl. Schweppenstette (wie Anm. 12), S. 38–43 und S. 219–235, und Dartmann (wie Anm. 5) unter Rückgriff auf den Bericht der Annalen des Genueser Kanzlers Obertus für das Jahr 1169: Annali genovesi (wie Anm. 12) 1, hg. v. Luigi Tommaso Belgrano (Fonti per la storia d'Italia 11), Genua 1890, S. 214–219.

16 Statuti pistoiesi del secolo XII. Breve dei consoli (1140–1180). Statuto del podestà (1162–1180), hg. v. Natale Rauty (Fonti storiche pistoiesi 14), Pistoia 1996, § 49, S. 293, legt fest, dass in den Monaten März, Mai, Juli und September die Bürgerversammlung einzuberufen ist. Die Wechsel der Amtsträger erfolgten im Januar, im unmittelbaren Anschluss daran musste der Podestà eine weitere *contio* einberufen (ebd. § 40, S. 277). Wenn die Wahl des Podestà auch mit einer Bürgerversammlung einherging – für die Benennung von Wahlmännern ist das bezeugt (§53, S. 295 f.) –, wurde die Bürgerschaft routinemäßig wenigstens siebenmal im Jahr zusammengerufen; vgl. jedoch zur Datierung Peter Lütke Westhues, Beobachtungen zum Charakter und zur Datierung der ältesten Statuten der Kommune Pistoia aus dem 12. Jahrhundert, in: Quellen und Forschungen aus italienischen Archiven und Bibliotheken 77 (1997), S. 51–83.

von der Stadt bestallter Ausrufer und Büttel, verlas ein Eidbreve und leistete den Eid stellvertretend für alle Anwesenden *in anima populi*. Dies konnte von der Menge durch konsentierende Zurufe ratifiziert werden. Ähnliche Ausdrücke der Zustimmung – *ita sit!* oder *fiat!* – wurden auch eingesetzt, um die Zustimmung zu vorgebrachten Initiativen zu artikulieren.[17] Ähnlich wie seit dem 13. Jahrhundert in Ratsversammlungen wurden auch der Bürgerversammlung *propositiones* vorgelegt. Während in den Kommunalräten diese Beschlussvorlagen beraten bzw. modifiziert wurden, erwartete man von einem *parlamentum* lediglich, dass es zustimmt. Inhaltliche Debatten sind aus der städtischen Öffentlichkeit nicht belegt, und Situationen, in denen Meinungsverschiedenheiten deutlich wurden, konnten rasch zu handfester Gewalt eskalieren.[18] Wenn Einzelne sich überhaupt in längeren Ansprachen an die versammelten Bürger wandten, dann mit Reden, die nicht dem *genus deliberativum* zuzuordnen sind, sondern klar appellative Funktion besaßen. Musterredensammlungen für Podestà, etwa der um die Mitte des 13. Jahrhunderts geschriebene „Liber de regimine civitatum" des Johannes von Viterbo, beinhalten Ansprachen, die der neue Leiter der Stadtregierung am Tag seiner Amtsübernahme an die versammelte Kommune richten konnte. Darin finden sich neben dem Dank für die übertragene Aufgabe unter anderem Aufrufe zu treuem Gehorsam, vor allem aber die Mahnung, den innerstädtischen Frieden nicht zu gefährden. Es ist bezeichnend, wenn an dieser Stelle der Hinweis angeschlossen wird, die Versammlung solle man tunlichst sofort nach dem Ende der Ansprachen auflösen und auf keinen Fall andere Wortmeldungen zulassen.[19] Neben diesen feierlichen Sprechakten gehörten andere Akte symbolischer Kommunikation zum Repertoire der Bürgerversammlung. Wenn es zu offizieller Interaktion mit auswärtigen Herrschaftsträgern kam, fand dies in

---

17 Vgl. etwa I Libri Iurium della Repubblica di Genova, Introduzione und 1,1–1,8, hg. v. Dino Puncuh/Antonella Rovere u. a. (Pubblicazioni degli Archivi di stato. Fonti 12–13, 23, 27–29, 32, 35, 39 = Fonti per la storia della Liguria 1–2, 4, 10–13, 15, 17), Rom 1992–2002, hier 1, Nr. 93 (Mai – Mitte Juni 1147), S. 147–149; ebd. 2, Nr. 440 (8. September 1222), S. 460–463.

18 Besonders instruktiv ist die Überlieferung zu einer Bürgerversammlung in der piemontesischen Stadt Asti am 18. November 1310, in der König Heinrich VII. außerordentliche Vollmachten zu einer durchgreifenden Reform der Kommunalverfassung zugestanden wurden. Während das von der königlichen Kanzlei aufgesetzte Notariatsinstrument den geregelten Ablauf einer konsensualen Beratung evoziert, berichtet ein Zeitzeuge von tumultuarischen Zuständen, über die sich die königlichen Notare in ihren Aufzeichnungen hinwegsetzten. Vgl. Constitutiones et acta publica imperatorum et regum 4, hg. v. Jacob Schwalm (MGH Leges 4,4), Hannover/Leipzig 1906–1911, hier Band 1, Nr. 471 (18. November 1310), S. 419f., mit Guilielmo Ventura, Memoriale de gestis civium astensium et plurium aliorum, in: Gli antichi cronisti astesi Ogerio Alfieri, Guglielmo Ventura e Secondino Ventura secondo il testo dei Monumenta Historiae Patriae volume V, Scriptores tomo III, Torino 1848, hg. v. Natale Ferro u. a., Alessandria 1990, S. 187–244, hier Kapitel 58, S. 224f. Den Aufenthalt Heinrichs VII. in Asti behandelt Dartmann, Friedensschlüsse (wie Anm. 7).

19 Zur kommunalen Rhetorik Enrico Artifoni, Retorica e organizzazione del linguaggio politico nel Duecento italiano, in: Le forme della propaganda politica nel Due e nel Trecento. Relazioni tenute al convegno internazionale organizzato dal Comitato di studi storici di Trieste, dall'École française de Rome e dal Dipartimento di storia dell'Università degli studi di Trieste (Trieste, 2–5 marzo 1993), hg. v. Paolo Cammarosano (Collection de l'École française de Rome 201), Rom 1994, S. 157–182. Musterreden bei Johannes von Viterbo, Liber de regimine civitatum, hg. v. Gaetano Salvemini, in: Scripta anecdota glossatorum (Bibliotheca iuridica medii aevi) 3, hg. v. Augusto Gaudenzi, Bologna 1901, 215–280, der Hinweis, die Bürgerversammlung sofort aufzulösen, ebd. § 55, S. 233.

der Regel vor den Augen der versammelten Bürgerschaft statt. Dazu zählten sowohl die feierlichen Begegnungen mit Königen und Kaisern, die die Stadt besuchten, als auch durch Eide und weitere Gesten bekräftigte Vertragsschlüsse, die etwa durch einen Investiturakt mit Fahnenübergabe vollzogen wurden.[20] Auch die – allerdings nur spärlich vollzogenen – feierlichen Unterwerfungen besiegter Feinde hatten in der Bürgerversammlung ihren ‚natürlichen' Ort, wo die thronenden Konsuln stellvertretend für die gesamte, um sie herumstehende Kommune den Akt der *deditio* entgegennahmen. Einen derartigen Akt, die Unterwerfung der Konsuln und der Großen von Porto Maurizio, dem heutigen Imperia, unter die Konsuln von Genua im Jahr 1184, würdigen die Genueser Kommunalannalen gleichfalls mit einer Miniatur. Wenn eine Stadt von Herrschern oder Päpsten ein Privileg verliehen bekam, konnte dies gleichfalls in der *contio* präsentiert und auch verlesen werden.[21]

Fasst man diese Beobachtungen zusammen, erscheint die Bürgerversammlung in der italienischen Stadtkommune als regelmäßig tätiges, mit klaren, systematisierbaren Aufgaben betrautes Organ der politischen Verfassung der Stadt. Für die politischen Strukturen Italiens während des Hochmittelalters ist jedoch nichts so bestimmend wie beständiger Wandel. Macht- und Herrschaftsverhältnisse waren auf jeder Ebene von immenser Dynamik geprägt, so dass das Bild regelmäßigen Arbeitens eines in sich ruhenden Institutionengefüges in die Irre führt.[22] Um diesen Verhältnissen Rechnung zu tragen, seien jetzt in einem zweiten Schritt die Aktivitäten der Bürgerversammlung in einem konkreten Konfliktgeschehen nachvollzogen. Erst dadurch können die Möglichkeiten, aber auch Grenzen kollektiven Agierens in der Kommune klar erfasst werden. Als Beispiel dient ein Ausschnitt aus der langen Geschichte der Auseinandersetzungen zwischen der Kommune von Genua, der Kommune der westligurischen Hafenstadt

---

20 Annali genovesi 1, hg. v. Belgrano (wie Anm. 15), S. 48 [Vertrag der Kommune von Genua mit dem Grafen Guido Guerra von Ventimiglia]; vgl. dazu die urkundliche Überlieferung bei Libri Iurium, hg. v. Puncuh/Rovere u. a. (wie Anm. 17) 1, Nr. 190 f. (30. August 1157), S. 277–280. Im Rahmen einer umfassenden Studie zur kommunalen Heraldik behandelt auch diesen Akt Christoph Friedrich Weber, Heraldische Symbolik in italienischen Stadtkommunen des Mittelalters (Diss. phil. Münster 2007, erscheint in der Reihe „Symbolische Kommunikation in der Vormoderne", Darmstadt).

21 Zur Unterwerfung von Porto Maurizio vgl. Annali genovesi 2, hg. v. Belgrano/Imperiale di Sant'Angelo (wie Anm. 12), S. 19f. und Tafel 3 (Abb. 16). Auf die eher spärliche Überlieferung zu Unterwerfungsakten zwischen Städten weist hin Knut Görich, Die Ehre Friedrich Barbarossas. Kommunikation, Konflikt und politisches Handeln im 12. Jahrhundert, Darmstadt 2001, S. 40f. Zu mittelalterlichen Unterwerfungen grundlegend Gerd Althoff, Das Privileg der ‚deditio'. Formen gütlicher Konfliktbeendigung in der mittelalterlichen Adelsgesellschaft, in: Ders., Spielregeln (wie Anm. 5), S. 99–125; Klaus Schreiner, Nudis pedibus. Barfüßigkeit als religiöses und politisches Ritual, in: Formen und Funktionen öffentlicher Kommunikation im Mittelalter, hg. v. Gerd Althoff (Vorträge und Forschungen 51), Stuttgart 2001, S. 53–124. Die Präsentation eines päpstlichen Privilegs in der Volksversammlung in Genua berichtet der erste Chronist Caffaro in Annali genovesi 1, hg. v. Belgrano (wie Anm. 15), S. 19.

22 Auf die Offenheit der institutionellen Strukturen seit der Wende zum 12. Jahrhundert weist nachdrücklich hin Chris Wickham, Courts and Conflict in Twelfth-Century Tuscany, Oxford 2003; vgl. auch die Überlegungen von Paolo Cammarosano, La Toscana nella politica imperiale di Federico II, in: Friedrich II. Tagung des Deutschen Historischen Instituts in Rom im Gedenkjahr 1994, hg. v. Arnold Esch/Norbert Kamp (Bibliothek des Deutschen Historischen Instituts in Rom 85), Tübingen 1996, S. 299–315.

Ventimiglia und dem dort ansässigen Grafenhaus. Während Genua seit 1130 um einen dauerhaften Zugriff auf die Gegend von Ventimiglia bemüht war, strebten die Kommune und die Grafen von Ventimiglia nach einem größtmöglichen Maß an Unabhängigkeit.[23] Zugleich strebten beide westligurischen Herrschaftsträger danach, sich jeweils auf Kosten des lokalen Konkurrenten Vorteile zu verschaffen, wenn sie sich schon nicht vollständig dem Zugriff der Metropole entziehen konnten. Diese Konstellation führte dazu, dass seit der ersten Eroberung Ventimiglias im Jahr 1130 die Herrschaft Genuas in dieser Region immer wieder angefochten wurde und militärisch behauptet werden musste. So auch im Jahr 1218, in dem ein erster, vergeblicher Versuch unternommen wurde, den aktuellen Krieg zwischen den Kommunen von Genua und Ventimiglia zu beenden. Am 3. Mai 1218 erschienen in Genua vier Gesandte aus Ventimiglia, die dem Podestà Rambertinus Guidonis de Bovarello das Angebot unterbreiteten, im Namen der Kommune von Ventimiglia einen Eid zu leisten, man werde sich von nun an den Weisungen des Podestà und der Kommune von Genua unterstellen.[24] Durch ein gesiegeltes Schreiben konnten sich diese Gesandten als legitime Bevollmächtigte ausweisen. Nach einer Ratsversammlung, der der Genueser Regierungschef das weitere Vorgehen zur Entscheidung vorlegte, wurde im Dom von S. Lorenzo eine Bürgerversammlung einberufen, in der die Genuesen den angebotenen Unterwerfungseid der Gesandten entgegennahmen. Anschließend forderte der Podestà Rambertinus, acht weitere Mitglieder der Ventimiglieser Führungsschicht sollten sich gleichfalls auf den Weg nach Genua machen, um dort denselben Eid abzulegen – was am 14. Mai tatsächlich erfolgte, erneut in einer eigens zu diesem Zweck zusammengekommenen Bürgerversammlung in der Kathedrale.[25] Doch damit nicht genug: bevor genauere Bedingungen ausgehandelt wurden, schickte der Podestà nun seinerseits mit Simon Bufferius und Oglerius Falamonica zwei *viri nobiles et discreti* nach Ventimiglia, um sich vor Ort von der Haltung der Stadtbewohner zu überzeugen. Dies geschah auch in Ventimiglia in zwei Schritten am 22. und 23. Mai.[26] Am Abend des 22. Mai ließen die Genuesen die fünf Konsuln der Kommune von Ventimiglia gemeinsam mit 28 Ratsmännern denselben Eid leisten, den in den Wochen zuvor bereits zweimal bevollmächtigte Gesandte in Genua geleistet hatten. Am folgenden Tag – und die Zeremonie in der Bürgerversammlung in der Kirche S. Maria zog sich vom Vormittag bis in den Abend hin – legten insgesamt 190 namentlich genannte Bürger der Stadt noch einmal persönlich dasselbe Versprechen ab, das bereits dreimal in ihrem Namen abgegeben worden war. Erst im Anschluss nannte

---

23 Die Geschichte dieser Auseinandersetzungen sowie der Expansion Genuas in die Riviera di Ponente schildern Romeo Pavoni, La frammentazione politica del Comitato di Ventimiglia, in: Le comté de Vintimille et la famille comitale. Colloque des 11 et 12 octobre 1997, Menton 1998, S. 99–130; Valeria Polonio, Da provincia a signoria del mare. Secoli VI–XIII, in: Storia di Genova, hg. v. Puncuh (wie Anm. 12), S. 111–231, hier S. 150–153; vgl. auch die Hinweise bei Schweppenstette (wie Anm. 12), S. 107 mit Anm. 1.

24 Das Geschehen dieser Monate hält ein retrospektiv zusammengestelltes Dokument aus dem Juli 1218 fest: Libri Iurium, hg. v. Puncuh/Rovere u. a. (wie Anm. 17) 2, Nr. 429 (3. Mai – 12. Juli 1218), S. 429–437; ein kurzer Bericht auch in Annali genovesi 2, hg. v. Belgrano/Imperiale di Sant'Angelo (wie Anm. 12), S. 150f.

25 Libri Iurium, hg. v. Puncuh/Rovere u. a. (wie Anm. 17) 2, Nr. 423, 436 (14. Mai 1218), S. 420f., S. 452f.

26 Ebd. Nr. 424f., Nr. 437 (22.–23. Mai 1218), S. 421–425, S. 453–456; zur Überlieferung und Edition vgl. Pavoni (wie Anm. 23), S. 104, Anm. 42.

Genua erste Bedingungen. Unter anderem wurde den Konsuln von Ventimiglia befohlen, ihre Nachfolger hätten zwischen der Wahl und dem Amtsantritt in Genua vorstellig zu werden, um sich die Richtlinien für ihre Amtsführung nennen zu lassen. Sieben Wochen später trat mit Wilhelmus Valloria einer der Männer, die im Mai als Gesandte Ventimiglias nach Genua geschickt worden waren, in der neuen Funktion eines Konsuls gemeinsam mit drei weiteren Gesandten aus der westligurischen Küstenstadt vor den Podestà und Rat der Metropole, um erneut unter Eid ihre Bereitschaft zu bekunden, sämtliche *praecepta* zu befolgen, die ihnen erteilt würden.[27] Und erst jetzt, nach mehr als zwei Monaten, in denen sich die Genuesen immer wieder diese Unterwerfung qua Eid hatten bestätigen lassen, erließ die Regierung der siegreichen Stadt umfangreiche Bestimmungen zur Regelung der künftigen Beziehungen.[28] Zur Absicherung wurde dieses Dokument zweifach als Chirograph ausgefertigt, um den korrekten Wortlaut der Kapitulationsbedingungen überprüfen zu können. Als symbolische Anerkennung sollte die Kommune von Ventimiglia wenigstens an einem Exemplar ihr Siegel anbringen. An dieser Frage schien der Prozess trotz aller Absicherungen zu scheitern. Weil kein gesiegeltes Exemplar vorlag, forderte ein Genueser Bote am 18. Juli in Ventimiglia die Konsuln auf, die vereinbarte Beglaubigung an Ort und Stelle vorzunehmen. Diese wichen jedoch aus mit der Behauptung, man werde erst die Zustimmung des Kommunalrates einholen müssen, den man gewiss in den kommenden vier Wochen werde einberufen können. Weil der Genueser Bote machtlos war, gab er zwar seinen Protest gegen diese Ausflucht zu Protokoll, reiste aber unverrichteter Dinge wieder nach Genua zurück.[29] Die ungeklärte Lage – eine eigentlich bedingungslose Kapitulation Ventimiglias, deren Vollzug jedoch im letzten Moment an der Ratifikation der detaillierten Ausführungen zu scheitern drohte – stellte den Hintergrund dar für eine eindrucksvolle Machtdemonstration der Kommune von Genua in Ventimiglia. Am 28. September ankerte die kommunale Flotte unter dem Kommando des Podestà von Genua vor der Küste bei Ventimiglia, und sofort beeilten sich die dortigen Konsuln, ihren ‚Schutzherrn' zum feierlichen Einzug in die Stadt einzuladen.[30] Die trotz des langen Friedensprozesses gespannte Lage führte dazu, dass der genuesische Podestà Rambertinus Guidonis de Bovarello an diesem einen Tag erneut den pleonastischen Stil mehrfacher, von immer weiteren Kreisen der unterlegenen Kommune geforderter Bekundungen ihrer ‚freien' Zustimmung forderte, ehe er geruhte, mit Obertus Spinola einen Bevollmächtigten in die Stadt zu entsenden, dem die versammelte Bürgerschaft die Herrschaft über und das Eigentum an Ventimiglia übertrug. Die feierliche Inbesitznahme, die vor der versammelten, ihren Konsens durch mehrfache Zurufe äußernden Bürgerschaft erfolgte, wurde mit dem Hissen des Genueser Kreuzbanners auf dem Glockenturm der Hauptkirche

---

27 Libri Iurium, hg. v. Puncuh/Rovere u. a. (wie Anm. 17) 2, Nr. 428 (9. Juli 1218), S. 427ff.

28 Die Zusammenstellung des bisherigen Geschehens ebd., Nr. 429 (3. Mai – 12. Juli 1218), S. 429–437, dient der Rechtfertigung der dann ergangenen Weisungen (S. 432–436); der Hinweis auf die *charta partita* durch den kopierenden Notar ebd., S. 436.

29 Ebd. Nr. 427 (18. Juli 1218), S. 426f.

30 Hier und im Anschluss ebd. Nr. 430 (28. September 1218), S. 437–441. Die Bezeichnung des Genueser Podestà als „Schutzherrn" Ventimiglias benutzt Weber (wie Anm. 20), Kapitel 2.4.3, im Zuge seiner Übersetzung dieses Dokuments. Zu den Abläufen, die Weber eingehend interpretiert, vgl. auch Pavoni (wie Anm. 23), S. 105, Anm. 48.

abgeschlossen. Damit war in einem symbolischen Akt der Besitzergreifung scheinbar die feste Einbindung Ventimiglias in den Genueser Herrschaftsbereich erfolgt – wie die folgenden Jahre zeigten, bedurfte es aber noch eines langen Krieges, bis die Widerstandskraft der ‚Rebellen' tatsächlich gebrochen war. Nach mehreren vergeblichen Anläufen zu einer Verständigung eroberten die Genuesen im Sommer 1222 Ventimiglia und diktierten einen dauerhaften Frieden.[31]

Der fehlgeschlagene Friedensschluss zwischen Genua und Ventimiglia stellt alles andere als einen Sonderfall dar. Den zahllosen Bemühungen, zwischenstädtische Konflikte auf dem Verhandlungsweg zu beenden, stehen ebenso viele Belege für ein kurzfristiges Zerbrechen des Friedens gegenüber. Ein Kernproblem lag dabei in der fehlenden Berechenbarkeit kollektiven Agierens. So konnte es vorkommen, dass Delegierte noch während der Verhandlungen von Unterhändlern zu Geiseln wurden, weil sie in ihrer Heimatstadt nicht über den nötigen Rückhalt verfügten.[32] Oder sie erzielten zwar eine Übereinkunft, die aber von ihren Mitbürgern nicht akzeptiert wurde.[33] Und selbst wenn diese Hürde genommen war, ließ eine der Seiten den Vertrag im Zuge des Ratifikationsprozesses wieder platzen – im Jahr 1218 etwa an der Frage der Besiegelung des Vertragswerks zwischen Genua und Ventimiglia. Immer wieder standen die Akteure vor dem Problem, dass die Zurechnung individueller Zusagen zum Willen der Beauftragenden nicht gewährleistet war. Die Repräsentation der Kommune durch ihre Delegierten ruhte nicht auf einem verlässlichen Mandat. Um diesem Mangel aufzuhelfen, etablierte sich der oben skizzierte pleonastische Kommunikationsstil, dass nämlich in vielschrittigen Verfahren immer wieder die Kooperationsbereitschaft der Gegenseite abgefragt wurde. Dies geschah, indem der Kreis derjenigen zunehmend erweitert wurde, die dem Vertrag zustimmten und seine Anerkennung eidlich zusicherten.[34] Die Schwäche institutioneller Repräsentation spiegelt sich unter anderem darin wider, dass weder ein Eid der Konsuln noch ein vor der Bürgerversammlung geleisteter Eid *in anima populi* ausreichend erschien. Stattdessen

---

31 Einen gerafften Bericht bieten die Annali genovesi 2, hg. v. Belgrano/Imperiale di Sant'Angelo (wie Anm. 12), S. 185ff. Vgl. auch hier Pavoni (wie Anm. 23), S. 109f. Die einschlägige Dokumentation bei Libri Iurium, hg. v. Puncuh/Rovere u. a. (wie Anm. 17) 2, Nr. 439–443 (19. August – 8. September 1222), S. 457–469.

32 So widerfuhr es einer Gesandtschaft aus Ventimiglia, die sich im Jahr 1220 in Genua aufhielt: Annali genovesi 2, hg. v. Belgrano/Imperiale di Sant'Angelo (wie Anm. 12), S. 164ff.

33 Dies ist belegt für eine Pisaner Delegation, die in den 1160er Jahren einen Frieden mit Genua und Lucca aushandelte: Annali genovesi 1, hg. v. Belgrano (wie Anm. 15), S. 224f.; ein auf den Mai 1169 datierter Vertragsentwurf in der für Genua bestimmten Fassung liegt vor in: Libri Iurium, hg. v. Puncuh/Rovere u. a. (wie Anm. 17) 4, Nr. 672 (Mai 1169), S. 40–43.

34 Die Funktionsweise dieser Prozesse kann wohl am ehesten durch das Modell eines allmählich sich entwickelnden Vertrauens in friedliches Verhalten angemessen beschrieben werden; zu dieser Kategorie: Vertrauensbildung durch symbolisches Handeln, in: Frühmittelalterliche Studien 39 (2005), S. 247–479. Auch das allmähliche Eingesponnenwerden in ein geregeltes Verfahren bietet die geeignete Metapher, die entwickelt Niklas Luhmann, Legitimation durch Verfahren, Frankfurt am Main ⁶2005. Eine Orientierung an der modernen Praxis des Vertrags verzeichnet hingegen die politischen Konventionen des Hochmittelalters, wie nachweist Beate Schilling, Ist das Wormser Konkordat überhaupt nicht geschlossen worden? Ein Beitrag zur hochmittelalterlichen Vertragstechnik, in: Deutsches Archiv zur Erforschung des Mittelalters 58 (2002), S. 123–191, in Auseinandersetzung mit Claudia Zey, Der Romzugsplan Heinrichs V. Neue Überlegungen zum Abschluß des Wormser Konkordats, in: Deutsches Archiv zur Erforschung des Mittelalters 56 (2000), S. 447–504.

folgten oft lange Serien individueller Eide, durch die noch einmal namentlich aufgelistete Bürger dieselben Versprechen wiederholten, die zuvor Bevollmächtigte im Namen der gesamten Kommune geleistet hatten. Dieselben Schwierigkeiten und dieselben Mechanismen finden sich übrigens auch bei innerstädtischen Friedensschlüssen. Auch dort bereitete es größte Probleme, tatsächlich alle zur Einhaltung der in ihrem Namen zugesagten Verpflichtungen zu bewegen, und auch in diesem Zusammenhang tauchen lange Namenslisten derjenigen auf, die die kollektiven Zusagen noch einmal individuell bekräftigten.[35]

Fragt man nach der Repräsentation der Stadtgemeinde in der Bürgerversammlung der italienischen Kommune, lassen sich unter Rückgriff auf die eingangs vorgenommene Differenzierung verschiedener Konzeptionalisierungen von Repräsentationen folgende Punkte festhalten:

1. Die Bürgerversammlung war der Ort für kollektives Agieren der italienischen Stadtgemeinde. Vor allem legitimierte sie jedes Agieren im Namen der gesamten Kommune. Sowohl die Ausübung delegierter Amtsgewalt als auch die Bevollmächtigung zum Erfüllen konkreter Einzelaufgaben war an die Versammlung aller Bürger gebunden. Entweder erfolgte dies direkt vor den Augen der versammelten Menge, oder es entstand eine Kette mehrstufiger Delegation, die die Bürgerversammlung zum Ausgangspunkt allen legitimen Handelns machte. Dies gilt nicht nur für die Frühphase der Stadtkommune, sondern blieb trotz aller Stabilisierung und Ausdifferenzierung des städtischen Ämtergefüges und trotz des umwälzenden Verschriftlichungsprozesses des politischen Lebens seit dem ausgehenden 12. Jahrhundert von zentraler Bedeutung. Dennoch waren die Verfahren institutioneller Zurechnung im kommunalen Italien notorisch unzuverlässig, wie sich über den oben referierten Ausschnitt aus den Auseinandersetzungen zwischen Genua und Ventimiglia hinaus an zahllosen weiteren Beispielen nachweisen ließe. Diese Unzuverlässigkeit führte zu einer Vervielfältigung öffentlicher Kommunikation durch vielschrittige Verfahren, aber ebenso durch den massiven Einsatz von Schriftlichkeit. Zugleich steht zu vermuten, dass die fehlende Berechenbarkeit delegierten Handelns ein Faktor gewesen ist, der die intensivierte Reflexion über Modi der Repräsentation unter den Gelehrten der kommunalen Gesellschaft befördert hat.[36]

2. Gleich in mehrfacher Hinsicht kamen im Zuge der Bürgerversammlungen Verfahren symbolischer Darstellung und Verkörperung zum Zuge. Erinnert sei an Fahnen, Glockengeläut, an politische Rituale, an Reliquien des Stadtpatrons. Auch die regelmäßige, formgerechte Durchführung der Bürgerversammlung selbst besaß symbolische Potenziale. Denn in ihr wurde die Kommune erfahrbar, durch die Beteiligung der Kommunalregierung und der Bürger wurden nicht nur die anliegenden Geschäfte geregelt, sondern erfolgte zugleich implizit die Anerkennung der gesamten Kommune als Institution wie auch der Rollen, die den Einzelnen im Rahmen dieser institutionellen Strukturen zukamen. Wie wichtig gerade dieser zweite Aspekt ist, lässt sich nicht zuletzt an

---

35 Eindrucksvoll etwa in den Dokumenten im Umfeld des Florentiner Friedens von 1280: Isa Lori Sanfilippo, La pace del cardinale Latino a Firenze 1280. La sentenza e gli atti complementari, in: Bullettino dell'Istituto Storico Italiano per il Medio Evo e Archivio Muratoriano 89 (1980–1981), S. 193–259; dazu Meier (wie Anm. 13).

36 Dazu noch einmal Hofmann (wie Anm. 1).

den normativen Vorgaben ablesen, die auf ein möglichst vollständiges Erscheinen aller Bürger zum *parlamentum* abzielten.[37]

3. Beide Aspekte von Repräsentation der Bürgergemeinde zielen auf Konsens, auf die Integration der Bürgerschaft.[38] Der Rekurs auf geteilte Werte, die Anerkennung allgemeinverbindlicher Normen wie auch der institutionellen Strukturen zielte darauf ab, das politische Kollektiv der Gemeinde zu stabilisieren und politisch handlungsfähig zu machen. Zugleich stellte die Integration eine permanent zu bewältigende Herausforderung dar. Die Schwierigkeiten, den innerstädtischen Frieden aufrechtzuerhalten wie auch nach Außen ein verlässlicher Vertragspartner zu sein, belegen die internen Spannungen der kommunalen Gesellschaft zur Genüge. Die angestrebte Integration der Bürger besaß also durchaus agonale Züge.[39] In der Frage, wer oder was die Gemeinde repräsentierte und welche Symbolsysteme mit welchem Zweck aufgerufen wurden, wurde also stets auch über politische Macht entschieden. Am Ende gilt es also zweierlei festzuhalten: Die beiden Grundtypen der Repräsentation, zwischen denen zu Beginn differenziert worden ist, stellen Analysekategorien dar, beziehen sich aber nicht zwangsläufig auf distinkte Phänomene. Zumindest für die Bürgerversammlung in der italienischen Stadtkommune ist es fruchtbar, beide Perspektiven zu verfolgen und aufeinander zu beziehen. Dann, und dies die zweite Schlussfolgerung, ist es möglich, die Dialektik zwischen integrativen Ansprüchen und internen Spannungen in der Stadtkommune adäquat zu erfassen. Letztlich stellt die Frage nach den in Repräsentationen ausgehandelten Machtverhältnissen einen unverzichtbaren Fragehorizont einer Kulturgeschichte des Politischen dar.[40]

---

37 Codice diplomatico, hg. v. Imperiale di Sant' Angelo (wie Anm. 10), Nr. 285 (Februar 1157), S. 350–362.

38 Grundlegend für die Bedeutung von Konsens im Mittelalter Bernd Schneidmüller, Konsensuale Herrschaft. Ein Essay über Formen und Konzepte politischer Ordnung im Mittelalter, in: Reich, Regionen und Europa in Mittelalter und Neuzeit. Festschrift für Peter Moraw, hg. v. Paul-Joachim Heinig u. a. (Historische Forschungen 67), Berlin 2000, S. 53–87.

39 Diesen Aspekt betont Christoph Dartmann, Entwürfe kollektiver Identitäten im städtischen Italien zwischen Diskurs und politischem Ritual, in: Identität und Krise, hg. v. dems./Meyer (wie Anm. 2).

40 Dies verkennt in geradezu grotesker Weise die scharfe Polemik, die im Namen einer ‚klassischen' Politikgeschichte an jüngeren Ansätzen einer Kulturgeschichte des Politischen geübt worden ist, so als handele es sich bei letzterer lediglich um belanglose Rekonstruktionen dekorativer Fassaden der Politik, denen ein harter Kern des ‚Eigentlichen' entgegenstehe. So etwa Thomas Nicklas, Macht – Politik – Diskurs. Möglichkeiten und Grenzen einer Politischen Kulturgeschichte, in: Archiv für Kulturgeschichte 86 (2004), S. 1–25; Andreas Rödder, Klios neue Kleider. Theoriedebatten um eine Kulturgeschichte der Politik in der Moderne, in: Historische Zeitschrift 283 (2006), S. 657–688.

Zur Entstehung und Entwicklung einer politischen Bildersprache in den italienischen Kommunen

Dieter Blume

Die italienische Kommune des hohen Mittelalters gilt gemeinhin als Inbegriff städtischer Entwicklung und Autonomie, was sich auch in dem modern anmutenden Begriff Stadtrepublik niederschlägt. Hier sind in den letzten Jahrzehnten eine ganze Reihe von Korrekturen und Einschränkungen angebracht worden, welche aber zugleich auch die Neuartigkeit dieses politischen Phänomens und seine lang anhaltenden Nachwirkungen bestätigen. Die Entwicklung kommunaler Selbständigkeit ist kein ausschließlich italienisches Phänomen, dennoch erreicht sie in den nord- und mittelitalienischen Städten eine besondere Durchschlagskraft, die jenen neu entstehenden politischen Systemen ein eigenes Profil gibt. Zu Recht ist auf die zentrale Rolle des ländlichen Umfeldes hingewiesen worden. Denn es ist gerade der Landbesitz im *contado*, dem städtischen Umland, der die städtischen Eliten auszeichnet und ihre wirtschaftliche Basis bildet. Selbstverwaltete Strukturen mit eigener Tradition gab es jedoch auch auf dem Land, zu denen der Machtanspruch der Kommune in Konkurrenz trat.[1]

Wenn man die Landschaft der italienischen Stadtrepubliken betrachtet, so tritt zunächst die Vielfalt regional bedingter Ausprägungen, die große Diversität der einzelnen Kommunen hervor. Die grundlegenden Muster der gefundenen institutionellen Lösungen gleichen sich dennoch in erstaunlicher Weise, so dass der Versuch der Verallgemeinerung über den Einzelfall hinaus nicht von vornherein aussichtslos erscheint. Erste Ansätze im Hinblick auf kommunale Bildprogramme sollen hier versucht werden.[2]

Erst im Verlaufe des 12. Jahrhunderts sind die Strukturen der Kommunen wirklich zu fassen. In der Zeit um 1100 werden zum ersten Mal die neu geschaffenen Ämter der Konsulen erwähnt. Erst allmählich ersetzt in den folgenden Jahrzehnten der Begriff *comune* die allgemeine Bezeichnung *civitas*. Die sich herausbildenden Kommunen kämpfen im 12. Jahrhundert um ihre Legitimität und experimentieren mit verschiedenen Möglichkeiten entpersonalisierter Macht sowie neuen Formen staatlicher Institutionen. So entstehen eigenständige politische Gebilde, die von einer neuen Elite getragen werden und die sich in den folgenden zwei Jahrhunderten als ausgesprochen flexibel

---

1 Vgl. Edward Coleman, The Italian Comunes: recent Work and current Trends, in: Journal of Medieval History 25 (1999), S. 373–397 sowie die grundlegenden Arbeiten von Philip J. Jones, Italian City-State: From Comune to Signoria, Oxford 1997, Hagen Keller, Adelsherrschaft und städtische Gesellschaft in Oberitalien 9. bis 12. Jahrhundert, Tübingen 1979 sowie Daniel P. Waley, The Italian City-Republics, London 1969. Im europäischen Kontext Knut Schulz, „Denn sie lieben die Freiheit so sehr...", Kommunale Aufstände und die Entstehung des europäischen Bürgertums im Hochmittelalter, Darmstadt 1992.

2 Der Verfasser arbeitet an einer umfassenden Studie, welche die Entstehung und Geschichte der politischen Bildersprache in den italienischen Kommunen zum Thema hat. Wichtige Vorarbeiten ermöglichte ein Forschungsaufenthalt an der Bibliotheca Hertziana in Rom als Richard-Krautheimer-Gastprofessor im Studienjahr 2003/2004.

erweisen. Mit der Diversifizierung von Ämtern und Gremien können neue Gruppen integriert werden und trotz aller inneren Kämpfe wird eine wirtschaftliche Entwicklung ermöglicht, die ihresgleichen sucht.

Was in diesem Prozess dringend vonnöten war, ist ein Fokus städtischer Identität, ein kollektiver Bezugspunkt, auf den man sich gemeinsam berufen konnte und der von den innerstädtischen Fraktionen nicht berührt wurde. Es geht um die Herausbildung einer eigenen kommunalen Identität, mit der der Machtanspruch der neu geschaffenen Institutionen ebenso wie der innere Zusammenhalt der miteinander konkurrierenden Familienclans zu gewährleisten war.

Die entscheidende Rolle spielt dabei bekannterweise zunächst der Stadtpatron, in vielen Fällen der erste Bischof der Stadt. Ich möchte an dieser Stelle darauf nicht weiter eingehen und verweise hier nur auf das Tympanon von San Zeno in Verona (c. 1138), das den Heiligen zeigt, der triumphierend auf dem sich windenden Teufel steht. Er segnet die bewaffneten Vertreter der Stadt, die *milites* und *pedites*, welche von beiden Seiten herankommen. Die Inschrift spricht zudem von der Übergabe der Standarte. Die Wehrhaftigkeit der Kommune, die militärische Macht als Basis der politischen Selbständigkeit wird hier thematisiert. Die Stärke der Kommune erwächst in der Argumentation dieses Reliefs gerade aus der gemeinsamen Verehrung des Stadtpatrons und seiner himmlischen Fürsprache.[3]

Eine weitere Möglichkeit bieten Bezugspunkte einer heroischen Vergangenheit, die mythisch überhöht und in einer kollektiven Erinnerungskultur gepflegt werden. Zumeist sind es kriegerische Taten, erfolgreiche Eroberungen oder siegreiche Schlachten, denen ein besonderer Identifikationswert zugemessen wird. Für Genua lässt sich dies bereits zu einem sehr frühen Zeitpunkt rekonstruieren.[4] Die Orte, an denen dies stattfindet, sind oftmals Kirchen, vor allem die Kathedralen, die auch als Versammlungsstätte der Bürger dienen.

Erst am Ende des 12. Jahrhunderts und seit Beginn des 13. Jahrhunderts – und zwar nach dem Frieden von Konstanz 1183 – werden Gebäude errichtet, welche den kommunalen Institutionen einen eigenständigen Ort geben. Sie sind von vornherein als architektonische Zeichen kommunalen Selbstbewusstseins und etablierter kommunaler Macht angelegt. So entsteht eine neue Bauaufgabe, die eigene Lösungen verlangt. Man orientiert sich dabei am Vorbild königlicher Residenzen und konzipiert einen großen Versammlungssaal, der erhöht, im ersten Stock oberhalb offener Arkaden angelegt wird und über eine Außentreppe zugänglich ist.[5]

---

3 Vgl. Andrea von Hülsen-Esch, Romanische Skulptur in Oberitalien als Reflex der kommunalen Entwicklung im 12. Jahrhundert, Berlin 1994, S. 119ff.; Joachim Poeschke, Die Skulptur des Mittelalters in Italien, Bd. I Romanik, München 1998, S. 90ff; vgl. auch Albert Dietl, Der Stadtpatron in romanischen Reliefzyklen Oberitaliens, München 1998; generell Diana Webb, Patron and Defenders: The Saints in the Italian City States, London 1996 sowie die alte Arbeit von Hans Conrad Peyer, Stadt und Stadtpatron im mittelalterlichen Italien, Zürich 1955.

4 Dies arbeitet Henrike Haug in ihrer im Entstehen begriffenen Dissertation heraus.

5 Vgl. Jürgen Paul, Die mittelalterlichen Kommunalpaläste in Italien, Diss. Phil. Freiburg im Breisgau 1963; Giancarlo Andenna, La simbologia del potere nelle città comunali Lombarde: I palazzi pubblici, in: Le Forme della Propaganda Politica nel Due e nel Trecento, hg. von Paolo Cammarosano, Collection de L'École Française de Rome, Rom 1994, S. 369–393; Pierre Racine, Les Palais Publis dans les Communes Italiennes (XII–XIIIe siècles), in: Le Paysage urbain au

Zur Entstehung und Entwicklung einer politischen Bildersprache 111

Abb. 1: Mailand, Palazzo della Ragione

Damit entsteht zugleich auch ein neuer Ort für Bilder, welche der Herausbildung kommunaler Identität dienen können. Andersherum formuliert bieten die neuen Gebäude nicht nur Raum für Bilder, sondern erfordern geradezu neue Bilder, die den Ort auf ihre Weise besetzen und deuten. Ein berühmtes Beispiel ist der Palazzo della Ragione in Mailand (Abb. 1). In der Folge des Wiederaufbaus nach 1167, welcher auf die Zerstörung durch Friedrich I. Barbarossa folgte, legte man im Zentrum der neuen Stadt, im Kreuzungspunkt der sternförmig verlaufenden Hauptstraßen, die von den sechs großen Toren ausgingen, einen ummauerten, quadratischen Platz an, in dessen Mitte der Kommunalpalast errichtet wurde, die *curia comunis*, wie es in den Quellen heißt. Der Chronist Galvana Fiamma spricht im 14. Jahrhundert vom *castrum civitatis*. Schon in diesen Bezeichnungen wird eine Aufwertung der kommunalen Institutionen sichtbar.

Der neue Palast war 1229 zumindest teilweise schon benutzbar und ist wohl 1233 vollendet worden.[6] Vor einigen Jahren sind Reste der ursprünglichen Ausmalung des großen Saales freigelegt worden, die 1230–1240 anzusetzen sind.[7] In großer Höhe lief ein

Moyen-Age, Actes du XIe Congrès des historiens médiévistes de l'enseignement supérieur, Lyon 1981, S. 133–153.

6 Vgl. Paul (wie Anm. 5), S. 49ff., S. 148f.; von Hülsen-Esch (wie Anm. 3), S. 24f.

7 Vgl. Maria Laura Gavazzoli Tomea, Le pitture duecentesche ritrovate nel Broletto di Milano, Documento di un nuovo volgare pittorico nell'Italia Padana, in: Arte medievale, 2. Serie, IV, 1990, S. 55–70.

Bilderfries um den Raum, von dem sich an der Süd- und Westwand größere Fragmente erhalten haben, so dass wir uns wenigstens ein rudimentäres Bild dieser frühen Ausstattung machen können. Die Reste des Frieses weisen eine Höhe von etwa 1,50 Metern auf. In einzelnen, durch schmucklose Rahmenstreifen getrennten Bildfeldern sind Gruppen von Bewaffneten zu sehen (Abb. 2). Die in rötlich-braune Gewänder gekleideten Figuren halten zum Teil Schwerter und versammeln sich hinter großen Schilden, deren heraldische Zeichen auf der Südwand mit einigen der den Stadttoren zugeordneten Viertel zu identifizieren sind. Reste von Inschriften, die aber im Zusammenhang nicht mehr lesbar sind, lieferten Bezeichnungen der dargestellten Gruppen: *De loco [...]* Verschiedentlich finden sich auch einzelne Namen, die sich aber in anderen Quellen bislang nicht nachweisen ließen.[8] An der Westwand sind auch die Köpfe erhalten und es wird deutlich, dass es sich nicht um eine starre Reihung von Gestalten handelte, sondern um bewegte Gruppen, die offenbar miteinander kommunizierten. Das zeigt die Wendung und Neigung der Köpfe sowie die vielfältigen Gesten (Farbabb. 3). Hier, an der Westwand, finden sich neben den Schwertern auch andere Waffen, wie eine Streitaxt oder eine kurze Lanze. Doch scheint mir eine Differenzierung etwa in *milites* und *pedites* wie auf dem Veroneser Tympanon nicht vorzuliegen. Einige der lesbaren Namen beziehen sich offenbar auf Orte des *contado*. So sind Vertreter der städtischen Bevölkerung ebenso anzutreffen wie die Bewohner des Umlandes. Von daher scheint es gerade die Verzahnung von Stadt und *contado* zu sein, die hier ihren Niederschlag gefunden hat.[9]

Wir haben hier demnach so etwas wie eine gemalte Volksversammlung vor uns, gewissermaßen ein imaginäres Abbild der Kommune, das sich wohlgeordnet in seiner topographischen Struktur präsentiert und schon allein dadurch die gemeinsamen Interessen der gezeigten Vertreter beschwört. Wie bei den anderen bislang genannten Beispielen ist es wieder die wehrhafte Kommune, die wohlgerüstet in Waffen auftritt. Dieser Aspekt dürfte für das Selbstbild also eine beachtliche Rolle gespielt haben.

Es ist möglich, dass mit diesen Wandbildern ein konkretes historisches Ereignis festgehalten ist; ich würde allerdings eine solche Deutung nicht favorisieren, sondern eher von einer allgemeinen, repräsentativen Bedeutung ausgehen. Doch muss sich das gar nicht gegenseitig ausschließen. Die in diesem Raum stattfindenden, realen Bürgerversammlungen besaßen ja gleichfalls einen hohen symbolischen Repräsentationswert, welcher die Selbsterfahrung der Gemeinschaft überhaupt erst ermöglichte und vor allem den inneren Zusammenhalt fördern sollte.[10] Diese Erfahrung ließ sich durch das gemalte Gegenbild der in geordneten Gruppen auftretenden Vertreter intensivieren. Zugleich fanden aber auch alle anderen politischen Handlungen in diesem Saal im Angesicht dieser imaginären Volksversammlung statt. Insofern macht diese Ausmalung unmissverständlich deutlich, dass es die Versammlung der freien Bürger ist, aus der die Kommune ihre Legitimität zieht und mit der sie ihren Machtanspruch begründet.

---

8 Die Transkription der Inschriftenfragmente bei Gavazzoli Tomea (wie Anm. 7), S. 55–59, zur historischen Einordnung der Bezeichnungen, ebd. S. 60.

9 Der auf der Westwand unterhalb der Figuren sichtbare Stier entstammt einer jüngeren Malschicht, die wohl dem 14. Jahrhundert zuzuordnen ist.

10 Vgl. dazu den Aufsatz von Christoph Dartmann in diesem Band.

Abb. 2: Mailand, Palazzo della Ragione, Großer Saal, Südwand, Vertreter der Kommune

Die Formensprache dieser Malerei ist gotischem Vokabular verbunden. Die kräftigen Konturlinien, die eingeschränkte Farbpalette sowie der weiße Grund erinnern an Illustrationen auf Pergament, wie sie zuweilen in Chroniken auftreten. Auffällig ist das Fehlen jener byzantinisierenden Stilelemente, die in der ersten Hälfte des 13. Jahrhunderts bei Ausmalungen von Kirchen und Kapellen im Allgemeinen anzutreffen sind. Dies mag dem anderen Ausbildungshintergrund der Maler geschuldet sein, doch müsste auch in Erwägung gezogen werden, ob hier nicht eine bewusste ästhetische Entscheidung zu Grunde liegt, die auf moderne, besonders aktuelle Formen abzielt, die eher mit dem Kanzleibetrieb verbunden waren.

In der adriatischen Hafenstadt Ancona beschreitet man hinsichtlich der politischen Bildersprache knapp fünfzig Jahre später einen ganz anderen Weg. Ancona gehört nicht zu den bekannten Stadtrepubliken, doch war es ein bedeutendes regionales Zentrum, das seine Ambitionen im Fernhandel im Verlauf des 13. Jahrhunderts zwar an Venedig abtreten musste, doch seine kommunale Selbständigkeit das gesamte 14. Jahrhundert hindurch zu bewahren wusste.[11]

---

11 Vgl. Joachim Felix Leonhard, Die Seestadt Ancona im Spätmittelalter, Politik und Handel, Tübingen 1983; Francesca Spinelli, Ancona medievale, in: Storia e civiltà I, 1, 1985, S. 72ff.; allgemein zur Geschichte der Marken Jean-Claude Mairie Vigneur, Comune e Signorie in Umbria, Marche e Lazio, in: Girolamo Arnaldi, Comune e Signorie nell' Italia nord orientale e centrale, Storia d'Italia, hg. v. Giuseppe Galasso, Bd. VII/2, Turin 1987, S. 321–606.

Abb. 5: Ancona im Jahre 1704, Ausschnitt mit dem Palazzo degli Anziani

In der zweiten Hälfte des 13. Jahrhunderts, vermutlich um 1270, wenn wir einer von Giorgio Vasari überlieferten Inschrift trauen können, errichtete man am Hang oberhalb des Hafens einen imposanten Stadtpalast, der auf mächtigen Substruktionen ruht, welche das starke Gefälle des Geländes ausgleichen und die durch vier große spitzbogig geschlossene Bögen gegliedert sind[12] (Farbabb. 4). Auf alten Stadtansichten und Plänen ist erkennbar, dass unmittelbar neben dem Palast eine breite Treppe zum Hafen hinabführte[13] (Abb. 5). In städtebaulich dominanter Lage oberhalb des Hafens und mit direktem Zugang dorthin wurde demnach mit großem konstruktiven Aufwand ein Kommunalpalast errichtet, dessen städtebauliche Wirkung und repräsentativer Charakter enorm gewesen sein muss.

Das heutige Erscheinungsbild der stadtseitigen Fassade ist weitgehend durch barocke Umbauten geprägt (Abb. 6). Über das alte Aussehen der Fenster informiert uns jedoch

---

12 Vgl. Dieter Blume, Jenseits des Paradieses – Skulptur und politische Theorie im mittelalterlichen Ancona, in: Das Modell in der bildenden Kunst des Mittelalters und der Neuzeit, Festschrift für Herbert Beck, Petersberg 2006, S. 25–41; Maria Natalucci, Ancona nel Medioevo, Città di Castello 1960, S. 278ff.; Maria Natalucci, Ancona attraverso i secoli, Vol. 1 Dalle origine alla fine del Quattrocento, Città di Castello 1960, S. 418ff.; Giuseppe Marchini, La Pinacotheca communale „Francesco Podesti" di Ancona, Catalogo a cura del Comune, Ancona 1960, S. 7ff.; Paul (wie Anm. 5), S. 194ff.; Luigi Serra, L'Arte nelle Marche, Dalle origine christiane alla fine del gotico, Pesaro 1929, S. 141ff.

13 Vgl. Jean Blaeu, Nouveau Théâtre d' Italie ou Description exacte des ses villes, palais, églises et les cartes géographiques de toutes ses provinces, Amsterdam 1704, Bd. II, Tf. 3.

Abb. 6: Ancona, Palazzo degli Anziani, Stadtseite

Abb. 7: Das Opfer von Kain und Abel, Relief, Ancona, Pinacotheca Communale

Giorgio Vasari. Er zählt acht Fenster an der Fassade, die jeweils zwei Säulen aufweisen, welche ein skulpiertes Bogenfeld stützen. Diese Reliefs aus lokalem Kalkstein zeigen, so informiert er uns weiter, Szenen aus dem Alten Testament.[14]

Noch heute sind in der Fassade Skulpturen eingelassen. In den Zwickeln der vermauerten Bögen finden sich eine Darstellung des Sündenfalls und wohl auch des Todes Kains. Die von Vasari beschriebenen Reliefs befinden sich jedoch heute im Museum. Es handelt sich um sechs Bogenfelder aus je drei Steinplatten von gut 80 cm Höhe.[15]

Auf einem der Bogenfelder ist unschwer das ungleiche Opfer von Kain und Abel zu erkennen (Abb. 7). Zwei junge Männer knien vor einem rauchenden Feuer, wobei die versetzten Bodenlinien deutlich machen, dass es sich um zwei getrennte Feuer han-

14 Vasari beruft sich dabei explizit auf einen eigenen Besuch in Ancona. Giorgio Vasari, Le Vite de' più eccellenti architetti, pittori et scultori italiani, 1567, in: Giorgio Vasari, Le Opere, Edition von Gaetano Milanesi, Bd. 1, S. 366: *E perchè attese Margaritione anco all'architettura, sebbene non ho fatto menzioe d'alcune cose fatte col suo disegno, perchè non sono d'importanza; non tacerò già, che egli, secono ch'io trovo, fece il disegno e modello del palazzo de'Governatori della città d'Ancona, alla maniera greca, l'anno 1270; e, che è più, fece di scultura nella facciata principale otto finestre, delle quali ha ciascuna nel vano del mezzo due colonne che a mezzo sostengono due archi, sopra i quali ha ciascuna finestra una storia di mezzo rilievo, che tiene da i detti piccoli archi insino al sommo della fiestra: una storia, dico, del testamento vecchio, intagliata in una sorte di pietra ch'è in quel paese. Sotto le finestre, sono nella facciata alcune lettere, che s'intendono più per discresione, che perchè siano o in buona forma o rettamente scritte, nelle quali si legge il millesimo, ed al tempo di chi fu fatta questa opera.*

15 Dazu ausführlich Blume (wie Anm. 12), passim; Marchini (wie Anm. 12), S. 19ff.; Giuseppe Marchini, La Pinacoteca Comunale di Ancona, Ancona 1979, S. 15ff. Die Reliefs wurden wohl schon bei dem Umbau des 17. Jahrhunderts entfernt.

Abb. 8: Trauernder Adam, Relief eines Byzantinischen Elfenbeinkastens, Baltimore, Walters Art Gallery

delt. Der Rauch des Einen steigt zum Himmel, während er bei dem Anderen flach zur Seite weht. Die Charakterisierung der beiden Männer entspricht der biblischen Überlieferung. Der Linke hat andächtig seine Hände gefaltet und blickt mit ruhigen Gesichtszügen in die Ferne, es ist Abel, der Gerechte. Kain hingegen blickt mit zu einem Grinsen verzerrten Gesichtszügen zu Boden und hat die Hände untätig auf die Oberschenkel gelegt.
Erstaunlich und ohne jeden Vergleich in der westlichen Bildtradition sind jedoch die beiden Figuren auf den äußeren Platten. Hier kauern eine Frau und ein älterer bärtiger Mann in annähernd symmetrischer Haltung. Der aufgestützte und zur Seite geneigte Kopf kennzeichnet die beiden als Ruhende oder Schlafende. Es kann sich nur um Adam und Eva handeln, die nach der harten täglichen Arbeit ausruhen. Alle Figuren tragen dezidiert zeitgenössische Kleidung, jene lang herabfallenden Gewänder der Stadtbevölkerung.

Abb. 9: Adam und Eva in der Schmiede, Relief eines Byzantinischen Elfenbeinkastens, New York, Metropolitan Museum

Die ungewöhnliche Wiedergabe der beiden Stammeltern als abwesende ‚Zeugen' des ungleichen Opfers ihrer Söhne verrät uns zugleich aber auch, welche spezielle Vorlage damals in Ancona benutzt wurde. Auf mittelbyzantinischen Elfenbeinkästen, die zur Aufbewahrung von Geld oder Wertgegenständen dienten, findet sich häufig ein Zyklus mit der Geschichte von Adam und Eva.[16] Die bildlichen Darstellungen zeigen in einer eigenen Szene immer auch die Trauer und Verzweiflung des ersten Menschenpaares nach der unwiderruflichen Vertreibung aus dem Paradies. Beide kauern noch völlig unbekleidet auf Baumstümpfen und stützen den Kopf in eine Hand, während der Ellbogen auf das Knie gestellt ist (Abb. 8). Antithetisch steht dem eine Szene gegenüber, welche Adam und Eva, die jetzt mit sorgfältig geschneiderten und zeitgenössischen Gewändern bekleidet sind, in der Schmiede beim Herstellen eines Werkstückes zeigt – zuweilen im Sitzen (Abb. 9). Dies veranschaulicht den Reichtum, der nach der Vertreibung aus dem Paradies vonnöten ist und mühsam erworben werden muss, um ihn dann in eben einem solchen Kasten zu verwahren. Eine zuweilen hinzugefügte Personifikation des Wohlstandes mit Geldsack unterstreicht diesen Zusammenhang.

16 Ein entsprechender Kasten befindet sich im Hessischen Landesmuseum in Darmstadt (Kg. 54:219), Henri Maguirre in: The Glory of Byzantium, Art and Culture of the Middle Byzantine Era A. D. 843–1261, Ausstellungskatalog, The Metropolitan Museum of Art, New York 1997, Nr. 157/158, S. 234ff.; Henri Maguirre, The Depiction of Sorrow in Middle Byzantine Art, in: Dumbarton Oaks Papers 31, 1977, S. 123–174.

Zur Entstehung und Entwicklung einer politischen Bildersprache 119

Abb. 10: Adam und Eva mit ihren Söhnen, Relief, Ancona, Pinacotheca Communale

Derartige Elfenbeinkästen waren Luxusgegenstände, die auch exportiert wurden, von daher ist die Präsenz eines solchen Kastens in Ancona ohne Weiteres vorstellbar. Der Bildhauer jener Reliefs am Stadtpalast lässt sich davon zu einer bemerkenswerten Aktualisierung der alttestamentlichen Thematik anregen. Er deutet aber das vorgefundene Motiv auf seine Weise und versetzt es in einen völlig anderen Zusammenhang. Zudem verstärkt er die seitliche Kopfneigung, um so die Vorstellung des Ruhens zu evozieren. Wie in der Darstellung der Stammeltern als Schmiede tragen Adam und Eva auch bei ihm dezidiert zeitgenössische Kleidung. Die Ikonographie seiner byzantinischen Vorlage übernimmt er aber gerade nicht, sie bildet nur den Ausgangspunkt, um einen ausgesprochen unkonventionellen Zyklus von Adam und Eva zu entwerfen, der mit zahlreichen Bezügen zur Gegenwart durchzogen ist.
Die aussagekräftige Konzeption eines antithetischen Bildpaares behält man in Ancona allerdings bei. Denn ein weiteres Bogenfeld zeigt uns exakt die umgekehrte Situation (Abb. 10). Die beiden Stammeltern thronen hier aufrecht in der Mitte, während zu ihren beiden Seiten die Söhne Kain und Abel auf niedrigen Hockern kauern. Es ist sozusagen ein Familienbild, das die erste Familiengemeinschaft noch vor dem verhängnisvollen Zwist präsentiert. Auffällig ist bei beiden Reliefbildern die zeitgenössische Tracht und der Habitus des vornehmen Stadtbürgers, dem die Figuren entsprechen.
Noch eine dritte Darstellung gehört in diese Reihe (Farbabb. 11). Sie zeigt den Tod Abels, jenen Skandal des Brudermordes, mit dem die Geschichte der Menschheit begann. Kain hat seinen Bruder zu Boden geworfen, fixiert mit ausgestrecktem Arm

Abb. 12: Berufung Noahs (?), Relief, Ancona, Pinacotheca Communale

seinen Kopf, während er mit der anderen Hand zum tödlichen Schlag mit der Keule
ausholt. Rechts und links von dem grausigen Geschehen sehen wir die Brustbilder
zweier älterer würdiger Herren mit Bart. Sie tragen eine andere Kleidung – einen man-
telartigen Überwurf über einem Untergewand – und sie weisen zwei geöffnete Schriftrollen vor, deren Text, da er nur mit Farben aufgetragen war, allerdings verblasst ist.
Wie Propheten, welche Szenen des Neuen Testaments erläutern, treten diese beiden
Unbekannten hier auf. Einstmals präsentierten sie dem Betrachter sicherlich einen
mahnenden Kommentar, der ihm helfen sollte, die richtigen Lehren aus dem Unge-
heuerlichen zu ziehen, das die Bilder ihm vor Augen führten. Die ungewöhnliche
Bildfolge findet in der Hinzufügung dieser Kommentatoren eine Zuspitzung, die in
der so betonten Verzahnung von dramatischem Bildgeschehen und gelehrtem Kommentar begründet liegt.
Wir haben es hier also mit einem Zyklus zu tun, der die Ereignisse nach der Vertreibung
aus dem Paradies mit großer Ausführlichkeit ausbreitet. Der Schwerpunkt liegt offenbar gerade auf jenem Geschehen, das sich zutrug, nachdem die Paradiesespforte für
immer verschlossen war. Ein besonderes Interesse kommt dabei offensichtlich der
sozialen Organisationsform der ersten Menschen zu. Der Bildhauer präsentiert uns den
intakten Familienverband und scheint das so ungleich ausgefallene Opfer aus der man-
gelnden Aufmerksamkeit der ruhenden Eltern erklären zu wollen.
Die Deutung der übrigen drei Bogenfelder, von denen wir noch Reliefs besitzen, gestaltet sich sehr viel schwieriger. Eines zeigt Christus oder Gottvater, vor dem ein bärtiger
Mann auf eines seiner Knie gesunken ist und betend die Hände erhebt (Abb. 12). Sein
jüngerer Begleiter steht mit gleichfalls erhobenen Armen am rechten Bildrand. Auch
hier dürfte es sich sicherlich um eine alttestamentliche Szene handeln, doch fehlen spezifische Merkmale, die eine Zuordnung erlauben würden. Eine plausible Möglichkeit

Abb. 13: Bau der Arche (?), Relief, Ancona, Pinacotheca Communale

wäre der Auftrag Gottes an Noah, mit dem Bau der Arche zu beginnen. Damit hätte man auch den zweiten Beginn des Menschengeschlechtes thematisiert. Der jüngere Begleiter müsste dann einer der Söhne des Erzvaters sein.
Das Fragment eines weiteren Bogenfeldes, auf dem wir einen bärtigen Mann sehen, der mit einem Jüngeren redet, könnte dann die Anweisung Noahs darstellen, die Arche zu konstruieren (Abb. 13). Doch wirkt die Identität der beiden bärtigen Gestalten nicht wirklich überzeugend. Ein letztes Fragment zeigt zwei Figuren in zeitgenössischer Tracht, die hintereinander stehen, wobei der Hintere seine Hand dem Vorderen auf die

Abb. 14: Trunkenheit Noahs (?), Relief, Ancona, Pinacotheca Communale

Schulter legt und sich diesem damit unterordnet (Abb. 14). Der Gegenstand, welchen der Vordere einst gehalten hat, ist nicht mehr zu erkennen. Im Kontext der Geschichte Noahs wäre hier an die Trunkenheit des Erzvaters zu denken, als seine Blöße von den Söhnen bedeckt wurde. Die Rekonstruktion eines Noah-Zyklus kann hier allerdings nur auf sehr hypothetischer Basis geschehen und ist von daher mit einem Fragezeichen zu versehen.

Man wählte in Ancona das biblische Exemplum und geht von einem Grundgedanken mittelalterlicher Staatslehre aus. Erst durch den Sündenfall sind staatliche Organisationsformen notwendig geworden, die das Zusammenleben regeln. Nichts könnte dies deutlicher machen als das erschreckende Faktum des Brudermordes.

Die Unvollkommenheit der menschlichen Natur, die durch den Sündenfall entstand, muss so gut es geht ausgeglichen werden. Nur mit Hilfe von Tugenden und der Kraft der Vernunft, die durch die *sapientia* und *eloquentia* weiser Männer gefördert und entwickelt werden muss, war es möglich halbwegs gerechte Gesellschaftsformen aufzubauen. Cicero und Seneca, die aristotelisches Gedankengut verarbeiten, waren hierfür wichtige Gewährsmänner.[17] Eine derartige Stoßrichtung dürfte auch der Reliefzyklus von Ancona entwickelt haben. Flankieren doch die Bildnisse der alten Gelehrten in ihren antikischen Gewändern gerade die skandalöse Szene des Brudermordes. Auf ihren Schriftrollen haben sie vermutlich ihre antike Ethik gegen die maßlosen Folgen des christlichen Sündenfalls aufgeboten. Von daher möchte ich vorschlagen, in diesen Figuren Cicero und Seneca zu erkennen.

Statt der Selbstvergewisserung der wehrhaften Kommune, die wir in Mailand fanden, haben wir es hier mit einem mahnenden Appell zu tun, der den versammelten Volksvertretern die grundlegende Problematik ihres Unterfangens und die Größe ihrer Verantwortung vor Augen führt und dafür auf das allen Bekannte und allen gemeinsame biblische Exemplum zurückgreift, das aber völlig neu präsentiert wird. Dies ist ein grundlegend anderes Bildkonzept, das den Bildern zugleich eine komplexere Argumentation aufbürdet.

Etwa dreißig Jahre später – um 1310 – malt Giotto in Florenz ein berühmt gewordenes Fresko im Palazzo del Podestà, dass wir nur aus späteren Zitaten und Beschreibungen kennen. Damit stellt er die politische Bildersprache auf eine neue Grundlage und findet eine eingängige Formel, welche die schwierige Balance der politischen Kräfte im kommunalen Staatswesen auf eindrucksvolle Weise anschaulich macht. Er wählt dafür das Prinzip der Allegorie, das mit Hilfe einer Personifikation abstrakte Zusammenhänge im Bild vergegenwärtigt. Unabhängig von der langen, bis in die Antike zurückreichenden Tradition handelt es sich dabei um eine hoch aktuelle und dezidiert intellektuelle Vorgehensweise, mit der abstrakte Begriffe in eine Anschauungsform überführt werden. Als literarisches Verfahren erfreut sich die Allegorie seit der zweiten Hälfte des 13. Jahrhunderts einer neuen Beliebtheit und ist vielfach erprobt worden, gerade auch um eine neue politische Ethik zu definieren, die den besonderen Bedingungen der Kommune gerecht wurde.[18]

---

17 Vgl. Blume (wie Anm. 12), S. 34f.; John Carning, A History of Medieval political Thought 300 – 1450, London 1996, S. 125ff.; Quentin Skinner, Ambrogio Lorenzetti: the Artist as political Philosopher, in: Proceedings of the British Academy 72, 1987, S. 87–142, besonders S. 91ff. und vor allem Cary J. Nederman, Nature, Sin and the Origins of Society: The Ciceronian Tradition in Medieval Political Thought, in: Journal of the History of Ideas XLIX, 1988, S. 3–26.

18 Zu verweisen wäre hier vor allem auf Brunetto Latini und Dante sowie auch auf Remigio di Girolami. Vgl. Enrico Artifoni, Retorica e Organizzazione del Linguaggio politico nel Duecento Italiano, in: Le Forme della Propaganda Politica nel Due e nel Trecento, hg. v. Paolo Cammaro-

Giorgio Vasari nennt als Thema dieses Wandbildes *Il comune rubato da molti*, was gut der originale Titel gewesen sein kann.[19] Die Personifikation der Kommune thronte in Gestalt eines Richters mit einem Zepter in der Hand unter einer überdimensionierten Waage, dem alten Symbol der Gerechtigkeit. Zu ihrer Seite standen die vier Kardinaltugenden (Fortitudo, Prudentia, Iustitia und Temperantia) mit speziellen auf den politischen Kontext abgestimmten Attributen. Eine große Gruppe von Bürgern, die in zeitgenössische Gewänder gekleidet waren, attackierte aus Eigennutz die ehrwürdige Personifikation des Staatswesens, so dass diese trotz des Beistandes der Tugenden vom Thron zu stürzen drohte.

Ein mehrfach übermaltes Wandbild im Palazzo della Ragione in Padua und ein Relief auf dem Grab des Bischofs Guido Tarlati in Arezzo (1327–30) zeigen eine verkürzte Fassung dieser Bilderfindung (Abb. 15–16). Es fehlen die Tugenden sowie die monumentale Waage. In der Paduaner Fassung ist die zentrale Personifikation der Kommune gemäß eines lokalen Sprachgebrauchs als weibliche Figur gegeben.[20] Die dramatische Bewegtheit der Darstellung und die Vielfalt der Handlungsmotive sind in diesen vereinfachten Repliken noch nachzuvollziehen. Der bildliche Appell ist eindeutig: Ohne eine Unterordnung der Eigeninteressen unter das Gemeinwohl war die selbständige Kommune nicht zu bewahren.

Die vielfältigen Realismen in Gewändern, Gesten und Ausdruck spielen für die Intensität der Bildwirkung eine große Rolle, doch machen sie nur einen Teil des Bildgefüges aus. Es sind ganz verschiedene Elemente, die auf einer fiktionalen Ebene verknüpft werden, um zu einer vielfältigen Argumentation zu kommen. Da ist zum einen die übergroße Waage als symbolisches Zeichen der Iustitia, welches zugleich an das ständig gefährdete Gleichgewicht gemahnt. Dann gibt es die Personifikation der Kommune selbst als eine thronende Herrschergestalt, welche die assistierenden Tugenden weit überragt, und schließlich die sehr viel kleineren Bürger, die aber durch ihre heftige Bewegung auffallen.

Wir haben es mit ganz verschiedenen Maßstäben zu tun. Die disparaten Bildelemente sind aber durch dramatische Handlungszusammenhänge miteinander verbunden. Jedes

sano, Collection de L'École Française de Rome, Rom 1994, S. 157–182; Quentin Skinner, The Foundation of Modern Political Thought, Cambridge 1978, Bd. I, S. 55ff.; Christel Meier-Staubach, Cosmos politicus. Der Funktionswandel der Enzyklopädie bei Brunetto Latini, in: Frühmittelalterliche Studien 22, 1988, S. 315–356.

19 Vasari (wie Anm. 14), Bd. I, S. 400: *Nella sala grande del Podesta di Fiorenza, per mettere paura a i popoli dispinse il comune ch'e rubato da molti: dove in forma di giudice con lo scettro in mano a sedere lo figura, e le balancie pari sopra la testa, per le giuste ragioni ministrate da esso, et aiutato da quattro figure dalla Fortezza con l'animo, dalla Prudenzia con le leggi, dalla iustizia con le armi e dalla temperanza con le parole, pittura bella, e invenzione propria e verosimile.*

Zu diesem Fresko Eva Frojmovic, Giottos Allegories of Justice and the Commune in the Palazzo della Ragione in Padua: A Reconstruction, in: Journal of the Warburg and Courtauld Institutes, LIX, 1996, S. 24–47, besonders S. 31ff.; Monica Donato, Testi, contesti, imagini politiche nel tardo medioevo: Esempi toscani, in: Annali dell' Istituto storico italo-germanico in Trento (Jahrbuch des italienisch-deutschen historischen Instituts in Trient), XIX, 1993, S. 305–355, besonders S. 322f.; Germaid Ruck, Brutus als guter Richter, in: Malerei und Stadtkultur der Dantezeit, Die Argumentation der Bilder, hg. v. Hans Belting/ Dieter Blume, München 1989, S. 115–132.

20 Vgl. Frojmovic (wie Anm. 19), S. 32f.

Abb. 15: ‚Il Comune rubato', Wandbild von Giotto, Padua, Palazzo delle Ragione

einzelne der divergierenden Elemente seinerseits ist durch Realismen angereichert und erhält dadurch eine größere Plausibilität. Die neuen Möglichkeiten der Malerei werden hier in den Dienst des allegorischen Verfahrens gestellt. Auf diese Weise entsteht eine völlig neue Form des allegorischen Bildes.

In wechselseitiger Befruchtung mit der Literatur gelangt die Allegorie zu einer neuen Überzeugungskraft und großer Popularität, wie allein schon die zahlreichen Kopien und Zitate zeigen. Es geht dabei um die Anschauung des Unanschaulichen.[21] Die rationale Ordnung des Wissens und der erstrebte Kanon politischer Ethik werden mit Hilfe gemalter Wandbilder in die Fiktion einer Anschaulichkeit überführt. So wird den abstrakten Begrifflichkeiten und Werten in der neu gewonnenen Anschaulichkeit auch eine neue Tiefe verliehen.

---

21 Das ist eine treffende Formulierung von Karlheinz Stierle, Zwei Beiträge zur Formgeschichte der Allegorie zwischen Mittelalter und Renaissance, in: Romanische Forschungen, Vierteljahrsschrift für romanische Sprachen und Literaturen, 90 (1978), S. 260–269, speziell S. 261; vgl. auch Karlheinz Stierle, Francesco Petrarca: Ein Intellektueller im Europa des 14. Jahrhunderts, München 2003, S. 161f.

Abb. 16: ‚Il Comune pelato', Grab des Bischofs und Signore Guido Tarlati, Arezzo, Dom

Es handelt sich um ein Bildkonzept, das nicht von einer narrativen Struktur ausgeht, sondern die zunächst disparaten Elemente zu einer fiktiven Einheit verbindet und mit Hilfe der bildlichen Verknüpfung komplexe Argumentationen visuell sichtbar macht. Insofern steht dieses Konzept deutlich in der Tradition der *ars memoria*, geht aber zugleich über die dort diskutierten Verfahren weit hinaus.[22]

Drei unterschiedliche Positionen sind hier zur Sprache gekommen, drei unterschiedliche Verfahren, um die zentralen Belange der Kommune am Amtssitz der wichtigsten Institutionen zu visualisieren. Jedes einzelne Beispiel dient auf seine Weise der Identitätsstiftung, die so dringend erforderlich war, und beschwört in jeweils anderer Form das allen Gemeinsame. Die Entstehungsdaten der diskutierten Fallbeispiele legen auf den ersten Blick eine zeitliche Entwicklung nahe, die von der einfachen historischen Erzählung und dem schlichten Abbild einer idealen Volksversammlung über das biblische Exemplum zur komplexeren Argumentationsform der Allegorie reicht. Doch ist

---

22 Vgl. Kathrin Kärcher, Wer etwas in seinem Geist begreift, male ein Bild. Zur epistemischen Funktion des Bildlichen im Mittelalter, in: Kulturen des Bildes, hg. v. Birgit Mersmann/Martin Schulz, München 2006, S. 167–182; Mary Carruthers, The Book of Memory, Cambridge 1990.

dies sicherlich entschieden zu einfach formuliert. Eher sollte man von einer im Verlaufe des 13. Jahrhunderts sich herausbildenden Ausdifferenzierung sprechen, bei der neue Argumentationsweisen zu bereits erprobten Bildformen hinzutreten, ohne diese zu verdrängen. Schließlich bleibt das biblische Exemplum ebenso wie das historische Ereignisbild weiter in Gebrauch. Zu berücksichtigen wären weiterhin auch regionale Besonderheiten, mit denen sich bestimmte Kommunen oft in Konkurrenz miteinander ein eigenes Profil geben. Es ist demnach also keine geradlinige Entwicklung zu konstatieren, sondern eher eine zunehmende Verzweigung, die im Laufe der Zeit immer mehr bildliche Argumentationsformen bereitstellt. Die fortschreitende Ausdifferenzierung der Bildformen ist vielleicht am ehesten in der vegetabilen Metapher einer rankenden Pflanze zu fassen. Die selbständige Kommune in Italien eröffnet auf jeden Fall einen neuen Aktionsraum für Bilder, der zur Entstehung einer höchst komplexen politischen Bildersprache führt.

Descriptio civitatis: Siegel-Bilder und Siegel-Beschreibungen italienischer Städte des Mittelalters*

Ruth Wolff

Mit dem Begriff der „Descriptio civitatis" verbinden wir zumeist literarische Stadtbeschreibungen, wie zum Beispiel die *Descriptio civitatis Bononie eiusque comitatus* des päpstlichen Kardinallegaten Anglico aus dem Jahr 1371, der die Stadt Bologna und ihr *contado* für seinen Nachfolger im Amt beschreibt, wobei er von den Mauern der Stadt, ihren Türmen und Stadttoren ausgeht.[1] Das Wort *descriptio* ist im Mittelalter jedoch sehr viel weiter gefasst und umschließt nicht nur Beschreibungen mit Buchstaben und Worten, sondern ebenso Beschreibungen mit Bildern und Figuren. *Descriptiones* sind so im mittelalterlichen Sprachgebrauch auch Diagramme, die sich bezeichnenderweise oft in dem Zwischenbereich von Bild, Wort, Buchstabe und Figur bewegen.[2] Ich habe meinem Beitrag aus zwei Gründen den Titel „Descriptio civitatis" gegeben: Erstens, weil Siegeln ein enges und untrennbares Verhältnis von Schrift und Bild inhärent ist, das sie auf synthetische Weise zur Anschauung bringen. Zweitens generieren Stadtsiegel Italiens spezifische Beziehungen von Schrift und Bild, die – so meine These – autonome Formen beider Bereiche, desjenigen der Schrift und desjenigen des Bildes, einleiten.[3]

---

* Der Beitrag stellt erste Ergebnisse des Forschungsprojekts „Siegel-Bilder" vor, das unter der Leitung von Prof. Dr. Gerhard Wolf, Kunsthistorisches Institut in Florenz, Max-Planck-Institut und Prof. Dr. Michael Stolleis, Max-Planck-Institut für Europäische Rechtsgeschichte, Frankfurt a. M., durchgeführt wurde.

1 Rolando Dondarini, La „Descriptio civitatis Bononiae eiusque comitatus" del cardinale Anglico (1371). Introduzione ed edizione critica, Bologna 1990 (Deputazione di Storia patria per le province di Romagna, Bd. XXIV), S. 57: *Civitas Bononie predicta est circuitus alatere interiori trium miliarium cum dimidio et ultra et est muris circumdata circumquaque, qui muri sunt pro parte completi et pro parte non. (…) In circuitu dictorum muro rum sunt plures et plures butifredi sive turres. Et in ipsa civitate et ambitu murorum sunt infrascripte porte (…)*. Zu mittelalterlichen Stadtbeschreibungen vgl. u. a. J. K. Hyde, Medieval Descriptions of Cities, in: Bulletin of the John Rylands Library 48 (1965-66), S. 308–340.

2 So z. B. im Dragmaticon des Guillaume de Conches: *Sed quia melius retinentur quae oculis uidentur, utriusque sinzugiae fiat descriptio* (Guillelmi de Conchis Dragmaticon philosophiae, hg. von Italo Ronca. Opera omnia 1. Corpus Christianorum Continuatio Mediaevalis 152. Turnhout 1997, S. 45). Johannes von Sacrobosco hingegen nennt das Diagramm „figuratio": *Unde inter illas spera Saturni maxima est, spera vero lune minima, prout in presenti figuratione contineatur* (Lynn Thorndike, The Sphere of Sacrobosco and its Commentators, Chicago 1949, S. 45). Ich danke Kathrin Müller für den Hinweis auf beide Textstellen.

3 Die ausführlichste Präsentation von Stadtsiegeln Italiens ist immer noch diejenige von Giacomo C. Bascapè, Sigillografia. Il sigillo nella diplomatica, nel diritto, nella storia, nell'arte, Bd. I: Sigillografia generale. I sigilli pubblici e quelli privati, Bd. II: Sigillografia ecclesiastica, Milano 1969 und 1978, hier Bd. I, S. 183–262. Zur Typologie der Stadtsiegel Oberitaliens vgl. Harald Drös/Hermann Jakobs, Die Zeichen einer neuen Klasse. Zur Typologie der frühen Stadtsiegel, in: Bild und Geschichte. Festschrift f. Hansmartin Schwarzmaier, hg. v. Konrad Krimmen/Herwig John, Sigmaringen 1997, S. 125–166, hier S. 128–137. Zu französischen Stadtsiegeln vgl. Corpus des sceaux français du Moyen Age, Archives Nationales, Paris, Bd. 1: Brigitte Bedos, Les sceaux des villes,

1. Ein konsubstantielles Verhältnis von Schrift und Bild

Kaum ein mittelalterliches Bild ist frei von Schrift, doch wird der enge Bezug von Schrift und Bild bei Siegeln besonders evident. Michel Pastoureau hat zu Recht darauf hingewiesen, dass Siegelumschriften nicht außerhalb der Siegelbilder liegen, sondern integrativer Teil von ihnen sind und zumeist so regelmäßig platziert, dass in der Anschauung ihr ornamentaler Charakter überwiegt.[4] Nach mittelalterlichem Verständnis ist das ganze Siegel Bild des Siegelführers, so dass zuweilen in der Umschrift das Wort *sigillum* durch *imago* ersetzt wird,[5] wie z. B. auf dem Revers des Stadtsiegels des französischen Castres, das den Stadtpatron saint Vincent zeigt, wie er dem Reliquienschrein entsteigt. Die Siegelumschrift lautet *IMAGO CORPORIS VINCENTII*.[6] Auf dem Siegel von Castres ist die Umschrift durch eine Leiste deutlich vom inneren Bildfeld des Siegels getrennt, und die sich von einem leeren Bildgrund absetzenden und klar strukturierten Bildelemente des Reliquienschreins und des Heiligen respektieren die Rahmung der Umschrift. Auf vielen Siegeln aber überschneiden Elemente des inneren Bildfeldes die durch Zierleisten abgetrennte, umrahmende Umschrift, ragen in sie hinein oder überdecken sie, wie auf dem bronzenen Siegelstempel der Parte Guelfa di Siena aus der Mitte des 13. Jahrhunderts, der sich im Museo Civico von Siena befindet[7] (Farbabb. 1). Hier wird die rahmende Perlleiste der Umschrift links oben von dem Schwert überschnitten, das der Löwe in seiner rechten Pfote hält. Unten rechts ist dagegen die Quaste des Löwenschwanzes plastisch über die Perlrahmenleiste gelegt, womit zugleich die Materialität der weichen, nachgiebigen Quaste einerseits und des harten Metalls des Schwertes andererseits veranschaulicht ist. Die mächtigen Krallen der linken Hinterpfote des Löwen schließlich umkrallen die rahmende innere Perlleiste. Die Überschneidungen nehmen keine Rücksicht auf die Integrität der Worte der Umschrift, denn durch das

---

Paris 1980; dies., Towns and Seals: Representation and Signification in Medieval France, in: Bulletin of the John Rylands University Library of Manchester 72, Nr. 3 (1990), S. 35–48; dies., Du modèle à l'image: les signes de l'identité urbaine au Moyen Age, in: Le verbe, l'image et les représentations de la société urbaine au Moyen-Age. Actes du colloque international tenu à Marche-en-Famenne du 24 au 27 octobre 2001, hg. von Marc Boone, Antwerpen 2002, S. 189–205; zu den Stadtsiegeln des Rheinlandes vgl. Toni Diederich, Rheinische Städtesiegel, Neuss 1984; zum Bild Jerusalems auf Stadtsiegeln vgl. Wilfried Ehbrecht, Ältere Stadtsiegel als Abbild Jerusalems, in: Das Siegel. Gebrauch und Bedeutung, hg. v. Gabriela Signori, unter Mitarbeit von Gabriel Stoukalov-Pogodin, Darmstadt 2007, S. 107–120.

4 Michel Pastoureau, Les sceaux et la fonction sociale des images, in: L'image. Fonctions et usages des images dans l'Occident médiévale. Actes du 6ᵉ „International Workshop on Medieval Societes", Centre Ettore Majorana, Erice, Sicile, 17–23 octobre 1992, sous la direction de Jerome Baschet et Jean-Claude Schmitt, Paris 1996, S. 275–308, hier S. 288.

5 Pastoureau (wie Anm. 4), S. 286ff. Besonders häufig ist das Wort *SIGILLUM* auf Gegensiegeln durch das Wort *IMAGO* ersetzt.

6 Bedos, Les sceaux des villes (wie Anm. 3), Nr. 187 (Abbildung 187 bis). Der Abguss des Revers des Siegelabdrucks befindet sich in den Archives nationales, Paris, D 5629 bis. Die Siegelumschrift lautet: *YMAGO . CORPORIS . [...VI]NCENTII*. Der Abguss stammt von einem Siegelabdruck, der an eine Urkunde vom Juli 1303 angehängt ist, in dem es um den Prozess Bonifaz' VIII. geht (Archives nationales, Paris, J 478 n. 3).

7 Siena, Museo Civico, Inv. Nr. 17. Der runde Siegelstempel aus Bronze misst 59 mm, die Umschrift lautet: + *SIGILLVM: PARTIS: GVELFORVM: De SENIS*. Il sigillo a Siena nel medioevo, Katalog Ausstellung Siena, Palazzo Pubblico, 25 febbraio – 19 marzo 1989, hg. v. Elisabetta Cioni, Siena 1989, Nr. 4.

Abb. 2: Siegelstempel des Stadtsiegels von Cremona, Cremona, Archivio di Stato

Schwert wird das Wort *SENIS* (Sienas) in zwei Hälften zerschnitten, während die Schwanzquaste den ersten Buchstaben von *PARTIS (GUELFORUM)* vom Rest des Wortes abtrennt. Zuweilen werden auch große Partien des umrahmenden Streifens der Siegelumschrift von Bildelementen des inneren Bildfeldes des Siegels in Anspruch genommen, wie z. B. beim Siegel des Bischofs Theoderich von Orvieto, dem päpstlichen Schatzmeister unter Bonifaz VIII. Dieses Siegel hat sich in einem Abdruck in dem Bestand der *sigilli staccati*, also der von den Urkunden abgetrennten Siegelabdrücke des Staatsarchivs von Florenz erhalten,[8] auf dem der kniende Siegelführer unten die Umschrift überdeckt, während der obere Teil des spitzovalen Siegels von der rahmenden Bildarchitektur mit ihren Türmchen überlagert wird (Abb. 2). Auf dem vierten Stadtsiegel von Cremona, das wie seine drei Vorgänger die Fassade der Kathedrale Cremonas, und hier zum ersten Mal auch den sog. Torrazzo, den Campanile, zeigt, ist im unteren Siegelrund ein horizontaler Streifen über das innere Bildfeld des Siegels und die rahmende Umschrift gelegt.[9] Die Siegelumschrift *SIGILLUM COMUNIS CREMONE* wird so nicht, wie sonst üblich, über das ganze Rund des Siegelrandes verteilt, sondern ist dem oberen Teil vorbehalten, während der Bildraum unten neben der Kirchenfassade,

---

8 Archivio Nazionale di Firenze, sigilli staccati, Nr. 43. Zum Siegel des Theoderich vgl. Julian Gardner, Some Cardinal's Seals of the Thirteenth Century, in: Journal of the Warburg and Courtauld Institutes 38 (1975), S. 72–96, hier S. 95 und Abb. Tafel 14 b.

9 Vgl. Alfredo Puerari, Il Duomo di Cremona, Milano 1971, S. 15, Abb. IX. Der Siegelstempel, der den Abdruck erzeugte, wird wie der Abdruck im Staatsarchiv von Cremona aufbewahrt (Cremona, Archivio di Stato, Com. Crem. Arch. Segr. Sigilli 15). Zur Domfassade auf den Stadtsiegeln Cremonas vgl. Puerari, S. 12–15 und Andrea Foglia, La collezione di sigilli Ala Ponzone, S. 197, X.c 1, X.c 2, X.c.3 und X.c. 4.

der sonst der Umschrift vorbehalten ist, hier deutlich leer gelassen wird. Die horizontale Teilung des Siegel erweist sich durch ihre Struktur als der architektonischen Welt des inneres Bildfeldes zugehörig – denn sie ist das geziegelte Dach des hölzernen Portikus, der ansonsten nur auf einer Holzintarsie des Chorgestühls der Kathedrale aus dem 15. Jahrhundert von Giovanni Maria Platin visuell überliefert ist.[10] Im oberen Teil des Siegels ragt der Campanile nicht nur in die Rahmung der Siegelumschrift hinein, sondern sogar über sie hinaus, während einer der drei kleineren Fassadentürme mit der ihr Dach bekrönenden Kugel herausgehobener Teil der Perlzierleiste wird. Das Verhältnis der rahmenden Umschrift zum inneren Bildfeld ist bei Siegeln also äußerst komplex und kann vielfältige Formen annehmen, die verschiedene räumliche, zeitliche und mediale Ebenen des Siegelbildes schaffen und voneinander absetzen.

2. Sprachliche Perspektiven – Stadtsiegel mit leoninischen Versen

Das Verhältnis von Schrift und Bild wird nicht nur durch visuelle Mittel, sondern auch durch die sprachliche Perspektive, aus der Siegel sich mit ihrer Umschrift dem Leser präsentieren, bestimmt. Bekanntermaßen setzte sich europaweit bei Stadt-, aber auch bei Siegeln anderer Siegelführer im 12. Jahrhundert der Gebrauch durch, das Siegel in der Umschrift als solches zu benennen, zumeist abgekürzt mit dem Buchstaben S für *sigillum* mit der anschließenden Nennung des Siegelführers im Genitiv. Das trifft auch für die Siegel Italiens zu, allerdings nicht für eine Vielzahl italienischer Stadtsiegel, die als Umschrift leoninische Verse tragen.[11] Leoninische Verse als Ausdruck städtischen Stolzes und städtischer Autonomie finden sich in Italien auf Stadttoren, Stadtmauern, Glocken und Münzen und werden von städtischen Chronisten rezitiert.[12] Zuerst und vor allem tauchen sie jedoch auf Siegeln auf, wie auf der Bulle Konrads II. von 1033[13] und im 12. Jahrhundert auf dem Siegel des Richters und Königs Barisone von Arborea (Sardinien),[14] sodann auf den Stadtsiegeln von Lucca,[15] Pisa,[16] Siena[17] und Verona.[18]

---

10 Vgl. Puerari (wie Anm. 9), Abb. 294.
11 Zu den italienischen Stadtsiegeln mit leoninischen Versen vgl. Bascapè (wie Anm. 3), Bd. I, S. 189–194.
12 Vgl. G. B. Cervellini, I leonini della città italiane, in: Studi medievali, n.s. (1933), anno 6, 2a serie, S. 239–270, hier S. 240f.
13 *Roma caput mundi – regit orbis frena rotundi*, vgl. Cervellini (wie Anm. 12), S. 265–266, Nr. 59; P. E. Schramm, Die deutschen Kaiser und Könige in Bildern ihrer Zeit, Leipzig 1928, I, S. 121–122, Abb. 95 d und S. 203; E. D. Petrella, Inventario dei sigilli Corvisieri, Roma 1911, S. 16 und Abb. 3.
14 *Est vis Sardorum – pariter regnum populorum*, vgl. Cervellini (wie Anm. 12), S. 269–270, Nr. 67. Das Siegel ist durch die Beschreibung eines Abdrucks an einer Urkunde vom 16.9.1164 bezeugt.

15 *Luca potens sternit – sibi que contraria cernit*, vgl. Cervellini (wie Anm. 12), S. 258, Nr. 35. Das Siegel ist zuerst an einer Urkunde von 1181 bezeugt.
16 *Urbis me dignum – Pisane noscite signum*, vgl. Cervellini (wie Anm. 12), S. 258, Nr. 36.
17 *Vos veteris Sena – signum nosciatis amene*, vgl. Cervellini (wie Anm. 12), S. 259–260, Nr. 41.
18 *Est iusti latrix – urbs hec et laudis amatrix*, vgl. Cervellini (wie Anm. 12), S. 251–252, Nr. 17. Das Stadtsiegel Veronas, auf dem dieser leoninische Vers zum ersten Mal erscheint, stammt vermutlich aus der Zeit um 1200 und hat sich in einem heute im Kommunalarchiv der Gonzaga in Mantua aufbewahrten Abdruck erhalten, vgl. Stefania Ricci, Contributo alla storia dei sigilli antichi di Verona, in: Atti dell'Accademia delle Scienze di Torino, Bd. XXX (1895), Abb. 2.

Die meisten Stadtsiegel mit leoninischen Versen stammen aus dem 13. und 14. Jahrhundert,[19] einige jedoch noch aus dem 15. Jahrhundert[20] oder sogar vom Anfang des 16. Jahrhunderts (Messina).[21] Bereits zu Beginn des 14. Jahrhunderts nahm Benzo d'Alessandria (Bencius Alexandrinus) die leoninischen Verse von 12 italienischen Stadtsiegeln in seine sog. „Chronica" auf, in der er die Geschichte der Welt bis zur Zeit Heinrichs VII. erzählt.[22] Erhalten ist nur der erste Teil der „Chronica", in dem Benzo die Ereignisse von der Schöpfung bis zum Fall Jerusalems berichtet, d. h. die 24 Bücher des „Codex Ambrosianus B. 24 inf".[23] Im 14. Buch widmet sich Benzo vor allem den Städten Oberitaliens, die er seiner genauen Beschreibung zufolge persönlich besucht haben muss, und notiert jeweils die leoninischen Verse der Stadtsiegel. Benzo d'Alessandria wird von der Forschung v. a. aufgrund seiner Catull-Kenntnisse unter die Frühhumanisten eingereiht. Von seinem Leben ist wenig bekannt, und wir wissen nur, dass er als Notar tätig war, zunächst im Dienst eines kaiserlichen Richters (Cione, Ugucione delle Bellaste di Pistoia) in Mailand und ab 1325 bei Cangrande della Scala in Verona.[24]

In einem Codex aus dem 14. Jahrhundert, der in der Biblioteca Nazionale Marciana in Venedig aufbewahrt wird, sind darüber hinaus 25 leoninische Verse auf Stadtsiegeln unter dem Titel „Versus de sigillis civitatum" gesammelt (Abb. 3).[25]

Eines des bekanntesten Stadtsiegel Italiens mit leoninischen Versen ist das große Stadtsiegel von Padua, das bei Sella in einem Abdruck aus dem Jahr 1318 veröffentlicht ist.[26]

19 Das Siegel von Colle mit der Umschrift *Hoc populi signum – Collensis noscite dignum* beispielsweise muss bald nach 1322 entstanden sein, vgl. Cervellini (wie Anm. 12), S. 256, Nr. 29. Der bronzene Siegelstempel mit dem Wappen Colles ist im Museo Nazionale del Bargello in Florenz aufbewahrt (vgl. Sigilli nel Museo Nazionale del Bargello, hg. v. Andrea Muzzi/Bruna Tomasello/Attilio Tori, Bd. 1: Ecclesiastici, Firenze 1988; Bd. 2: Privati, Firenze 1989, Bd. 3: Civili, Firenze 1990, hier Bd. 3, S. 21–22, Nr. 37, Inv. Nr. 461).

20 Aus dem 14. Jahrhundert stammt beispielsweise das Siegel von Udine mit der Umschrift *Est Aquileiensis – fides hec urbs utinensis*, die die vorher benützte *(Sigillum Comunitatis terre utinensis)* ersetzte, vgl. Cervellini (wie Anm. 12), S. 250–251, Nr. 15.

21 Wie beispielsweise das Siegel von Messina mit der Umschrift: *Hic sunt sculta situs – Messane menia litus*, vgl. Cervellini (wie Anm. 12), S. 268–269, Nr. 66.

22 Zu Benzo vgl. E. Ragni, Art. Benzo (Bencio, Bentius) d'Alessandria (Bencius Alexandrinus), in: Dizionario biografico degli Italiani, Bd. 6, Roma 1966, S. 723–726. Zu den in das 14. Buch seiner „Chronica" aufgenommenen leoninischen Versen vgl. Cervellini (wie Anm. 12), S. 239f. Nach Cervellini, S. 240, Anm. 1, gibt Benzo die leoninischen Verse von Acqui, Alessandria, Asti, Bologna, Florenz Nr. 1 und Nr. 3, Genua, Parma, Pistoia n. 2, Rom, Siena n. 2, Tortona n. 2 und Verona wieder. Benzos „Chronica" ist nur zum Teil publiziert (L. Ferrari, Bentii Alexandrini De Mediolano civitate opusculum ex chronico eiusdem excerptum, in: Bullettino dell'Istituto Storico Italiano, Nr. 9 (1890), S. 15–36; Joseph R. Berrigan, Benzo d'Alessandria and the Cities of Northern Italy, in: Studies in Medieval and Renaissance History 4 (1967), S. 125–192; Marco Petoletti, Il „Chronicon" di Benzo d'Alessandria e i classici latini all'inizio del XIV secolo. Edizione critica del libro XXIV, „De moribus et vita philosophorum", Milano 2000).

23 Zwei weitere Codices der „Chronica" Benzos sind Apografe von Ambrosianus B 24 inf. (Ambrosianus O 83 sup. und Brera AD 14, 55).

24 Joseph R. Berrigan, The Prehumanism of Benzo d'Alessandria, in: Traditio 25 (1969), S. 249–263; Ronald G. Witt, In the Footsteps of the Ancients. The Origins of Humanism from Lovato to Bruni, Leiden 2000, S. 167f.

25 Biblioteca Nazionale Marciana, Venedig, cod. Marciano Lat. 479.

26 Archivio Segreto Vaticano (Arch., Canc., Nunt., Venet. 14637), I sigilli dell'Archivio Vaticano, hg. v. Pietro Sella unter Mitarbeit von M. H. Laurent O. P., Bd. 2.1., S. 261f., Nr. 2068, Bd. 2. 2, Città del Vaticano 1946, Tafel XCI, Nr. 2068.

Abb. 3: Abdruck des Stadtsiegels von Padua, 1318, Archivio Segreto Vaticano
(Arch., Canc., Nunt., Venet. 14637)

Der Abdruck aus schwarzem Siegellack auf einer Schale aus Wachs misst 80 mm und ist mit einem grünen Seidenfaden an die Urkunde angehängt.[27] Das Siegelbild zeigt eine Stadtabbreviatur aus der Vogelperspektive: Eine quadratische, zinnenbekrönte Stadtmauer mit vier Ecktürmen umschließt einen ebenfalls zinnenbekrönten Palazzo mit zwei hohen Türmen, in dessen unterem Geschoss sich hohe Arkaden öffnen, während das obere Geschoss rundbogige Doppelfenster mit Dreiecksgiebeln zeigt. Von zweien der geöffneten Stadttore gehen Brücken aus. Zwischen den Türmen der Stadtmauer und des Stadtpalastes ist auf dem Siegelbild die Inschrift *PADVA* zu lesen. Die Siegelumschrift – *MUSON MONS ATHES MARE CERTOS DANT FINES* – ist gleichmäßig auf den ihr vorbehaltenen Streifen verteilt und beschreibt, wie weit der Machtbereich Paduas reicht: bis zum Fluss Musone im Norden, den Colli Euganei im Westen, der Etsch im Süden und bis zum Adriatischen Meer. Der silberne Siegelstempel, der diesen Abdruck erzeugte, war nach Bascapè wahrscheinlich seit der ersten kommunalen Zeit Paduas, spätestens aber seit 1256 mit der Befreiung der Stadt von Ezzelino da Romano bis zum Fall der Carraresen in Gebrauch. In den *Libri Commemorali* Paduas beschreibt der kaiserliche Notar der Stadt, wie die Prokuratoren Paduas am 3.1.1406 dem Dogen von Venedig das *vexillum*, das Szepter und den silbernen Siegelstempel der Stadt in einer feierlichen Zeremonie überreichen. Wie groß die Autorität und die Macht der

---

27 Vgl. Bascapè (wie Anm. 3), Bd I, S. 207.

Abb. 4: Siegelstempel von Reggio Emilia

Republik gewesen seien, so der Notar, sei aus der Umschrift des Paduaner Stadtsiegels zu beurteilen, das die Grenzen der Macht der Stadt festsetze.[28]
Die größte Gruppe unter den italienischen Stadtsiegeln mit leoninischen Versen benennen in der Siegelumschrift ihre rechtliche Funktion, wie zum Beispiel das große Siegel von Reggio Emilia mit der Umschrift: *DAT REGGI SCRIPTIS POPULUS SUA VOTA SUB ISTIS* – der Popolo von Reggio gibt mit diesen Schriften seine Stimme ab[29] (Abb. 4). Im Jahr 1306, in dem Reggio die Fremdherrschaft der Este abgeschüttelt hatte, wurde die *Societas S. Prosperi populi Reggi et artium Civitatis Regii*, also der Bund des hl. Prosperus des Popolo von Reggio und der *artes* der Stadt Reggio gebildet. Ihre Mitglieder mussten guelfisch sein und auf ihren Häusern das Wappen der *societas* abbilden, ein feuerrotes Kreuz auf weißem Grund. Das Siegel der *societas* wurde zum Stadtsiegel und blieb es bis in das Jahr 1796. Auf dem Bildfeld sind die beiden Stadtheiligen der hl. Prosperus und San Giovanni Crisostomo veranschaulicht, die das Banner der *societas* mit dem Kreuz auf leerem Grund tragen. In der Tat musste jedes wichtige öffentliche Schriftstück von der *societas* und dem Consiglio generale, seiner Emanation, sanktioniert, und das heißt mit ihrem Siegel authentisiert werden.[30]

28 (...) *et quanto fuisset autoritas et potesta rei publice Padue iudicabatur ex inscriptione literarum huius sigilli ... ex his eius limitibus constabat potentia civitatis Padue* (...), zit. nach Ricci (wie Anm. 18), S. 82f., Nr. 78, hier S. 83.
29 Der runde Siegelstempel ist aus Bronze, misst 64 mm und wird heute im Staatsarchiv von Reggio Emilia konserviert. Vgl. Cervellini (wie Anm. 12), S. 255, Nr. 27.
30 Fernando Fabbi, L'arme, gli stendardi, il sigillo grande del comune di Reggio Emilia, Reggio Emilia 1932; Andrea Balletti, Storia di Reggio nell'Emilia, Reggio nell'Emilia 1925, S. 154.

Abb. 5: Abdruck des Stadtsiegels von Pisa, 4.6.1273, Archivio Segreto Vaticano
(A.A. Arm. I–XVIII, 6205)

Im Fall des Stadtsiegels von Reggio ist das Subjekt der Siegelumschrift der Popolo – *populus dat sua vota* (...). Bei den meisten der Stadtsiegel Italiens, die sich in ihren leoninischen Versen auf die juristische Funktion des Siegels beziehen, ist jedoch das Siegel selbst Subjekt der Umschrift, wie z. B. im Fall von Pisa, dessen Stadtsiegel aus der Zeit Friedrich I. bei Sella in einem Abdruck vom 4.6.1273 veröffentlicht ist (Abb. 5). Der Siegelabdruck aus weißem Wachs ist mit einem roten Seidenband an die Urkunde angehängt, und die Siegelumschrift lautet: *URBIS ME DIGNUM PISANE NOSCITE SIGNUM* – Erkennt mich, das würdige Zeichen der Stadt.[31] Das Siegel selbst ruft zu seiner Betrachtung als authentisierendes Zeichen der Stadt auf. Auch das Siegelbild zeigt in diesem Fall einen aktiven Charakter, denn es ist ein Adler dargestellt, der gerade zum Flug ansetzt. Eine ähnliche Formulierung benutzt der bronzene Siegelstempel der Stadt Siena, der sich im Museo Nazionale del Bargello in Florenz befindet, und auf den Beginn des 13. Jahrhunderts, von Drös und Jakobs noch in das 12. Jahrhundert datiert wird: *VOS VETERIS SENE SIGNUM NOSCATIS AMENE* – Erkennt das Zeichen

---

31 I sigilli dell'Archivio Vaticano, hg. v. Pietro Sella unter Mitarbeit von M.-H. Laurent, Bd. 1.1. Città del Vaticano 1937, S. 343, Nr. 1105; Bd. 1. 2. Taf. LXXXV, n. 1105; Cervellini (wie Anm. 12), S. 258, Nr. 36; Bascapè (wie Anm. 3), Bd I, S. 226; Luigi Passerini, I sigilli del Comune di Pisa, Pisa 1878. Der runde Siegelabdruck misst 60 mm.

des lieblichen antiken (alten) Siena.³² Das Siegel zeigt eine zinnenbekrönte Stadtmauer mit drei hohen Türmen und drei Stadttoren, darin mehrere kleinere Gebäude.

Nicht selten wird dort, wo sich das Siegel selbst in Ich-Form an den Betrachter wendet, auch Bezug auf die figürlichen Darstellungen im Siegelbild genommen, wie zum Beispiel im Fall des ältesten Stadtsiegels von Mailand, von dem sich weder der Stempel noch Abdrücke erhalten haben. Seine leoninischen Verse aber sind in dem „Versus de sigillis civitatum" aus dem Codex der Marciana überliefert: *STRUCTURE DIGNUM – SUM MILES ET HYDRA SIGILLUM* – Ich bin mit meiner Struktur (also meinem Bild) das würdige Siegel der Stadt: Ritter und Drache.³³ Wie diese „Struktur" ausgesehen hat, wissen wir nicht, und es wird entweder eine Darstellung des hl. Georg als Drachentöter vermutet, oder aber die Abbildung eines Kriegers mit der *hydra*, d. h. der ehernen Schlange des Moses, die Erzbischof Arnulf II. im Jahr 1002 aus Byzanz mitgebracht und in S. Ambrogio aufgestellt hatte.³⁴ Sehr oft ist es das reimende Begriffspaar *signum – dignum*, das die Siegelumschrift der italienischen Stadtsiegel bestimmt. Manchmal aber, wie beim ersten Stadtsiegel von Genua, von dem sich zwei Bleibullen erhalten haben, präsentiert sich die Stadt ganz unvermittelt und direkt. *IANUENSIS ARCHIEPISCOPUS*, der Erzbischof Genuas, ist auf der Umschrift der Recto-Seite zu lesen, und hier ist der hl. Siro (oder Silo), Stadtpatron und erster Erzbischof Genuas, im Brustbild mit Nimbus und Pallium und der im Segensgestus erhobenen Rechten und einem Buch in der Linken dargestellt, die Siegelinschrift besagt S. SILSV. Die Verso-Seite zeigt dagegen ein geöffnetes Stadttor mit Spiralsäulen, und die Umschrift besagt lapidar: *CIVITAS IANUENSIS*.³⁵ Das Siegel *ist* die Stadt.

3. Stadtsiegel und Rechtskultur

Die leoninischen Verse der italienischen Stadtsiegel werden von der Siegelforschung innerhalb der Gruppe der europäischen Stadtsiegel als „italienische Eigenart" eingestuft, und in der Tat finden wir sie ansonsten nur auf Siegeln südfranzösischer Städte, genauer in Arles, Marseilles und Valence.³⁶

---

32 Cervellini (wie Anm. 12), S. 259–260, Nr. 41; Il sigillo a Siena nel medioevo (wie Anm. 7), Kat. Nr. 1; Sigilli nel Museo Nazionale del Bargello (wie Anm. 19), Bd. III, S. 90, Nr. 193, Inv. Nr. 1790; Drös/Jacobs (wie Anm. 3), S. 135f. Der runde Siegelstempel ist aus Bronze und misst 62 mm. Dargestellt ist Castelvecchio, d. h. der erste Stadtkern Sienas.

33 Cervellini (wie Anm. 12); S. 247, Nr. 9.

34 Vgl. Bascapè (wie Anm. 3), Bd. I, S. 192, Drös/Jakobs (wie Anm. 3), S. 133.

35 Vgl. Bascapè (wie Anm. 3), Bd. I, S. 258 und die Abbildungen, Bd. I, S. 249, Nr. 1 und 2 nach dem seiner Ansicht nach einzig erhaltenen Exemplar der Bleibulle in London, British Museum, V, 22.327, das im Inventar auf das Jahr 1130 datiert werde. Drös/Jakobs (wie Anm. 3), S. 129, datieren die Bleibulle auf das Jahr 1133; Francesco Gamberoni, Uso e iconografia del sigillo comunale a Genova nel medioevo: nuove acquisizioni e alcune precisazioni, in: Ligures. Rivista di Archeologica, Storia, Arte e Cultura Ligure 2 (2004), S. 129–136, hier S. 130, Abb. 1, publiziert ein weiteres Exemplar der Bleibulle, das im Kommunalarchiv von Montpellier konserviert ist und datiert die Geburt des ersten Genueser Siegels auf die Jahre 1134–1138.

36 Drös/Jakobs (wie Anm. 3), S. 159. Zu den Siegeln von Arles, Marseilles und Valence vgl. Bedos, Corpus des sceaux (wie Anm. 3), Arles: S. 62–63, Nr. 47 und 47 bis; Valence: S. 512, Nr. 703; Marseille: S. 306–308, Nr. 390 und 390 bis; 391 und

Ich möchte diese sog. „italienische Eigenart" im Panorama der europäischen Stadtsiegel mit einer anderen italienischen Besonderheit, der Bedeutung des Rechts im italienischen Mittelalter, in Verbindung bringen. Damit ist zunächst die Wiedergeburt des römischen Rechts in Italien gemeint an Universitäten wie zuerst Bologna und später Padua, wo von ca. 1100–1250 die Grundlagen des *ius comune*, eines allgemeinen Rechts gegenüber den vielen geltenden Partikularrechten entwickelt und konsolidiert und in der Zeit bis 1500 zum Triumph geführt werden.[37] Aber nicht nur in Bologna und Padua wird Recht gelehrt, sondern auch viele andere Städte besonders Ober- und Mittelitaliens haben Rechtsschulen oder sogar ein *studium generale*. Die Gesetzesnormen der italienischen Städte, die Stadtstatuten, werden zwar als *ius proprium* von den Bologneser Rechtsdoktoren belächelt, speisen sich aber doch wesentlich aus dem an den großen Universitäten gelehrten *ius comune*, dem sie sich im 15. Jahrhundert unterordnen müssen.

Neben den großen Glossatoren und berühmten Rechtsdoktoren Bolognas und anderer Universitätsstädte entsteht in Italien um 1100 eine zweite Gruppe der Protagonisten des Rechts, das Notariat, dem bei der Verbreitung des gelehrten Rechts eine bedeutende, aber noch genauer zu untersuchende Rolle zukommt.[38] Sehr viel früher als in anderen europäischen Ländern entwickelt sich in Italien mit dem Notariat die Kultur eines öffentlichen Schreibens, Notariat und Kommunen entwickeln sich gleichzeitig und in gegenseitiger Abhängigkeit. Die von der *manus publica* der Notare verfassten öffentlichen Urkunden genießen öffentlichen Glauben, *publica fides*. Dies gilt natürlich nicht nur für den kommunalen Bereich. Bekanntermaßen hatte bereits Papst Alexander III. (gest. 1181) für das kanonische Recht den Grundsatz aufgestellt, dass vor geistlichem Forum Urkunden, deren Zeugen gestorben seien, nicht als beweiskräftig anzusehen seien, es sei denn, sie seien von öffentlicher Hand geschrieben (also Notariatsurkunden) oder mit einem authentischen Siegel versehen.[39] Tatsächlich sind ein Großteil der in italienischen Archiven aufbewahrten Urkunden notarielle Urkunden,[40] die durch das

391 bis; 392 und 392 bis. Zu den leoninischen Versen auf diesen Siegeln vgl. Cervellini (wie Anm. 12), S. 241, Anm. 2.
37 Aus der umfangreichen Literatur zu dem Thema seien hier stellvertretend genannt Ennio Cortese, Il diritto nella storia medievale, 2 Bde., Roma 1995; Paolo Grossi, L'ordine giuridico medievale, Roma-Bari 1995; Antonio Padoa Schioppa, Il diritto nella storia d'Europa. Il Medioevo. Parte prima, Padova 1995 und Mario Ascheri, I diritti del medioevo italiano, secoli XI–XV, Roma 2000.
38 Zur Bedeutung des Notariats vgl. Andreas Meyer, „Felix et inclitus notarius". Studien zum italienischen Notariat vom 7. bis 13. Jahrhundert, Tübingen 1986 (Bibliothek des Deutschen Historischen Instituts in Rom 92); Civiltà comunale: libro, scrittura, documento, Società ligure di storia patria („Atti" n.s. 29/2), Genova 1989, Il notariato comunale del periodo comunale, Piacenza 1999; Zur politischen Kultur des Notariats vgl. Enrico Artifoni, Retorica e organizzazione del linguaggio politico nel Duecento italiano, in: Le forme della propaganda politica nel Due e nel Trecento, a cura di Paolo Cammarosano, École française de Rome (Collection de l'École, 201), Rome 1994, S. 157–182.
39 Decr. Gr. IX, II, 22,2: *Scripta vero authentica, si testes inscripti decesserint, nisi forte per manum publicam* (d. h. von einem Notar, Anm. d. Verf.) *facta fuerint, ita, quod appareant publica, aut authenticum sigillum habuerint, per quod possint probari, non videntur nobis alicuius firmitatis robur habere.*
40 Vgl. Giorgio Tamba, Una corporazione per il potere. Il notariato a Bologna in età comunale, Bologna 1998, S. 173f. Es handelt sich dabei nach Giorgio Tamba entweder um „öffentliche Urkunden", die von Notaren im Dienst kaiserlicher oder päpstlicher Kanzleien oder aber für städtische Kommunen verfasst wurden, bzw. um notarielle Urkunden, die im Auftrag und im Interesse von Privatpersonen geschrieben wurden.

frei mit der Hand gezeichnete *signum* des Notars und seine Unterschrift authentisiert sind, und die Mehrzahl dieser Urkunden tragen keine Siegel.

Die hohe Rechtskultur und das Notariat bedeuten so einerseits ein ungeheures Ansteigen von Schriftlichkeit, oder wenn man so will, einen ‚linguistic turn', der die Bilderflut von beglaubigenden Siegeln einschränkt. Andererseits bringt dieser ‚linguistic turn' auch eine Vielzahl von Zeichen hervor, wie zuerst das genannte individuelle, d. h. jeweils dem einzelnen Notar vorbehaltene *signum notarilis*. Neben das individuelle Notarsignum tritt darüber hinaus, wie Giorgio Costamagna anhand einer untergeordneten kommunalen Dokumentart für Genua gezeigt hat, das überindividuelle *Signum Comunis* und das *Signum Populi*, die ebenfalls von Notaren gezeichnet wurden. Mit ihnen wurden die sog. „Apodixiae" gekennzeichnet, mit denen ein Richter einen Notar autorisierte, ein zerstörtes oder verloren gegangenes Notariatsinstrument neu zu verfassen. Bei bedeutenderen Urkunden erscheinen diese *signa* neben dem Siegel der Stadt.[41]

Nicht zufällig sind italienische Notare darüber hinaus noch auf eine ganz andere Weise mit Stadtsiegeln befasst, die die rechtliche Autonomie der italienischen Städte, wie oben gezeigt, mit magischer Direktheit formulieren. Denn fast immer ist den Notaren, oder genauer, dem Notar des jeweiligen Podestà, das Siegel der Stadt zur Verwahrung und Bewachung anvertraut, und die Notare sind es, die das Stadtsiegel mit sich tragen und die Besiegelung in einem feierlichen Akt vollziehen, wie aus den entsprechenden Bestimmungen der Stadtstatuten vieler italienischer Städte ersichtlich.[42] Welcher Grad von Verantwortung dieser Aufgabe beigemessen wurde, zeigt sich darin, dass zuweilen nicht nur dem Siegel, sondern auch dem es überwachenden Notar „Authentizität" zugesprochen wird.[43]

Die Urkunden, die Notare mit Stadtsiegeln zu beglaubigen hatten, waren *litterae*, d. h. Briefe, die an andere autonome Städte Italiens, seine Seerepubliken oder aber an auswärtige Staatsoberhäupter gerichtet waren.[44] Die Korrobationsformeln, mit denen das Siegel in den *litterae* obligatorisch angekündigt wird, sind nach dem Sprachmuster der kaiserlichen Kanzleien gestaltet, so wie auch der Gebrauch der leoninischen Verse in den Kaisersiegeln sein Vorbild hat. Seit Konrad II. zeigen die Kaisersiegel eine *imago urbis*, hier natürlich das Bild der Stadt Rom.

---

41 Vgl. Giorgio Costamagna, Note di diplomatica comunale. Il „Signum Comunis" e il „Signum Populi" a Genova nei secoli XII e XIII, in: Miscellane di Storia Ligure in onore di Giorgio Falco, Milano 1962, S. 105–115, hier S. 112, Anm. 28.

42 Vgl. Bascapè (wie Anm. 3), Bd. I, S. 239–244.

43 Giovanna Nicolaj, Alcune considerazioni sul ‚sistema' documentario bassomedievale. In margine alle carte silvestrine, Convegno di studi tenuto a Fabriano, Monastero S. Silvestro abate, 4–6 giugno 1998, a cura di Ugo Paoli, Fabriano, Monastero San Silvestro abate, 2001 (Bibliotheca Montisfani, 25), S. 365–375, hier S. 372: „Tant'è che ci sembra emblematico che anche in quest'angolo di dolcissime Marche, all'ultimo, un notaio *imperiali auctoritate* stenda un documento tipico e perfetto, in calce al quale però i *priores artium populi et comunis Fabriani* fanno „fidem et in verbo veritatis" attestano che quel notaio è „publicus, lealis et autenticus" e pure iscritto alla matricola locale; e lo attestano con un documento sottoscritto dal *cancellarius* del comune e autenticato dal loro sigillo."

44 Vgl. Bascapè (wie Anm. 3), Bd. I, S. 240.

4. Siegel-Kopien

Notare italienischer Städte waren nicht nur insofern mit den Siegeln ihrer Stadt beschäftigt, als sie sie an ihrem Körper bewahrten und mit ihren Händen berührten, wenn sie die Besiegelung vollzogen. Sie mussten sie auch genau betrachten, und das, was sie sahen, in das Medium der Schrift übersetzen, nämlich dann, wenn sie wichtige Urkunden, die ihre Stadt betrafen, in die sog. *libri iurium* aufnahmen, und das heißt exakt, *de verbum ad verbum*, kopierten.[45] In den authentischen Kopien, die Notare von Urkunden anfertigen, müssen auch die Beglaubigungsmittel des Originals, wie zum Beispiel das an das Original angehängte Siegel, genannt und beschrieben werden. Da in die *Libri iurium* Urkunden verschiedenster Art kopial aufgenommen werden, also kaiserliche oder königliche Diplome, päpstliche Privilegien und Briefe, Vereinbarungen und Bündnisse mit anderen Kommunen etc., bieten sie ein breites Spektrum an Beschreibungen mittelalterlicher Siegel, von Papstbullen, Königssiegeln bis zu Stadtsiegeln. Berühmte Beispiele für *libri iurium* sind der „Caleffo Vecchio" von Siena,[46] der „Liber iurium comunis Parme",[47] der „Codex Tarvisinus",[48] die sog. „Margheritella", d. h. der *liber iurium* der Kommune von Viterbo[49] oder der „Liber Censuum" von Pistoia.[50] So ist auch die oben genannte Bleibulle Genuas in den *Libri iurium* der Stadt beschrieben, und zwar in einer notariellen Kopie einer Urkunde aus dem Jahr 1164, die zusammen mit dem Siegel des Königs von Sardinien ein Abkommen zwischen Sardinien und der Kommune von Genua authentisiert. Auf deren einen Seite, so der das Siegel beschreibende Notar, *erat sculpta ymago medii episcopi infra circulum, in cuius circumscriptione erat crux et litterae tales: + IANUBENSIS ARCHIEPISCOPUS, infra circulum erat vero scriptum SANCTUS SILUS; ab alia ... parte ... erat forma civitatis in cuius circumscriptione erat crux et litterae tales: CIVITAS IANUENSIS*.[51] Auch ein späteres Siegel von

---

45 Zu den „libri iurium" vgl. Antonella Rovere, I „libri iurium" dell'Italia comunale, in: Civiltà comunale: libro, scrittura, documento. Atti del Convegno (Genova, 8–11 novembre 1988), Genova, Società Ligure di Storia Patria, 1989 (= Atti della Società Ligure di Storia Patria, n.s. XXIX 1989), S. 157–199; Antonella Rovere, I „libri iurium" delle città italiane: problematiche di lettura e di edizione, in: I protocolli notarili tra medioevo ed età moderna. Atti del Convegno (Brindisi, 12–13 novembre 1992), in: Archivi per la Storia VI (1992), S. 79–94 und Paolo Cammarosano, I „libri iurium" e la memoria storica delle città comunali, in: Il senso della storia nella cultura medievale italiana (1100–1350). Atti del 14. Convegno internazionale di studio (Pistoia, 14–17 maggio 1993), Pistoia 1985, S. 309–325.

46 Vgl. Paolo Cammarosano, Tradizione documentaria e storia cittadina. Introduzione al „Caleffo Vecchio" del comune di Siena, Siena 1988.

47 Liber iurium comunis Parme, a cura di G. La Ferla Morselli, Parma 1993 (Fonti e Studi della Deputazione di Storia Patria per le antiche provincie parmensi, s. I, XV).

48 S. Rosso, Il Codex Tarvisinus. Struttura e contenuto del liber iurium del comune di Treviso, in: Archivio Veneto, s.V, CXXXIX (1992), S. 32–33.

49 Cristina Carbonetti Vendittelli, Margheritella, il più antico liber iurium del comune di Viterbo, Roma 1997 (Fonti per la Storia dell'Italia Medievale, Antiquitates, 6).

50 Antonella Rovere, Tipologie documentali nei Libri iurium dell'Italia comunale, in: La diplomatique urbaine en Europe au moyen age. Actes du congres de la Commission internationale de diplomatique, Gand 25–29 aout 1998, pub. par W. Prevenier et T. de Hemptinne, Leuven-Apeldorn, Garant 2000 (Studies in urban social, economic and political history of the medieval and modern Low Countries 9), S. 417–436.

51 Codice diplomatico della repubblica di Genova, a cura di Cesare Imperiale di Sant'Angelo, Roma 1936–42, II, S. 13; über Notare, die Bullen beschreiben hier Bd. I, S. X, XI, XIV; vgl. Giorgio

Genua ist in den *Libri iurium*, hier vom Notar Lantelmus in der Kopie einer Urkunde von 1199, beschrieben: *Ego Lantelmus notarius sacri palatii hoc exemplum ab autentico consulum Sancti Romuli quorum sigillorum cereorum munime sigillato unum quoque erat sigillum comunis Ianuae habens formam griffi tenentis inter pedes aquilam et vulpem …; in alio vero videbatur esse forma cuiusdam castri cuius circumscriptio legi non poterai.*[52] Auf dem Siegel waren also auf der einen Seite ein Greif mit einem Adler und einem Fuchs zwischen den Krallen und auf der anderen Seite eine Burg dargestellt. Ein Abdruck dieses beschriebenen Siegels aus grünem Wachs wird im Kommunalarchiv von Montpellier konserviert.[53]

Die Tatsache, dass der Notar die Siegelumschrift nicht wiedergibt, weil er sie nicht lesen konnte, bezeugt, wie ernst er seine Aufgabe nahm, nur das zu beschreiben, was er sehen und erkennen konnte, da ihm die Umschrift des Genueser Stadtsiegels mit Sicherheit von anderen Siegelabdrücken und dem Siegelstempel selbst bekannt gewesen sein mussten. Ein weiterer Abdruck des Genueser Siegels in Wachs scheint noch schlechter gewesen zu sein, denn der die Urkunde kopierende Notar beklagt, dass weder die bildliche Darstellung noch die Umschrift gut zu erkennen gewesen seien: *sigillum comunis Ianue, tamen forme intus sculpte et circumscriptiones ipsius multum bene discerni non poterant.*[54]

Bei einer aufmerksamen Lektüre von Bascapès Sigillografia, dem fundamentalen Werk zur italienischen Siegelkunde, wird deutlich, wie oft und vertrauensvoll der Autor, aber auch seine Kollegen aus anderen Fächern, in den Ausführungen im Fall von nicht erhaltenen Siegelstempeln und -abdrücken auf derartige mittelalterliche Siegelbeschreibungen durch Notare zurückgreifen. Das Vertrauen der Forscher des 20. Jahrhunderts spiegelt so den mittelalterlichen Glauben in die *scriptura publica* der Notare wider.[55] Dass es vielfach Notare wie Benzo d'Alessandria, Riccobaldo da Ferrara oder Matteo Griffoni waren, die Stadtchroniken verfassten, ist bekannt.[56] Auch die Bedeutung der Notare für die italienische Dichtung, ausgehend von den Notaren Friedrichs II. in Sizilien, ist mehrfach untersucht.[57] Die zumeist in Latein gehaltenen notariellen Beschreibungen von Siegeln und ihren Bildern blieben von der Forschung dagegen bislang unbeachtet und verdienen eine Untersuchung ihrer besonderen sprachlichen Formen.[58]

Costamagna, La convalidazione delle convenzioni tra comuni a Genova nel sec. XII, in: Bullettino dell'Archivio Paleografico, n.s. 1 (1955), S. 111–119; Bascapè (wie Anm. 3), Bd. I, S. 258f.

52 Codice diplomatico della Repubblica di Genova, ed. Cesare Imperiale di Sant'Angelo, Bd. III, S. 169. Vgl. Drös/Jakobs (wie Anm. 3), S. 130.
53 Vgl. Gamberoni (wie Anm. 35), Abb. 2.
54 Zitiert nach Gamberoni (wie Anm. 35), S. 131.
55 Zum Vertrauen in notarielle Schriften vgl. Petra Schulte, Das Scriptura publica creditur: Das Vertrauen in Notariatsurkunden im kommunalen Italien des 12. und 13. Jahrhunderts, Tübingen 2003.
56 Marino Zabbia, I notai e la cronachistica cittadina italiana nel Trecento, Roma 1999.
57 Vgl. F. Novai, Il notaio nella vita e nella letteratura italiana delle origini, in: ders., Freschi e minii del Dugento, Milano 1908, S. 299–328; Adolfo Gaspary, La scuola poetica siciliana del secolo XIII, Livorno 1882, unver. Nachdruck Forni 1980. Zu Bonagiunta Orbicciano aus Lucca (ca. 1220 – ca. 1290), der als Vermittler der sizilianischen Schule nach Mittel- und Oberitalien gilt, vgl. Francesco Paolo Luiso, Per la biografia di Bonagiunta Orbicciani, Omonimie disturatrici, in: Archivio Storico Italiano, Nr. 323, a. LXXXV (1927), s. VII, v. VIII, I, S. 37–60; zu Bovicello aus Perugia Attilio Bartoli Langeli, Notai. Scrivere documenti nell'Italia medievale, Roma 2006.
58 Zur Sprache der Notare, allerdings mit einem besonderen Gewicht auf das „volgare", vgl. La lingua dei notai a Bologna ai tempi di Dante, a cura

Bascapè und andere Siegelforscher vertrauen aber nicht nur den notariellen Beschreibungen von Siegeln, sondern auch ihren mittelalterlichen Abbildungen, wie im Fall des Siegels der oberitalienischen Stadt Lodi. Von dem Siegel, so Bascapè, habe sich kein einziges Exemplar erhalten, jedoch sei es in einer „summarischen, aber wirkungsvollen" Zeichnung in einem Codex aus dem 13. Jahrhundert überliefert, nämlich in der Schrift „De regimine et sapientia potestatis" des Richters Orfino da Lodi, die in der Biblioteca Capitolare von Monza aufbewahrt wird[59] (Farbabb. 6). Das Stadtsiegel von Lodi ist das einzige unter den bekannten italienischen Stadtsiegeln, das einen Kaiser – hier Friedrich Barbarossa – visualisiert, denn die Stadt wurde nach ihrer zweiten Zerstörung im 12. Jahrhundert durch Beschluss des Kaisers wiederaufgebaut. Hieran erinnert die Siegelumschrift in leoninischen Versen: *LAVDENSEM RVPEM – STATVIT FREDERICVS IN VRBEM* – Friedrich transformierte den Fels Lodi (gemeint ist der Berg Guzzone) in eine Stadt. Die Zeichnung in „De regimine et sapientia potestatis" des Orfino da Lodi, die wohl als eigenhändig anzusehen ist, zeigt die frontale Büste des Kaisers mit einer Zinnenkrone, während auf seiner Brust im umrahmenden Mantel, der wie das Rund eines Siegels im Siegel gestaltet ist, ein zinnenbekröntes Stadttor, überragt von einem zinnenbekrönten Turm, dargestellt ist.[60] Orfino da Lodi war Richter im Dienst von Friedrich von Antiochien, dem illegitimen Sohn Friedrichs II., und seinem Vikar in Mittelitalien.[61] Sein Werk ist ein Lob der Staufer und ihrer Genealogie, dem ein zentraler Exkurs über die Geschichte der Menschheit vom Sündenfall Adams und Evas bis zur Geburt der Zivilisation, die die Geburt des Rechts ist, zwischengeschaltet ist. In der Tat hatte die von den Bologneser Juristen betriebene Wiederbelebung des römischen Rechts auch eine Neuordnung der Prozessordnung zur Folge, die sich schnell in ganz Europa verbreitete.[62]

Das Stadtsiegel von Lodi mit dem Stauferbild des Richters Orfinus ist an den Anfang seines Traktats (fol. 31r) gezeichnet. Links daneben ist zu lesen: *Incipit Orfinus de regimine et sapientia potestatis*, darunter beginnt der Prolog des Werks, das in ca. 1600 leoninischen Versen gedichtet ist. Nach dem Prolog beginnt das Lob Friedrich Barbarossas, *inclitus antiqus Cesar, magnus Federicus*, in dem sodann auch die leoninischen Verse der Siegelumschrift zitiert sind[63]. Bekanntermaßen ist in der unteren Rahmung von Simone Martinis Maestà im Palazzo Pubblico in Siena auch das Siegel der Stadt abgebildet (Farbabb. 7), von dem sich weder der Stempel noch Abdrücke erhalten haben, das aber aufgrund seiner Abbildung auf dem Fresko und aufgrund einer Urkundennotiz, der zufolge der Sieneser Goldschmied Guccio di Mannaia das Siegel der Stadt erneuerte, eben diesem Goldschmied zugeschrieben wird.

di A. Antonelli e G. Feo, in: La langue des actes. Actes du XIe Congrès international de diplomatique (Troyes, 11–13 septembre 2003), sous la direction de Oliver Guyotjeannin, online-Veröffentlichung: http://elec.enc.sorbonne.fr/document297.html (18.07.2008, 12:55).

59 Bascapè (wie Anm. 3), S. 238; Monza, Biblioteca Capitolare del Duomo, Cod. b 11/71.

60 Zur Autografie des Codex von „De Regimine et sapientia potestatis" vgl. Orfino da Lodi, De regimine et sapientia potestatis (Comportamento e saggezza del podestà), Introduzione, testo, traduzione e note a cura di Sara Pozzi, Lodi 1998 (Quaderni di studi lodigiani 7), S. 121.

61 Zu Orfino da Lodi vgl. Alessandro Caretta, Contributo ad Orfino da Lodi, in: Aevum 50 (1976), S. 235–248.

62 Orfino da Lodi (wie Anm. 60), S. 27 mit Verweis auf Giuseppe Salvioli, Storia della procedura civile e criminale. Il processo romano-canonico e la sua letteratura, in: Storia del diritto italiano, III /2 Milano 1927, S. 154ff.

Das erste Siegel der Stadt Siena, das sich als Siegelstempel konserviert hat, zeigte Castelvecchio und war bis um die Mitte des 13. Jahrhunderts im Gebrauch. Aus dem Jahr 1266 hat sich ein Abdruck des nachfolgenden Stadtsiegels Sienas in naturfarbenem Wachs erhalten, das jetzt die thronende Madonna mit Kind, einer Rose in ihrer Rechten, zwei kerzenhaltende Engel links und rechts und einen Drachen zu ihren Füßen zeigt.[64] Die Siegelumschrift besagt in leoninischen Versen: *SALVET VIRGO SENAM VETEREM QUAM SIGNAT AMENAM* – Die Jungfrau möge das alte, liebliche Siena erretten, das sie bezeichnet. Zum 4. September 1298 ist in den Sieneser Biccherne sodann die Bezahlung eines neuen Stadtsiegels, geschaffen von Guccio di Mannaia, notiert.[65] Dieses war wohl bis 1341, als Michele di Ser Memmo ein neues Stadtsiegel schuf, im Gebrauch.[66] Die Siegelumschrift und das ikonographische Formular des auf Simone Martinis Fresko abgebildeten Siegels sind identisch mit demjenigen des früheren Siegelabdrucks, abgesehen davon, dass die Madonna jetzt nicht mehr die Rechte mit einer Rose erhoben hat, sondern dem Christuskind einen runden Gegenstand, vielleicht eine Frucht, überreicht. Auf dem späteren Siegel in seiner Abbildung auf Simone Martinis Maestà ist die Madonna zudem nicht mehr in hieratischer Frontalität visualisiert, sondern in fast s-förmiger Biegung. Die Madonnendarstellung auf dem gemalten Siegel Simone Martinis unterscheidet sich aber auch grundsätzlich von derjenigen im Zentrum der Maestà, nicht nur, was die Ikonographie und Kleidung von Madonna und Kind betrifft, sondern auch hinsichtlich der stilistischen Formensprache. Der Faltenwurf von Simones Madonna der Maestà beispielsweise ist in der Kniepartie der Madonna wesentlich geradliniger und feingliedriger als auf dem gemalten Siegel mit seinen eher rundlichen und weicheren Formen.[67] Aber auch das rundere Gesicht und die weniger gelängten Augen von Madonna und Kind auf dem gemalten Siegel unterscheiden sich ganz wesentlich von Gesicht und Augen der Madonna und des Kindes im Zentrum des Freskos der Maestà und zeigen große stilistische Ähnlichkeiten mit der Darstellung von Madonna und Kind in Email auf dem Fuß von Guccio di Mannaias Kelch für Papst Nikolaus IV.[68] Ganz offensichtlich kam es Simone darauf an, in dem gemalten Siegel einen anderen Stil als seinen eigenen vor Augen zu führen. Wenn dem so wäre, hätten wir ein Phänomen vor uns, das Kunst-

---

63 Orfino da Lodi (wie Anm. 60), S. 164f. *Laudensem rupe statuit Fredericus in urbem / Viribus hic studuit putridam detrudere sordem. (Fredericò trasformò in città la roccia di Lodi / si impegnò con forza a scacciare decadenza e squallore).*

64 Siena, Archivio di Stato, Diplomatico Riformagioni, 28 maggio 1266; Cioni, (wie Anm. 7), Kat. Nr. 2. Der Abdruck aus Naturwachs misst 60 mm.

65 Vgl. zuletzt Elisabetta Cioni, Scultura e smalto nell'oreficeria senese dei secoli XIII e XIV, Firenze 1989, S. 34, Anm. 44: „ASS, Bicherna 114, c. 159v, 4.9.1298: Item XII lib. Ghuccio Mannaie orafo pro uno sigillo novo quod fecit pro Dominis Novem et habuimus apotixam Dominorum Novem."

66 Alessandro Lisini, Notizie di orafi e di oggetti di oreficeria senese, Siena 1905, S. 8.

67 Lisini (wie Anm. 66), S. 7, Anm. 3, war der erste, der darauf hinwies, dass Simone Martini im Rahmen der Maestà im Palazzo Pubblico „un disegno ingrandito" des Siegels von Guccio di Mannaia hinterlassen habe. Irene Hueck, Una crocifissione su marmo del primo trecento e alcuni smalti senesi, in: Antichità viva 8 (1969), S. 22–34 und S. 56f., und Cioni (wie Anm. 65), S. 56, Anm. 87 betonen, dass Simone das Siegel vermutlich ikonograpisch genau kopiert habe und „con quei riccioli sporgenti Simone abbia infuso parecchio dello spirito del sigillo", dass man das gemalte Siegel aber nicht als Dokument für die stilistische Entwicklung von Guccio di Mannaia ansehen könne.

68 Vgl. Cioni (wie Anm. 65), Abb. 79, S. 56.

historiker eigentlich erst in der Kunst der Frührenaissance erkennen – die bewusste Aneignung des Stils eines anderen Künstlers.

Es ist also mehr als lohnend, sowohl die notariellen Beschreibungen von Siegeln und ihrer Bilder, als auch gezeichnete, gemalte oder skulptierte Abbildungen von Siegeln hinsichtlich ihrer sprachlichen bzw. bildlichen Formensprache zu untersuchen, die dem besonderen rechtlichen Status von Siegeln auf je eigene Weise begegnen.[69]

---

69 Notarielle Siegelbeschreibungen und Abbildungen von Siegeln sollen demnächst in einer größeren Publikation vorgestellt werden.

Der öffentliche Raum als Bühne inschriftlicher Selbstinszenierung von Künstlern in italienischen Kommunen des Mittelalters

Albert Dietl

Mit der urbanistischen Revolution und mit der Formierung der Kommune, die als so spannungsgeladener wie konsensbedürftiger Bürgerverband die inneren, sozialen und ständischen Gegensätze auf ein gemeinsames Entscheiden und Handeln hin auszutarieren hatte, kam es in den italienischen Städten seit dem 11. Jahrhundert auch zur Wiederentdeckung des urbanen Raumes als eines Ortes der sozialen und politischen Kommunikation.[1] Ein markanter, materieller Ausdruck dieser neuen Raumkonzeption war die Renaissance der monumentalen Inschriften in den städtischen Weichbildern, die nach den Worten des französischen Epigraphikers Robert Favreau auf eine „publicité universelle et durable"[2] zielten. Als Mitteilungsträger für neue Aufgaben und für neue Gruppen begannen die Inschriften, aus dem bisherigen, fast exklusiven Refugium des sakralen Innenraums in die öffentlichen Freiräume der Stadt auszuwandern, die sie als Produktionsräume von städtischer Identität, sozialer Wahrnehmung und machtpolitischer

---

1 Zum Thema der inschriftlichen Öffentlichkeit in den italienischen Kommunen des Mittelalters vgl. Armando Petrucci, La scrittura fra ideologia e rappresentazione, in: Storia dell'arte italiana III/2: Grafica e immagine 1: Scrittura, miniatura, disegno (Storia dell'arte italiana 9), hg. v. Federico Zeri, Turin 1980, S. 5–123; Armando Petrucci, Potere, spazi urbani, scritture esposte: proposte ed esempi, in: Culture et Idéologie dans la Genèse de l'État Moderne. Actes de la Table Ronde organisée par le Centre National de la Recherche Scientifique et l'École Française de Rome (Rome, 15–17 octobre 1984) (Collection de l'École Française de Rome 82), Rom 1985, S. 85–97; Armando Petrucci, La Scrittura. Ideologia e rappresentazione, 2. Aufl., Turin 1986, S. 4–20; Bruno Breveglieri, La scrittura epigrafica in età comunale: il caso bolognese, in: Civiltà Comunale: Libro, Scrittura, Documento. Atti del Convegno (Genova, 8–11 novembre 1988) (Atti della Società Ligure di Storia Patria n.s. 29,2), Genua 1989, S. 385–432; Nicoletta Giovè Marchioli, L'epigrafia comunale cittadina, in: Le forme della propaganda politica nel Due e nel Trecento. Relazioni tenute al Convegno Internazionale (Trieste, 2–5 marzo 1993), hg. v. Paolo Cammarosano (Collection de l'École Français de Rome 201), Rom 1994, S. 263–286; Giuseppe Scalia, Le epigrafi, in: Lo spazio letterario del Medioevo I/2: La circolazione del testo, hg. v. Guglielmo Cavallo, Rom 1994, S. 409–441; „Visibile parlare". Le scritture esposte nei volgari italiani dal Medioevo al Rinascimento, hg. v. Claudio Ciociola (Pubblicazioni dell'Università degli studi di Cassimo. Sezione Atti, convegni, miscellanee 8), Neapel 1997; Michele Camillo Ferrari, Die Porta Romana in Mailand (1171). Bild, Raum und Inschrift, in: Literatur und Wandmalerei I. Erscheinungsformen höfischer Kultur und ihre Träger im Mittelalter. Freiburger Colloquium 1998, hg. v. Eckard Conrad Lutz/Johanna Thali/René Wetzel, Tübingen 2002, S. 115–151.

2 Robert Favreau, L'épigraphie médiévale, in: Cahiers de civilisation médiévale 12 (1969), S. 393–398, hier S. 395. Vor allem Robert Favreau hat aus einem funktions- und rezeptionsbezogenen Ansatz heraus *publicité* und *durée* als Strukturmerkmale der mittelalterlichen Inschrift bestimmt vgl. Robert Favreau, Fonctions des inscriptions au Moyen Age, in: Cahiers de civilisation médiévale 32 (1989), S. 203–232; Robert Favreau, Épigraphie médiévale (L'atelier du médiéviste 5), Turnhout 1997, S. 31.

Aneignung wesentlich mitkonturierten. Teil dieser quantitativen wie räumlichen Expansion der *scritture esposte* innerhalb der städtischen Topographien waren in einem erstaunlichen Ausmaß die Inschriften der Künstler, ihre monumentalisierten Namenspräsentationen in Signaturen und Bauinschriften.[3] Gerade in Italien konzentrierten sich die Künstlerinschriften in größter Öffentlichkeitswirksamkeit auf die Blickfänge der Fassaden von Kultlokalen, Kommunalpalästen und Stadttoren – Seite an Seite mit Inschriften, Wappen und Bildern der geistlichen und kommunalen Institutionen der Stadt und ihrer Handlungsträger, die im urbanen Raum diese unübersehbaren Schauflächen als eigene Bühne der Selbstdarstellung zu nutzen begonnen hatten. Eine der eindrucksvollsten, frühesten Manifestationen der kommunalpolitischen Aktivierung des Stadtraums bildet die Fassade des 1064 begonnenen Pisaner Doms. In der denkmalhaften Setzung programmatischer Inschriften aus der Zeit des späten 11. Jahrhunderts materialisierte sich an ihr die Sicht der im Entstehen begriffenen Kommune auf ihre eigene Geschichte.[4] Zu diesem einheitlichen Set an Inschriften gehörte nicht nur eine mehrere Verse umfassende, epigraphische *Laus Pisae*, an die sich die Memorierung der Pisaner Seesiege gegen die Sarazenen bei Reggio Calabria und Messina (1005), vor Sardinien (1015/16) und im nordafrikanischen Bona (1034) anschloss (Abb. 1 Nr. 1).[5] Unmittelbar in die Platte dieser

---

3   Für mittelalterliche Künstlerinschriften in Italien vgl. Peter Cornelius Claussen, Früher Künstlerstolz. Mittelalterliche Signaturen als Quelle der Kunstsoziologie, in: Bauwerk und Bildwerk im Hochmittelalter. Anschauliche Beiträge zur Kultur- und Sozialgeschichte, hg. v. Karl Clausberg u. a., Gießen 1981, S. 7–34; Albert Dietl, In arte peritus. Zur Topik mittelalterlicher Künstlerinschriften in Italien bis zur Zeit Giovanni Pisanos, in: Römische Historische Mitteilungen 29 (1987), S. 75–125; Peter Cornelius Claussen, Nachrichten von den Antipoden oder der mittelalterliche Künstler über sich selbst, in: Der Künstler über sich in seinem Werk. Internationales Symposion der Bibliotheca Hertziana Rom 1989, hg. v. Matthias Winner, Weinheim 1992, S. 19–54; Albert Dietl, Italienische Bildhauerinschriften. Status und Selbstverständnis mittelalterlicher Bildhauer, in: Inschriften bis 1300. Probleme und Aufgaben ihrer Erforschung. Referate der Fachtagung für Mittelalterliche und Frühneuzeitliche Epigraphik, Bonn 1993 (Abhandlungen der Nordrhein-Westfälischen Akademie der Wissenschaften 94), hg. v. Helga Giersiepen/Raymund Kottje, Opladen 1995, S. 175–211; Le opere e i nomi. Prospettive sulla „firma" medievale in margine ai lavori per il Corpus delle opere firmate del Medioevo italiano, hg. v. Maria Monica Donato, Pisa 2000; Marco Collareta, La fama degli artisti, in: Storia delle Arti in Toscana: Il Trecento, hg. v. Max Seidel, Florenz 2004, S. 75–88; Albert Dietl, Epigraphik und räumliche Mobilität. Das Beispiel italienischer Künstler des Hochmittelalters und ihrer Signaturen, in: Geschichte „in die Hand genommen" (Münchner Kontaktstudium Geschichte 8), hg. v. Georg Vogeler, München 2005, S. 153–180; Daniel Russo, Le nom de l'artiste, entre appartenance au groupe et écriture personelle, in: L'Individu au Moyen Age. Individualisation et Individu avant la Modernité, hg. v. Brigitte Bedos-Rezak/Dominique Iogna-Prat, Paris 2005, S. 235–246; Maria Monica Donato, Memorie degli artisti, memoria dell'antico: intorno alle firme di Giotto, e di altri, in: Medioevo: Il Tempo degli Antichi. Atti del Convegno Internazionale di Studi (Parma, 24–28 settembre 2003) (I Convegni di Parma 6), hg. v. Arturo Carlo Quintavalle, Mailand 2006, S. 522–546; Albert Dietl, Die Sprache der Signatur. Die mittelalterlichen Künstlerinschriften Italiens (Italienische Forschungen des Kunsthistorischen Institutes in Florenz, 4. Folge, Band VI), 2 Bde., München/Berlin 2008 (in Druck).

4   Zu Antikenrezeption und kommunalem Selbstverständnis Pisas im Spiegel des Dombaus und seiner Inschriften vgl. Giuseppe Scalia, Epigraphica pisana. Testi latini sulla spedizione contro le Baleari del 1113–15 e su altre imprese antisaracene del sec. XI, in: Miscellanea di Studi Ispanici 6 (1963), S. 234–286; Craig B. Fisher, The Pisan clergy and an awakening of historical interest in a medieval commune, in: Studies in Medieval and Renaissance History 3 (1966), S. 143–219; Giuseppe Scalia, „Romanitas" pisana tra XI e XII secolo. Le iscrizioni romane del Duomo e la statua del console Rodolfo, in: Studi Medievali ser. 3,

Der öffentliche Raum als Bühne inschriftlicher Selbstinszenierung von Künstlern 147

Abb. 1: Pisa, Dom, Fassade, Lageplan der Inschriften

13/2 (1972), S. 791–843; Max Seidel, Dombau, Kreuzzugsidee und Expansionspolitik. Zur Ikonographie der Pisaner Kathedralbauten, in: Frühmittelalterliche Studien 11 (1977), S. 340–369; Chiara Frugoni, L'autocoscienza dell'artista nelle epigrafi del Duomo di Pisa, in: L'Europa dei secoli XI e XII fra novità e tradizione: sviluppi di una cultura. Atti della X Settimana Internazionale di Studio (Mendola, 25–29 agosto 1986) (Pubblicazioni dell'Università Cattolica del Sacro Cuore. Miscellanea del Centro di Studi Medievali XII), Mailand 1989, S. 277–304; Giuseppe Scalia, Annalistica e poesia epico-storica pisana nel secolo XII, in: Il Senso della Storia nella Cultura Medievale Italiana (1100–1350). Quattordecimo Convegno di Studi del Centro Italiano di Studi di Storia e d'Arte (Pistoia, 14–17 maggio 1993), Pistoia 1995, S. 105–124.

148 Albert Dietl

Abb. 2: Pisa, Dom, Fassade, Grabmal des Busketus

historischen Inschrift ist eine auf die Zeit des zu Baubeginn des Doms amtierenden Pisaner Bischofs Guido (1061–1076) rückdatierte Bauinschrift eingelassen, welche ausdrücklich die Schönheit des „durch seine Bürger" errichteten Bauwerks rühmt (Abb. 1 Nr. 2): QVA(M) BENE QVA(M) PV/LCHRE P(RO)CVL HAVD / E(ST) EDES AB VRBE QVE / C(ON)STRVCTA [F]VIT CI/VIB(VS) ECCE SVIS / T(E)NP(O)RE VVID[O]NIS PA/PIENSIS P(RE)SVLIS HV/IVS QVI REGI FA/M[A] E[ST] NOT(VS) ET IPS[I] PA/PE.[6]

5   Grundlegende Behandlung und Edition der Inschrift bei Scalia, Epigraphica pisana (wie Anm. 4), S. 237–253; wichtig für die Diskussion Fisher (wie Anm. 4), S. 164–166; Ottavio Banti, Note di epigrafia medievale. A proposito di due iscrizioni del secoli XI–XII situate sulla facciata del duomo di Pisa, in: Studi Medievali ser. 3, 22/1 (1981), S. 267–282, hier S. 267–276; Frugoni (wie Anm. 4), S. 278–280. Zusammenfassend zuletzt Il Duomo di Pisa (Mirabilia Italiae 3), hg. v. Adriano Peroni, Bd. 1, Modena 1995, S. 337f. Scheda Nr. 9a (Giovanna Tedeschi Grisanti/Antonio Milone).
6   „Wie gut, wie schön ist das Bauwerk nicht fern von der Stadt, das von ihren eigenen Bürgern errichtet wurde zur Zeit des Guido von Pavia, des Bischofs dieser Stadt, der durch sein Ansehen dem König wie dem Papst selbst bekannt war" (Sämtliche Inschriftenübers. durch den Verf.). Grundlegende Behandlung und Edition der Inschrift bei Scalia, Epigraphica pisana (wie Anm. 4), S. 235–237; für die Diskussion vgl. Fisher (wie Anm. 4), S. 164; Banti (wie Anm. 5), S. 276–282; Frugoni (wie Anm. 4), S. 278–280. Zusammenfassend zuletzt Il Duomo di Pisa 1 (wie Anm. 5), S. 338 Scheda Nr. 9b (Giovanna Tedeschi Grisanti/Antonio Milone).

Eine ausführliche, ebenfalls retrospektive Gründungsinschrift des Doms erinnert an die siegreiche Flottenexpedition der Stadt gegen Palermo 1063, deren Beute in die Finanzierung des Neubaus einfloss (Abb. 1 Nr. 3).[7] Diese dauerhafte Rekapitulation der Pisaner Siege verliehen der Fassade den Charakter eines Triumph- und Votivdenkmals. Wie die gleichzeitige kommunale Geschichtsschreibung mit Reminiszenzen an die Antike geradezu durchtränkt, perpetuierten die Inschriften das städtische Selbstverständnis der See- und Handelsmacht Pisa, als ideelle Nachfolgerin Roms zu agieren. In den Bau- und Textkörper dieses eminenten städtischen Erinnerungsortes fügten sich in den Jahrzehnten bis 1180 mit Beteiligung oder Billigung der städtisch kontrollierten Domopera nicht weniger als fünf Inschriftendenkmäler von Künstlern ein. Den Anfang machte das mit der Würdeform eines wiederverwendeten, spätantiken Strigilis-Sarkophags nobilitierte Grabmal des Busketus, des Gründungsarchitekten des Doms († nach April 1110), das schon durch seine Versetzungseinheit mit der darunter platzierten *Laus Pisae*-Inschrift die Verschränkung von Städte- und Künstlerlob sinnfällig machte (Abb. 1 Nr. 4; Abb. 2). Die panegyrische Grabinschrift stellte den Pisaner Baumeister in eindringlichen, kontrastierenden Vergleichen über die beiden Prototypen des durchtriebenen Erfinders der antiken Mythologie, über Odysseus, der mit seinem destruktiven Kunstwerk des Trojanischen Pferdes die Mauern Ilions zum Einsturz brachte, und über Dädalus, den Architekten des dunklen, ausweglosen und unheilvollen Labyrinths dar, um so das konstruktiv genutzte bautechnische Genie des Busketus hervorzuheben und das weißmarmorne Mauerwerk seines Baus ins Wunderbare zu übersteigern.[8] Um 1150 folgten die Signaturen der Bild-

---

7   Grundlegende Behandlung und Edition der Inschrift bei Scalia, Epigraphica pisana (wie Anm. 4), S. 254–264; für die Diskussion vgl. Fisher (wie Anm. 4), S. 173–175; Giuseppe Scalia, Ancora intorno all'epigrafe sulla fondazione del Duomo pisano, in: Studi Medievali ser. 3, 10/2 (1969), S. 483–519; Frugoni (wie Anm. 4), S. 281–283. Zusammenfassend zuletzt Il Duomo di Pisa 1 (wie Anm. 5), S. 336f. Scheda Nr. 8 (Giovanna Tedeschi Grisanti/Antonio Milone).

8   *BVSKET(VS) IACE[T HI]C [QV]I MOTIB(VS) INGENIORV(M) / DVLICHIO [FERT]VR PREVALVISSE DVCI / MENIB(VS) ILIACIS CAVTVS DEDIT ILLE RVINA(M) / HVIVS AB ARTE VIRI MENIA MIRA VIDES / CALLIDITATE SVA NOCVIT DVX INGENIOS(VS) / VTILIS ISTE FVIT CALLIDITATE SVA / NIGRA DOM(VS) LABERINTHVS ERAT TVA / DEDALE LAVS E(ST) / AT SVA BVSKETV(M) SPLENDIDA TEMPLA PROBANT / N(ON) HABET EXE(M)PLV(M) NIVEO DE MARMORE TE(M)PLV(M) / QVOD FIT BVSKETI PRORSVS AB INGENIO / RES SIBI COM(M)ISSAS TEMPLI CV(M) LEDERET HOSTIS / PROVIDVS ARTE SVI FORTIOR HOSTE FVIT / MOLIS ET IMMENSE PELAGI QVAS TRAXIT AB IMO / FAMA COLVMNARVM TOLLIT AD ASTRA VIRVM / EXPLENDIS A FINE DECEM DE MENSE DIEBVS / SEPTEMBRIS GAVDENS DESERIT EXILIVM* („Hier ruht Busketus, von dem man berichtet, dass er durch die Antriebe seines Geistes den dulichischen Fürsten übertroffen habe. Durchtrieben, brachte dieser den Mauern Ilions den Untergang, durch die Kunst jenes Mannes siehst du wunderbare Mauern. Durch seine Gewitztheit brachte der erfindungsreiche Fürst Schaden, durch seine Gewandtheit jener Nutzen. Ein dunkles Gebäude war das Labyrinth, Dädalus, dunkel ist auch dein Lob. Das Lob des Busketus erweisen aber seine glänzenden Tempel. Kein Vergleichsbeispiel hat der aus schneeweißem Marmor erbaute Tempel, der ganz und gar durch die Schöpferkraft des Busketus entstand. Als der Feind das ihm anvertraute Tempelgut schädigte, war Busketus, durch seine Kunst befähigt, stärker als der Feind. Der Ruhm der Säulen von ungeheuerer Masse, die er aus der Tiefe des Meeres emporzog, hebt diesen Mann zu den Sternen. Zehn Tage vor Ablauf des Monats September verließ er freudig die Erde"). Grundlegend zu Grabmal und Grabinschrift vgl. Scalia, Ancora intorno all'epigrafe (wie Anm. 7), S. 513–519; Dietl, In arte peritus (wie Anm. 3), S. 117–121; Frugoni (wie Anm. 4), S. 286–298; Carlo Tosco, Architetti e committenti nel romanico lombardo (I libri di Viella 9), Rom 1997, S. 167f., 172–177.

hauer Bonfilio und Guido auf der Schrifttafel einer Löwenfigur (Pisa, Museo dell'Opera del Duomo), die über der rechten Rankensäule des Hauptportals lagerte (Abb. 1 Nr. 5).[9] Nur kurze Zeit später, um 1160–1170, markierte die gleich darüber an der Fassade angebrachte, seit dem 19. Jahrhundert durch eine Kopie ersetzte Schmuckplatte mit einer Inschrift, die vermutlich in einem kommemorativ-sepulkralen Kontext den Domarchitekten und Bauverwalter Rainaldus rühmt, die Vollendung des Portalgeschosses (Abb. 1 Nr. 6; Farbabb. 3).[10] An der Sockelzone der Fassade, unterhalb des Busketus-Sarkophags, sitzt die Grabinschrift des wohl vor 1173 verstorbenen Bildhauers und Baumeisters Guglielmus, die explizit auf seine ehemalige, im frühen 14. Jahrhundert zugunsten einer neuen Kanzel in die Pisaner Kolonie nach Cagliari auf Sardinien verschiffte Domkanzel aufmerksam machte (Abb. 1 Nr. 7; Abb. 4).[11] Und schließlich präsentierten die 1179 vollendeten, nicht mehr erhaltenen Bronzetüren des Hauptportals den Namen ihres Künstlers, des Pisaner Bronzegießers Bonannus, der in selbstbewusster Ich-Rede auf seine Kunst wie auf seine Leistung einer nur einjährigen Arbeitsdauer verwies (Abb. 1 Nr. 8).[12] Von allen Pisaner Zeitgenossen waren es nur die am Dombau beteiligten Künstler, deren individuelle Namen an der Fassade, dieser Schaubühne der fortdauernden Selbstzelebration des städtischen Kollektivs, Unterkunft fanden.

Schon rein quantitativ waren Künstlerinschriften keine marginalen, peripheren Erscheinungen im Stadtbild italienischer Kommunen des Hochmittelalters. Einen Einblick in ihre überraschende, statistische Größenordnung geben epigraphische Mikrozensen im Mate-

9   + IN NOMINE // D(OMI)NI ET BEATE MA/RIE GENITRICEM EIVS/DEM D(OMI)NI IH(ES)V CHR(IST)I · / BONFILIO · ET GVIDO · PRO / D(E)I AMORE(M) FECER(VN)T ISTV(M) LEONE(M) („Im Namen des Herrn und der seligen Maria, der Gebärerin desselben Herrn Jesus Christus. Bonfilio und Guido haben aus Liebe zu Gott diesen Löwen gefertigt"). Vgl. Scalia, „Romanitas" pisana (wie Anm. 4), S. 838, Anm. 206; Il Duomo di Pisa 1 (wie Anm. 5), S. 346 Scheda Nr. 60 – 62 bzw. S. 603f. Scheda Nr. 1839 (Antonio Milone).

10 + HOC OPVS EXIMIVM TA(M) MIRV(M) TAM PRETIOSVM · / RAINALDVS PRVDENS OPERATOR ET IPSE MAGISTER · / CONSTITVIT MIRE SOLLERTER ET INGENIOSE · („Dieses hervorragende, so wunderbare wie kostbare Werk hat Rainaldus, der kluge Werkmeister und selbst Magister, wunderbar, geschickt und erfinderisch errichtet"). Vgl. Frugoni (wie Anm. 4), S. 279f.; Il Duomo di Pisa 1 (wie Anm. 5), S. 344f. Scheda Nr. 55f. bzw. S. 602 Scheda Nr. 1835 (Antonio Milone); Tosco (wie Anm. 8), S. 177f.

11 + SEPVLTVRA GVILIELMI / [M]AGISTR[I] QVI FECIT PERGVM S(AN)C(T)E / MARIE · („Das Grab des Magisters Guilelmus, der die Kanzel der heiligen Maria gefertigt hat"). Zu der Inschrift, deren lange im Camposanto befindliches Original seit kurzem im Museo dell'Opera del Duomo in Pisa aufbewahrt wird, vgl. Scalia, „Romanitas" pisana (wie Anm. 4), S. 837, Anm. 199; Frugoni (wie Anm. 4), S. 302 f.; Il Duomo di Pisa 1 (wie Anm. 5), S. 340 Scheda Nr. 19 bzw. S. 601 Scheda Nr. 1830 (Antonio Milone); Tosco (wie Anm. 8), S. 178.

12 *Ianua perficitur vario constructa decore / Ex qvo virgineum Christus descendit in alvum / Anno MCLXXX ego Bonannus Pisanus mea arte / Hanc portam uno anno perfeci tempore domini / Benedicti operarii istius ecclesie* („Die mit verschiedenem Schmuck zusammengefügte Tür ist vollendet im 1180. Jahr, seitdem Christus in den jungfräulichen Leib herabgekommen ist. Ich, Bonannus aus Pisa, habe durch meine Kunst dieses Portal im Zeitraum eines einzigen Jahres vollendet zur Zeit des Herrn Benedictus, des Operarius dieser Kirche"). Zu der nur kopial überlieferten Inschrift vgl. Ursula Mende, Die Bronzetüren des Mittelalters 800–1200, München 1983, S. 102; William Melczer, La porta di Bonanno nel Duomo di Pisa. Teologia ed immagine, Pisa 1988, S. 29.

Ort	Zeitraum	Gesamtbestand	Grabinschriften	Tituli	Bauinschriften	Stifterinschriften	Andere (Rechts-, Reliquien-, Weiheinschriften)	Künstlerinschriften
Ascoli Piceno (datumtragende Inschriften)	1350	24	1 (4,2 %)	–	12 (50 %)	3 (12,5 %)	7 (29,2 %)	1 (4,2 %)
Cingoli	1350	20	–	5 (25 %)	6 (30 %)	3 (15 %)	2 (10 %)	4 (20 %)
Genua (datumtragende Inschriften)	1350	56	26 (46,4 %)	–	4 (7,1 %)	15 (26,8 %)	7 (12,5 %)	4 (7,1 %)
Piombino	1350	5	–	–	–	2 (40 %)	–	3 (60 %)
Pistoia	1350	75	14 (18,7 %)	14 (18,7 %)	7 (9,4 %)	6 (8 %)	21 (28 %)	13 (17,4 %)
Sangemini	1350	8	1 (12,5 %)	–	–	–	2 (25 %)	5 (62,5 %)
Viterbo	1350	48	8 (16,7 %)	2 (4,2 %)	13 (27,1 %)	5 (10,5 %)	12 (25 %)	8 (16,7 %)
Volterra	1350	16	2 (12,5 %)	2 (12,5 %)	4 (25 %)	2 (12,5 %)	2 (12,5 %)	4 (25 %)

Tab. 1: Statistik der Inschriftentypen in italienischen Kommunen des Mittelalters

rial derjenigen Kommunen an die Hand, deren inschriftlicher Gesamtbestand bereits erschlossen ist. Diese Erhebungen machen überhaupt erst sichtbar, in welcher Breite die Namen von Künstlern im öffentlichen, urbanen Raum präsent waren (Tab. 1).[13] Bis zum Stichjahr 1350 entfallen in Ascoli Piceno in den südlichen Marken 4,2 % des erhaltenen inschriftlichen Gesamtaufkommens der Stadt auf die Inschriften der Künstler.[14] Im historischen Stadtzentrum der ligurischen Metropole Genua ziehen innerhalb der datum-

13 In Tab. 1 ist jedes räumlich-inhaltlich zusammengehörige Inschriftenensemble nur einer Typenkategorie zugeordnet. Diejenigen Fälle, in denen die Künstlerinschrift bzw. -nennung in einer Einheit bzw. im unmittelbaren Kontext mit einem anderen Inschriftentyp auftritt, sind allein der Sparte ‚Künstlerinschrift' zugerechnet.

Abb. 4: Pisa, Dom, Fassade, Grabinschrift des Magisters Guglielmus

tragenden Inschriften desselben Zeitraums die Künstler 7,1 % auf sich.[15] In der Toskana mit ihrer sehr frühen und breit ausgeprägten Inschriftlichkeit sind durchwegs höhere Werte zu beobachten: So nehmen bis 1350 in Pistoia Künstlerinschriften mehr als 17 % des dokumentierten Materials ein.[16] In Volterra macht ihr Anteil nicht weniger als ein Viertel des Bestandes aus.[17] Innerhalb der kleinen, erst seit dem späten 12. Jahrhundert unter Pisaner Vorherrschaft an Bedeutung gewinnenden Hafenstadt Piombino nahmen sie mit 60 % der städtischen Inschriften die absolute Spitzenposition ein.[18] Dass die Künstlerinschriften gerade in kleinen Zentren mit ihrem naturgemäß überschaubaren Inschriftenbestand die Stadträume geradezu dominieren konnten, zeigt neben dem Beispiel Piombinos auch der Fall des südumbrischen Sangemini, wo sie mit mehr als 60 % ebenfalls den Löwenanteil der belegbaren epigraphischen Zeugnisse beanspruchen.[19] Den Wert von immerhin 20 % aller erhaltenen Inschriften bis 1350 erreichen sie in Cingoli, einer Kleinstadt in der Provinz Macerata (Marken), knapp 17 % in Viterbo im nördlichen Latium.[20]
Das soziale Umfeld der Künstlernennungen im städtischen Raum erhält deutlichere Konturen, wenn man nicht die Verteilung der Inschriftentypen, sondern die inschriftlich genannten Handlungsträger in den Blick nimmt, also die lokale Gesamtheit namentragender Inschriften – ohne die nur der Datierung dienenden Namen – nach dem sozialen Stand der

14 Vgl. Antonio Salvi, Iscrizioni medievali di Ascoli (Istituto Superiore di Studi Medievali „Cecco d'Ascoli". Testi e documenti 5), Ascoli Piceno 1999.
15 Vgl. Corpus Inscriptionum Medii Aevi Liguriae 3: Genova. Centro Storico (Collana storica di fonti e studi 50), hg. v. Augusta Silva, Genua 1987.
16 Vgl. Pilo Turi, Corpus Inscriptionum Pistoriensium I–V, in: Bollettino Storico Pistoiese 77 (1975), S. 129–137; 78 (1976), S. 129–136; 80 (1978), S. 135–146; 81 (1979), S. 137–142; 82 (1980), S. 121–128.
17 Vgl. Andrea Augenti/Massimiliano Munzi, Scrivere la città. Le epigrafi tardoantiche e medievali di Volterra (secoli IV–XIV) (Ricerche di archeologia altomedievale e medievale 22), Florenz 1997.
18 Vgl. Mauro Carrara, Piombino. Stemmi ed epigrafi XIII–XX secolo (La Tarsinata. Frammenti di storia locale 7), Pontedera 1999.
19 Vgl. Augusto Campana, Le iscrizioni medioevali di San Gemini, in: San Gemini e Carsulae, hg. v. Alberto Violati, Mailand/Rom 1976, S. 95–132.
20 Vgl. Giuseppe Avarucci/Antonio Salvi, Le iscrizioni medioevali di Cingoli (Università degli Studi di Macerata. Pubblicazioni della Facoltà di Lettere e Filosofia 31), Padua 1986; Attilio Carosi, Le epigrafi medievali di Viterbo (secc. VI–XV), Viterbo 1986.

Ort	Zeitraum	Gesamtzahl an Namen	Klerus	Adel	Amtsträger Laien	Kaufleute Handwerker Laien	Künstler	Unbestimmt
Ascoli Piceno	1350	20	10 (50 %)	1 (5 %)	4 (20 %)	–	1 (5 %)	4 (20 %)
Cingoli	1350	13	5 (36,2 %)	–	4 (30,8 %)	–	4 (30,8 %)	–
Piombino	1350	6	1 (16,7 %)	–	1 (16,7 %)	–	4 (66,7 %)	–
Pistoia	1350	50	11 (22 %)	3 (6 %)	17 (34 %)	3 (6 %)	13 (26 %)	3 (6 %)
Sangemini	1350	10	–	–	1 (10 %)	2 (20 %)	7 (70 %)	–
Viterbo	1350	77	25 (32,5 %)	5 (6,5 %)	23 (29,9 %)	9 (11,7 %)	10 (12,9 %)	5 (6,5 %)
Volterra	1350	18	4 (22,2 %)	1 (5,6 %)	8 (44,4 %)	–	4 (22,2 %)	1 (5,6 %)

Tab. 2: Soziale Schichtung der inschriftlichen Namensträger in italienischen Kommunen des Mittelalters

jeweiligen Akteure aufschlüsselt (Tab. 2).[21] Natürlich sind hier nur Trends sichtbar zu machen, da die soziale Zuordnung von Namen aufgrund mangelnder Angaben in den Inschriften oder fehlender Sekundärquellen häufig genug problematisch ist. Innerhalb der naturgemäß dominierenden Namensdarstellung von Klerikern und laikalen Amtseliten, die zusammen durchschnittlich Werte von 50–80 % erreichten, behaupten die Künstler beachtliche Anteile, die – wie in Cingoli, Pistoia oder Volterra – teilweise 20 bis über 30 % der Namenspräsentationen im urbanen Raum ausmachen konnten. In Piombino und Sangemini stellt ihre Gruppe sogar weit über die Hälfte aller namentlich fassbaren Individuen des Inschriftenbestandes. Künstlernennungen waren also generell, wenn auch in regional unterschiedlichem Maß, weniger sporadische, an individuelle Künstlergrößen gebundene Einzelfälle als eine statistisch relevante Konstante der inschriftlichen Präsentation im städtischen Raum. Seite an Seite und als vertragsfähige Handlungspartner in Verbund mit den gesellschaftlichen Elitegruppen – wie etwa in Bau- oder Stifterinschriften – werden sie in einem erstaunlichen Ausmaß öffentlich namensfähig. Im Corpus der

21 Berücksichtigt sind in Tab. 2 alle namentlich genannten historischen Personen mit der Ausnahme von Namen in Datierungsangaben und von Heiligen.

epigraphischen Schriftkultur verfügten mit der Signatur allein die Künstler über einen ausgeprägten Inschriftentypus, in dem die Repräsentanten einer laikal-handwerklichen Schicht öffentlich und schriftlich in nicht unerheblichem Umfang zu Wort kamen.

Anschaulicher als abstrakte Zahlen illustrieren konkrete Fallbeispiele das erstaunliche Ausmaß der Inanspruchnahme von Schriftflächen an kirchlichen oder kommunalen Bauten durch diese Randgruppe. Wenn dem italienischen Epigraphiker Armando Petrucci zufolge der Grad der Besitznahme von öffentlichem Schriftareal im städtischen Raum ein Indikator für Macht und Herrschaftsnähe ist, dann spricht die breite Partizipationsmöglichkeit der Künstlerinschriften an diesen weithin sichtbaren, auf Raumdominanz angelegten Schriftflächen, die klerikale oder kommunale Institutionen und Führungsgruppen verwalteten, für ein erhebliches Sozialprestige der Künstler.[22] Mit Fassaden und Portalen nutzten sie gerade diejenigen privilegierten Orte bildlicher und inschriftlicher Selbstdarstellung, die der Kunsthistoriker Willibald Sauerländer zugespitzt als Plakatwände von „posters in stone" titulierte oder der Romanist Charles F. Altman auf das Schlagwort eines „medieval marquee" brachte, eines mittelalterlichen Reklame- und Schriftdisplays, grell wie über modernen Kinoeingängen.[23] Auf konkrete Raumsituationen hin abgestellt, eigneten sich die Inschriften im Akt des Wahrgenommen-Werdens den vorgeordneten physischen Stadtraum an und transformierten ihn im Moment der Kommunikation zwischen Botschaft und Betrachter in einen gelebten, sozialen Sprach- und Repräsentationsraum der Künstler um. Die Strategien der Inschriften, ihre Attraktion innerhalb des innerstädtischen Raumgefüges in Szene zu setzen und ihr Potential an Raumaneignung zu erhöhen, waren:

1. die größtmögliche Okkupation der Trägerflächen
2. die möglichst exklusive Nutzung der Trägerflächen
3. die Demonstration ihrer kostbaren Materialität
4. die Anlagerung an monumentale Bildträger
5. die Besetzung und Vernetzung mehrerer Knotenpunkte innerhalb der Stadttopographie

Für diese nicht selten untereinander kombinierten Praktiken sind hier nur wenige Extremfälle vorzustellen.
Mit einem unübersehbaren Anspruch auf Öffentlichkeit nimmt ein 1133 datiertes Inschriftenband am Dom in Foligno (Umbrien) mit rund achtzehn Metern Länge die gesamte Breite der Hauptfassade in Beschlag (Abb. 5). Nach den Angaben zu Datierung und zum amtierenden Bauherrn, dem Ortsbischof Marcus (1123–1138), hebt sie anfangs der zweiten Zeile als handelndes Subjekt allein einen Acto heraus, der in mittellateinischer Phonetik als *lothomus* (=*latomus*), als Steinbildhauer, firmiert. Der Steinmetz und Architekt Acto ist zudem der einzige Akteur der gesamten Inschrift, dem das hoch-

---

22 Vgl. Petrucci, Potere (wie Anm. 1), S. 89f.; Petrucci, La Scrittura. Ideologia e rappresentazione (wie Anm. 1), S. XIX–XXI.
23 Vgl. Willibald Sauerländer, Romanesque Sculpture in its Architectural Context, in: The Romanesque Frieze and its Spectator. The Lincoln Symposium, hg. v. Deborah Kahn, London/New York 1992, S. 17–43, hier S. 17f.; Charles F. Altman, The Medieval Marquee: Church Portal Sculpture as Publicity, in: Journal of Popular Culture 14/1 (1980), S. 37–47.

Der öffentliche Raum als Bühne inschriftlicher Selbstinszenierung von Künstlern 155

Abb. 5: Foligno, Dom, Fassade, Bauinschrift (Ausschnitt)

trabende schmückende Beiwort *magnus* und ein ganzer, eigener Vers eingeräumt wird.[24] Nach dem gleichen Muster zieht sich die Versinschrift sehr wahrscheinlich desselben Acto über die gesamte Fassadenbreite der nach 1158 begonnenen Benediktinerkirche des nahegelegenen Bovara hinweg (Abb. 6): *ATTO SVA DEXTRA TEMPLVM FECITQ(VE) FENESTRAM / CVI DEVS ETERNAM VITAM TRIBVATQ(VE) SVPERNAM* – Atto hat mit seiner Rechten die Kirche und die Fensterrose gefertigt, dem Gott ewiges und höchstes Leben zuteil werden lasse.[25] In steinerner, fernsichtiger Dauerhaftigkeit und genau unter der symbolisch-eucharistischen Traubenranke, die das Giebelfeld einnimmt, platziert, setzt sie an höchster Stelle des Gotteshauses gleichsam schon im irdischen Hier und Jetzt unübersehbar in Szene, was sie für den Künstler

24 *ANNO MILLENO CENTENO TER MONO DENO · HEC DOMVS ALMA PATRIS CV(M) SANCTO FLAMINE NATI · TEMPESTATE FAMIS NIMIE CEPIT RENOVARI · A DOMINO FACTO CALIXTO PRESVLE MARCO · / EXTITIT VIR MAGNVS LOTHOMVS ACTO CHOMARCVS · QVOS CHRISTVS SALVET BENEDICAT ADIVVET AMEN ·* („Im Jahr 1133 begann sich diese ehrwürdige Kirche des Vaters desjenigen, der mit dem heiligen Geist gezeugt war, zu erneuern, zur Unglückszeit einer strengen Hungersnot, durch das Wirken des Marcus, Bischof auf Geheiß des Herrn Calixtus. Es trat besonders der große Mann, der Baumeister und Bürgermeister Acto hervor. Sie möge Christus erretten, segnen und unterstützen"). Vgl. Winfried Ranke, Frühe Rundfenster in Italien, Diss. phil. Berlin 1968, S. 231f.; Peter Cornelius Claussen, Magistri Doctissimi Romani. Die römischen Marmorkünstler des Mittelalters (Corpus Cosmatorum 1), Wiesbaden 1987, S. 11f.; Bernardino Sperandio, Chiese romaniche in Umbria, Perugia 2001, S. 64.
25 Ranke (wie Anm. 24), S. 169f.; Claussen (wie Anm. 24), S. 11f.; Sperandio (wie Anm. 24), S. 130f.

Abb. 6: Bovara, S. Pietro, Fassade, Künstlerinschrift des Atto

aufgrund seiner eigenhändigen Leistung bei Gott erst für das Jenseits erbittet. Im Klima einer stark antikisierenden Strömung der umbrischen Kunst des 12. Jahrhunderts entstanden, rivalisieren die Acto-Inschriften nicht nur in ihrer außerordentlichen Monumentalität, sondern bis in die Gestaltung ihrer Schriftformen hinein, die eine römische *scriptura monumentalis* nachahmen, mit Vorgängern der antiken Vergangenheit an römischen Triumphbögen oder Portiken bzw. deren subantiken, christlich-langobardischen Derivaten wie dem nicht fernen Clitumnus-Tempietto bei Spoleto.[26]
Einen exklusiven Platz an der Fassade keines geringeren Baues als der päpstlichen Bischofskirche, der Lateransbasilika in Rom, sicherte sich wahrscheinlich in den Jahrzehnten um 1180–1190 die Signatur des stadtrömischen Marmorarius Nicolaus, die sich in fast 30 cm hohen Lettern vor den Augen von Stadt und Erdkreis breitmachte (Abb. 7): *NICOLAVS ANGELI FECIT HOC OPVS* – Nicolaus, der Sohn des Angelus, hat dieses Werk gefertigt. Anschaulich im Bild überliefert sie der römische Archäologe und Zeichner Giovanni Giustino Ciampini (1633–1698) in einem Stich seines 1693 publizierten Prachtwerks über die konstantinischen Kirchenbauten Roms. Borrominis Vermessungen anlässlich seiner Umbauten der Lateransbasilika zum Heiligen Jahr 1650 und Ciampinis Stich zufolge besetzte sie einen knapp fünf Meter langen Gesimsstreifen auf der nördlichen Mauerzunge der mittelalterlichen Säulenvorhalle, die 1731 Alessandro Galileis frühklassizistischer Fassade zum Opfer fiel. In ihrer Größe nahm die Künstlerinschrift des Nicolaus Maß an der gleichzeitigen, unmittelbar über ihr verlaufenden und kirchenpolitisch hochbedeutsamen Versinschrift der Vorhalle, an die sie sich

26 Vgl. Carola Jäggi, Sal Salvatore in Spoleto. Studien zur spätantiken und frühmittelalterlichen Architektur Italiens (Spätantike – frühes Christentum – Byzanz. Reihe B: Studien und Perspektiven 4), Wiesbaden 1998, S. 187–191.

Der öffentliche Raum als Bühne inschriftlicher Selbstinszenierung von Künstlern 157

Abb. 7: Rom, S. Giovanni in Laterano, mittelalterliche Vorhalle (nach Ciampini 1693), Ausschnitt

augenfällig ansippte. Der nur in einigen, im Kreuzgang der Basilika aufbewahrten Fragmenten erhaltene Titulus, den auch Galileos heutige Fassade, wenn auch nur als Faksimile in Stein übernahm, formulierte nichts weniger als den auf die Konstantinische Schenkung und die legendäre Erscheinung Christi bei der Einweihung des Baus gründenden Primatialanspruch der Lateranskirche, Haupt und Mutter aller Kirchen, ja die wahre *sedes Christi* zu sein. Kein Name eines Stifterpapstes, der vielleicht in Alexander III. (1159–1181) oder Klemens III. (1187–1191) zu vermuten ist, kein Name eines sonstigen Individuums, allein der Künstlername prangte an der Vorhalle, und zwar in der Nachbarschaft des abschließenden Wunsches der Versinschrift an der Vorhallen-Schmalseite, dass „dieser unser Tempel Dir, Christus, ein hochberühmter Sitz sei".[27] An diesem Sitz, an dieser *INCLYTA SEDES*, hatte sich die Künstlerinschrift, die letztlich

27 *DOGMATE PA[PAL]I DAT[VR] AC [SIMVL IMPERIALI · QVOD SIM CVNCT]ARVM MAT[ER CAPVT ECCLESIARVM · HINC SALVATORIS COELESTIA] REGNA DATO[RI]S · N[O]MINE SANCXERV[NT CVM CVNCTA PERACTA FVERVNT · SIC NOS EX TOTO CONVERSI SVPPLICE VOTO · NOSTRA QVOD HEC AEDES TIBI CHRISTE SIT INCLYTA SEDES] // [NICOLAVS ANGELI FECIT HOC OPVS]* („Durch päpstlichen und zugleich kaiserlichen Beschluss ist bestimmt, dass ich aller Kirchen Mutter, Haupt bin: von hier aus haben sie es in des Erlösers, des Gebers der himmlischen Reiche, Namen feierlich festgesetzt, als alles vollendet war. So wünschen wir, dir zugewendet aus ganzem, flehentlichem Wunsch, dass dieser unser Tempel Dir, Christus, ein hochberühmter Sitz sei. – Nicolaus, der Sohn des Angelus, hat dieses Werk gefertigt"). Zur Vers- und zur Künstlerinschrift im Kontext der Vorhalle der mittelalterlichen Lateransbasilika vgl. Volker Hoffmann, Die Fassade von S. Giovanni in Laterano 313/314–1649, in: Römisches Jahrbuch für Kunstgeschichte 17 (1978), S. 1–46; Claussen (wie Anm. 24), S. 22–26; Ingo Herklotz, Der mittelalterliche Fassadenportikus der Lateranbasilika und seine Mosaiken. Kunst und Propaganda am Ende des 12. Jahrhunderts, in: Römisches Jahrbuch der Bibliotheca Hertziana 25 (1989), S. 25–96; Enrico Parlato/Serena Romano, Romanik in Rom und Latium, Würzburg 1995, S. 117f.

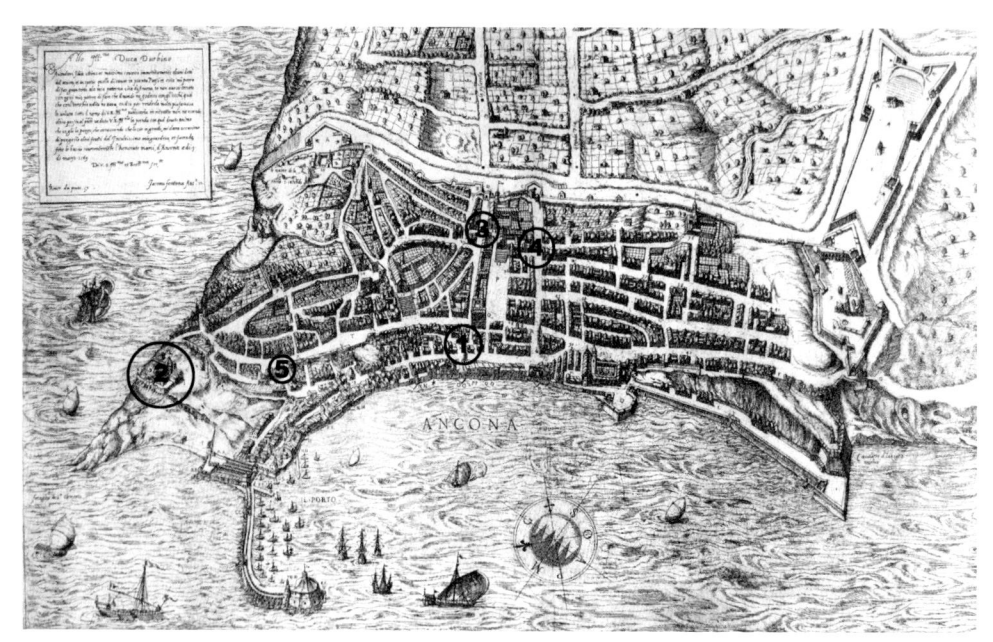

Abb. 9: Ancona, Stadtplan (nach Fontana, Pianta di Ancona 1569), Lageplan der Inschriften des Magisters Philippus

nichts anderes war als ein Werbeschriftzug der ausführenden Baufirma, einen so prominenten wie über Jahrhunderte hinweg permanenten Platz gesichert.
Eine kaum noch überbietbare Position in der Raumhierarchie der Stadt haben sich 1210 die römischen Marmorarii Jacobus und sein Sohn Cosmas am Dom von Città Castellana im nördlichen Latium zu einer fast atemraubenden, im modernen Verständnis die Grenze der Blasphemie streifenden Selbstdarstellung reserviert, die sich zugleich der auratischen Materialität goldener Tesserae bedient (Farbabb. 8). An der erst in einem zweiten Bauschritt der Fassade vorgesetzten Vorhalle des Doms hebt der triumphbogenhafte Aufsatz über dem Hauptportal die über fünf Meter lange, in die hieratische Feierlichkeit von Mosaik gekleidete Signatur in eine erdenthobene Region empor: + *MAGISTER IACOBVS · CIVIS ROMANVS · CVM · COSMA FILIO + SVO CARISIMO · FECIT OHC (!) OPVS · ANNO D(OMI)NI · M · C · C · X ·* – Der Magister Jacobus, römischer Bürger, hat zusammen mit seinem überaus geliebten Sohn Cosmas dieses Werk im Jahr des Herrn 1210 gefertigt.[28] Nach der Interpretation von Karl Noehles signalisierte die am spätantiken Galienus-Bogen in Rom orientierte Vorhalle von Città Castellana, das unmittelbar an der Via Flaminia lag, der nördlichen Einfalls- und Pilgerstraße in die Ewige Stadt, als architektonisch-triumphhaftes Zeichen den räumlichen Eintritt in die engste Sphäre des päpstlichen Dominiums Innozenz' III.

28 Vgl. Claussen (wie Anm. 24), S. 82–91; Silvia Boscolo/Luca Creti/Consuelo Mastelloni, La Cattedrale di Civita Castellana, Rom 1993, S. 76; Parlato/Romano (wie Anm. 27), S. 259f.
29 Vgl. Karl Noehles, Die Kunst der Cosmaten und die Idee der Renovatio Romae, in: Festschrift Werner Hager, hg. v. Günther Fiensch/Max Imdahl, Recklinghausen 1966, S. 17–37, hier S. 30f.; Claussen (wie Anm. 24), S. 88f.

Abb. 10: Ancona, S. Maria della Piazza, Hauptportal, Lünette

(1198–1216).²⁹ An dieser demonstrativen, liminalen Schau-Architektur ließen diese Künstlernamen alle anderen Stifter- und Künstlernamen an den Portalen weit unter sich, ja selbst den christologischen Zielpunkt des gesamten Programms der Fassade, das Relief des Agnus Dei über dem Scheitel des Triumphbogens. Die maßgenau dem architektonischen System eingepasste Inschrift ist nicht nur mit ihrem Invokationszeichen am Anfang und ihrem zweiten Goldkreuz in der Mitte, das eine Achse mit dem großen Mosaikkreuz im Gesimsstreifen darüber und dem kreuztragenden Agnus Dei darunter ausbildet, untrennbar in die heilsgeschichtliche Aussage der Vorhalle eingebunden. Sie tritt in derselben Preziosität auf, mit der die goldene Archivolteninschrift auf azurblauem Grund den himmlischen Jubel- und Friedensruf der Engel, das *GLORIA IN EXCELSIS DEO ET IN TERRA PAX HOMINIBVS BONAE VOLVNTATIS* (Lk 2,14) der Weihnachtsperikope verkündet. Der Magister Jacobus und sein Sohn Cosmas sind damit die ersten, immerwährenden Adressaten der Frohbotschaft der Geburt des Gottessohnes und damit des liturgischen, sonn- und feiertäglich wiederholten *Hymnus angelicus* im bischöflichen Meßoffizium. Aber mehr noch: Der Magister Jacobus stellte in der Inschrift seinen Sohn mit den Worten *FILIO SVO CARISSIMO* vor, mithin in eben denselben Worten, mit denen der Schöpfergott auf dem Berg Tabor seinen eingeborenen, „überaus geliebten" Sohn bezeugt hatte: „hic est filius meus carissimus" (Mk 9,6). Eine „Divinisierung" des Künstlers wird hier nicht wie in der Renaissance im eingehegten literarischen Rahmen eines elitären kunsttheoretischen Diskurses vorgetragen, sondern im öffentlichen Raum mit Hilfe goldener Lettern in einer Inszenierung, die sich ganz plakative, nonverbale Gesten ebenso zu eigen machte wie die Sprachmittel der biblisch-liturgischen Koine.

Abb. 11: Ancona, S. Maria della Piazza, Portalpfosten

Der öffentliche Raum als Bühne inschriftlicher Selbstinszenierung von Künstlern 161

Abb. 12: Ancona, Arco Ferretti, Künstlerinschrift des Magisters Philippus

Mit welcher Dichte, um nicht zu sagen Aufdringlichkeit, die Künstlernamen an zentralen Schauplätzen im Weichbild der Stadt präsent waren, demonstrieren die nicht weniger als sechs noch fassbaren, aus dem zweiten und dritten Jahrzehnt des 13. Jahrhunderts stammenden Inschriften des Bildhauers und Architekten Philippus in Ancona.[30] Im offenbar mühelosen Spagat zwischen den städtischen Raum- und Rechtsbezirken von Kirche und Kommune, von Bischofs- und Pfarrkirchen betrieb Philippus geradezu ein ‚mapping', eine Kartierung der Stadttopographie mit seinen Signaturen (Abb. 9). Die Karriere dieses Bauunternehmers großen Stils wurde durch die demographische und ökonomische Dynamik der jungen Kommune garantiert, die seit der Mitte des 12. Jahrhunderts die letzten Reste der Mitsprache des byzantinischen und – mit der Abwehr zweier Belagerungen 1167 und 1173 – auch des deutschen Kaisertums abgestreift hatte. Innerhalb von kaum mehr als fünf, sechs Jahrzehnten zwischen ca. 1180–1230/40 erneuerte die damals zum führenden mittelitalienischen Adriahafen aufsteigende Stadt ihr bis in die frühe Neuzeit prägendes Erscheinungsbild.[31] In diesem urbanistischen Boom konnte Philippus die unterschiedlichsten Bauaufgaben an Knotenpunkten der städtischen Topographie fast gleichzeitig an sich ziehen: 1210 vollendete er im dichtbevölkerten, nach dem antiken

30 Für einen jüngeren Überblick über das Œuvre des Magisters Philippus vgl. Marina Massa, Le prime identità del XIII secolo: „Magister Philippus" e gli altri, in: Scultura nelle Marche, hg. v. Pietro Zampetti, Florenz 1993, S. 155–161.
31 Zu Geschichte und urbanistischer Entwicklung Anconas im späten 12. und frühen 13. Jahrhun-

dert vgl. Joachim-Felix Leonhard, Die Seestadt Ancona im Spätmittelalter. Politik und Handel (Bibliothek des Deutschen Historischen Instituts in Rom 55), Tübingen 1983, S. 72–85, 113–117; Rosario Pavia, La storia urbanistica, in: Rosario Pavia/Ercole Sori, Ancona (Le città nella storia d'Italia 153), Rom 1990, S. 1–134, hier S. 10ff.;

Abb. 13: Ancona, Museo Diocesano, Portallünette

Trajansbogen an der Mole „Turriano" genannten Hafenviertel die Fassade der ‚Bürgerkirche' S. Maria della Piazza, die unter dem Patronat der Kommune stand. Er war damit an einem der repräsentativsten Orte der Stadt aktiv, am Schauplatz der öffentlichen Vereidigung der Podestà, am fernsichtigen Blickfang des damals unter kommunaler Ägide urbanistisch neu konzipierten Hauptmarktes der Stadt (Abb. 9 Nr. 1; Abb. 10). Die monumentale, ursprünglich mit eingelegten Metallbuchstaben nobilitierte Lünetteninschrift des Portals, die offenkundig Bezug nahm auf die Würdeform der antik-kaiserlichen Bronzeinschrift des Anconitaner Trajansbogens, macht keine kirchliche oder kommunale Autorität als Bauträger namhaft, sondern hebt im letzten Vers allein das Künstlerindividuum Philippus heraus.[32] Neben dieser hochoffiziellen, mit Papst- und Kaisernamen datierenden Bauinschrift kam Filippus am Kämpfer des rechten Portalpfostens ein zweites Mal zu Wort, diesmal in eigener Signatur und eigenem Fürbittanliegen (Abb. 11): *SCVLPIT FILIPP(VS) · Q(VI) V[I]VS OPERIS · FV(IT) MAGISTER OP(ER)E / P(ER)FEC/TO IP(SV)M / B(E)N(E)DI[CAT / CHR(ISTV)/M]* – Philippus hat es gemeißelt, der der Magister dieses Werks war. Nach Vollendung des Werks möge

Maria Luisa Polichetti, La cattedrale di Ancona. Genesi e sviluppo, in: San Ciriaco. La cattedrale di Ancona. Genesi e sviluppo, hg. v. Maria Luisa Polichetti, Mailand 2003, S. 12–35, hier S. 19ff.

32 · + *AD MATREM CHRIS[T]I · QVE TEMPLO PRESIDET ISTI · / · QVI LEGIS INGREDERE · [V]ENIA(M)Q(E) PRECANDO MERERE · / · CVM BIS CENTENVS · [C]LAVSISSET TEMPORA DENVS · / ANNVS MILLENVS FLORERET · I · PAPA SERENVS / IMPERIIQ(VE) DECVS · P[R]INCEPS · O · TTO SVMERET EQVVS · / HEC PHILIPPE · PIE · DE[C]ORASTI TEMPLA MARIE ·* („An die Mutter Christi, die dieser Kirche vorsteht. Wer dies liest, trete ein und wer um Verzeihung bittet, verdiene sie durch Gebet. Als das 1210. Jahr zeitlich zu Ende gegangen war, als der gütige Papst Innozenz III. blühte und der gerechte Fürst Otto die Zierde des Reiches innehatte, hast du, Philippus, fromm diese Kirche Mariens geschmückt"). Vgl. Massa (wie Anm. 30), S. 156; Calvin B. Kendall, The Allegory of the Church. Romanesque Portals and their Verse Inscriptions, Toronto/Buffalo/London 1998, S. 201f., Nr. 3; Paolo Piva, Marche romaniche (Patrimonio artistico italiano), Mailand 2003, S. 252.

ihn Christus segnen.³³ Auf der Archivolte war sogar noch Platz für die Namensnennung eines Leonardus, eines nach Randlage und Kleinformat des Graphems offenbar untergeordneten Mitarbeiters, der die Nähe des Werkstattleiters suchte.³⁴ Nach einem erratischen, 1218 datierten Inschriftenfragment hatte Philippus auf eine nicht mehr näher bestimmbare Art und Weise ebenso seine Hand im Spiel bei dem über Jahrzehnte gewaltigsten Bauvorhaben in der Stadt, dem akropolishaft über der Stadt auf dem Colle Guasco thronenden Dom S. Ciriaco (Abb. 9 Nr. 2).³⁵ Unter der Bauleitung des Philippus muss auch das gleichzeitige, ehrgeizigste Bauprojekt der Kommune gestanden haben, die Erneuerung des Mauerrings, der landseitig das gesamte Stadtbecken vom Colle Guasco im Norden bis zur Anhöhe des Astagno im Süden umfasste. Bereits der Vorgängerin der imposanten Anlage hatte der renommierte Rhetoriklehrer Boncompagno da Signa († nach 1240) um 1198–1201 in seinem „Liber de obsidione Ancone" über die Belagerung Anconas 1173 durch Friedrich Barbarossa Bewunderung gezollt.³⁶ Die beiden zentralen, talwärtig gelegenen Stadttore, die das Hinterland mit zwei markanten innerstädtischen Querachsen verknüpften – jetzt Via Matteotti und Corso Mazzini – stellten den Namen des Magisters aus: An der stadtauswärtigen Seite der Porta di San Pietro, dem heutigen, nach dem angrenzenden Palazzo Mengoni Ferretti benannten Arco Ferretti, ist in den den Verband der Wehrhaftigkeit anzeigenden Bossenquader, unterhalb der kommunalen Signa zweier Löwenfiguren, die 1221 datierte Inschriftenplatte des Philippus eingelassen (Abb. 9 Nr. 3; Abb. 12): *ANNI D(OMI)NI · M · / · C · C · XXI · MA/GISTER · FILIPP(VS) · / FECIT · HOC · OP(VS).*³⁷ Auch die südlich benachbarte, 1768 abgerissene Porta di San Giovanni al Calamo präsentierte nach dem Zeugnis der antiquarischen Literatur unter dem gleichen Datum 1221 eine wohl gleich- oder ähnlichlautende Inschrift des Filippus, deren Text aber nicht überliefert ist (Abb. 9 Nr. 4).³⁸ Schließlich brachte er, vermutlich in den Jahren um 1224, seine Signatur noch an einem weiteren neuralgischen, öffentlichkeitswirksamen Punkt unter, nämlich an der Portallünette von S. Salvatore (heute S. Pellegrino), der ab 1213 neu errichteten, traditionsreichen Pfarrkirche des gleichnamigen, sich zum Domhügel emporziehenden Stadtviertels (Abb. 9 Nr. 5; Abb. 13). Wahrscheinlich spekulierte sie dort bereits auf das prominente Vis-à-vis der Piazza, den Palazzo del Senato, den Tagungsort des städtischen *consilium* und ältesten Anconitaner Kommunalpalast, dessen Anfänge die Lokalliteratur in das späte 12. oder die 1. Hälfte des 13. Jahrhunderts setzt. Das im Zweiten Weltkrieg erheblich beschädigte Relief räumte dem Namen des Bildhauers breiten Platz in privilegierter Nähe der Figur des Salvator ein.³⁹

33 Zur Inschrift vgl. Massa (wie Anm. 30), S. 156; Piva (wie Anm. 32), S. 252.
34 *LEONARDVS FECI[T]* („Leonardus hat es gefertigt"). Vgl. Massa (wie Anm. 30), S. 156; Piva (wie Anm. 32), S. 252.
35 Für die älteren, stark divergierenden Transkriptionen des Fragments, das bei der Bombardierung des Doms im Zweiten Weltkrieg verloren ging, vgl. Cesare Posti, Il Duomo di Ancona, Jesi 1911, S. 188f.; Inventario degli oggetti d'arte d'Italia VIII: Provincie di Ancona e Ascoli Piceno, Rom 1936, S. 18.
36 Boncompagnus, Liber de obsidione Ancone (Rerum Italicarum Scriptores n.s. 6/3), hg. v. Giulio C. Zimolo, Bologna 1937, S. 8f.: *Cum ego Boncompagnus transirem per Marchiam, civitatem intravi Achonam, et ascendens in locum in quo sedes residet episcopalis, rispexi menia, muros et antemuralia et universas circumstantias, quibus civitas decoratur et multimode pollet.*
37 Vgl. Posti (wie Anm. 35), S. 185; Massa (wie Anm. 30), S. 156.
38 Vgl. Massa (wie Anm. 30), S. 160 Anm. 6 für die Angaben der älteren Lokalliteratur.
39 *MAGIS[T]ER / FI[L]IPP(VS) [ME] // · FE[CIT]* („Der Magister Philippus hat mich gefertigt"). Zu

Vor aller Augen platzierte Philippus sich damit kraft Stellvertretung des Namens antizipatorisch in den Orbit der endzeitlich verherrlichten, in der fingierten Buchinschrift des Codex nach Joh 8, 12 als *lux mundi* titulierten Majestas Domini, der die Evangelistensymbole von Lukas – Stier und Markus – Löwe huldigten. An den Toren der Mauer, am oder im Dom, an den Schaufronten eminenter Kommunalkirchen – geradezu zielgerichtet besetzte der Name des Magisters allgegenwärtig städtische Lokalitäten verdichteter Autorität und Repräsentation. An Peripherie wie Zentrum gleichermaßen postiert, spannte er ein eigenes Repräsentationsnetz über den gesamten Stadtkörper. Die Inanspruchnahme des öffentlichen Raums durch Künstler in Ancona war beileibe kein Einzelfall: Im umbrischen Bevagna machten um 1200 die Namen der Bildhauer-Architekten Binellus und seines Bruders Rodulfus auf den an der Piazza Silvestri einander gegenüberliegenden Fassaden von S. Silvestro und S. Michele Arcangelo den gesamten innerstädtischen Hauptplatz zu ihrem Resonanzraum.[40] An der stadtseitigen Schaufront der Südseite des Doms von Atri (Abruzzen) reihten sich um 1300 an den dortigen drei Portalen die Namen der drei jeweiligen Bildhauer aneinander.[41] Inmitten des politischen und kirchlichen Zentrums Bergamos umstellten seit der Mitte des 14. Jahrhunderts nicht weniger als vier Künstlerinschriften an den Vorhallen von Nord- und Südquerhaus die frequentiertesten Zugänge der Bürgerkirche S. Maria Maggiore.[42]

Der öffentlichen Namensinszenierung von Künstlern in den italienischen Kommunen des Hochmittelalters, einer vermeintlichen „Epoche vor dem Zeitalter der Kunst" – um den Untertitel eines Standardwerks von Hans Belting zu paraphrasieren – , eröffneten sich offenkundig außerordentliche Frei- und Spielräume.[43] Ihre Inschriften konnten nach schierer Dimension, nach dem Maß an Okkupation innerstädtischer Schriftflächen, nach der Kostbarkeit ihrer materiellen wie literarischen Einkleidung und nach der Prominenz der Schriftorte geradezu exzessive Ansprüche der Künstler in der Öffentlichkeit vortragen, wie sie in der Neuzeit völlig undenkbar gewesen wären.

dem im Museo Diocesano d'Arte Sacra in Ancona aufbewahrten Tympanon vgl. Mario Natalucci, La vita millenaria di Ancona I: Dalle origini alla fine del Settecento, Città di Castello 1975, S. 170f.; Massa (wie Anm. 30), S. 156.

40 Vgl. Elvio Lunghi, Facciate romaniche nella media valle umbra, in: Foligno A.D.1201. La facciata della cattedrale di San Feliciano, hg. v. Giordana Benazzi, Cinisello Balsamo 1993, S. 63–79, hier S. 73f.; Sperandio (wie Anm. 24), S. 49; Federica Gasparrini, Bevagna, Città di Castello 2004, S. 66, 71f.

41 Vgl. Bruno Trubiani, La Basilica-Cattedrale di Atri, Rom 1969, S. 45f., 57f.; Otto Lehmann-Brockhaus, Abruzzen und Molise. Kunst und Geschichte (Römische Forschungen der Bibliotheca Hertziana 23), München 1983, S. 313f.; Luisa Franchi Dell'Orto/Claudia Vultaggio, Dalla valle del Piomba alla valle del basso Pescara. Dizionario topografico e storico (Documenti dell'Abruzzo teramano V, 2), Pescara 2001, S. 536 Nr. 6–8.

42 Vgl. Arthur Kingsley Porter, Lombard Architecture, Bd. 2, New Haven/London 1916, S. 107f., 111f.; Saverio Lomartire, Giovanni di Ugo de Campilione e il mito cittadino dei Campionesi, in: Il Protiro settentrionale di Santa Maria Maggiore in Bergamo. Riletture critiche e analisi tecnico-scientifiche in occasione del restauro, Bergamo 1998, S. 7–18.

43 Hans Belting, Bild und Kult. Eine Geschichte des Bildes vor dem Zeitalter der Kunst, München 1990.

Preteritum, Presens, Futurum.
Über die Aufgaben von historischer Erinnerung in der Gegenwart der Kommune Siena

Henrike Haug

Mit dem Aufkommen von kommunal regierten Stadtstaaten in Mittel- und Norditalien im 12. Jahrhundert setzte dort, teilweise schon kurz nach Entstehung der Kommune, die schriftliche Fixierung der städtischen Vergangenheit ein. Im Folgenden soll am Fallbeispiel Siena gezeigt werden, wie wichtige Ereignisse – meist ein glorreicher Sieg, der das Gefüge der Kommune festigte – aus der Frühzeit der kommunalen Entwicklung als Subtext unterhalb der ‚neueren' Geschichte weiterliefen und als Orientierungspunkt für die gegenwärtige Selbstverortung und für zukünftiges Handeln genutzt werden konnten. Die Schaffung einer eigenen historischen Erinnerung ist ein wichtiger, gemeinschaftsbildender Akt von Gruppen.

Im Palazzo Pubblico von Siena befindet sich eines der Schlüsselwerke ‚kommunaler Kunst', das Fresko mit den Darstellungen der Guten und der Schlechten Regierung.[1] Ohne auf die verwickelte Forschungsdebatte um die Deutung der politischen Hintergründe und deren bildargumentative Umsetzung eingehen zu wollen oder die Frage erneut zu untersuchen, welcher theoretische ‚Prätext' dem komplizierten ikonographischen Programm zu Grunde liegen könnte, soll hier nur kurz auf die ungewöhnliche Ikonographie einer der Personifikationen des *Buon Governo* hingewiesen werden, um von ihr ausgehend eine Interpretation der beiden Schlachtenszenen in der angrenzenden Sala del Gran Consiglio vorzuschlagen.[2]

Die Fresken befinden sich im 2. Stockwerk des Palazzo Pubblico von Siena, der heutige Besucher betritt die Sala dei Nove von der Seite des großen Ratssaals, auch bekannt als Sala

---

1 Ausgeführt am Ende der 1330er Jahre durch Ambrogio Lorenzetti. Zahlungen zwischen Februar 1338 und Mai 1339 sind in den Quellen zu finden, der Maler selber firmiert *Ambrosius Laurentii de Senis hic pinxit*.

2 Als Auswahl seien genannt: George Rowley, Ambrogio Lorenzetti, Princeton 1958, Band 1, S. 99–122; Nikolai Rubinstein, Political Ideas in Sienese Art. The Frescoes by Ambrogio Lorenzetti and Taddeo di Bartolo in the Palazzo Pubblico, in: Journal of the Warburg and Courtauld Institutes 21 (1958), S. 179–207; Quentin Skinner, Ambrogio Lorenzetti. The Artist as political Philosopher, in: Proceedings of the British Academy 72 (1986), S. 1–56; Mechthild Modersohn, Lust auf Frieden. Brunetto Latini und die Fresken von Ambrogio Lorenzetti im Rathaus zu Siena, in: Bildnis und Image. Das Porträt zwischen Intention und Rezeption, hg. v. Andreas Köstler, Köln 1998, S. 85–118; Quentin Skinner, Ambrogio Lorenzetti's Buon Governo Frescoes. Two old Questions, two new Answers, in: Journal of the Warburg and Courtauld Institutes 62 (1999), S. 1–28; C. Jean Campell, The City's new Clothes. Ambrogio Lorenzetti and the Poetics of Peace, in: The Art Bulletin 83 (2001), S. 240–258; Chiara Frugoni, Ambrogio Lorenzetti, in: Pietro e Ambrogio Lorenzetti, hg. v. ders., Florenz 2002; Joseph Polzer, Ambrogio Lorenzetti's War and Peace Murals revisited. Contributions to the Meaning of the ‚Good Government Allegory', in: Artibus et Historiae 23 (2002), S. 63–105; Maria Monica Donato, Il pittore del ‚Buon Governo'. Le opere ‚politiche' di Ambrogio in Palazzo Pubblico, in: Pietro e

del Mappamondo. Während auf den sich gegenüberliegenden Längsseiten des Raumes vor allem die Auswirkungen der Guten wie auch der Schlechten Regierung ausgemalt werden, oder, wie die ursprüngliche Bezeichnung der Fresken es sagt „Krieg und Frieden", ist die den Fenstern zum Campo von Siena gegenüberliegende Schmalseite des Raums der allegorischen Darstellung der wohlgeordneten und wohlregierten Stadt vorbehalten.

Hier thront auf der rechten Seite eine männliche Figur, die man als Darstellung des Guten Herrschers, der Guten Regierung, des Gemeinwohls, als Personifikation der Stadt Siena selber[3] oder, wohl am wahrscheinlichsten, als Überblendung dieser verschiedenen Bedeutungsebenen im Bild identifizieren kann, erhöht auf einer Bank, umgeben von sechs weiblichen Ratgebern.

Diese Darstellung wird das widergespiegelt haben, was sich auf realen Bänken an den Längsseiten des Raumes abspielte: die erhöht thronenden Entscheidungsträger (Siena wurde zwischen 1287 und 1355 vom Rat der Neun regiert), mit den in unterschiedlicher Konstellation zusammentretenden beratenden Kommissionen und Gremien von Rechtsgelehrten und anderen Spezialisten.

Die den Herrscher im Fresko flankierenden Personen aber sind keine tatsächlichen, außerkörperlich existierenden Ratgeber, sondern Personifikationen von Tugenden und Zuständen, die als innerkörperlich vorhanden oder wünschenswert gedacht werden – für die Stadt und die Gute Regierung. Nicht nur in der zeitgenössischen Literatur, wie beispielsweise in Podestà-Spiegeln, sondern auch als Inschrift am Bild taucht das Motiv wie auch der Kanon der Herrschertugenden auf: *[...] lo qual, per governar suo stato, elegge di non tener giamma' gli ochi rivolti da lo splendor de' volti de le virtù che 'ntorno a llui si stanno.*[4] Durch Attribut und Beischrift zu identifizieren sind die vier Kardinaltugenden Justitia (Gerechtigkeit), Temperantia (Mäßigung), Prudentia (Klugheit) und Fortitudo (Tapferkeit) plus Magnanimitas (das ist die Hochherzigkeit) und, keine Tugend, aber ein wünschenswerter Zustand, Pax (Friede).

Alle Ratgeberinnen tragen ein Attribut, das sie nicht nur identifiziert, sondern das zudem noch ihren – politischen – Aktionsradius definiert, so beispielsweise die Justitia ganz rechts im Bild, die Krone und Schwert in den Händen hält und einen abgeschlagenen Kopf im Schoß liegen hat. Sie versinnbildlicht die Zweiteilung der Gerechtigkeit, die auch links im Fresko dargestellt ist – die distributive und kommutative Gerechtigkeit, Straf- und Zivilrecht.[5]

Ambrogio Lorenzetti, hg. v. Chiara Frugoni, Florenz 2002, S. 203–255; Maria Monica Donato, Dal Comune rubato di Giotto al Comune sovrano di Ambrogio Lorenzetti (con una proposta per la ‚canzone' del Buon Governo), in: Medioevo. Immagini e Ideologie, hg. v. Arturo Carlo Quintavalle, Mailand 2005, S. 489–509.

3   Einen Hinweis darauf geben nicht nur die weiß-schwarzen Farben der Figur, sondern auch die wohl ehemals CSCV lautende Inschrift um ihren Kopf, die als *Commune Senarum Civitas Virginis* aufgelöst werden könnte.

4   Grundlegend dazu immer noch Fritz Hertter, Die Podestàliteratur Italiens im 12. und 13. Jahrhundert, Leipzig 1910; Orfino da Lodi, De regimine et sapientia potestatis (Comportamento e saggezza del podestà), übers. eingl. und hg. v. Sara Pozzi, Lodi 1998; Rubinstein (wie Anm. 2), S. 180ff.; zur Inschrift: Furio Brugnolo, Le iscrizioni in volgare. Testo e commento, in: Ambrogio Lorenzetti. Il Buon Governo, hg. v. Enrico Castelnuovo, Mailand 1995, S. 381–391, hier S. 385: „der, um seinen Staat zu regieren, wählt, niemals die Augen von dem Glanz der Tugendantlitze, die ihn umgeben, zu wenden."

5   Eine Aufteilung, die schon bei Aristoteles in der Nikomachischen Ethik (Kapitel V. 5) zu finden ist: „Zwei Formen der partikularen Gerechtigkeit:

Erstaunlich in der starken Betonung der Rolle der Geschichte ist die Ikonographie der Prudentia, der Klugheit, die als einzige Tugend ohne das jugendliche Idealgesicht dargestellt ist, wohl um auf die Weisheit des Alters hinzuweisen. Sie sitzt zur Rechten des Herrschers und damit an wichtigster Stelle, was auch ihrer Hierarchie im Tugendkanon entspricht (Farbabb. 1).[6] Prudentia weist mit dem Finger der rechten Hand auf ein in drei Schichten – dunkelblau, hellblau und weiß – unterteiltes Gefäß. Diese Schichten bedeuten laut der Aufschrift auf dem oberen weißen Rand die drei Zeiten Vergangenheit, Gegenwart, Zukunft (*Preteritum, Presens, Futurum*). Die Schicht der Gegenwart ist zudem noch durch goldene Flammen hervorgehoben bzw. erleuchtet.

Augustinus hinterfragt bekanntermaßen die Kategorien der Zeit „Vergangenheit, Gegenwart und Zukunft" und negiert die Wörter als rein sprachliche Unterscheidung bzw. betont ihre indexikalischen Qualitäten. Er möchte sie ersetzt sehen durch die Begriffe „Gegenwart des Vergangenen" (*praesens de praeteritis*), „Gegenwart des Gegenwärtigen" (*praesens de praesentibus*) und „Gegenwart des Zukünftigen" (*praesens de futuris*).[7] Nach Augustinus existieren die Zeiten nur im Jetzt der Seele, also im gegenwärtigen Bewusstsein, die vergangenen Taten als Erinnerung, die Gegenwart als augenblickliche Betrachtung und die zukünftigen Dinge als Erwartung (*memoria, contuitus* und *expectatio*). Zukunft und Vergangenheit sind demnach nicht für sich existent, sondern nur als mentale Bilder in der Gegenwart vorgestellt. Diese Dreiteilung findet sich auch bei Cicero in „De officiis" als Interpretation der Prudentia, der die Tugend in die drei Bestandteile *memoria, intellectus* und *providentia* aufgliederte – auf diese enge Verbindung von Prudentia und geschichtlicher Betrachtung spielt auch Ambrogio Lorenzetti in Siena in der Tugendfigur an.

Hier wird, in der Ratgeberin des Herrschers, der schon lange bekannte Topos der *historia magistra vitae* angesprochen.[8] In der Überblendung von Prudentia und Providentia gewinnt die historische Kenntnis für den Herrscher noch an Nutzen oder, wie es Lukian formuliert: „[…] die Geschichte hat nur einen Zweck und dieser ist, durch die Wahrheit nützlich zu sein."[9]

---

distributive und kommutative: Das Ungerechte zerfällt in das Ungesetzliche und das der Gleichheit Widerstreitende, das Gerechte in das Gesetzliche und das der Gleichheit Entsprechende."

6 Betonung der Sonderstellung u. a. bei Thomas von Aquin, Summa theologiae II, II, 47,5: *Sed contra est quod condividitur et connumeratur aliis virtutibus, dicitur enim Sap. VIII. Sobrietatem et prudentiam docet, iustitiam et virtutem*; Michaela Bautz, Virtutes. Studien zur Funktion und Ikonographie der Tugenden im Mittelalter und im 16. Jahrhundert, Berlin 1999, S. 66–69 und S. 261–272.

7 Confessiones XI, 20: *quod autem nunc liquet et claret, nec futura sunt nec praeterita, nec proprie dicitur ‚tempora sunt tria, praeteritum, praesens, et futurum,' sed fortasse proprie diceretur ‚tempora sunt tria, praesens de praeteritis, praesens de praesentibus, praesens de futuris.' sunt enim haec in anima tria quaedam et alibi ea non video, praesens de praeteritis memoria, praesens de praesentibus contuitus, praesens de futuris expectatio.*

8 Cicero, De oratore, Buch 2, 9, 36: *Historia vero testis temporum, lux veritatis, vita memoriae, magistra vitae, nuntia vetustatis, qua voce alia nisi oratoris immortalitati commendatur?* („Geschichte aber, die Zeugin der Zeiten, das Licht der Wahrheit, das Leben der Erinnerung, die Lehrmeisterin des Lebens, die Verkünderin alter Zeiten, durch welche andere Stimme als durch die des Redners wird sie der Unsterblichkeit geweiht?")

9 Lucian's Werke deutsch, von Dr. Theodor Fischer, Stuttgart 1867, Band 4, 1: Wie man Geschichte schreiben muss, S. 153.

Durch die Geschichte kann man die Regeln des menschlichen Lebens erlernen, sie akkumuliert Erfahrungen, die weit den Horizont eines einzelnen Lebens überschreiten, macht diese Summe der Erfahrungen durch Ordnung überschau- und abrufbar und hilft, Handlungsregeln zu erschaffen. Das heißt, dass Geschichtskenntnis und Klugheit eine enge Wechselbeziehung führen und gemeinsam über die (politische) Kompetenz verfügen, die Lebenspraxis nach allgemeinen Regeln zu organisieren, die aus vielen erlebten und konservierten Erfahrungen ableitbar werden. Dazu aber muss die Geschichtsschreibung, also der aktive, gestaltende Teil der Erinnerung, die Erfahrungen der Vergangenheit in der Form einer Erzählung organisieren, die eine ‚Moral‘ hat, eine Botschaft in der Form erfahrungsgestützter allgemeiner Regeln und Prinzipien des menschlichen Handelns. Daraus folgt, dass das historische Wissen, in seiner abrufbaren Form des schriftlich fixierten Wissens, als Orientierungspunkt des praktischen, d. h. politischen Lebens genutzt werden kann – *providentia* und *prudentia* gleichen sich an. Der italienische Stadtstaat wird hier betrachtet als eine sich ab dem späten 11. Jahrhundert politisch ordnende gesellschaftliche Einheit, die sich unter anderem durch eine zusammen erlebte Vergangenheit als Gemeinschaft konstituieren konnte. Diese Gemeinschaft aber ist nicht unmittelbar im normalen städtischen Leben, sondern vor allem an Krisenpunkten erlebbar, die nur in der gemeinsamen Tat gemeistert werden konnten und die damit die Stadt als Einheit für den Einzelnen erfahrbar machen, sei es in Mailand, wo der Kampf gegen die Pataria sicher zu den konstituierenden Elementen der politisch-religiösen Gemeinschaft der Kommune im 11. Jahrhundert wurde, sei es in Genua, wo die Schwureinung vor der gemeinsamen Teilnahme am ersten Kreuzzug auch durch die Historiographie des Caffaro als Initialakt der Kommune bezeugt wird, sei es Pisa, wo die Antisarazenenkämpfe des 11. Jahrhunderts die Stadtgemeinschaft erst als Verteidigungs-, dann als Angriffsbündnis schuf.[10]

Die Entstehung der Kommune ist eng verwoben mit einem historischen Ereignis, das aus den den Stadtraum bewohnenden Menschen erst das Netzwerk von ‚Bürgern‘ schuf, und dieses Ereignis wird erinnert, zuerst vom Einzelnen, dann in der schriftlich fixierten Form der gemeinsamen kommunalen Geschichte oder wie Jörg W. Busch es definiert: „Die neuen Träger von Herrschaft machten – plakativ gesprochen – zunächst einmal Geschichte, bevor sie sie dann im Laufe des 12. Jahrhunderts auch schriftlich festhielten."[11]

Diese gemeinsamen Aktionen sind nicht allein nur in der Erinnerung der Bürger und in den im Stadtraum sichtbaren *monumenta*, in Spolien, Inschriften oder bildlichen Darstellungen, im Stadtraum präsent, sondern auch als geschriebene Geschichte in Form

---

10 Den Zusammenhang von kriegerischem Erfolg und Einsetzen von Geschichtsschreibung beklagt schon ironisch Lukian: „[...] aber seitdem diese noch fortdauernden Ereignisse ihren Anfang genommen haben, der Krieg gegen die Barbaren, besonders seit ihrer Niederlage und den aufeinanderfolgenden Siegen, die wir erfochten haben, gibt es keinen, der nicht Geschichte schreibt, oder vielmehr sind alle ein Thukydides, Herodot oder Xenophon geworden, und anscheinend ist der Satz, ‚der Krieg ist der Vater aller Dinge‘ wahr, wenn er mit einem Mal selbst so viele Geschichtsschreiber aus der Erde emporwachsen lässt." in: Lucian's Werke deutsch (wie Anm. 9), S. 149.

11 Jörg W. Busch, Die Mailänder Geschichtsschreibung zwischen Arnulf und Galvaneus Flamma. Die Beschäftigung mit der Vergangenheit im Umfeld einer oberitalienischen Kommune vom späten 11. bis zum frühen 14. Jahrhundert, München 1997, S. 33.

der Stadtchronistik fixiert. Diese Verbuchung passiert nicht ungesteuert, sondern ist immer ein bewusster Akt der Konstruktion von Geschichte als eines Elements der kulturellen Orientierung, des gemeinschaftlichen Selbstentwurfs und der politischen Intention – Geschichtsschreibung ist Herrenrecht.[12] Das Fresko im Palazzo Pubblico stellt die Herrschertugend Klugheit als weise Alte dar, die die Vergangenheit kennt und damit als nützliche Ratgeberin im politischen Alltag fungieren kann.

Diesen vorhergehenden theoretischen Überlegungen zum politischen Nutzen der Historie soll nun eine konkrete Fallstudie folgen, um das Behauptete zu konkretisieren und mit ‚Chronikbildern' zu unterfüttern. Im an die Sala dei Nove angrenzenden Großen Ratssaal ist die den Fenstern zum Campo gegenüberliegende Längsseite des Raumes, oberhalb von großen Bögen, die den Saal mit der Marienkapelle und der Anticapella verbinden, mit zwei Fresken mit vielfigurigen Schlachtendarstellungen geschmückt. Sie scheinen auf den ersten Blick, durch das gleiche Format, die gleiche Art der Handlungsschilderung und die gleiche Ausführung in Grisaille-Malerei als zeitgleich ausgeführt, sind dies aber nicht – anzunehmen ist allerdings, dass diese bildliche Angleichung bewusst gewählt wurde (Abb. 2).
Das linke Fresko zeigt die Schlacht von Val di Chiana von 1363 von Lippo Vanni, wohl im Jahr 1364 entstanden,[13] das zweite, rechts, die Schlacht von Poggio Imperiale aus dem Jahr 1479, gemalt von Giovanni di Cristofano Ghini und Francesco d'Andrea im Jahr 1480.[14] Beide Szenen sind in *terra gialla* vor blauem Hintergrund ausgeführt, nur wenige Details, und zwar Standarten und Banner, sind farblich hervorgehoben. Als Auftraggeber für die Val di Chiana-Schlacht ist die Stadtregierung der Dodici durch den Chronisten Donato di Neri bezeugt.
Zum historischen Kontext: Nach dem Sturz der Regierung der Nove im Jahr 1355, mit ausgelöst durch den Krönungszug von Karl IV. in diesem Jahr, bereiteten der nachfolgenden Regierung der Dodici marodierende Söldnerheere Probleme, die als schwieriges Erbe der gescheiterten und abgebrochenen Italienzüge von Heinrich VII. 1313 und Ludwig dem Bayern 1327/28 in Italien umherzogen und sich plündernd ernährten.

12 Verwiesen sei hier nur auf die normannische Geschichtsschreibung in Süditalien mit ihrer klar erkennbaren Zäsur 1130, dem Jahr der Krönung Rogers II., wo die Änderungen im Geschichtsentwurf den Änderungen der Konsolidierung der Macht entsprechen. Nick Webber, The Evolution of Norman Identity, 911–1154, Woodbridge 2005; Kenneth Baxter Wolf, Making History. The Normans and their historians in eleventh-century Italy, Philadelphia 1995.

13 Aldo Cairola und Enzo Carli, Il Palazzo Pubblico di Siena, Rom 1963, S. 183f.; Edna Carter Southard, The frescoes in Siena's Palazzo Pubblico, 1289–1539. Studies in imagery and relations to other communal palaces in Tuscany, New York 1979, S. 241–248; Sharon Dale, Lippo Vanni. Style and Iconography, Ann Arbor 1985, Kat. Nr. 17, S. 130–144. Da die Fresken im 19. Jahrhundert in einem sehr schlechten Zustand waren und heute stark restauriert sind, ist an der Echtheit der Jahreszahl zu zweifeln, Quellen berichten auch von 1364, 1363 usw. Heute zu lesen ist unterhalb der Schlacht …RO P[ER] TRATTATO PIEDENDO DEL BUON REGIME[N]TO FACENDO DILIGIONE SENC' AVERE RICEVUTA LE V… / … A STATAPINO und NEL MILLE TRECENTO SETANTETRE AN[N]I FECE QUESTA OPERA LIPPO DI VANNI.

14 Links von beiden Fresken, ebenfalls in *terra gialla*, thront mit gezücktem Schwert Paulus, während hinter ihm die Tugenden aus dem Tor von Siena kommen – darunter steht DOCTOR CUIUS SUB NOME BELLUM GESSIMUS – ROBORE TURBAM FAMOSAM NOBIS FECIT VICTORIA PALMAM. Eine weitere Quelle berichtet von der Inschrift bei Paulus DA VOI CHIAMATO FECI GRAN MACELLO DELLA MALIGNA GENTE COL CAPPELLO.

Abb. 2: Siena, Palazzo Pubblico, Sala del Mappamondo, Längswand gesamt

Diese nordalpinen Söldner hatten sich zu Kompanien unter Führung einzelner Condottiere zusammengeschlossen und zogen sowohl im Auftrag verfeindeter Kommunen, als auch auf eigene Rechnung brandschatzend durch die Lande. Die Val di Chiana-Schlacht ist nun ein an sich nicht sehr bedeutender Sieg, den die Sieneser unter dem Kommando von Ceccolo degli Orsini, Capitano Generale von Siena, am 6. Oktober 1363, unterstützt durch 400 deutsche Söldner, gegen die *Compagnia del Cappello* unter Führung von Niccolo von Montefeltro erkämpften (Farbabb. 3).[15]

Aus dem eben Dargelegten geht hervor, dass es sich um keinen eigentlichen Sieg Sienas gegen die alte Feindin Florenz handelt, sondern um ein Vorgehen gegen ein Söldnerheer, dennoch deutet die Sieneser Chronistik die Schlacht als Sieg gegen die Arnostadt, so beispielsweise in der Chronik von Donato di Neri, der die Verbindung von Compagnia und Florenz deutlich hervorhebt: *la compagnia del Cappello sopra detta, i quali erano soldati de' Fiorentini ed erano in quel di Firenze, a l'entrata di settembre venero in quello di Siena a la Badia a Isola come gente cassa de' Fiorentini, e ine li fiorentini li mandoro la paga.*[16]

---

15 Die militärische Bedeutung des Sieges ist an sich gering, im Jahr darauf fiel beispielsweise die Weiße Kompanie (John Hawkwood) und Anichino (Hans von Bongard, Graf von Landau) in das Gebiet von Siena ein; 1364/65/66 wurden dann erneut Teile des Sieneser Contado von John Hawkwood geplündert.

16 Cronaca Senese di Donato di Neri e di suo figlio Neri, in: Cronache Senesi, hg. v. Alessandro Lisini und Fabio Iacometti (Rerum Italicarum Scriptores 15,6), Bologna 1931, S. 565–685, hier S. 601. „Die Kompanie des Hutes, die Soldaten von Florenz waren und sich in Florentiner Gebiet befanden, zogen zu Beginn des Septembers 1363 in das Ge-

Um zu verstehen, warum gerade diese Schlacht ausgewählt wurde, um mit einem großen Fresko im Palazzo Pubblico als bedeutender Sieg zelebriert zu werden, bedarf es eines Blickes auf die städtische Chronistik, die ‚spät' in Siena einsetzt; vor dem Trecento sind keine erzählenden historischen Quellen, vergleichbar der Produktion aus dem 12. Jahrhundert von Caffaro in Genua, Maragone in Pisa oder auch den Mailänder Chronisten erhalten.

Ein Grundmotiv der historischen Literatur über Siena ist die Wahrnehmung der Fragilität und Klage über den ephemeren Charakter der eigenen Erinnerung, wie beispielsweise 1574 Orlando Malavolti in seiner „Storia de fatti e querre de Sanesi" schreibt. Er sieht die Gründe nicht im Fehlen von fähigen Männern, sondern nimmt an, dass sehr wohl chronikalische Werke vor dem Trecento entstanden waren, dass aber die Missgunst zwischen den Bürgern und die häufigen innerstädtischen Konflikte zur Vernichtung dieser Werke geführt hatten – die Tilgung und Auslöschung von Erinnerung als Kampfmittel: *perciochhè ciascuno ha sempre cercato non solamente di restar superiore e opprimere il nemico; ma con ogni forza, di spegnerne la memoria* und weiter *hanno [...] con ogni diligenza, malignamente occultato e spento la memoria della parte contraria.*[17] Es finden sich, so Malavolti, keine chronikalischen Texte, die über die Ereignisse in Siena vor der Schlacht von Montaperti berichten. Diese Schlacht, vom 4. September 1260, brachte den Sieg der Sienesen über die vereinigte guelfische Übermacht unter Führung von Florenz; die sogenannte *Sconfitta di Montaperti* wurde schriftlich ausgearbeitet und in religiös überhöhter Form zum wichtigsten zu erinnernden historischen Ereignis in Siena.[18]

Dies ist in der Chronikproduktion der italienischen Stadtstaaten kein unbekanntes Motiv: Die Artifizialität der dortigen Vergangenheitskonstruktionen offenbart sich vor allem an den Punkten, an denen zwei unterschiedliche Ereignisse miteinander in Beziehung gebracht, parallelisiert und verglichen werden, ein Vorgang, der in der städtischen Geschichtsschreibung häufig vorkommt, fast konstituierend ist. Ein Ereignis aus der frühen Zeit der Kommune, das häufig, wo noch nachvollziehbar, in enger zeitlicher Nähe zum Schreibbeginn der Chronistik liegt, wird zum ‚wichtigsten' kommunalen Ereignis stilisiert und läuft als Subtext bei gegenwärtigen Ereignissen mit: in Genua die Einnahme der Städte Almeria und Tortosa von 1147/48, in Pisa die Kampagnen gegen die Sarazenen im 11. Jahrhundert; in Mailand der Kampf gegen die Arianer, die Pataria, später dann die Katharer, der auf eigenartige Weise vermischt wird mit dem Kampf gegen Friedrich I. Barbarossa in den 1160er Jahren. Die Bezugnahme auf vergangene Zeiten zur Einordnung der rezenteren Vergangenheit in eine schlüssige historische Erzählung, die Gemeinschaft schafft, ist eine wichtige interkulturelle Praxis.

Diese historischen Überblendungen und Allusionen im kommunalen Alltag von Siena lassen sich gut in einer der erhaltenen Chroniken erkennen.[19] Der erste Teil der Chronik

---

biet von Siena wie bezahlte Soldaten von Florenz, und die Florentiner schickten ihnen den Sold."

17 Orlando Malavolti, Storia de' fatti e guerre de' Sanesi, Siena: Bonetti, 1574: „weil jeder immer nicht nur versucht hat über dem Feind zu stehen und ihn zu unterdrücken, sondern auch mit aller Kraft, die Erinnerung an ihn auszulöschen [...], haben sie mit großem Fleiß die Erinnerung der Gegenpartei gehässig verdunkelt und ausgeschaltet."

18 Diana Webb, Patrons and Defenders. The Saint in the Italian city-state, London 1996, Teil 3: Siena city of the Virgin, S. 251–275.

19 Die Chronik ist heute im modernen Einband in der Biblioteca Comunale von Siena unter der Signatur A-VII-44 verwahrt, 554 Blätter, 138 mal 210 mm.

(bis 1363) wurde wohl aus älteren Quellen kompiliert, um dann von einem späteren Chronisten bis 1431 fortgeführt zu werden. Der heute erhaltene Text stammt aus einer Abschrift des späten 15. Jahrhunderts für Tommaso Montauri, unter dessen Namen die Chronik heute meist geführt wird.[20] Der Text beginnt auf fol. 3r mit dem lapidaren Eintrag *Nel 1170 si chomincio la guerra de Sanesi e Forentini*, um in fortlaufenden Jahreseinträgen weiter zu berichten; zum Jahr 1260 wird nur kurz, in drei Sätzen auf fol. 16v, die Schlacht von Montaperti genannt, d. h. eine eigentliche Schilderung der Schlacht findet nicht statt: *Essendo i Fiorentini a canpo in quello di Siena, per lo sopra detto modo, in quela copagnia in sul pogio a Corboli rincontra a Montaperto, e conbattendo co' loro furono sconfitti e' Fiorentini in sabato a dì 4 settenbre 1260, furvi morti più di X migliaia d'uomini e più di XX migliaia prigioni.*[21]

Umso erstaunlicher ist es, dass eine zweite Schilderung der Schlacht von Montaperti in der Chronik direkt beim Jahr 1363 eingeschoben ist, also dem Jahr der Schlacht von Val di Chiana. Der Einschub ist lang, er füllt fol. 121r bis 163v und ist sicher nicht zu einem späteren Zeitpunkt falsch eingebunden worden, da der Text von 1363 in der Mitte von fol. 121r endet und dann, mit einer Überschrift hervorgehoben (*Rotta data a fiorentini a Montaperto xpo 1260*) der Montaperti-Einschub folgt; zudem füllt der eingeschobene Bericht keine eigene Lage.[22]

Dieser Einschub gibt eine elaboriertere Version der Schlacht von Montaperti wieder, die erst in der zweiten Hälfte des 14. Jahrhunderts verfasst wurde, also genau zu dem Zeitpunkt, als die Schlacht von Val di Chiana geschlagen und Lippo Vanni mit ihrer bildlichen Darstellung betraut wurde.[23] Warum der Kompilator der Chronik diese längere Version nicht in den ersten Teil der Chronik, die er kopierte, beim Jahr 1260 inserierte, kann nicht mehr geklärt werden, aber offensichtlich sah er eine Parallele zwischen der Schlacht von Val di Chiana und Montaperti, so dass er den Text von 1260 bei dem Ereignis von 1363 einfügte.[24]

Vor dem Hintergrund der Probleme italienischer Kommunen mit deutschen Söldnerheeren in der ersten Hälfte des Trecento wird die Konstruktion der Montaperti-Schilderung deutlich: die Compagnia del Capello konnte 1363 durch die Hilfe von deutschen Leihrittern errungen werden, 1260 sind es zufällig anwesende Truppen von König

---

20 Cronaca Senese conosciuta sotto il nome di Paolo di Tommaso Montauri, in: Cronache Senesi (wie Anm. 16), S. 173–252. Der Einschub befindet sich auf S. 194–222.

21 Cronaca Senese (wie Anm. 16), S. 194. In der Handschrift beginnt fol. 16v oben mit dem Jahr 1259, dann folgt der zitierte Jahreseintrag zu 1260. Auf fol. 17r stehen dann die Jahreseinträge zu 1261/1262/1263.

22 Cronaca Senese (wie Anm. 16), S. 194. Lisini schreibt dazu in Anm. 1: „La narrazione riferita con molte particolarità, si può credere non scritta dall'autore della cronaca, bensì da un anonimo vissuto sul finire del secolo XIV, trovandosi anche in altri manuscritti fino dalla prima metà del secolo XV. […] Il racconto della battaglia si deve supporre raccolto da tradizioni popolari un secolo più tardi, ed è certamente frammisto di fatti favolosi ed esagerati, per boria municipale, allora molto viva."

23 Webb (wie Anm. 18), S. 252ff.

24 Nur am Rande sei darauf hingewiesen, dass den modernen Herausgebern der Sieneser Chroniken diese Geschichtsdeutung nicht mehr erklärbar war, und sie sich daher entschieden, in ihrer Edition des Textes ohne deutliche Kenntlichmachung den späteren Montaperti-Text genau beim Jahr 1260 zu inserieren, so dass der heutige Leser zwar die im Rankeschen Sinne ‚richtige' Abfolge der Ereignisse verfolgen kann, die bedeutungsvolle Parallelisierung aber verloren geht.

Abb. 5: Bicchernatafel von 1479

Manfred, die durch die generöse Bereitstellung von 100 000 Goldflorin durch den Sieneser Salimbene Salimbeni angeheuert wurden, um mit zum Sieg über die vereinigten guelfischen Truppen beizutragen.[25]

25 Es hat sich zwar keine bildliche Erinnerung an Montaperti in Siena erhalten, und es ist nicht sicher, ob es überhaupt eine solche gab. Dennoch waren Denkmale zur Schlacht in Siena erhalten: die Feldherrenzelte und der Carroccio der Florentiner wurden als Siegeszeichen aufbewahrt, ebenso das „Libro detto di Montaperti" – eine Sammlung von Urkunden und anderen Schriftstücken über Zusammensetzung und Organisation des florentinischen Heeres, die ebenfalls als Beute in Siena die Zeiten überdauerte. Noch heute befinden sich im Dom die zwei Fahnenstangen des Florentiner Carroccios. Otto Hartwig, Quellen und Forschungen zur ältesten Geschichte der Stadt Florenz, 2. Teil, Halle 1880, S. 297–313.

Abb. 6: Bicchernatafel von 1483

Der Erzählung gelingt es zudem, den Kult des Stadtpatrons mit einer spezifischen historischen Erinnerung zu verbinden, was in Siena, die keinen ‚typischen' Stadtpatron wie etwa einen frühchristlichen Bischof, sondern die überregional tätige Mutter Gottes als Patronin verehrte, von besonderer Bedeutung war: Am Tag vor der Schlacht kulminierte eine lange Bußprozession unter Führung von Bonaguida Lucari und dem Bischof von Siena in der Dedikation der Stadt an ihre Patronin, die Jungfrau Maria, indem die Schlüssel der Stadt auf ihrem Altar abgelegt wurden. Die Aufnahme dieses Motivs garantierte der Schilderung von Montaperti eine Überparteilichkeit, die verhinderte, dass der Sieg in den Streitigkeiten der unterschiedlichen Fraktionen untergegangen wäre.[26] Der Stadtpatron ist der eine Erzählstrang, der die Stadt zusammenhält, die gemeinsame Vergangenheit der zweite; gemeinsames Ergebnis ist sozusagen eine ‚geheiligte Geschichte'.[27]

Angrenzend links an das eben besprochene Fresko wurde dann 1479 ein weiteres Fresko in der gleichen Technik der Ton-in-Ton-Malerei ausgeführt, die Schlacht von Poggio Imperiale, und damit erneut ein Sieg der Sieneser gegen Florenz ins Bild gebracht. Nach der gescheiterten Pazzi-Verschwörung im Jahr 1478 ging Papst Sixtus IV., verbündet mit Neapel und Siena, gegen Florenz vor, dass durch Venedig, Mailand, Bologna, Ferrara und den französischen König unterstützt wurde (Farbabb. 4).[28]

Zum entscheidenden Sieg der Neapolitaner und Sienesen unter Führung des kalabresischen Herzogs Alfonso kam es in der Nacht vom 8. auf den 9. September 1479 durch die Erstürmung des befestigten Florentiner Lagers bei Poggio Imperiale oberhalb des Val d'Elsa.

Wie im vorherigen Fresko sind auch hier die einzelnen dargestellten Städte mit Namen gekennzeichnet, aber auch einzelne Personen sind inschriftlich zu identifizieren, so unter anderem die beiden Männer zu Pferd, als EL DUCA DI CALABRIA und DUCA D'URBINO. Nach der erfolgreichen Schlacht zog der Herzog von Kalabrien weiter nach Colle di Val d'Elsa, dessen Einnahme auf der Biccherna-Tafel desselben Jahres dargestellt wird (Abb. 5).[29] Vier Jahre später (1483) wird die Biccherna-Tafel mit der Darstellung der Schlüsselablage auf dem Altar der Madonna delle Grazie im Dom durch den Erzbischof und die unterschiedlichen Monti geschmückt (Abb. 6)[30] und im Jahr

---

26 Webb (wie Anm. 18), S. 13: „If the commune continued to exist under new management, so too the saint who (usually) had been its spiritual figurehead from the beginning must continue to receive what was due to him or her."

27 „Im Stadtpatron als einer das städtische Kollektiv in seiner Gesamtheit repräsentierenden Kultfigur verbindet sich die permanente Rückversicherung der eigenen Stadtgeschichte mit dem Bedürfnis nach einer identitätsanbietenden Person an der Spitze eines institutionellen Gemeinschaftswesens, die zudem mit dem Charisma der Heiligkeit ausgestattet war." Albert Dietl, Defensor Civitatis. Der Stadtpatron in romanischen Reliefzyklen Oberitaliens, München 1998, S. 10.

28 Die Medici sollten durch Francesco de Pazzi und Girolamo Riario, einem Neffen des aktuellen Papstes Sixtus IV. (Francesco della Rovere), ersetzt werden.

29 Le Biccherne di Siena. Arte e Finanza all'alba dell'economia moderna, hg. v. Alessandro Tomei, Azzano San Paolo 2002, S. 214f. Ehemals Francesco di Giorgio Martini zugeschrieben; Carli sah dann 1950 die Hand von Giovanni di Cristofano und Francesco d'Andrea, die auch 1480 die Battaglia di Poggi Imperiale im Palazzo Pubblico von Siena ausführten; neuerdings wird die Tafel an Pietro di Francesco Orioli gegeben.

30 Biccherne di Siena (wie Anm. 29), S. 218f. Die Bildunterschrift kommentiert dieses Bild der städtischen Einheit: APPREXENTATIONE DELLE CHIAVI QUANDO TUTTI QUATRO E MONTI S'ADUSSENO AD UNO.

Abb. 7: Siena, Dom, Porta della Riconoscenza

1502 erscheint das erste von einem Sieneser gedruckte Buch in der Stadt: es ist die „Sconfitta di Montaperti".[31]

Das Freskenbeispiel, die beiden Bicchernatafeln wie auch der Druck des Textes zeigen, dass am Ende des 15. Jahrhunderts die alte Erinnerung an die glorreiche Schlacht nichts an Aktualität eingebüßt hatte, sondern im täglichen Leben präsent war und in unterschiedlichen Medien wie auch mit unterschiedlichen Aufgaben weiter tradiert wurde. Solch instrumentalisierender Umgang mit der historischen Erinnerung ist keine ‚mittelalterliche' Praxis, die in der Neuzeit an Bedeutung verlor, das zeigt die Warnung, die der Florentiner Gesandte Antonio Guidotti am 11. Januar 1496 gegenüber Siena aussprach: Bevor die Sieneser darüber nachdächten, einen Krieg gegen Florenz zu beginnen und in das Florentiner Gebiet einzufallen, so Guidotti, sollten sie sich daran erinnern, dass sie im Kriegsfall auf fremde Hilfe angewiesen seien, die dann in Siena an Einfluss gewinnen würden. So sei es passiert mit der Unterstellung unter Giangaleazzo Visconti im Jahr 1389: Die Sienesen hatten im Kampf gegen Florenz ein Bündnis mit dem Herzog von Mailand geschlossen, das dazu führte, dass Giangaleazzo zwischen 1399 und 1404 Signore von Siena wurde. Ebenso verweist er auf den Krieg nach der Pazzi-Verschwörung, deren eine Episode, eben die Schlacht von Poggio Imperiale, im Palazzo Pubblico geschildert ist. Zwar wurde durch den Türkenangriff auf Otranto 1480 verhindert, dass Alfonso, Herzog von Kalabrien, seine Truppen nach dem Kampf gegen Florenz zum Machtausbau in der Toskana benutzen konnte, die damals aufkommenden Ängste aber waren sicher nicht unberechtigt.[32]

Somit kann historisches Wissen zu zweierlei genutzt werden – einerseits zur Selbstvergewisserung und zur Behauptung der städtischen Freiheit und Eigenständigkeit gegen das immer stärker werdende Florenz, die Siena bis 1555 gelang, andererseits zur Bereitstellung von zukunftsorientiertem Handlungswissen.

Die longue durée solcher städtischen Vorstellungen zeigt das Beispiel der Porta della Riconoscenza des Sieneser Doms.[33] Diese Bronzetür wurde als Votivgabe für die Errettung Sienas vor der drohenden Bombardierung und Zerstörung im Zweiten Weltkrieg im Jahr 1946 gestiftet. Zwei Jahre zuvor hatte der Erzbischof von Siena, Mario Toccabelli, zusammen mit dem damaligen Podestà Luigi Socini Guelfi entschieden, dass Siena, wie schon vor der Schlacht von Montaperti, erneut der Maria geweiht werden müsse, um die Gefahr abzuwenden.

---

31 Zur Einführung der Druckerpresse in Siena allgemein Friedrich Kapp, Geschichte des deutschen Buchhandels bis in das 17. Jahrhundert, Leipzig 1886, Band 1, Kapitel 33, S. 181–193. Fabio Jacometti, Il primo stampatore senese. Simone di Nicolò di Nardo, in: La Diana 1 (1926), S. 184–202; Alessandro Leoncini, 28 aprile 1502–28 aprile 2002. Per i cinquecento anni della pubblicazione del primo libro stampato da un cittadino senese, in: Accademia dei Rozzi 16 (2002), S. 13–18. Auf dem Titelblatt zu sehen ist Siena, über der, ihren Schutzmantel ausbreitend, die Stadtpatronin schwebt, der Text ist eine Bearbeitung der elaborierten Schlachtenschilderung aus der Chronik von Montauri.

32 Zitiert nach Christien Shaw, Memory and Tradition in Sienese Political Life in the Fifteenth Century, in: Transactions of the Royal Historical Society 6, Serie 9 (1999), S. 221–231, hier Seite 224f.

33 Gerald Parsons, O Maria, la tua Siena difendi. The Porta della Riconoscenza of Siena Cathedral, in: Zeitschrift für Kunstgeschichte 64 (2001), S. 153–176.

Am 17. Juni 1944 veröffentlichte der Podestà die Ankündigung, in der es heißt: *Senesi! Mentre la guerra incombe oramai sulla nostra città, questa Civica Magistratura, interprete del sentimento comune, intende compiere un solenne atto di fede [...] Sull'esempio degli antichi Padri nostri, animati dallo stesso loro fervore, accesi dalla loro stessa passione, volgiamo ripetere promessa di devozione alla santissima Vergine, tornando ad offrire, in purità di sentimento e di opere, la nostra città. La donazione sarà rinnovata alla Venerabile Immagine della Madonna del Voto, Regina di Siena.*[34]
Zwar taucht der Name der Schlacht von Montaperti in diesem Text nicht wörtlich auf, aber der bedrohliche kriegerische Kontext, die Übergabe an die Stadt wie auch die Prozession zum Gnadenbild der Madonna del Voto deuten auf das Jahr 1260. In den vier Feldern der Bronzetür aber, wie schon beim Beispiel der Val di Chiana-Schlacht, nimmt die Argumentation der Bilder den Subtext auf, übersetzt und verdeutlicht ihn: Bild eins zeigt die Dedikation der Stadt 1260, Bild vier das Reenactment am 18. Juni 1944 (Abb. 7).

---

34 Pietro Ciabattini, Quando i senesi salvarono Siena. Siena città ospedaliera, Rom 1997, S. 159. „Sienesen! Während der Krieg bereits unsere Stadt bedroht, beabsichtigt der Magistrat der Stadt, als Interpret des kommunalen Gefühls, einen feierlichen Akt der Überzeugung zu vollbringen. Dem Beispiel unserer Ahnen folgend, beseelt von gleicher Inbrunst, entzündet von der gleichen Leidenschaft, wollen wir das Versprechen der Verehrung der Heiligen Jungfrau wiederholen, indem wir ihr erneut unsere Stadt, in der Schlichtheit des Gefühls und der Tat, überreichen. Die Übergabe wird vor dem verehrenswürdigen Bild der Madonna del Voto, Königin von Siena, wiederholt werden."

Wohin in der Stadt?
Sozialräumliche Strukturen und innerstädtische Mobilität im spätmittelalterlichen Greifswald

Karsten Igel

Spätestens seit den 1970er Jahren zählt die soziale Strukturierung der städtischen Bevölkerung wie auch des städtischen Raumes zu den zentralen Forschungsfeldern der Stadtgeschichtsforschung. So haben sozialtopographische Untersuchungen inzwischen für eine größere Zahl von Städten deren sozialräumliche Untergliederungen aufgezeigt.[1] Im Vordergrund stand und steht dabei in der Regel der Zustand zu einem bestimmten, meist schmalen Zeitraum oder zu verschiedenen Zeitschnitten, weniger stark wurden die Prozesse eines sozialräumlichen Wandels betrachtet. Dies gilt insbesondere für das Phänomen der innerstädtischen Mobilität, das Umziehen innerhalb der Stadt, das für die mittelalterliche und frühneuzeitliche Zeit bislang kaum eingehender thematisiert wurde.[2] Dabei rückt gerade die Frage nach dem Wohin, dem Zielort der innerstädtischen Migration, einen wichtigen Aspekt in den Mittelpunkt der Untersuchung: Worin lag dessen Wahl begründet, in welchem Zusammenhang stand diese mit den Prozessen gesellschaftlichen Auf- oder auch Abstiegs und wie weit spielte hierbei eine soziale Positionierung im städtischen Raum eine Rolle?

Der Grund für die Forschungslücke führt zurück auf die zur Verfügung stehenden Quellen: Notwendige Voraussetzung ist eine weitgehend vollständige Überlieferung serieller Quellen, die über einen längeren Zeitraum die Wohnorte möglichst aller Einwohner möglichst exakt lokalisierbar angeben. Am nächsten kommen diesem geforderten Ideal Steuerverzeichnisse, auch wenn diese nicht immer alle Einwohner erfassen und nicht immer eine eindeutige Zuordnung zu einer bestimmten Hausstätte erlauben. In der notwendigen großen Geschlossenheit der Überlieferung über mehrere Jahrzehnte sind diese für das Spätmittelalter allerdings nur für wenige Städte erhalten – für

---

1 Zur Übersicht vgl. Die Sozialstruktur und Sozialtopographie vorindustrieller Städte. Beiträge eines interdisziplinären Workshops am Institut für Geschichte der Martin-Luther-Universität Halle-Wittenberg am 27. und 28. Januar 2000 (Hallische Beiträge zur Geschichte des Mittelalters und der Frühen Neuzeit 1), hg. v. Andreas Ranft/Mathias Meinhardt, Berlin 2005.

2 Zum Forschungsstand Karsten Labahn, Räumliche Mobilität in der vorindustriellen Stadt. Wohnungswechsel in Stralsund um 1700 (Kleine Stadtgeschichte 1), Berlin 2006, S. 16–35. Thematisiert wird diese Frage zum Beispiel von Monika Fehse, Dortmund um 1400. Hausbesitz, Wohnverhältnisse und Arbeitsstätten in der spätmittelalterlichen Stadt (Dortmunder Mittelalter-Forschungen 4), Bielefeld 2005, S. 299–308; Willi Schoch, Die Bevölkerung der Stadt St. Gallen im Jahre 1411. Eine sozialgeschichtliche und sozialtopographische Untersuchung, St. Gallen 1997, S. 279–286; Karsten Igel, Zwischen Bürgerhaus und Frauenhaus. Stadtgestalt, Grundbesitz und Sozialstruktur im spätmittelalterlichen Greifswald (Städteforschung A/71), Köln/Weimar/Wien 2008 (im Druck), Kapitel 5.3.2.

den hier im Fokus stehenden Ostseeraum eigentlich nur für Rostock.³ Zusätzlich erschwert der hohe damit verbundene Arbeitsaufwand eine mehrere Jahrzehnte in den Blick nehmende Auswertung.

Einen alternativen Betrachtungsansatz bieten für den Ostseeraum die zahlreichen erhaltenen Stadtbücher, in die nach lübischem Recht Veräußerungen und Belastungen von Grundstücken eingetragen wurden.⁴ Deren Auswertung, wie sie für Greifswald, Lübeck und die Rostocker Altstadt erfolgt ist,⁵ ermöglicht in den allermeisten Fällen eine ausreichend genaue Lokalisierung der Eigentümer, ebenso ist die Überlieferung für einen längeren Zeitraum weitgehend vollständig. Zu erfassen sind so aber nur die Wohnhäuser jener, die überhaupt über Hauseigentum verfügten – und dies waren, zumindest in größeren Städten, eher weniger als die Hälfte der städtischen Haushalte.⁶ Der hohe, auf 50–70 % zu schätzende Anteil der Mieter verweist darauf, dass nicht wenige der Grundeigentümer gleichzeitig mehrere Hausstätten besaßen, was die Zuordnung des jeweiligen Wohnhauses erschwert.⁷ Die Einträge der Stadtbücher bieten so nur einen ausschnittartigen Einblick in die städtische Mobilität, mit dem die grundeigentumslosen Teile der Bevölkerung kaum erfasst werden können.⁸ So werden auch in der folgenden skizzenhaften Untersuchung der innerstädtischen Mobilität im spätmittelalterlichen Greifswald vor allem – aber nicht nur – die Vertreter wirtschaftlich potenter Gruppen vorgestellt werden. Zunächst sind aber die sozialräumlichen Strukturen Greifswalds, innerhalb derer sich innerstädtische Migrationen vollzogen, kurz zu skizzieren.

---

3   Für die Rostocker Altstadt liegt neuerdings mit einer bei Dietrich W. Poeck entstandenen Dissertation eine Auswertung vor: Julia Hamelmann, Nikolai Arm, Petri – Gott erbarm? Sozialräumliche Strukturen der Rostocker Altstadt im Spätmittelalter. Diss. phil. Münster 2007.

4   Zu den lübischen Stadtbüchern und deren rechtlichen Hintergründen vgl. Wilhelm Ebel, Lübisches Recht. Lübeck 1971, S. 427–430; Rolf Hammel, Hauseigentum im spätmittelalterlichen Lübeck. Methoden zur sozial- und wirtschaftsgeschichtlichen Auswertung der Lübecker Oberstadtbuchregesten, in: Lübecker Schriften zur Archäologie und Kulturgeschichte 10 (1987), S. 85–300; hier S. 102–108.

5   Vgl. Hammel (wie Anm. 4); Hamelmann (wie Anm. 3); Igel (wie Anm. 2). Vgl. auch ders., Stadt-Raum und Sozialstruktur. Überlegungen zu Quellen, Methoden und Problemen an den Beispielen Greifswald und Osnabrück, in: Hansische Geschichtsblätter 122 (2004), S. 1–53, hier S. 36–39.

6   Vgl. Fehse (wie Anm. 2), S. 265–299; Igel (wie Anm. 2), Kapitel 4.7; ders., Auf der Spur des Osnabrücker Stadt-Raums im Mittelalter. Osnabrücker Quellen zur Raumsoziologie der mittelalterlichen Stadt, in: Vom Großsteingrab zur Domburg. Forschungsorientierte Denkmalpflege im Osnabrücker Land. Festschrift für Wolfgang Schlüter zum 65. (Internationale Archäologie. Studia honoraria 19), hg. v. Axel Friederichs/Karsten Igel/Bodo Zehm, Rahden (Westf.) 2002, S. 139–160, hier S. 153–156; Tilman Repgen, Die Sicherung der Mietzinsforderungen des Wohnungsvermieters im mittelalterlichen Hamburgischen Stadtrecht, in: Hansisches Recht und hansestädtisches Recht (Hansische Studien 17), hg. v. Albrecht Cordes, Trier 2008, S. 141–172, hier S. 141.

7   Vgl. Igel (wie Anm. 2), Kapitel 4.2.1.

8   Dabei ist allerdings zu betonen, dass mit dem Kriterium „Grundeigentum oder kein Grundeigentum" keine eindeutige soziale Scheidelinie vorliegt, dieses ist vielmehr ebenso im Zusammenhang mit gewerblichen Bedürfnissen oder anderen Möglichkeiten der finanziellen bzw. sozialen Absicherung zu betrachten, vgl. Karsten Igel, Zur Topographie und Sozialstruktur Greifswalds um 1400. Der Greifswalder *liber hereditatum* (1351–1452), in: Die Sozialstruktur und Sozialtopographie vorindustrieller Städte. Beiträge eines interdisziplinären Workshops am Institut für Geschichte der Martin-Luther-Universität Halle-Wittenberg am 27. und 28. Januar 2000 (Hallische Beiträge zur Geschichte des Mittelalters und der Frühen Neuzeit 1), hg. v. Andreas Ranft/Mathias Meinhardt, Berlin 2005, S. 227–245, hier S. 230f.

1. Sozialräumliche Strukturen im spätmittelalterlichen Greifswald

Der Stadtplan des 1250 vom pommerschen Herzog Wartislaw III. privilegierten Greifswald präsentiert mit seinem schachbrettartigen Muster geradezu das Idealbild einer Gründungsstadt (Abb. 1), allerdings entstand diese Struktur erst im Laufe und wohl auch eher gegen Ende einer sich über fast drei Jahrzehnte zwischen 1240 und den 1260er Jahren hinziehenden Entwicklung. Diese ist hier nicht näher vorzustellen, aber zu bedenken, da im Zuge dieses Entwicklungsprozesses die grundlegenden Elemente des Stadtraums, die Lage des Marktes, der Kirchen, die Grenzen der Pfarreien, der Verlauf der Befestigung oder auch der eines Gewerbebaches, verortet wurden.[9] Waren so um 1270 die Grundstrukturen verfestigt, begann ab dem ausgehenden 13. Jahrhundert ein entsprechender Vorgang innerhalb der Baublöcke: Das sich seit den 1280er Jahren herausbildende lübische Baurecht, dessen bauliche Umsetzung in Greifswald anscheinend ähnlich früh wie in Lübeck selbst einsetzte, führte mit der vorgeschriebenen Errichtung gemeinschaftlicher Brandmauern zwischen neu zu errichtenden Häusern zu einer Verfestigung der Baustrukturen, die sich bis in die Neuzeit, zum Teil bis in die Gegenwart halten sollte.[10] Eine Folge dieses sich über mehrere Jahrzehnte bis in die erste Hälfte des 14. Jahrhunderts hinziehenden Prozesses war eine stärkere Vereinheitlichung der Gebäudeformen und -größen. Waren zuvor in Greifswald einzelne, auffallend große und traufenständige Häuser errichtet worden, die sich prominent aus ihrem baulichen Umfeld heraushoben, ergab sich aus dem Brandmauergebot fast zwangsläufig eine Giebelständigkeit der Gebäude.[11] Die festgelegten Mauermaße, bis zu denen sich die Nachbarn am Bau der gemeinschaftlichen Brandmauer hälftig finanziell beteiligen mussten, und die – zumindest im Kernbereich der Greifswalder Altstadt – anscheinend sehr gleich-

---

9   Zur Frühgeschichte Greifswalds vgl. Karsten Igel/Uwe Kiel, Aus dem Schatten des Klosters. Die Entwicklung Greifswalds bis zu Beginn des 14. Jahrhunderts, in: Greifswalder Beiträge zur Stadtgeschichte, Denkmalpflege, Stadtsanierung 1 (2004) Sonderheft, S. 4–12; Heiko Schäfer, Ergebnisse der Stadtkernarchäologie in Greifswald, in: Greifswald. Geschichte der Stadt, hg. v. Horst Wernicke, Schwerin 2000, S. 443–450.

10 Vgl. Jens-Christian Holst, Lübisches Baurecht im Mittelalter, in: Historischer Hausbau zwischen Elbe und Oder. Jahrbuch für Hausforschung 49 (2002), S. 115–182. Zu Greifswald vgl. auch Dirk Brandt/André Lutze, Anfänge und frühe Entwicklung profaner Backsteinarchitektur des 13. Jahrhunderts in Greifswald (1265–1290). Ein Beitrag zur mittelalterlichen Baugeschichte einer lübischrechtlichen Hansestadt, in: Greifswalder Beiträge zur Denkmalpflege und Stadtsanierung 1 (2004) Sonderheft, S. 13–47.

11 Vgl. Karsten Igel, „… und schal by der Lowen namen blyven". Identität und Selbstdarstellung städtischer Führungsgruppen im spätmittelalterlichen Hanseraum im Spiegel ihrer Häuser und Höfe, in: Der Blick auf sich und die Anderen. Selbst- und Fremdbild von Frauen und Männern in Mittelalter und früher Neuzeit. Festschrift für Klaus Arnold (Nova Mediaevalia. Quellen und Studien zum europäischen Mittelalter 2), hg. v. Sünje Prühlen/Lucie Kuhse/Jürgen Sarnowsky, Göttingen 2007, S. 315–348, hier S. 321–326; Lutze/Brandt (wie Anm. 10), S. 32–38; Jens-Christian Holst, Hausforschung in Greifswald, in: Historischer Hausbau zwischen Elbe und Oder. Jahrbuch für Hausforschung 49 (2002), S. 287–322; zu Lübeck: Rolf Hammel-Kiesow, Die Entstehung des sozialräumlichen Gefüges der mittelalterlichen Großstadt Lübeck. Grund und Boden, Baubestand und gesellschaftliche Struktur, in: Die Sozialstruktur und Sozialtopographie vorindustrieller Städte. Beiträge eines interdisziplinären Workshops am Institut für Geschichte der Martin-Luther-Universität Halle-Wittenberg am 27. und 28. Januar 2000 (Hallische Beiträge zur Geschichte des Mittelalters und der Frühen Neuzeit 1), hg. v. Andreas Ranft/Mathias Meinhardt, Berlin 2005, S. 139–203, hier S. 158–160.

mäßigen Parzellenbreiten begrenzten die Möglichkeiten, aus dem sich so ergebenden Größenraster allzu sehr auszuscheren. Verstärkt wurde diese Entwicklung noch durch das nachbarschaftliche Einspruchsrecht gegen das *unwontlike buwete*, also beispielsweise gegen einen Neubau, der die bisherigen Höhenmaße deutlich übertraf.[12]
Zeitlich versetzt zur baulichen Durchsetzung des Brandmauergebots – und zwar um wenigstens ein halbes Jahrhundert – erfolgte die Versteinung der Straßenfassaden, die sich aus den Einträgen in den Stadtbüchern sehr gut für die zweite Hälfte des 14. Jahrhunderts verfolgen lässt und ihren Anfang am Markt und in den von diesem zum Hafen hinab führenden Straßen nahm.[13] Anders als in Lübeck erfasste diese aus dem Brandmauerbau folgende starke Vereinheitlichung des Hausbaus auf den Typ des Dielenhauses aber nur einen Teil der Stadt, konzentrierte sich weitgehend auf den Kern der Altstadt, während die im Westen gelegene Neustadt, aber auch der westliche wie östliche Rand der Altstadt stärker von kleinräumigen Baustrukturen und Hofanlagen geprägt wurden (Abb. 1).[14] So kann für Greifswald im Blick auf die gesamte Stadt eine stärkere bauliche Differenzierung des Stadtraums konstatiert werden als dies für Lübeck oder auch für Stralsund und Rostock zu beobachten ist. Im Vergleich zu Lübeck zeigt sich in Greifswald allerdings auch eine stärkere Größendifferenzierung innerhalb der von Dielenhäusern gesäumten Straßen: Einzelne noch zu betrachtende Bauten hoben sich mit einer für Lübeck unbekannten Größe aus der Aneinanderreihung von Giebelhäusern deutlich hervor.[15]
Der erkennbaren baulichen folgte auch die soziale Differenzierung des Stadtraums. Natürlich ein kaum überraschender Befund, denn beide standen letztlich in einem wechselseitigen Zusammenhang. Die Verortung gesellschaftlicher Gruppen in der Stadt war Grundlage für deren bauliche Strukturierung; eine starke Verfestigung dieser Baustrukturen, wie sie in besonderem Maße aus dem lübischen Baurecht folgte, konnte dann aber auch – oder musste gar – zu einer Zementierung der sozialen Strukturierung des Raumes führen.[16] Die Wohnhäuser der Greifswalder Ratsherren finden sich zum überwiegenden Teil in jenem Bereich zwischen Markt und Hafen, wo sich auch die Versteinung der Straßenfassaden zuerst durchsetzte, in besonderem Maße an der Ostseite des Großen Marktes und in der Knopfstraße (Abb. 2).[17] Die einzelnen auffallend großen Bauten lassen sich fast ausnahmslos den führenden Ratsfamilien zuordnen.[18] Am westlichen Rand der Altstadt und in der Neustadt, besonders im Bereich zwischen Steinbecker und Kapaunenstraße, konzentrierte sich dagegen in starkem Maße Handwerkern zuzuschreibendes Grundeigentum (Abb. 3).[19] Auffällig ist die Verdichtung von fell- und lederverarbeitenden Gewerben um Rot- und Weißgerberstraße. Das von diesen beiden Straßen begrenzte Areal kann auch nach den archäologischen Befunden als

---

12 Vgl. Holst (wie Anm. 10), S. 137–152.
13 Vgl. Karsten Igel, Der Raum als soziale Kategorie. Methoden sozialtopographischer Forschung am Beispiel Greifswalds um 1400, in: Städtesystem und Urbanisierung im Ostseeraum in der Neuzeit. Urbane Lebensräume und Historische Informationssysteme. Beiträge des wissenschaftlichen Kolloquiums in Rostock vom 15. und 16. November 2004 (Geschichte. Forschung und Wissenschaft 12), hg. v. Stefan Kroll/Kersten Krüger, Berlin 2006, S. 265–300, hier S. 286–289.
14 Vgl. Igel (wie Anm. 13), S. 284–286.
15 Vgl. Igel (wie Anm. 11), S. 327f.
16 Dazu Igel (wie Anm. 13), S. 275–277.
17 Vgl. Igel (wie Anm. 13), S. 289–291.
18 Vgl. Igel (wie Anm. 2), Kapitel 4.2.1.
19 Vgl. Igel (wie Anm. 2), Kapitel 4.6.

Wohin in der Stadt? 183

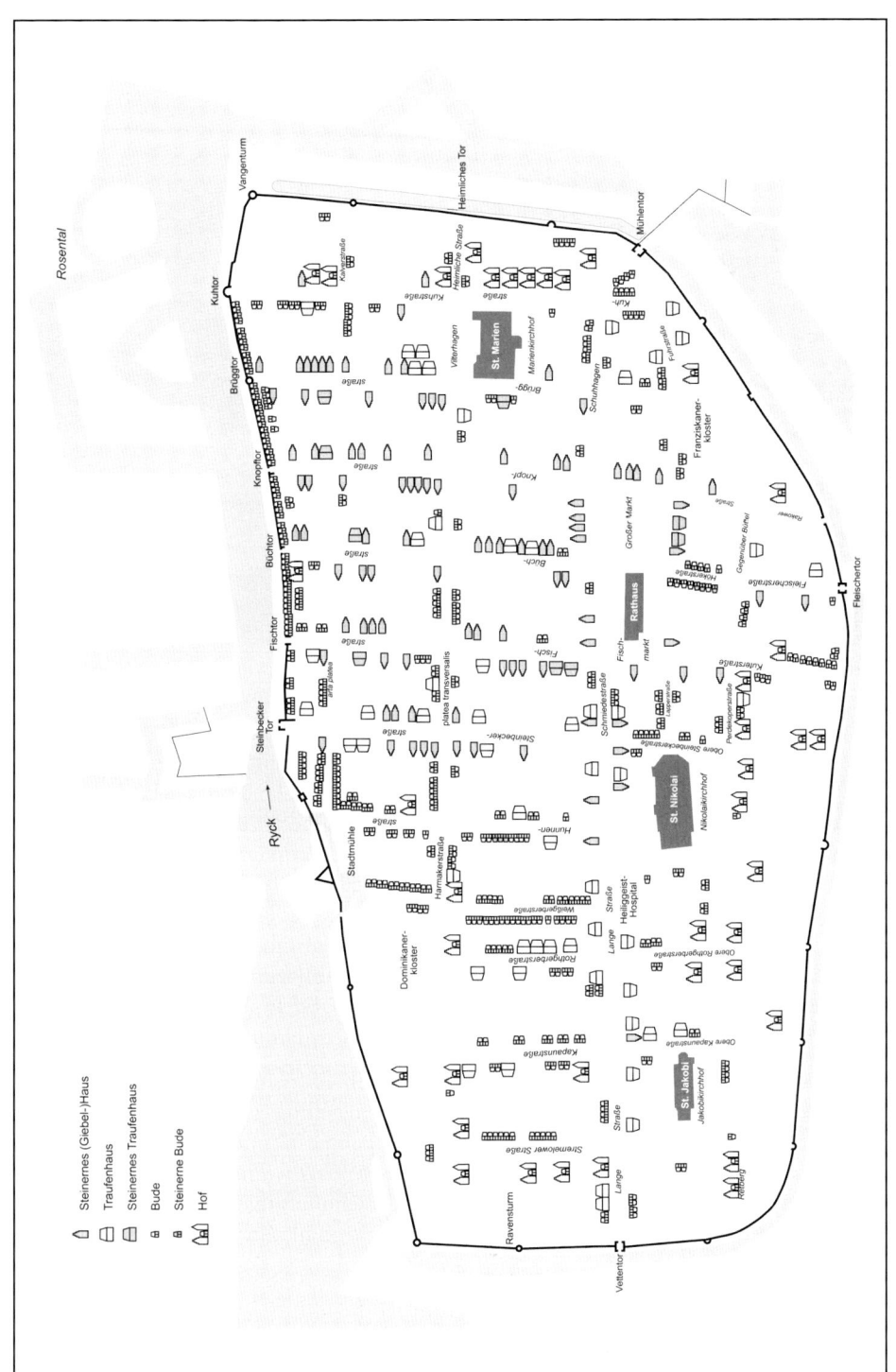

Abb. 1: Greifswald, aus den Stadtbüchern rekonstruierbare Baustrukturen um 1400

184 Karsten Igel

Abb. 2: Greifswald, Wohnhäuser von Ratsmitgliedern 1350–1450

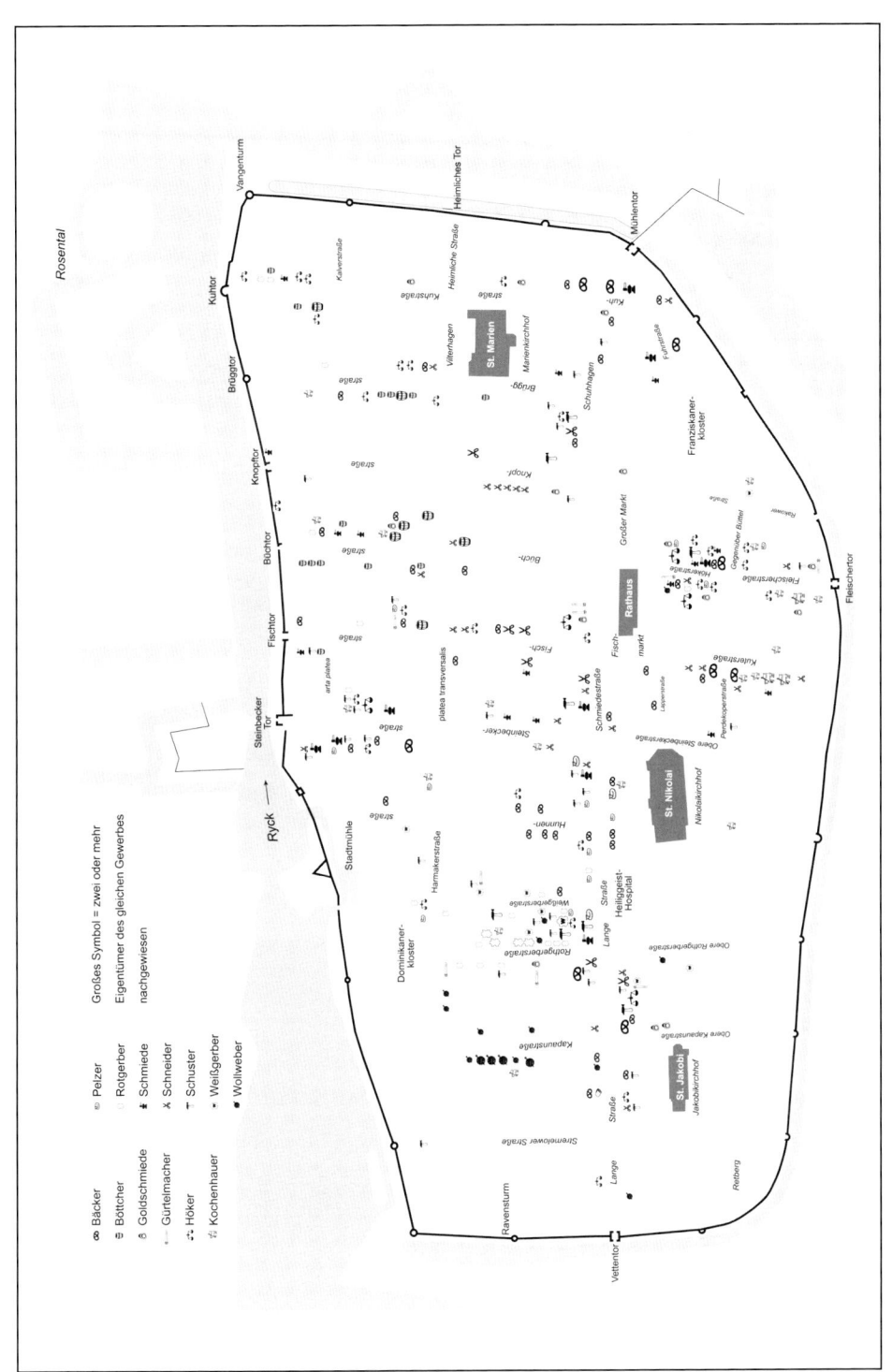

Abb. 3: Greifswald, Grundeigentum ausgewählter Gewerbe 1350–1450

Gerberviertel betrachtet werden.[20] Ebenso bemerkenswert ist die Anhäufung von Hausstätten im Eigentum von Wollwebern auf der Westseite der Kapaunenstraße. Eine weitere gewerbliche Konzentration findet sich südlich des Marktes um Fleischer- und Kuterstraße. Doch waren es dort vor allem die auf den alltäglichen Handel ausgerichteten Gewerbe wie Höker, Bäcker und Knochenhauer. Den nördlichen Abschnitt der Fleischerstraße säumten beiderseits die Buden der Höker, die zeitweilig auch namengebend für diesen Teil der Straße waren; zwischen Fleischer- und Kuterstraße erstreckte sich der Scharren mit den Ständen der Knochenhauer. So lagen wesentliche Elemente des alltäglichen Marktverkehrs am Rande des eigentlichen Marktplatzes, der durch das Rathaus und eine zu diesem parallele Budenzeile in den Großen Markt und den kleineren Fischmarkt geschieden wurde. Auch das Rathaus selbst, das den Tuchhandel wie den städtischen Weinkeller in seinem Inneren barg und an dessen Längsseiten die Budenzeilen der Tuchscherer und Krämer angebaut waren, war Ort des Handels. Ebenso die nördlich gelegene Zeile der alten Krämerbuden, die wie die Hökerbuden in der Fleischerstraße angesichts ihrer Größe aber durchaus auch als Wohnraum genutzt worden sein könnten.[21]

Trotz der wirtschaftlichen Funktion war das Rathaus zu allererst politisches Zentrum der Stadt und prägte mit der daraus folgenden repräsentativen Funktion die Gestalt des Marktes ebenso wie die dort gelegenen Häuser der Ratsfamilien.[22] Der Bürgermeister Hinrich von Lübeck errichtete sein Wohnhaus am Fischmarkt in den 1340er Jahren nicht nur in zeitlich engem Zusammenhang zum Rathausbau; der außergewöhnlich große Bau spiegelte in seinem Querschnitt auch das Volumen des schräg gegenüber stehenden Rathauses wider und scheint nach den bauhistorischen Untersuchungen zudem in der Fassadengestaltung diesem zumindest stark geähnelt zu haben.[23] Damit wurde symbolisch zugleich eine Verbindung zwischen beiden Bauten gezogen, wie auch zwischen den Bewohnern des Lübeckschen Hauses und der Funktion des Rathauses als politischem Zentrum. Die innerhalb des Greifswalder Rates dominante Familie dokumentierte so auch baulich die von ihr beanspruchte Position in der Stadt.[24] Einen ausgesprochenen Willen zur Repräsentation demonstrierten mit ihrer Fassadengestaltung die schon auf das ausgehende 13. Jahrhundert und somit in die Zeit vor dem Rathausbau zurückgehen-

---

20 Vgl. Peter Enzenberger, Die Ausgrabungen im Greifswalder Handwerkerviertel, in: Handwerk – Stadt – Hanse. Ergebnisse der Archäologie zum mittelalterlichen Handwerk im südlichen Ostseeraum (Greifswalder Mitteilungen 4), hg. v. Ulrich Müller, Frankfurt am Main 2000, S. 99–113; hierzu auch Joern-Martin Becker/Doris Bulach/Ulrich Müller, Skora, corium ledder – Innovation und Professionalisierung im Lederhandwerk des südlichen Ostseeraumes, in: Hansische Geschichtsblätter 122 (2004), S. 87–116, hier S. 107–109.

21 Vgl. Karsten Igel, Greifswald um 1400. Zur Stadtgestalt und Sozialtopographie Greifswalds im Spätmittelalter, in: Baltische Studien 88 (2002), S. 20–42, hier S. 26–30.

22 Zum Greifswalder Rathaus vgl. Stephan Albrecht, Mittelalterliche Rathäuser in Deutschland. Architektur und Funktion, Darmstadt 2004, S. 63–65.

23 Vgl. Dirk Brandt/André Lutze, Arbeitsmethoden und Ergebnisse bauhistorischer Untersuchungen zum Altstadtgebiet Greifswalds seit 1990 – Ein erster Überblick, in: Greifswalder Beiträge zur Denkmalpflege und Stadtsanierung 1 (2004) Heft 1, S. 13–16, hier S. 15.

24 Vgl. Igel (wie Anm. 11), S. 329f. Einige weitere ähnlich große Bauten umgaben noch bis zum Ende des 19. Jahrhunderts den Greifswalder Markt, vgl. Holst (wie Anm. 11), S. 311f.

den Bürgerhäuser. Hinter einem ausgesprochen breiten und anscheinend schon ursprünglich von Zinnen bekrönten Schildgiebel auf der Ostseite des Marktes verbargen sich zwei baulich getrennte, aber ursprünglich einem Eigentümer gehörende Häuser, die nach außen hin als ein großes Haus wirkten. Eine ähnliche repräsentative ‚Vortäuschung‘ bot das südliche Nachbarhaus, dessen Fassade einen Festsaal im ersten Geschoss zu erkennen gab, der sich angesichts der sehr geringen Deckenhöhe im Inneren aber als schlichter Lagerboden entlarvte.[25] Mit diesen markanten Bauten im Greifswalder Stadtbild, die in ihrer Größe und Fassadengestalt zumindest in einigen Fällen auch in ein symbolisches Wechselspiel mit dem Rathaus traten, waren zugleich die für die städtische Führungsgruppe zentralen Räume in der Stadt markiert. Wesentliches Grundelement dieser sozialräumlichen Struktur war die städtische Sakrallandschaft – neben den Kirchen, Klöstern und Kapellen vor allem die Kirchspiele als wichtige Kommunikationsräume innerhalb der Stadt.[26] Keine der drei Greifswalder Pfarrkirchen grenzte unmittelbar an den Markt, St. Nikolai und St. Marien lagen, jeweils durch einen Baublock von diesem getrennt, in ähnlichem Abstand zum Markt. Entsprechend war dieser auf beide Kirchspiele aufgeteilt: Während die östliche Hälfte des Großen Marktes wie auch die Knopfstraße zur Pfarrei von St. Marien zählten, gehörten dessen westlicher Teil und der Fischmarkt zu jener von St. Nikolai. Kürzer als zu den beiden Pfarrkirchen war der Weg vom Markt zur Kirche des Franziskanerklosters, in der sich auch der Rat vor der Bürgermeisterwahl zur Messe versammelte, während eine Einbindung der Pfarrkirchen in die Ratswahl erst im Zuge deren Neuordnung nach der Reformation zu fassen ist.[27]

2. Innerstädtische Mobilität

Die im vorangegangenen Abschnitt skizzierte sozialräumliche Struktur, die sich durchaus noch detaillierter differenzieren ließe und als System von Nachbarschaften, Quartieren oder ganz allgemein Kommunikationsräumen beschrieben werden kann, bildete ein Grundelement des sozialen Netzwerkes Stadt. Dieses verfügte auf anderen zumeist

---

25 Zu diesen Bauten vgl. Brand/Lutze (wie Anm. 10), S. 34f.; Dirk Brandt/André Lutze/Felix Schönrock, Fischstraße 18 – Ein Traufenhaus im Wandel der Zeit, in: Greifswalder Beiträge zur Denkmalpflege und Stadtsanierung 1 (2004) Heft 2, S. 4–21, hier S. 12–16; Felix Schönrock, Die Bürgerhausfassade in Greifswald um 1300. Ergebnisse der Bauuntersuchungen am Haus Markt 13, unveröffentlichte Magisterarbeit, Greifswald 1996; Igel (wie Anm. 11), S. 328f.

26 Zur Rolle und Funktion der städtischen Pfarrkirchen und Pfarren vgl. Eberhard Isenmann, Die deutsche Stadt im Spätmittelalter, Stuttgart 1988, S. 216–219; Arnd Reitemeier, Pfarrkirchen in der Stadt des späten Mittelalters. Politik, Wirtschaft und Verwaltung (Vierteljahrsschrift für Wirtschafts- und Sozialgeschichte, Beiheft 177), Stuttgart 2005; am Beispiel Lübecks Stefanie Rüther, Prestige und Herrschaft. Zur Repräsentation der Lübecker Ratsherren in Mittelalter und Früher Neuzeit (Norm und Struktur 16), Köln/Weimar/Wien 2003, S. 23–57.

27 Vgl. Karsten Igel, Kirchen im Greifswalder Stadtraum, in: Pfarrkirchen in Städten des Hanseraumes. Ergebnisse eines Kolloquiums vom 10.–13. September 2004 in der Hansestadt Stralsund (Archäologie und Geschichte im Ostseeraum 1), hg. v. Felix Biermann/Manfred Schneider/Thomas Terberger, Rahden (Westf.) 2006, S. 71–87, hier S. 73–75; zur Ratswahl in Greifswald Dietrich W. Poeck, Rituale der Ratswahl. Zeichen und Zeremoniell der Ratssetzung in Europa (12.–18. Jahrhundert) (Städteforschung A/60), Köln/Weimar/Wien 2003, S. 233–237.

weniger räumlich gebundenen Ebenen wie Verwandtschaft, Zugehörigkeiten zu Ämtern und Kaufmannsgemeinschaften, zum Rat oder einem bestimmten Kirchspiel über weitere Verknüpfungen. Im Falle der Kirchspiele ist natürlich ebenso die räumliche Dimension evident. Der Bezug zu einer Pfarrkirche war, wie sich aus Hinweisen zu Bestattungsorten erschließen lässt, aber nicht notwendig mit der Lage des aktuellen Wohnhauses verbunden, sondern konnte sich auch am wichtigsten Wohnsitz des Familienverbandes orientieren und bot so eine erweiterte räumliche Verknüpfung.[28]

Umzüge, sofern die Stadt nicht vollends verlassen wurde, vollzogen sich innerhalb eines oder zwischen unterschiedlichen Sozialräumen.[29] Im letzteren Falle war damit auch das Hineintreten in einen neuen, anderen Kommunikationsraum verbunden. Eine Handlung, die sich als bewusste Entscheidung und Positionierung im sozialräumlichen Gefüge der Stadt betrachten lässt, wenn es sich nicht angesichts einer verschlechterten wirtschaftlichen Situation um eine nur begrenzt steuerbare Abdrängung in ein sozial schwächeres Umfeld handelte. Die innerstädtische Mobilität konnte so – wie heute noch – ebenso ein Ausdruck sozialen Auf- und Abstiegs sein wie auch des Versuchs, in bestimmte Kommunikationsräume und Netzwerke einzutreten, dies zunächst einmal ungeachtet der Frage, ob diese Versuche erfolgreich waren oder nicht.

Die Frage nach dem Auf- und Abstieg innerhalb der städtischen Gesellschaft führt zurück zur großen Zahl der zur Miete wohnenden Haushalte. Auch wenn die Stadtbücher bis auf vereinzelte Ausnahmen zu den Mietern schweigen, erlauben Einträge im Greifswalder Kämmereibuch zumindest einen kleinen Einblick in diese Gruppe. Verzeichnet wurden in diesem unter anderem für die Jahre von 1361 bis 1411 die namentlich genannten Mieter, die der Stadt gehörende Gebäude bewohnten.[30] Damit ist allerdings zunächst einmal nur ein zeitweiliges Wohnhaus für diese Mieter zu fassen, kaum aber bei einem Umzug die Ausrichtung der Mobilität, das ‚Wohin' der Migration, es sei denn diese stand mit dem Erwerb einer eigenen Hausstätte in Zusammenhang. In umgekehrter Richtung ist dies für den Ratsherrn Wichard Vredeland zu verfolgen: Dieser bewohnte ein Steinhaus in der Knopfstraße, das er zwischen 1356 und 1358 verkaufte, ohne ein weiteres Haus zu besitzen. Von 1361 bis zu seinem Todesjahr 1386 erscheint er dann im Kämmereibuch als Mieter eines städtischen Hauses am Fischtor.[31] Mit diesem Umzug, den schon die veränderte Wohnsituation mit einem Prestigeverlust verbunden haben mag, verblieb er zwar noch in dem von den ratsherrlichen Familien geprägten Bereich der Stadt, rückte aber doch deutlich an dessen Peripherie.[32]

---

28 Vgl. Igel (wie Anm. 27), S. 75–77.
29 Vgl. dazu auch Labahn (wie Anm. 2), S. 112–134.
30 Archiv der Hansestadt Greifswald, Rep. 3 Nr. 33, vgl. Igel (wie Anm. 2), Kapitel 4.7; vgl. auch Georg Fengler, Untersuchungen zu den Einnahmen und Ausgaben der Stadt Greifswald im 14. und beginnenden 15. Jahrhundert. Besonders nach dem Kämmereibuch von 1361–1411 (Greifswalder Abhandlungen zur Geschichte des Mittelalters 7), Greifswald 1936.
31 Vgl. Igel (wie Anm. 2), Kapitel 4.1.4.
32 Auffällig ist allerdings, dass Wichard Vredeland trotz des nachweisbaren vollständigen Verlusts seines städtischen Grundeigentums, das Grundlage für die Ratsfähigkeit war, noch für mehr als ein Vierteljahrhundert, bis zu seinem Tod, im Rat blieb – in Lübeck folgte auf den Verlust des Grundeigentums grundsätzlich auch der Verlust des Ratssitzes, vgl. Michael Lutterbeck, Der Rat der Stadt Lübeck im 13. und 14. Jahrhundert. Politische, personale und wirtschaftliche Zusammenarbeit in einer städtischen Führungsgruppe (Veröffentlichungen zur Geschichte der Hansestadt Lübeck B/35), Lübeck 2002, S. 143f.

Anders als die Ausrichtung lässt sich die Frequenz der Mobilität, also die Länge oder in einigen Fällen besser die auffällige Kürze des Wohnens an einem Ort, anhand der vierteljährlichen Kämmereiabrechnungen sehr gut untersuchen. Diese schwankte zwischen wenigen Wochen oder Monaten und mehreren Jahrzehnten, differierte dabei nach der Art des Gebäudes – Bude oder Haus – und ebenso nach der, zumindest in Grenzen erkennbaren, sozialen Zuordnung der Mieter, die sich von den Prostituierten in den Frauenhäusern bis zu dem genannten Ratsherrn Wichard Vredeland über das gesamte Spektrum der Stadtgesellschaft erstreckte.[33]
Wie fließend der Übergang zwischen der Gruppe der Mieter und jener der Grundeigentümer sein konnte, illustriert das Beispiel des Pferdehändlers Wessel Santkroger: 1380 verkaufte er eine wohl bis dahin von ihm bewohnte Hausstätte in der Steinbeckerstraße, wurde noch im gleichen Jahr als neuer Mieter in einem Haus in der oberen Brüggstraße genannt und erwarb 1381 ein Haus in der Rakower Straße, das er dann bis zu seinem Tode bewohnte.[34] Binnen eines Jahres war Wessel Santkroger zweimal umgezogen, die kurzzeitige Miete ist aber wohl eher als Übergangsphase zwischen dem jeweils länger andauernden Hauseigentum anzusehen, während die Hintergründe des Umzugs von der Steinbecker- in die Rakower Straße nicht zu ergründen sind. Deutlicher nachvollziehbar ist das Agieren der Handwerkerfamilie Kogeler auf dem Greifswalder Grundstücksmarkt und damit verbunden auch der Wechsel des jeweiligen Wohnhauses. Der erstmals 1376 als Schuhmacher erwähnte Nikolaus Kogeler,[35] zu dieser Zeit noch Mieter, erwarb 1380 ein in der Langen Straße zwischen den Einmündungen von Rot- und Weißgerberstraße gelegenes Traufenhaus sowie ein weiteres in der Rotgerberstraße, das im Inneren des Baublocks an das erstgenannte grenzte. 1392 kaufte er schließlich noch ein Haus in der Schmiedestraße, in nur geringer Distanz zum Markt, das er von da an anscheinend auch bewohnte. Nach seinem Tod teilten seine drei Söhne 1412 das Grundeigentum untereinander auf: Nikolaus, der seinem gleichnamigen Vater im Schuhmacherhandwerk folgte, erhielt das Traufenhaus in der Langen Straße, Martin, dessen Tätigkeit unbekannt ist und der nach 1412 nicht mehr in Greifswald nachweisbar ist, zusammen mit seiner Mutter jenes in der Rotgerberstraße, Johann schließlich, der Schneider war, das Erbe in der Schmiedestraße. Spätestens 1428 gehörte Nikolaus Kogeler dann auch die Hausstätte seines Bruders Martin, von der er 1437 einen Teil veräußerte. Zuletzt erwarb er drei Jahre später von den Kindern seines inzwischen verstorbenen Bruders Johann noch das Erbe in der Schmiedestraße. Da er 1443 auch sein bisheriges Wohnhaus in der Langen Straße verkaufte, scheint er wie schon sein Vater aus dem Gerberviertel in die Nähe des Marktes gezogen zu sein.
Ein Blick auf die Verteilung des Grundeigentums der Greifswalder Schuhmacher zeigt, dass sich Vater und Sohn Kogeler sowohl im Gerberviertel wie am Markt in der Nähe ihrer Amtsgenossen wiederfanden. Dennoch bestand ein Unterschied zwischen beiden Orten: Bei den Schuhmachern gehörenden Hausstätten im Gerberviertel handelte es sich häufig um Nebenbesitzungen, die nicht vom Eigentümer selbst bewohnt, sondern gewerblich genutzt wurden.[36] Hintergrund war eine Scheidung zwischen den Greifs-

---

33 Vgl. Igel (wie Anm. 2), Kapitel 3.8.4 und 4.7.
34 Vgl. Igel (wie Anm. 2), Kapitel 4.3.6.
35 Vgl. Igel (wie Anm. 2), Kapitel 4.3.3 und 5.3.2, auch zum Folgenden.
36 Vgl. dazu auch Igel (wie Anm. 2), Kapitel 5.2.3.

walder Gerbern und Schuhmachern, die letzteren erlaubte, auf eigenem Grundstück für den eigenen Bedarf Leder zu gerben.[37] In der Folge dieser Scheidung zeichnet sich in den Stadtbüchern ein verstärkter Erwerb von Hausstätten im Gerberviertel durch Schuhmacher ab. Der Weg der Familie Kogeler führte somit genau genommen in die entgegengesetzte Richtung, sie zogen aus dem stark gewerblich geprägten Umfeld dorthin, wo die wohlhabenderen Schuhmacher wohnten.[38]

Im unmittelbaren Vergleich zu den Schuhmachern, für deren Grundeigentum eine Schwerpunktbildung sowohl im Umfeld des Gerberviertels, aber auch in der Nähe des Marktes erkennbar ist, fällt die Orientierung der Wollweber auf die Kapaunenstraße umso stärker auf. Diese Konzentration, die zunächst einmal ja nur für das Grundeigentum der Wollweber zu belegen ist, findet ihre Bestätigung allerdings auch in den 1445 vom Rat für das Amt erlassenen Statuten: So wurde verboten, Tuch *ute der Kappunstrate bi den market edder van den markede in de Kappunstrate* fortzutragen, damit dieses nicht der Kontrolle des Rates entzogen wurde und wohl auch, um die Wollweber vom Detailhandel fernzuhalten.[39]

Angesichts dieser räumlichen Begrenzung der Tuchmacherei auf eine Straße tritt ein Ausbrechen aus diesem Raster, wie es für die Wollweberfamilie Slupwachter verfolgt werden kann, noch prägnanter hervor.[40] Albert Slupwachter wurde erstmals 1377 im Kämmereibuch als Wollweber mit seinen vierteljährlichen Zahlungen eingetragen, erwarb zwei Jahre später ein eigenes Haus in der Kapaunenstraße, ehe sein Sohn Hermann ihm 1381 im Handwerk nachfolgte. Dieser, der angesichts der im Vergleich zu seinem Vater dreifachen Zahlungen an den Kämmerer, den Betrieb wohl deutlich ausgebaut hatte, kaufte 1392 eine weitere Hausstätte in der Kapaunenstraße und fünf Jahre später ein steinernes Eckhaus mit Getreidespeicher in der Kuterstraße, also in der Nähe des Marktes. Nachdem er 1399 das Haus seines Vaters verkauft hatte, erwarb er schließlich noch 1403 ein Haus am Markt, das er bis zu seinem Tode bewohnte. Mit dem Umzug von der Kapaunenstraße über die Kuterstraße zum Markt wandelte sich auch seine Benennung in den Stadtbüchern – aus dem *lanifex* der frühen Jahre war der *dominus* Hermann Slupwachter geworden, als der er anlässlich der Teilung seines Nachlasses 1407 bezeichnet wurde. In beidem, der veränderten Wohnlage und Anrede gibt sich ein gesellschaftlicher Aufstieg zu erkennen, der Hermann Slupwachter aus seinem bisherigen räumlichen Umfeld heraustreten und in neue Verbindungen eintreten ließ. Worauf sich dieser Aufstieg gründete, ist den Quellen allerdings nicht zu entnehmen. Hermanns Sohn Johann, der anscheinend das väterliche Haus am Markt bewohnte, konnte seine Position in der Stadt darauf gründen und weiter ausbauen: In zweiter Ehe heiratete er in den 1420er Jahren die Tochter des Bürgermeisters Hinrich

---

37 Vgl. Oscar Krause/Karl Kunze, Die älteren Zunfturkunden der Stadt Greifswald. Teil 1. In: Pommersches Jahrbuch 1 (1900), S. 97–169, hier S. 130f. Dazu Igel (wie Anm. 2), Kapitel 4.3.3; vgl. dazu auch Becker/Bulach/Müller (wie Anm. 20), S. 107f.

38 Neben den Pelzern, Schmieden und Schneidern zählten die Schuhmacher zu den so genannten Vier-Gewerken, den führenden Greifswalder Handwerksämtern, vgl. Igel (wie Anm. 2), Kapitel 4.5.8.

39 Oscar Krause/Karl Kunze, Die älteren Zunfturkunden der Stadt Greifswald. Teil 2, in: Pommersches Jahrbuch 2 (1901), S. 109–159, hier S. 151–155; Igel (wie Anm. 13), S. 292–294.

40 Zum Folgenden vgl. Igel (wie Anm. 5), S. 21–24; ders. (wie Anm. 13), S. 295f.

I. Rubenow und trat damit in das Konnubium mit der Greifswalder Führungsgruppe. Ob dies noch vor seiner 1426 erfolgten Wahl in den Greifswalder Rat geschah oder erst danach, bleibt unklar, die Verbindung zur Familie Rubenow blieb aber auch in der folgenden Generation bestimmend, als Johanns Sohn Hermann Professor an der von seinem Vetter Hinrich III. Rubenow 1456 gegründeten Universität und zugleich auch Dekan des Nikolaistifts wurde.

So wie Hermann Slupwachter aus der Greifswalder Neustadt an den Markt zog und zugleich mit der Benennung als *dominus* seine Ratsfähigkeit ausgedrückt wurde, auch wenn erst seinem Sohn der Sprung in den Rat gelingen sollte, kann für zahlreiche Mitglieder des Rates ein Umziehen – zumeist vor ihrer Wahl, seltener erst danach – an den Markt oder in die Knopfstraße beobachtet werden.[41] So erwarb 1380 Nikolaus Rose, ein Jahr vor seiner Wahl in den Rat, ein Steinhaus an der Ostseite des Marktes, das zuvor der Ratsherr Johann Bucholt bewohnt hatte. Drei Jahre später verkaufte Nikolaus Rose dieses Haus aber wieder, um nun von der Witwe des Bürgermeisters Hinrich Schupplenberg dessen ehemaligen Wohnsitz zu erwerben, der sich aus zwei benachbarten Steinhäusern in der Knopfstraße und einem dahintergelegenen Traufenhaus in der Büchstraße zusammensetzte. Während Nikolaus Rose sich damit räumlich in die Tradition einer der bedeutendsten Greifswalder Persönlichkeiten des 14. Jahrhunderts begab, bewohnte der Sohn des verstorbenen Bürgermeisters, Heinemann Schupplenberg, zwischen 1382 und 1388 nacheinander zwei Häuser in der Brügg- und Büchstraße, die er als Mitgift seiner ersten und seiner zweiten Ehefrau erhalten hatte. Mit dem 1388 erfolgten Kauf eines großen Steinhauses an der Ostseite des Marktes, das ehemals dem Bürgermeister Everhard Rubenow gehört hatte und mit großer Wahrscheinlichkeit von diesem bewohnt worden war, gelangte auch Heinemann Schupplenberg drei Jahre vor seiner Wahl in den Rat in den Besitz eines repräsentativen Wohnhauses. Sein mit einem häufigeren Umzug verbundener Weg dorthin ist im Vergleich zu den anderen führenden Familien Greifswalds allerdings eher ungewöhnlich, scheint aber auch mit einem wirtschaftlichen Abstieg verbunden gewesen zu sein. Gehörten dem Bürgermeister Hinrich Schupplenberg noch in seinem Todesjahr 1382 mehr als zehn Hausstätten in der Stadt, die bald darauf, mit seinem Wohnhaus beginnend, von seiner Witwe nach und nach veräußert wurden, besaß sein Sohn nie mehr als zwei Hausstätten gleichzeitig.[42]

3. Soziale Positionierung und Repräsentation in der Stadt

Diesen auffälligen Beispielen einer räumlichen Mobilität, die sich, wie gesehen, auch im Zusammenhang mit einem gesellschaftlichen Aufstieg als soziale Positionierung in der Stadt betrachten lässt, stand eine ebenso auffällige räumliche Kontinuität für die führenden Familien der Stadt gegenüber. Genannt wurde bereits das Haus der Familie von Lübeck am Fischmarkt, dessen besondere Bedeutung auch in Größe und Gestalt des

---

41 Vgl. Igel (wie Anm. 2), Kapitel 5.3.2.
42 Vgl. Igel (wie Anm. 2), Kapitel 5.3.2, sowie die Exkurse zu den Familien Rubenow und Schupplenberg.

Baues seinen Ausdruck fand, und noch 1450 im Eigentum der Familie war.[43] Das von Heinemann Schupplenberg erworbene Wohnhaus Everhard Rubenows gelangte nach seinem Tod wieder in das Eigentum der Familie Rubenow und wurde von Arnold Rubenow und dessen Sohn Hinrich III. Rubenow bewohnt.[44] Beide Häuser prägen noch heute das Greifswalder Stadtbild und lassen so – wie für das Lübecksche Haus ausgeführt – trotz neuzeitlicher Überformung noch ihre repräsentative Wirkung und Funktion erkennen.

Nicht erhalten sind die beiden Häuser der Familie Lowe in der Knopfstraße, die abwechselnd von den Ratsherren und Bürgermeistern dieser Familie bewohnt wurden.[45] Über eines dieser Häuser, ihr Elternhaus, schlossen der Ratsherr Conrad Lowe und sein Bruder Johann, der es nun bewohnte, einen 1419 in das Greifswalder Stadterbebuch eingetragenen Vertrag. Nach diesem durfte es weder verkauft, noch gegenüber einem Dritten verpfändet werden, sondern sollte vielmehr in der männlichen Linie *by der Lowen namen* verbleiben.[46] Tatsächlich wurden einige Jahre später unter Berufung auf diesen Vertrag die Erbansprüche eines angeheirateten Mitgliedes der Familie an diesem Haus erfolgreich abgewehrt. Dieser innerhalb der Stadtbuchüberlieferung außergewöhnliche Eintrag benennt das Haus als wichtiges Identifikationselement für das familiäre Selbstverständnis. Dieses konnte sich einerseits sicherlich in der Gestalt des Hauses bzw. dessen Fassade ausdrücken, andererseits aber auch in der Lage innerhalb der Stadt, aus der sich die Möglichkeiten einer Wahrnehmung und der Teilhabe an Kommunikationsräumen ergaben. Während Conrad und Johann Lowe mit ihrem Vertrag auch diese räumliche Position in der Stadt für ihre Familie sicherten, scheint es für die Aufsteiger in der Stadtgesellschaft, zumal für jene, die in den Rat gelangen wollten, entscheidend gewesen zu sein, sich nicht nur in ihrer sozialen Position, sondern auch in der entsprechenden räumlichen Verortung zu etablieren. Dass dafür gerade jene Häuser, die mit dem familiären Prestige ihrer Voreigentümer verknüpft waren, prädestiniert gewesen sein könnten, darauf deuten die Umzüge von Nikolaus Rose in das Wohnhaus von Hinrich Schupplenberg und von Heinemann Schupplenberg in jenes von Everhard Rubenow. Diese Frage wäre für die Städte des Ostseeraums aber noch eingehender zu klären.

---

43 Vgl. Igel (wie Anm. 11), S. 329f.
44 Zu diesem Haus vgl. Igel (wie Anm. 2), Exkurs zur Familie Rubenow.
45 Vgl. Igel (wie Anm. 11), S. 315f.
46 Ausführlich: Igel (wie Anm. 2), Kapitel 2.2.1.

Mit Brief und Siegel:
Beglaubigungsmittel an Donau und Rhein

Artur Dirmeier

Die sprichwörtliche Redewendung „jemandem Brief und Siegel geben" bedeutet so viel wie „größte Gewissheit geben". Die Anfänge der europäischen Stadtsiegel sind auf das Engste mit der Entwicklung des Städtewesens am Rhein, in Flandern und in Oberitalien verbunden sowie mit geringer zeitlicher Verzögerung auch mit den Städten an Main und Donau. Die Überlieferung der Stadtsiegel beginnt mit der allmählichen Emanzipation der Bürgerschaft aus der Herrschaft eines oder mehrerer Stadtherren, eine Entwicklung, die von Stadt zu Stadt unterschiedlich intensiv und manchmal auch äußerst heftig verlaufen konnte.[1] Gemeinsam war den Auftraggebern der Siegelstempel der erklärte Wille, ein informatives und repräsentatives Beglaubigungsmittel und Kennzeichen für die jeweilige Stadt zu schaffen, das zum einen für die eigenen Bürger hohen Wiedererkennungswert besaß und zum anderen für die Empfänger der besiegelten Urkunden eindeutig der siegelführenden Stadt zuzuordnen war. Wie Abertausende von erhaltenen Stadtsiegeln aus ganz Europa belegen, ist dies den Auftraggebern und ihren Siegelstechern gelungen, denn die meisten Städte haben das Bildmotiv des Siegels in ihr Wappen übernommen und in Rücksiegeln, Behördenstempeln und Logos bis zum heutigen Tag fortentwickelt.[2] Dabei stellt sich natürlich die Frage, wer die einstigen Auftraggeber und wer die beauftragten Siegelstecher waren. Die Auftraggeber sind in den führenden Schichten der Städte zu suchen, unter denen wir uns in präkommunalen Zeiten ein Substrat aus stadtherrlichen Ministerialen, Kaufleuten, Händlern und eventuell Münzern

---

1 Inspiriert wurde diese Untersuchung von Prof. Dr. Toni Diederich und seinen Arbeiten zum städtischen Siegelwesen, insbesondere Toni Diederich, Zum Quellenwert und Bedeutungsgehalt mittelalterlicher Städtesiegel, in: Archiv für Diplomatik 23 (1977), S. 269–289; Ders., Prolegomena zu einer deutschen Siegel-Typologie, in: Archiv für Diplomatik 29 (1983), S. 242–284; Ders., Rheinische Städtesiegel (Rheinischer Verein für Denkmalpflege und Landschaftsschutz, Jahrbuch 1984/1985), Neuss 1984; Ders., Zur Bedeutung des Siegelwesens in Köln und im Rheinland (Zehnte Sigurd Greven-Vorlesung, gehalten am 9. November 2006 im Museum Schnütgen), Köln 2006. Zu Form und Funktion des Siegels sei auf die Handbücher von Wilhelm Ewald: Siegelkunde (Handbuch der mittelalterlichen und neueren Geschichte, hg. von Georg v. Below u. Friedrich Meinecke, Abt. 4), unveränd. reprogr. Nachdr. München/Wien 1978; Erich Kittel, Siegel (Bibliothek für Kunst- und Antiquitätenfreunde 11), Braunschweig 1970; Joachim Spiegel/Thomas Frenz u. a., Artikel „Siegel", in: Lexikon des Mittelalters 7 (1995), Sp. 1848–1862; Andrea Stieldorf, Siegelkunde – Basiswissen (Hahnsche Historische Hilfswissenschaften, Band 2), Hannover 2004 und auf den Sammelband von Gabriela Signori (Hg.), Das Siegel. Gebrauch und Bedeutung, Darmstadt 2007 hingewiesen.

2 Vgl. Otto Hupp, Die Wappen und Siegel der deutschen Städte, Flecken und Dörfer, Frankfurt am Main 1912; Wilhelm Ewald, Rheinische Siegel, 6 Bände (Publikationen der Gesellschaft für Rheinische Geschichtskunde 27, Bonn/Köln 1906–1975; Brigitte Bedos, Corpus des sceaux française du moyen âge, Bd. 1: les sceaux des villes, Paris 1980; Hermann Kownatzki, Sigillum burgensium – sigillum civitatis. Ein Beitrag zur Entwicklung der Staatsauffassung im Mittelalter, Köln 1979.

und Brauern vorstellen können.³ Mit der zunehmenden Ausbildung von Selbstverwaltungsrechten konstituierten sich diese städtischen Führungsschichten zu Ratsgremien, an deren Spitze Bürgermeister, Kämmerer oder Aldermänner standen.⁴ Die Siegelstecher hingegen sind unter den Gold- und Silberschmieden auszumachen und waren hoch qualifizierte und bestbezahlte Handwerker und Künstler. Das Ergebnis dieser Bemühungen waren zum einen metallene Siegelstempel mit hoher Funktionalität und bestmöglichem Schutz vor Fälschungen, zum anderen repräsentative Kleinkunstwerke von beeindruckender Qualität. Die mittelalterliche Stadt und ihre Führungsschichten legten Wert auf ein einheitliches Erscheinungsbild, so dass man heute im Hinblick auf Siegel und Wappen von einer Art ‚corporate design' sprechen kann.

Überliefert sind die städtischen Siegel entweder als Originalabdruck an Urkunden, über Siegelsammlungen oder über Siegelstempelsammlungen.⁵ Als Vorbild für die frühen Stadtsiegel dienten immer wieder Münzen, die ebenfalls auf engstem Raum ein unverwechselbares Bild oder Symbol mit Schriftzug liefern sollten. Denn Siegel- und Münzflächen wurden seit ältesten Zeiten in den Dienst von Kommunikation und Repräsentation gestellt, so dass sich die Städte mit der allmählichen Erlangung der Rechtsfähigkeit dieser traditionellen Medien bedienten. Die Erstüberlieferung eines Siegelabdrucks datiert meist deutlich später als die Entstehungszeit des zugehörigen Siegelstempels. Zur Datierung eines Siegelstempels oder Typars, das zumindest in der Frühzeit über keine Jahresangaben verfügte, sind deshalb historische, stilistische, architektonische und epigraphische Überlegungen anzustellen. Ist das Siegel an einer Urkunde befestigt, so liefert die Datumszeile die Entstehung des Siegelabdrucks und zugleich den *terminus ante quem* für die Entstehung des Typars.

Das Streben der Bürger nach Selbstverwaltungsrechten dokumentiert sich zunächst in der Verwaltung von Sondervermögen, etwa den Vermögen von Kirchen, Hospitälern, Bruderschaften oder Brücken, während die Ausbildung von Bürgermeister und Rat einer späteren Entwicklungsstufe angehört. Wir können deshalb von einer präkommunalen Phase sprechen, die bereits zur Ausbildung von Stadtsiegeln führen konnte. Auffällig dabei ist, dass bei diesen frühen Stadt- bzw. Kommunitätssiegeln die Bezeichnung der Protagonisten, nämlich die Nennung der *cives* bzw. der *communitas civium*, in den Umschriften nicht ausdrücklich erforderlich ist. Als eindeutiges Stadtsiegel lässt sich das ältere Siegel von Regensburg nur über die Siegelankündigung identifizieren. Dort wird es als *sigillum civium Ratisponensium* angekündigt.⁶

---

3   Zum Aufkommen der frühen Stadtsiegel in den Städtelandschaften am Rhein, im nordfranzösisch-flandrischen Raum und in Oberitalien vgl. Diederich, Rheinische Städtesiegel (wie Anm. 1), S. 37–45.
4   Unter der Vielzahl von Publikationen zum Städtewesen sei verwiesen auf Hans Planitz, Die deutsche Stadt im Mittelalter, 2. Auflage Köln/Graz 1965; Edith Ennen, Die europäische Stadt im Mittelalter, 4. Auflage Göttingen 1987; Felicitas Schmieder, Die mittelalterliche Stadt, Darmstadt 2005.
5   An dieser Stelle sei Frau Claudia Mannsbart, Bayerisches Hauptstaatsarchiv, besonderer Dank ausgesprochen, die für die schnelle und unkomplizierte Anfertigung von Repros der frühen bayerischen Stadtsiegel sorgte. Bei den gezeigten Beispielen handelt es sich u. a. um Lackabdrücke und Metallabgüsse aus dem Bayerischen Hauptstaatsarchiv, Abteilung I Ältere Bestände. Der Rückgriff auf die Originalsiegel, die auf verschiedene Archive verteilt sind, wurde aus Zeitgründen unterlassen.
6   Vgl. Stefan König, Die älteren Urkunden des St. Katharinenspitals in Regensburg (1145–1251), in: Regensburger Beiträge zur Regionalgeschichte 1 (2003), S. 56–59.

Konkreter Kristallisationspunkt für frühes kommunales Leben waren stets der Stadtheilige und die Hauptkirche einer Stadt. Es ist deshalb nicht verwunderlich, dass in den frühen Stadtsiegeln bevorzugt Heilige, sakrale Architekturelemente und erst an zweiter Stelle zinnenbewehrte Stadtmauern, Tore und Türme dargestellt werden. Dies änderte sich jedoch mit den landesherrlichen Stadtgründungen des 13. Jahrhunderts. Im Fall der frühen Sondergemeinden wird der Heilige zur Identifikations- und Repräsentationsfigur. Unter seinem Schutz traf man sich in der Gerichtsgemeinde und bei ihm suchte man die Memoria. Peter Leisching bringt dies auf den Punkt, wenn er schreibt: „Nirgends hat sich im Mittelalter die Pfarrei von der bürgerlichen Gemeinde geschieden, vielmehr stand die Stadtgemeinde einheitlich im Dienst kirchlicher und weltlicher Aufgaben, war Kirchen- und Stadtgemeinde zugleich."[7] Mit den Worten von Enno Bünz klingt dies so: „Die hochmittelalterliche Stadt konstituierte sich nicht nur als Rechtsverband, sondern verstand sich zugleich als Sakralgemeinde."[8]

Aus rechtlicher Sicht musste den Bürgern auch nach der Emanzipation aus der Stadtherrschaft daran gelegen sein, an dem traditionellen Stadtpatron festzuhalten. Denn dieser war der Garant für Vertrags- und Rechtssicherheit über alle stadtpolitischen Veränderungen hinweg. Zudem bot er den Kaufleuten und Händlern Schutz und Schirm in der Fremde, auch wenn man den Geleitbriefen mehr Vertrauen schenkte.

Neben den Hauptsiegeln nutzten die größeren Städte am Rhein bereits im 13. und an der Donau im 14. Jahrhundert kleinere Siegelstempel als Rücksiegel, Sekrete und Signete. Wegen des meist kleineren Formats war bei diesen die Motivwahl des Siegelbildes deutlich reduziert und beschränkte sich auf eine Vereinfachung des Siegels auf Wappen, Kopfbildnisse oder Monogramme, wie etwa R für Regensburg oder T für Tulln. Mit der Ausbildung einzelner städtischer Behörden begannen auch diese eigene Siegel zu führen, wie etwa das Ewiggeld- oder Grundbuchamt der Stadt München.

Der Vergleich der Stadtsiegel an Donau und Rhein, dem sich diese Untersuchung widmet, hat zwei unterschiedliche Herrschaftsräume im Visier. Im Westen liegt die königsnahe, rheinische Städtelandschaft und im Südosten der eher städtearme bayerische Raum, den die Wittelsbacher ab 1180 erschließen und ausbauen. Während die rheinischen Siegel von dem Altmeister der Sphragistik, Wilhelm Ewald, in sechs Bänden bearbeitet wurden und Toni Diederich die rheinischen Stadtsiegel 1984 ausführlich untersuchte, stehen für den altbayerischen, fränkischen und schwäbischen Raum keine vergleichbaren Vorarbeiten zur Verfügung. Für einen ersten Überblick wurde deshalb das zweibändige Bayerische Städtebuch von Erich Keyser und Heinz Stoob ausgewertet,[9] in dem Siegel und Wappen kurz behandelt werden (Graphiken 1 und 2). Das Bayerische Städtebuch nennt für den Zeitraum von 1191 bis 1500 insgesamt 229 siegelführende Städte und Märkte, davon entfallen auf Altbayern und Schwaben 118 und auf Franken 111. Für den rheinischen Raum wertet Toni Diederich die Siegel von insgesamt 82 Städten aus (Graphik 3). Er macht die beabsichtigte Aussage des Siegels zum

---

[7] Peter Leisching, Art. Pfarrgemeinde, in: Handwörterbuch zur Deutschen Rechtsgeschichte, Bd. 3 (1984), Sp. 1713–1717.

[8] Enno Bünz, Die Siegel der Stadt Würzburg im Mittelalter, in: Ulrich Wagner (Hg.), Geschichte der Stadt Würzburg, Bd. 1, Stuttgart 2001, S. 253.

[9] Vgl. Erich Keyser/Ernst Stoob, Bayerisches Städtebuch, 2 Bde., Stuttgart 1971.

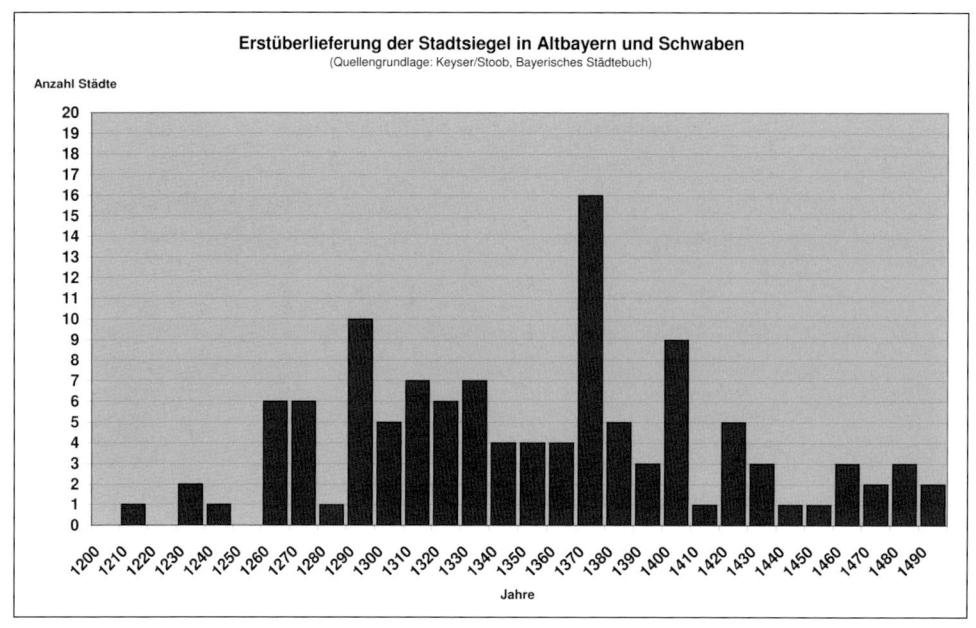

Graphik 1

entscheidenden Kriterium für die Typologie und kommt auf diese Weise zu neun unterschiedlichen Typen, die für den folgenden Vergleich zugrunde gelegt werden:[10]

1. Stadtabbreviatur- und Heiligensiegeltyp
2. Heiligensiegeltyp
3. Stadtabbreviatursiegeltyp
4. Stadtporträtsiegeltyp
5. Symbolsiegeltyp
6. Erzählsiegeltyp
7. Handlungssiegeltyp
8. Stadtgründer- bzw. Stadtherrensiegeltyp
9. Wappensiegeltyp

1. Stadtabbreviatur- und Heiligensiegeltyp[11]

Mit der Verbindung von architektonischen und figürlichen Elementen wurde hier ein ganz neuer Siegeltyp geschaffen. Gezeigt werden Elemente der Stadtbefestigung und Sakralarchitektur, wie Zinnen, Türme, Kirchen, Rathäuser u. a. Dieser Siegeltyp liegt in den älteren Stadtsiegeln von Köln, Mainz, Worms, Straßburg, Rees oder Soest vor, aber

10 Vgl. Diederich, Rheinische Städtesiegel (wie Anm. 1), S. 92–120.

11 Vgl. Diederich, Rheinische Städtesiegel (wie Anm. 1), S. 95–100, S. 261–270 (Köln).

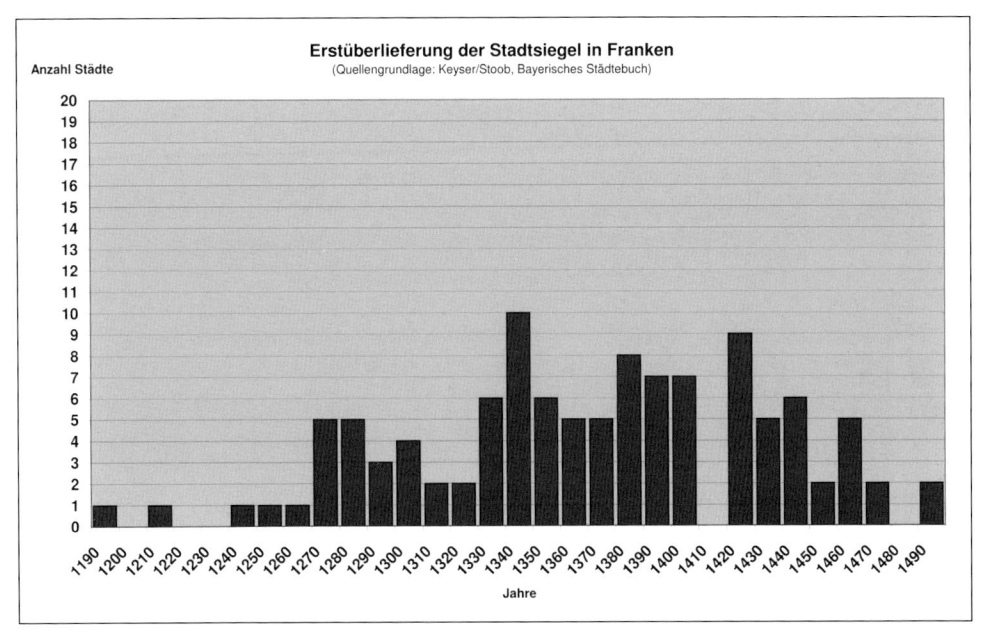

Graphik 2

ebenso in den Stadtsiegeln von Würzburg, Regensburg oder Amberg. Präfiguriert sind diese Siegelbilder zumindest im Fall der Städte Köln, Würzburg und Regensburg in zeitlich vorausgehenden Münzbildern, im Fall der Stadt Köln auch in der rhein-maasländischen Handschriftenmalerei. Die später entstehenden Nebensiegel der Städte Köln, Würzburg oder Regensburg werden hingegen auf den Heiligensiegeltyp reduziert.
Das älteste Siegel der Stadt Köln ist an einer Urkunde aus dem Jahre 1149 überliefert (Abb. 1), während die Entstehungszeit des zugehörigen Typars in die Jahre zwischen 1114 und 1119 verweist. Als unmittelbarer Vorläufer des Stadtsiegels gilt das Siegel des Kölner Domstifts (1125), das den hl. Petrus thronend im „romanischen" Stil zeigt. Ohne Vorbild ist im Kölner Stadtsiegel der turm- und zinnenreiche Architekturrahmen. Die Architektur wird als Abbreviatur der Stadt Köln gesehen, diese als Abbild des neuen Jerusalems bzw. als Rom des Nordens interpretiert.[12] Die Umschrift des Stadtsiegels trägt den Ehrentitel *SANCTA COLONIA*. Motivisch und stilistisch ist eine Verwandtschaft zu den Stadtsiegeln von Mainz und Straßburg zu erkennen.
Im zweiten Siegel der Stadt Köln von 1268/1269 wird das Bildprogramm des älteren Siegels mitsamt der Umschrift übernommen, erfährt jedoch eine freie dem gotischen Stil gehorchende Neugestaltung (Abb. 2). Etwa gleichzeitig entstand das erste Gegensiegel der Stadt Köln. Die Verwendung eines Gegensiegels ist bei den rheinischen Städten erstmals in Neuss (1255) nachweisbar und bot zusätzlichen Schutz vor Fälschungen. Das Stadtsiegel von Rees, das 1228 zur Stadt erhoben wurde, zeigt ein von zwei Türmen

---

12 Diederich, Bedeutung des Siegelwesens (wie Anm. 1), S. 12–15.

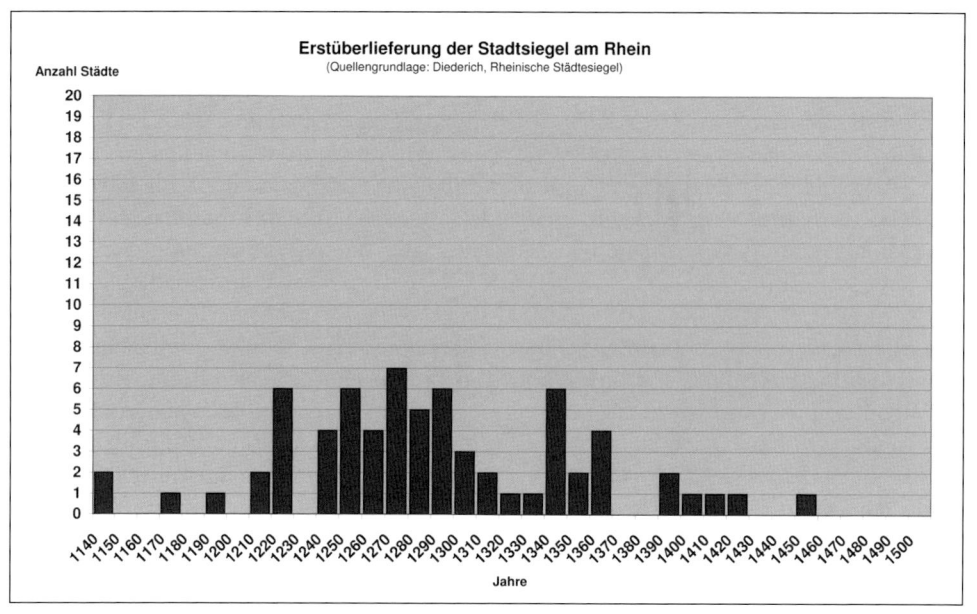

Graphik 3: Erstüberlieferung der Stadtsiegel am Rhein (Quellengrundlage: Diederich, Rheinische Städtesiegel)

flankiertes Portal einer gotischen Kirche, in deren Mitte der hl. Petrus mit einem Schlüssel in der Rechten und einem Kreuzstab in der Linken steht.

Ein Jahrhundert nach dem Kölner Stadtsiegel entstand das Regensburger Stadtsiegel (Farbabb. 3). Von hoher künstlerischer Qualität zeigt es den hl. Petrus, in der Rechten den Schlüssel, in der Linken das Buch inmitten der romanischen Kathedrale. Im Unterschied zum Kölner Siegel ist der Zinnenkranz der Stadtmauer zu Füßen des hl. Petrus weniger deutlich ausgeprägt.

Das älteste Stadtsiegel von Amberg aus dem Jahre 1270/1280 zeigt die Figur des hl. Georg vor einer romanischen Kirche (Abb. 4). Dargestellt wird die Georgskirche als erste Pfarrkirche von Amberg.[13]

Unser besonderes Augenmerk gilt den bayerischen Bischofsstädten. Wie hat sich dort die Bürgerschaft entwickelt? Das älteste Würzburger Stadtsiegel[14] ist in Abdrucken aus den Jahren 1195 bis 1220 überliefert und zeigt über zinnenloser hoher Quadermauer mit kleiner Pforte drei Spitztürme des hochmittelalterlichen Domes in starker Stilisierung, in dem rundbogigen Tor das Brustbild des heiligen Kilian mit barettartiger Kopfbedeckung (Abb. 5). Die Umschrift beschränkt sich auf den Stadtnamen WIRCIBVRC. Das 1237 auftretende zweite Stadtsiegel ist eine stilistische Fortentwicklung mit großer

---

13 Vgl. Karl Otto Ambronn/Achim Fuchs (Hgg.), Amberg 1034–1984. Aus tausend Jahren Stadtgeschichte (Ausstellungskataloge der staatlichen Archive Bayerns 18), Amberg 1984, S. 490 u. Tafel 1 u. 12.

14 Vgl. Enno Bünz, Die Siegel der Stadt Würzburg im Mittelalter, in: Ulrich Wagner (Hg.), Geschichte der Stadt Würzburg, Bd. 1, Stuttgart 2001, S. 250–254.

Mit Brief und Siegel: Beglaubigungsmittel an Donau und Rhein 199

Abb. 1: Stadtabbreviatur- und Heiligensiegel
der Stadt Köln (1), bel. 1149
Umschrift: + SANCTA COLONIA DEI
GRATIA ROMANÆ ECCLESIÆ FIDELIS
FILIA

Abb. 2: Stadtabbreviatur- und Heiligensiegel
der Stadt Köln (2), bel. 1269
Umschrift: + SANCTA COLONIA DEI
GRATIA ROMANE ECCLESIE FIDELIS
FILIA

Detailfreudigkeit. Der Domfassade vorgelegt ist ein Torbau, im Kleeblattbogen wiederum das Brustbild des hl. Kilian mit Mitra, in der Rechten Bischofsstab, in der Linken Palme. Die Umschrift nimmt nun dezidiert auf den Stadtcharakter Bezug: *SIGILLVM CIVITATIS HERBIPOLENSIS.*
Die Siegelführung der anderen süddeutschen Bischofsstädte setzt mit zeitlicher Verzögerung ein: Eichstätt 1263, Bamberg 1279, Passau 1298/1368, Freising 1330. Der Grund dafür scheint in der dominanten Stellung des bischöflichen Stadtherren und in der dadurch bedingten relativ späten Ausbildung eigener Ratsgremien zu liegen.[15]

2. Heiligensiegeltyp[16]

Dieser „geistliche" Siegeltyp dominiert bei den Stifts- und Klostersiegeln. Begründet ist dies dadurch, dass eine geistliche Institution durch ihren Heiligen repräsentiert wird. Dieser Heiligensiegeltyp ist in den Städten Lüttich (1185), Andernach, Duisburg, Essen, Uerdingen, Lechenich, Regensburg oder Ingolstadt bezeugt. Zwangsläufig kommt es zur Verselbständigung der Heiligenfigur. Hans-Jürgen Becker hat die Funktion des Heiligen im Siegelwesen folgendermaßen zusammengefasst: „In der frühen Zeit fehlt es an einer Rechtspersönlichkeit, die Träger einer Kirche, einer Altarstiftung, eines Spitals sein könnte. Als Rechtssubjekt fungiert hier der Heilige, dem die Kirche, der Altar oder

---

15 Ratsgremien sind für Regensburg 1245/1258, Würzburg 1256, Augsburg 1257, Freising 1263, Passau 1298/1367, Eichstätt Ende 13. Jahrhundert, Bamberg Anfang 14. Jahrhundert belegt.

16 Diederich, Rheinische Städtesiegel (wie Anm. 1), S. 98–100.

Abb. 4: Stadtabbreviatur- und Heiligensiegel der Stadt Amberg, bel. 1270/1280
Umschrift: + S(IGILLUM) VNIVERSITATIS CIVIVM DE AMBERCH

Abb. 5: Stadtabbreviatur- und Heiligensiegel der Stadt Würzburg (1), bel. 1195
Umschrift: + WIRCIBVRC

das Spital geweiht ist. Ganz unbefangen werden Schenkungen an den Heiligen geleistet: er ist der Eigentümer seiner Kirche und des dazu gehörenden Kirchenvermögens, er ist – modern gesprochen – eine juristische Person."[17] Dieser Charakter der nachmals juristischen Person wird in der Formulierung der Traditionsnotizen der bayerischen Hochstifte und Klöster offenkundig. Dabei erfolgt die Übertragung bzw. Schenkung an ein Kloster über dem Altar des Heiligen. Aus dem Munde des Schreibers des Hochstifts Regensburg klingt dies wie folgt: *tradidit ad altarem sancti Petri* oder *tradidit se [...] super altare sancti Petri.*[18]

Ein bekanntes Stadtsiegel, das dem Heiligensiegeltyp zuzurechnen ist, ist dasjenige der Stadt Essen aus dem Jahre 1244 (Abb. 6). Die Stadtherrin von Essen war die Äbtissin des dortigen Damenstifts. In der Mitte des Siegels thront die Muttergottes mit dem Kind auf dem linken Knie und einem Apfel in der Rechten, seitlich stehen der hl. Cosmas und der hl. Damian mit den entsprechenden Insignien.

---

17 Hans-Jürgen Becker, Stadtpatron und städtische Freiheit. Eine rechtsgeschichtliche Betrachtung des Kölner Dombildes, in: Gerd Kleinheyer/Paul Mikat (Hgg.), Beiträge zur Rechtsgeschichte, Gedächtnisschrift für Hermann Conrad (Rechts- und staatswissenschaftliche Veröffentlichungen der Görres-Gesellschaft, Neue Folge 34), Paderborn 1979, S. 25.

18 Josef Widemann, Die Traditionen des Hochstifts Regensburg und des Klosters S. Emmeram (Quellen und Erörterungen zur bayerischen Geschichte, Neue Folge, Band 8), München 1943, Nrn. 197 u. 200.

Abb. 6: Heiligensiegel der Stadt Essen, bel. 1244/1252
Umschrift: + SIGILLVM CIVITATIS ASNIDENSIS

Abb. 7: Heiligensiegel der Stadt Regensburg (1 u. 2), bel. 1211
Umschrift: + P(ER) CLAVES CELI RATA S(UN)T INSIGNIA PETRI

Auch das älteste Stadtsiegel von Regensburg, das von 1211 bis 1248 in Gebrauch war, aber aus stilistischen Gründen noch ins 12. Jahrhundert zu datieren ist, gehört dem Heiligensiegeltyp an (Abb. 7).[19] Das Siegelbild zeigt den thronenden und nimbierten hl. Petrus mit flacher Mitra, in der Rechten einen Schlüssel und in der Linken ein Buch. Das direkte Vorbild für dieses Siegel dürfte ebenso wie in Köln ein älteres Siegel des Domkapitels bzw. Domstifts gewesen sein (Abb. 8). Wer dieses Siegel in der präkommunalen Phase von Regensburg – also vor 1245 – führte, dürfte am ehesten durch das Siegelbild selbst zu beantworten sein, nämlich die unter dem Schutz der Bischofskirche stehenden Ministerialen. Die Umschrift lautet: *P(ER) CLAVES CELI RATA S(UN)T INSIGNIA PETRI* – Durch die Schlüssel des Himmels sind die Insignien des Petrus bestimmt/rechtsgültig. Die Umschrift des seit 1250 verwendeten 2. Typars lautet: *SIGILLUM CIVIUM RATISPONENSIUM*. Zunächst wird nur die Siegelumschrift, dann auch das Siegelbild ausgewechselt. In der Legende des Siegels manifestiert sich das gestiegene Selbstbewusstsein der Bürgerschaft von Regensburg.

Ein weiteres Beispiel für den Heiligensiegeltyp liefert das Stadtsiegel von Ingolstadt (Abb. 9).[20] Ludwig der Deutsche schenkte den Königshof Ingolstadt an das niederbay-

---

19 Karl-Otto Ambronn, Verwaltung, Kanzlei und Urkundenwesen der Reichsstadt Regensburg im 13. Jahrhundert (Münchener historische Studien, Abteilung Geschichtliche Hilfswissenschaften 6), Kallmünz 1968, S. 83–85; Wilhelm Volkert, Die älteren Regensburger Stadtsiegel, in: Regensburger Almanach 1991, S. 36–43; Artur Dirmeier, Siegel aus Blei und Wachs, in: TU ES PETRUS. Bilder aus zwei Jahrtausenden (Museumsschriften des Bistums Regensburg 2), Regensburg 2006, S. 95–106.

20 Siegfried Hofmann, Geschichte der Stadt Ingolstadt. Von den Anfängen bis 1505, Ingolstadt 2000, S. 107–108.

Abb. 8: Heiligensiegel des Domkapitels von Regensburg, bel. 1211
Umschrift: + SIGILLVM S(ANCTI) PETRI RATISPONENSIS ECC(LESI)E

Abb. 9: Heiligensiegel der Stadt Ingolstadt, bel. 1294
Umschrift: + SIGILLVM CIVIVM DE INGOLSTAT

erische Kloster Niederaltaich, so dass die spätere Stadt auf Klostergrund entstand. Dies erklärt die enge Bindung zu dem Schutzpatron dieses Klosters, dem heiligen Mauritius. Im ältesten Siegel der Stadt Ingolstadt aus dem Jahre 1291/1294 ist der hl. Mauritius abgebildet, stehend im glatten Felde, in langem Gewand und Mantel, in der Rechten ein aufgerichtetes Schwert haltend, die Linke auf der Brust. Das zweite Stadtsiegel aus dem Jahre 1314 zeigt ebenfalls den hl. Mauritius, in der Rechten eine Fahne, die Linke auf einen Schild mit aufsteigendem Panther gestützt. Ab 1347 führt Ingolstadt nur noch den Panther im Siegel. Den Panther übernahmen die niederbayerischen Herzöge 1271 mit den Spanheim-Ortenburgischen Besitzungen und Rechten.[21] Ingolstadt bietet somit ein gutes Beispiel für die Ablösung des Heiligensiegeltyps durch den Wappensiegeltyp. Nachdem Ingolstadt, wie auch andere bayerische Städte, im 13. Jahrhundert mit Stadtrechten begabt wurden, stellt sich die Frage, ob auch andere Städte den Siegeltyp in ähnlicher Weise wechselten.

3. Stadtabbreviaturtyp[22]

Etwa gleichzeitig mit dem Heiligensiegeltyp, ab etwa 1174, tauchen die ersten Städtesiegel auf, in denen nicht mehr der Patron, sondern nur ein verkürztes Bild der Stadt

---

[21] Zur Entstehung des bayerischen Staatswappens vgl. Wilhelm Volkert, Die Bilder in den Wappen der Wittelsbacher, in: Wittelsbach und Bayern, Band I/1, München 1980, S. 13–28, besonders S. 17.

[22] Diederich, Rheinische Städtesiegel (wie Anm. 1), S. 100–104.

dargestellt wird: kein naturgetreues Abbild der Stadt, sondern nur eine stark schematisierte Darstellung einzelner Elemente wie der Stadtmauer, des Stadttores, der Burg oder eines Turms. Stadtmauern und Türme stehen in vielen bayerischen Siegeln symbolhaft für das städtische Gemeinwesen.

Jedenfalls ist festzustellen, dass es im Rheinland mehr Städte gegeben hat, die sich bei der Gestaltung ihres großen Stadtsiegels für den Stadtabbreviatursiegeltyp entschieden haben, als solche, die allein ihren Stadtpatron in das Siegel aufnahmen.

Die ältesten Belege für diesen Typus finden sich in den Stadtsiegeln von Valenciennes (1174), Cambrai (1185) und Utrecht (1196). Die Blütezeit dieses Siegeltyps ist das 13. Jahrhundert mit den Siegeln von Koblenz (1198), Boppard, Oberwesel, Kleve bzw. in Bayern mit den Siegeln von München, Augsburg, Deggendorf, Kelheim, Neustadt oder Nabburg. Der wehrhafte Charakter der Städte kommt in diesen Siegelbildern besonders deutlich zum Ausdruck, wobei die ältesten niederrheinischen Städte die Ein- bzw. Dreiturmanlage, diejenigen im altbayerischen Raum die Zweiturmanlage bevorzugen. Nur das älteste Stadtsiegel von Kleve zeigt eine Doppelturmanlage.

Das Siegel der kurtrierischen Stadt Koblenz zeigt im Vordergrund eine mit Zinnen bewehrte Stadtmauer, die von der Mitte jeweils schräg zum rechten und linken Rand verläuft. Dahinter erhebt sich eine Kirche mit Rundbogenportal, Dreiecksgiebel und zwei seitlichen Türmen ebenfalls mit Dreiecksgiebeln. Für die Stadt Koblenz sind innerhalb weniger Jahrzehnte drei verschiedene Typare belegt, nämlich aus den Jahren 1198, 1237 und 1254. Einige Siegel bilden auch den gesamten Mauerring einer Stadt ab wie etwa die Siegel der Städte Boppard, Deutz oder Salzburg. Bei genauerem Hinsehen lassen sich drei Untertypen des Stadtabbreviaturtyps ausmachen: zum einen der um ein Symbol erweiterte Stadtabbreviaturtyp, zum anderen der um die Darstellung des Stadtherrn erweiterte Typ und zum Dritten der um ein Wappen vermehrte Typ.

Die Verbindung von Stadtabbreviatur und Symbol ist in den Siegeln von Remagen (1200), Sinzig, Münstermaifeld, Wachtendonk (Lilie) und Kalkar (Drache) wie auch in den süddeutschen Städten anzutreffen. Auf dem Siegel der Stadt Augsburg aus den Jahren 1234/1237 ist ein offenes Stadttor mit zwei Zinnentürmen zu erkennen (Abb. 10), darüber ein Stern als Zeichen des bischöflichen Stadtherrn und zwischen den geöffneten Torflügeln ein Lebensbaum, ab spätestens 1260 eine Traube. Über den Symbolgehalt der sog. *Statber*, wie die Augsburger dieses Symbol nennen, lässt sich trefflich spekulieren. Das älteste Stadtsiegel der Stadt München aus dem Jahre 1239 zeigt in einem zinnenbekrönten offenen Stadttor, das von zwei Zinnentürmen flankiert wird, einen Mönchskopf mit Gugel (Kapuze), über dem Tor schwebend einen linksgewendeten wachenden Adler (Abb. 11). Der Mönch steht sprechend für den Stadtnamen – bei den Mönchen – und deutet auf ehemaligen Klosterbesitz hin.[23]

Der zweite Untertyp mit dem symbolhaft dargestellten Stadtherrn ist in den Siegeln der Städte Oppenheim, Düren, Oberwesel und Sinzig überliefert, vielleicht auch im Brückensiegel der Stadt Regensburg. In den erstgenannten Fällen zeigen die Siegel im

---

23 Ludwig Morenz, Wappen und Siegel der Stadt München, in: Wappen in Bayern. Katalog zur Ausstellung des Bayerischen Hauptstaatsarchivs, München 1974, S. 141–151; Richard Bauer, Siegel und Wappen der Stadt München. Zur Geschichte von Stadtmönch und Münchner Kindl, in: Florian Dering (Hg.), Das Münchner Kindl. Eine Wappenfigur geht eigene Wege, München 1999, S. 11–27.

Abb. 10: Stadtabbreviatursiegel der Stadt
Augsburg, bel. 1232
Umschrift: + SIGILLVM CIUIVM
AVGVSTENSIVM

Abb. 11: Stadtabbreviatursiegel der Stadt
München, 1. bel. 1239; 2. bel. 1268
Umschrift: + SIGILLVM CIVITATIS
MONACENSIS (2. Stadtsiegel)

Zentrum eine Königsfigur. Die rheinischen Territorialherren haben sich, so sei abschließend festgestellt, nicht im Mauerrund ihrer Städte darstellen lassen. Auch wäre eine solche Darstellung mit dem Selbstbewusstsein der Bürger kaum vereinbar gewesen.
Der dritte Mischtyp fügt der traditionellen Stadtabbreviatur einen Wappenschild hinzu, der stellvertretend für den Landesherrn steht: Dieser Siegeltyp existiert in den Städten Jülich (1230), Kleve, Grieth, Uedem und Emmerich (1233). Die Stadt Emmerich liefert darüber hinaus den ersten zuverlässigen Beleg für die Wappenführung einer Stadt im Rheinland.
In Bayern wiederum sind diesem Untertyp die Siegel der Städte Kelheim (Abb. 12), Neustadt an der Donau (Abb. 13), Deggendorf (Abb. 14) und Nabburg zugeordnet. In den genannten Fällen schwebt der bayerische Rautenschild zwischen den hoch aufragenden Türmen der Stadtmauer. Im älteren Stadtsiegel von Neustadt an der Donau sind die Türme zinnenbekrönt, in demjenigen von Kelheim zugleich zinnenbekrönt und mit Dreieckgiebel dargestellt.

4. Stadtporträtsiegeltyp[24]

Dieser Siegeltypus sollte ein unverwechselbares, individuelles Bild einer Stadt zeigen. Jedoch tritt der reine Porträtsiegeltyp im Rheinland nicht auf, sondern kommt überwiegend in der Kombination von Stadtporträt und landesherrlichem Wappen vor. Dabei besitzt die Architektur im Siegelfeld den eindeutigen Vorrang.

24 Vgl. Diederich, Rheinische Städtesiegel (wie Anm. 1), S. 104–107.

Abb. 12: Stadtabbreviatursiegel der Stadt Kelheim, bel. 1292
Umschrift: + SIGILLVM CIVIVM CHELHAIM

Abb. 13: Stadtabbreviatursiegel der Stadt Neustadt a.d. Donau, vormals Seligenstadt, bel. 1334,
Umschrift: + S(IGILLUM) CIVIVM IN SÆLIGENSTAT

Der Typ des Stadtporträtsiegels entstand etwa gleichzeitig mit dem des Heiligensiegels und des Stadtabbreviatursiegels. Zum Stadtporträtsiegeltyp zählt Diederich das zweite Siegel der Stadt Speyer (1212–1231), das zweite Siegel der Stadt Boppard (1228–1236) sowie die Siegel der Städte Bonn (um 1250, Abb. 15) und Siegburg.

Die in der Mitte des Wormser Stadtsiegels abgebildete Dreiturmgruppe orientiert sich an der Architekturform des Wormser Doms und gilt als der erste, noch tastende Versuch, im Siegelbild ein Stadtporträt einzufangen. Um jedoch solche Vergleiche ziehen zu können, bedarf es guter Architekturkenntnisse.

Ein klassischer Stadtporträtsiegeltyp konnte in Bayern nicht ausgemacht werden. Jedoch ist in diesem Zusammenhang auf das Siegel der Steinernen Brücke hinzuweisen, das die markanten Architekturelemente im Siegelbild einfängt (Abb. 16). Das sind die zur Mitte hin gleichmäßig ansteigende Fahrbahn, die mit Hausteinen gemauerte Außenschale der Bögen und die charakteristische Dreiturmanlage.

5. Symbolsiegeltyp[25]

Ein Sinnbild oder Symbol verweist über das Konkrete hinaus auf einen übersinnlichen, abstrakten Sachverhalt. Ein tieferes Verständnis des Siegelbildes eröffnet sich erst, wenn man dessen geschichtliche und symbolische Bedeutung genau untersucht. Allgemein symbolischen Charakter haben die Darstellungen von Schlüsseln und Adler. Daneben stehen die redenden ganz auf den einzelnen Ort bezogenen Siegelbilder, die verschiedentlich eine volksetymologische Deutung erfahren.

---

25 Vgl. Diederich, Rheinische Städtesiegel (wie Anm. 1), S. 107–111.

Abb. 14: Stadtabbreviatursiegel der Stadt
Deggendorf, bel. 1371
Umschrift: + S(IGILLUM) VNIVERSITATIS
CIVIUM TEKKENDORF

Abb. 15: Porträtsiegel der Stadt Bonn, 1244/1279
Umschrift: SIGILLVM ANTIQUE VERONE
NVNC OPIDI BVNNENSIS

Im ältesten Siegel der Stadt Xanten (1228/1229) steht vor einer runden Scheibe in der Bildmitte ein senkrechter Schlüssel, dessen doppelter Bart nach oben weist. Das Schlüsselmotiv wurde auch in allen späteren Xantener Siegeln beibehalten. Der Schlüssel als Attribut des hl. Petrus hat die Aufgabe, die Zugehörigkeit des Orts zu dem geistlichen Territorium des Bischofs von Köln vor Augen zu führen.

Das älteste Beispiel dieser Art ist das große Siegel der Stadt Kaiserswerth aus dem zweiten Viertel des 13. Jahrhunderts mit der Darstellung eines schönen Doppeladlers. Der Adler drückt hierbei eine besondere Beziehung zu Kaiser und Reich aus.

Das älteste Wiener Stadtsiegel aus den frühen zwanziger Jahren des 13. Jahrhunderts zeigt einen aufsteigenden, einköpfigen, rechtsblickenden Adler und steht möglicherweise in Zusammenhang mit dem Stadtrechtsprivileg von 1221.[26] Die Umschrift lautet *SIGILVM CIVIUM WINNENSIVM*, also „Siegel der Wiener Bürger". Der Adler war das Wappentier der Landesfürsten aus dem Geschlecht der Babenberger, die zugleich Stadtherren von Wien waren. Somit steht der Adler symbolisch für den Landesherrn.

Vor allem die Reichsstädte bringen die enge Verbindung zum Königtum durch die Darstellung des Reichsadlers bzw. einer Königsfigur zum Ausdruck. Zu nennen sind unter anderem die Siegel der Städte Kaiserswerth und Arnheim mit dem doppelköpfigen Adler, ebenso die Städte Nürnberg, Neumarkt, Donauwörth (Abb. 17), Ulm oder Kaufbeuren.[27] Auf dem Hauptsiegel der Stadt Nürnberg begegnet erstmals um 1240 der Königskopfadler (Farbabb. 18).[28] Das älteste erhaltene Siegel mit einem jugendlichen gekrönten Königs-

---

26 Vgl. Peter Csendes/Wolfgang Mayer, Wappen und Siegel der Stadt Wien, in: Wiener Geschichtsblätter, Beiheft 1/1986, S. 3–9.

27 Vgl. Gebhard Weig/Michael Wettengel (Hgg.),

StadtMenschen – 1150 Jahre Ulm: Die Stadt und ihre Menschen, Ulm 2004.

28 Vgl. Reinhold Schaffer, Die Siegel und Wappen der Reichsstadt Nürnberg, in: Zeitschrift für

Mit Brief und Siegel: Beglaubigungsmittel an Donau und Rhein 207

Abb. 16: Porträtsiegel der Steinernen Brücke
von Regensburg, bel. 1307
Umschrift: + S(IGILLUM) GLORIOSI PONTIS
RATISPONE

Abb. 17: Symbolsiegel der Stadt Donauwörth,
bel. 1268
Umschrift: SIGILLVM CIVITATIS DE WERDE

kopf auf schlankem Adlerrumpf und der Umschrift *SIGILLVM VNIVERSITATIS CIVIUM DE NVRENBERCH* stammt aus dem Jahre 1254.
Mit den Siegeln von Bernkastel, Kreuznach, Wesel, Weiden, Kemnath, Rosenheim, Füssen, Lindau (Abb. 19), Bogen und Dorfen werden redende, ganz auf den Ort abgestellte Siegel vorgestellt. Bernkastel führt einen Bären im Stadtsiegel, Kreuznach ein Kreuz, die Stadt Wesel im Nebensiegel ein Wiesel, Weiden im Sekretsiegel einen Weidenbaum, Kemnath eine Kemenate in Form eines Häuschens, Rosenheim eine frei im Feld stehende gefüllte Rose, Füssen drei Füße, Lindau einen Lindenbaum, die Stadt Bogen einen Bogen mit Sehne und die Stadt Dorfen drei Hütten, die den Dorfcharakter versinnbildlichen. Ob im Einzelfall über die redende Funktion hinaus eine symbolische Bedeutung vorliegt, wurde nicht untersucht.

6. Erzählsiegeltyp[29]

Dieser Typus stellt ein historisches Ereignis in einer mehr oder weniger bewegten Szene dar. Im Gegensatz zum Handlungssiegeltyp gibt die dargestellte Szene einen einmaligen Akt wieder. Wenn dieser nicht mehr statisch, sondern in einer bewegten Szene dargestellt wird, so sieht Diederich darin ein besonderes Stilmittel. Im Fall der

bayerische Landesgeschichte 10 (1937), S. 157–203; Günther Schuhmann, Nürnberger Wappen und Siegel, in: Ders., Nürnberg. Kaiser und Reich (Ausstellungskataloge der Staatlichen Archive Bayerns 20), Nürnberg 1986, S. 155–162; Michael Diefenbacher/Rudolf Endres (Hgg.), Stadtlexikon Nürnberg, 2. verbesserte Auflage Nürnberg 2000, S. 1157f.

29 Vgl. Diederich, Rheinische Städtesiegel (wie Anm. 1), S. 111–113.

Abb. 19: Symbolsiegel der Stadt Lindau, bel. 1277
Umschrift: + S(IGILLUM) CIVITATIS LINDAVIENSIS

Abb. 20: Stadtgründer- bzw. Stadtherrensiegel der Stadt Bad Windsheim, bel. 1284
Umschrift: + SIGILLVM CIVITATIS DE WINDSHEIM

Darstellung des Stadtpatrons wird in den meisten Fällen das Martyrium dargestellt. Das älteste zum Erzähltyp rechnende Stück ist das große Siegel der Stadt Metz von 1180/1181. Es zeigt die Steinigung des hl. Stephan, ebenfalls wie die benachbarte Bischofsstadt Toul. Vom gleichen Typus sind die Siegel der Städte Saint-Aubin-Château-Neuf, Saint-Jean d'Angély und Canterbury. Szenen aus der Martinslegende werden in den beiden Sekretsiegeln der Stadt Mainz ca. 1300 und 1392 und in dem Marktsiegel von Garmisch dargestellt. Das Marktsiegel von Garmisch (1445) zeigt den hl. Martin auf einem Pferd, den Mantel mit dem am Boden liegenden Bettler teilend. Die Sekretsiegel von Mainz zeigen hingegen das Traumgesicht des hl. Martin. In der Nacht, nachdem er den Mantel mit dem Bettler geteilt hatte, erschien ihm im Traum Christus, bekleidet mit der Mantelhälfte des Bettlers, und sagte zu der Heerschar der Engel, die ihn begleiteten: Martinus, der noch nicht getauft ist, hat mich bekleidet. Daraufhin ließ sich Martin taufen.

Im Siegel der Stadt Freising (1330) wird ein bepackter Bär abgebildet. Dieser verweist auf die legendenhafte Begegnung des Stadtheiligen Korbinian auf seiner Fahrt nach Rom mit einem Bären. Während Korbinian und seine Gefährten auf einer Passhöhe ausruhten, kam ein Bär und riss das Maultier des Heiligen. Furchtlos ging dieser auf den Bären zu und befahl ihm im Namen Gottes zu bleiben und das Gepäck statt des Maultieres zu tragen. Daraufhin ließ sich der Bär bepacken und begleitete Korbinian gehorsam.

Abb. 21: Stadtgründer- bzw. Stadtherrensiegel
der Stadt Münnerstadt, bel. 1297
Umschrift: + SIGILLVM CIVIVM DE
MVNRICHESSTAT

Abb. 22: Wappensiegel der Stadt Straubing,
bel. 1306
Umschrift: + SIGILLVM CIVIVM CIVITATIS
STRAVWINGENSIS

7. Handlungssiegeltyp[30]

Im Unterschied zum Erzählsiegeltyp stellen die Handlungssiegel kein einmaliges historisches Ereignis dar. Charakteristisch für diesen Siegeltypus ist eine allgemeine Handlung, meist eine Szene aus der Erwerbstätigkeit der Bürger bzw. eine Eigentümlichkeit, die in besonderem Bezug zur jeweiligen Stadt steht. Sie unterscheiden sich von den redenden Siegeln, die den Stadtnamen interpretieren. Das kleine Siegel der Stadt Aachen (ca. 1350) zeigt einen thronenden König, der von zwei stehenden Bischöfen flankiert wird. Der linke Bischof legt seine Hand an die Krone und verweist somit auf den Krönungsakt. Ein weiterer Handlungssiegeltyp ist für die Stadt Hallein bei Salzburg überliefert. Dort wird ein Salzarbeiter im Siegelbild gezeigt. Die Umschrift aus der Zeit um 1300 lautet: *SIGILLVM CIVIUM DE SALINA*. Nicht aus dem städtischen, sondern aus dem kirchlichen Bereich ist ein Siegel des Fraterherrenklosters St. Martin in Wesel, das drei schreibende Brüder abbildet.

8. Stadtgründer- bzw. Stadtherrensiegeltyp[31]

Den Stadtgründer oder Stadtherrn im Stadtsiegel darzustellen, war mit dem bürgerlichen Streben nach Selbstverwaltungsrechten nur schwer vereinbar. Wurde ein Gemeinwesen zur Stadt erhoben, war dies sicherlich ein geeigneter Zeitpunkt, ein Siegel in

30 Vgl. Diederich, Rheinische Städtesiegel (wie Anm. 1), S. 113–114.

31 Vgl. Diederich, Rheinische Städtesiegel (wie Anm. 1), S. 114–116.

Abb. 24: Wappensiegel der Stadt Landau a.d. Isar, bel. 1263
Umschrift: CIVIVM IN LANDOW[E]

Abb. 25: Wappensiegel der Stadt Landshut, bel. 1275
Umschrift: + S(IGILLUM) CIVIVM LANDESHVTENSIVM

Auftrag zu geben. Welche Einflüsse von dem Stadtherrn oder den Bürgern auf die Gestaltung des Siegels gewirkt haben, ist nicht überliefert. War der König Stadtgründer, so konnte man diesen natürlich nicht wie bei seinem eigenen Siegel thronend darstellen, jedoch bot sich eine Kombination aus Herrscherbild und Stadtbild an, wie die Beispiele Oppenheim, Düren, Oberwesel, Sinzig, Bad Windsheim (Abb. 20), Karlstadt oder Münnerstadt zeigen. Das erste Siegel von Münnerstadt (1297) zeigt im Bogen eines Mauertores mit Zinnenturm den reitenden Grafen von Henneberg (Abb. 21). Fürsten und Grafen bevorzugten Reitersiegel. Dieser Typ von Stadtsiegel war mit dem städtischen Selbstverständnis kaum vereinbar. Als außerrheinische Städte mit Reitersiegel sind ferner Marburg und Gießen zu nennen.

9. Wappensiegeltyp[32]

Bei der Klassifizierung als Wappensiegel muss das namengebende Wappen eindeutig im Vordergrund stehen. Als Beispiele für Wappensiegel sind zu nennen: das zweite Gemeindesiegel von Traben-Trarbach, das Stadtsiegel von Cochem, das zweite Stadtsiegel von Bergneustadt. Wappensiegel begegnen zuerst beim Adel und zwar seit Beginn des 13. Jahrhunderts. Unter den 82 von Toni Diederich untersuchten rheinischen Städtesiegeln weisen 30 einen Wappenschild auf. Ganz allgemein ist zum späteren

---

[32] Vgl. Diederich, Rheinische Städtesiegel (wie Anm. 1), S. 116–118.

Mittelalter hin eine deutliche Zunahme der Wappensiegel gegenüber anderen Bildmotiven festzustellen.

Die ältesten Städtesiegel des Rheinlandes, die ausschließlich einen Wappenschild zeigen, sind die Gegensiegel von Neuss (1255) und Zülpich (1270). In den städtischen Hauptsiegeln tritt dieser Typ erst später auf.

Exemplarisch für Bayern ist auf die Wappensiegel der niederbayerischen Städte Landau, Dingolfing, Straubing und Landshut hinzuweisen. Alle vier Siegel reichen in das 13. Jahrhundert zurück. Das schildförmige Siegel der Stadt Straubing zeigt in der Mitte einen Pflug, darunter eine Lilie und darüber zwei Weckenschilde (Abb. 22). Der Pflug wird mit dem Ortsadelsgeschlecht der Straubinger in Verbindung gebracht, die Lilie weist auf die Grundherrschaft des Augsburger Domkapitels hin und die beiden Weckenschilde beziehen sich auf die bayerischen Herzöge als Landesherren und Stadtgründer.[33] Nordöstlich der Stadt Straubing liegt der Stammsitz der Grafen von Bogen, von denen die bayerischen Herzöge aus dem Haus Wittelsbach das weiß-blaue Rautenwappen erbten. Die schildförmigen Siegel der Städte Landau und Dingolfing übernahmen ebenfalls das Rautenwappen. Das Siegel von Dingolfing zeigt das Rautenwappen mit zwei Sternen im Schildhaupt (Farbabb. 23), dasjenige von Landau unter gerautetem Schildhaupt eine schräg links verlaufende dreimalige Teilung (Abb. 24). Ein auffallendes Wappensiegel besitzt die wittelsbachische Residenzstadt Landshut.[34] Das Siegel der Stadt Landshut zeigt drei Eisenhüte, die sich bisher einer eindeutigen Erklärung entzogen haben (Abb. 25).

Zusammenfassung

Voraussetzung für die Entstehung der Städtesiegel an Rhein und Donau war die zunehmende Verbreitung der Siegelurkunde und das wachsende Verlangen der sich emanzipierenden Bürgerschaft nach Rechtssicherheit. Gleichzeitig bedurfte es gewisser herrschaftlicher und wohl auch ökonomischer Rahmenbedingungen, die eine Entwicklung bürgerlicher Kommunitäten im präkommunalen Raum zuließen. Dies war zunächst in den großen Bischofsstädten an Rhein, Mosel, Main und Donau möglich. Siegelführung bedeutete Rechtsfähigkeit und diese war wiederum nur mit Wissen, Willen oder zumindest Duldung des Stadtherrn möglich. In den kleineren bayerischen Bischofsstädten setzte die Emanzipation der Bürger und damit deren Siegelführung mit zeitlicher Verzögerung ein. In der Bischofsstadt Passau zum Beispiel tritt nach einem vorübergehenden Siegelgebrauch im Jahre 1298 eine größere zeitliche Lücke auf, bis dann 1368 die ununterbrochene Siegelführung beginnt. Über Stadtmauern und Türme definierten sich die Städte als wehrhafte und gegenüber dem Stadtherren zunehmend autonome Rechtsgemeinschaften. Insgesamt setzt die Siegelführung der rheinischen Städte gegenüber

---

33 Vgl. Joseph Keim, Das älteste Siegel der Stadt Straubing und die Entwicklung des Stadtrats in der 1. Hälfte des 14. Jahrhunderts, S. 24–32.

34 Vgl. Theo Herzog, Landshuter Urkundenbuch (Bibliothek familiengeschichtlicher Quellen, Band 13), Neustadt an der Aisch 1963, S. 70–79; Erich Stahleder, Drei Helme im Wappen, in: Stadt Landshut (Hg.), Weitberühmt und vornehm … Landshut 1204–2004. Beiträge zu 800 Jahren Stadtgeschichte, Landshut 2004, S. 76–78.

den Städten an der Donau etwa ein halbes Jahrhundert früher ein. Auch scheinen die doppeltürmigen Stadttore ein bevorzugtes Siegelmotiv der wittelsbachischen Städte oder Stadtherren gewesen zu sein. Zumindest wird mit der Wahl dieses Bildmotivs die Wehrhaftigkeit und damit auch die Eigenständigkeit der Städte unterstrichen. Daneben gab es in den bayerischen Städten die gesamte Bandbreite des Siegelwesens mit allen seinen Mischformen. Einem Wechsel der Herrschaftsverhältnisse folgte in den Städten Regensburg, Ingolstadt, Weilheim und Münnerstadt der Austausch der Siegelbilder und der Siegelumschriften. Ein Vergleich der Stadtsiegel von Köln und Regensburg macht eine Entwicklung wahrscheinlich, die vom Domkapitel über die bischöfliche Ministerialität bis hin zur Bürgerschaft verläuft. Das Vordringen der Wappensiegel, speziell die zunehmend heraldische Ausgestaltung der Siegel im späteren Mittelalter ist hingegen ein allgemeines Phänomen der beiden Siegellandschaften. Wenn Toni Diederich seine Abhandlung über die rheinischen Städtesiegel mit den Worten beendet, dass im Rheinland seiner „Kenntnis nach die ältesten, schönsten und bedeutungsvollsten Städtesiegel überhaupt"[35] existieren, wäre ihm im Großen und Ganzen beizupflichten, wenn es nicht die repräsentativen Siegel der alten Bischofs- und Reichsstadt Regensburg gäbe.

---

35 Diederich, Rheinische Städtesiegel (wie Anm. 1), S. 150.

Von der Distinktion zur Integration.
Die Repräsentation des Regensburger Patriziats im Spätmittelalter

Olivier Richard

1475 obiit honestus vir dominus Leonardus Graffenreiter, judex seu scultetus huius civitatis, qui cum magna pompa et planctu civium Ratisponensium sepultus est in cemiterio S. Emmerami, ubi fere tota illa familia sicut et aliorum plurium ex senatu requiescit.[1] Der langjährige Schultheiß Leonhard (Lienhart) Grafenreuter gehörte einem alten Regensburger Ratsgeschlecht an, das seit 1315 bis zum Anfang des 16. Jahrhunderts im Stadtrat vertreten war.[2] Wie auch seinem Testament zu entnehmen ist, war ihm an einem glänzenden Begräbnis gelegen.[3] Großer Prunk, Partizipation der Bürgergemeinde, ein exklusiver Begräbnisort als Bühne: In den Worten aus dem obigen Zitat aus einer Emmeramer Handschrift wird deutlich, wie im Spätmittelalter die Memoria mit sozialer Distinktion bzw. Machtstrategien zusammenhängen konnte. So bietet es sich geradezu an, die Repräsentation der städtischen Führungsschichten anhand ihrer Memorialpraktiken zu untersuchen – vorausgesetzt, man vergisst nicht, dass die Memoria zunächst glaubensbezogen war und nicht primär funktional gedeutet werden soll. Es sind in diesem Sinne auch zahlreiche Arbeiten über die Memoria der städtischen Elite unternommen worden.[4]

Die Memorialpraktiken der Patrizier werden vor allem anhand des Begriffs der Nachahmung des (Land-)Adels untersucht. Die HistorikerInnen, die sich für die Repräsentationen oder das Selbstverständnis der städtischen Oberschicht interessieren, greifen oft

---

1 „1475 starb der ehrbare Mann Herr Leonhard Grafenreuter, Richter bzw. Schultheiß dieser Stadt, der mit großem Prunk und der Trauer der Regensburger Bürger im Friedhof von St. Emmeram begraben wurde, wo beinahe seine gesamte Familie und die vieler anderer Mitglieder des Stadtrats liegen"; Bayerische Staatsbibliothek (fortan BSB) clm 14874, fol. 75; Abschrift in BSB cbm cat. 14, Bd. II, S. 983. Freundlicher Hinweis von Prof. Dr. Franz Fuchs (Würzburg).

2 Dieser Beitrag beruht im Wesentlichen auf einer Dissertation (Mémoires bourgeoises, mémoires civiques. *Memoria* et identité urbaine à Ratisbonne à la fin du Moyen Âge, Strasbourg 2005), die in gekürzter Form im Herbst 2008 bei den Presses Universitaires de Rennes erscheinen wird.

3 Bayerisches Hauptstaatsarchiv (fortan BayHStA), Regensburger Testamente (fortan RT) 1627, 1475 09 14: „Zum ersten so schaff ich, das man mich austragen sull mit den pruderschefften der pecchenknechten vnd wolburchen in das münster gein sand Haymeran vnd das man mir daselbs drey meß ob erd lesen laß vnd mich dann in den freithof genant der dirntner zu meiner hausfrawn saligen begraben vnd legen sull. Item ich schaff auch, das man mir mein begrebnüß, sibenten, dreissigisten, vnd andere oppfer in den pfarrn, in den clostern vnd allenthalben mit ampten, vigilj, selmessen, gedächtnüssen, armen lewten haller geben, vnd allen anderen sachen geben vnd volpringen sull, als dann ander erbergen lewt vnd der stat gewanhait ist. Item ich schaff auch, das man mir in meiner cappellen an der hewbart ein jarmeß haben vnd volpringen laß".

4 Als Beispiel sei hier lediglich auf Stefanie Rüther, Prestige und Herrschaft. Zur Repräsentation der Lübecker Ratsherren in Mittelalter und Früher Neuzeit (Norm und Struktur 16), Köln 2003 (mit reicher Literaturliste) hingewiesen.

auf die „adlige Lebensführung" zurück, sie erklären die Praktiken der prominenten Stadtbewohner mit ihrem Willen, den „Adel" zu imitieren.[5] Die angelsächsische Literatur nennt die Bemühungen, sich ähnlich zu benehmen wie die führende soziale Gruppe *reference group behaviour*.[6] Es ist allgemein akzeptiert, dass das entsprechende Leitbild im Spätmittelalter vom (Land-)Adel vorgegeben wurde – wobei oft eine Substantialisierung dieser sozialen Kategorie vorgenommen wird.[7] Was die Memoria angeht, so hätten sich die Patrizier bemüht, in Anlehnung an das Verhalten des Landadels repräsentative Stiftungen zu machen, in denen sie sich inszeniert hätten – davon zeugen heute noch in Regensburg die von Martin Hoernes untersuchten Hauskapellen, die natürlich an Burgkapellen erinnern, welche sich wiederum in den burgähnlichen Häusern befanden.[8] Es geht hier selbstverständlich nicht darum, Übernahmen von „adligen" Elementen und Gemeinsamkeiten zwischen „Landadel" und städtischen Führungsschichten zu leugnen, zumal die beiden Gruppen oft miteinander verflochten waren.[9] Doch das Verhalten der städtischen Eliten kann nicht immer mit der „adligen Lebensführung" erklärt werden; das Zurückgreifen auf solche Begriffe verhindert sogar geradezu, spezifische Formen oder Motive der patrizischen Memoria zu untersuchen. Vielmehr soll versucht werden, die Strategien zur Machtübernahme und -erhaltung zu analysieren, die zur Bildung einer Führungsgruppe führten, welche hier „Patriziat" genannt wird.[10] Glaubt man aber, dass das Patriziat keine vorgegebene und in ihren wichtigsten Merkmalen unveränderliche soziale Gruppe ist, sondern nur die sich immer wandelnde Gruppe der Bürger, die die Stadt beherrschte, dann kann die patrizische Memoria nicht unabhängig von der Stadt untersucht werden. Im Folgenden wird analysiert, wie sich das Regensburger Patriziat in seinen Memorialpraktiken repräsentierte und vor allem was diese Repräsentationsmodi über das Verhältnis dieser Männer und Frauen zu ihrer Stadt aussagen. Dabei wird untersucht, wie sich soziale Distinktion – aus der Stadtgesellschaft heraus – und Integration – in die Stadtgesellschaft – artikulieren, wie dies neulich für Lübeck vorgenommen worden ist.[11]

---

5 Vgl. Ingrid Bátori, Das Patriziat der deutschen Stadt, in: Zeitschrift für Stadtgeschichte, Stadtsoziologie und Denkmalpflege 2 (1975), S. 1–30, hier S. 3; Eberhard Isenmann, Die deutsche Stadt im Spätmittelalter, Stuttgart 1988, S. 252.

6 Vgl. beispielsweise Herbert H. Hyman/Eleanor Singer (Hg.), Readings in Reference Group Theory and Research, New York 1968.

7 Vgl. dazu vor allem Joseph Morsels Arbeiten, namentlich L'aristocratie médiévale. La domination sociale en Occident (Ve–XVe siècle), Paris 2004, S. 239.

8 Vgl. Martin Hoernes, Die Hauskapellen des Regensburger Patriziats: Studien zu Bestand, Überlieferung und Funktion (Regensburger Studien und Quellen zur Kulturgeschichte 8), Regensburg 2000.

9 Vgl. dazu Morsel (wie Anm. 7), S. 239–252.

10 Die Anwendung des Terminus „Patriziat" ist bekanntlich seit Jahrzehnten scharf kritisiert worden; trotz all seiner Nachteile ist er neuerdings in Frankreich wieder hoffähig geworden – er ist wohl der schlechteste Terminus mit Ausnahme aller anderen. Boris Bove, Dominer la ville. Prévôts des marchands et échevins parisiens de 1260 à 1350, Paris 2004, der selber „Patriziat" benutzt, spricht gar von einer „ästhetischen Entscheidung" für oder gegen den Gebrauch des Worts (S. 22) – soweit die so bezeichnete soziale Kategorie nicht als eine ein für alle Mal vorgegebene bzw. „reifizierte" Gruppe betrachtet wird. Hier werden einfachheitshalber die „ratsfähigen" Leute „Patrizier" genannt, wobei das nur ein Notbehelf ist, ist doch die Berücksichtigung der Ratsfähigkeit allein nicht befriedigend und überhaupt die Suche nach geeigneten Kriterien für die Zugehörigkeit zur Führungsschicht zum Scheitern verurteilt.

11 Vgl. Stefanie Rüther, Soziale Distinktion und städtischer Konsens. Repräsentationsformen bürgerlicher Herrschaft in Lübeck, in: Ordnung und Distinktion. Praktiken sozialer Repräsentation in der ständischen Gesellschaft, hg. v. Marian Füssel/Thomas Weller, Münster 2005, S. 103–135.

Regensburg stellt ein günstiges Forschungsfeld für diesen Ansatz dar. Zum einen entwickelte sich das Regensburger Patriziat eigenartig; der als Aueraufstand bekannte innerstädtische Konflikt 1330–1334, der mit der Ausweisung der meisten ministerialen Geschlechter der Stadt endete,[12] führte zu einer frühen und weitgehenden Entfernung des ministerialen Elements aus dem Stadtrat, so dass die Fernhandelskaufleute die Regierung der Stadt übernahmen bzw. behielten. Da gerade die Ministerialen das Bindeglied zwischen Fernhandelskaufleuten und Landadligen darstellten, wurde seit dem ausgehenden 14. Jahrhundert das Regensburger Patriziat vom bayerischen Landadel weitgehend getrennt.[13] So bestanden den Testamenten nach zu urteilen kaum verwandtschaftliche Beziehungen bzw. Ehen zwischen Patriziern und Landadligen. Wenn sich das Patriziat vom Adel trennt, dann muss sich sein Memorialverhalten auch ändern.

Zum anderen wurde Regensburg seit der 2. Hälfte des 14. Jahrhunderts von einer schweren wirtschaftlichen Krise getroffen; sie muss auch auf das Verhältnis der Patrizier zu ihrer Stadt eingewirkt haben, da die Repräsentation der städtischen Führungsschicht nicht völlig unabhängig von der Situation der Stadt sein kann.[14] Schließlich ist Regensburg auch wegen der Quellenlage ein interessantes Terrain: Neben rund 200 Bürgertestamenten des Spätmittelalters liegen über 800 Stiftungsurkunden, weiter Nekrologe, Grabsteine, Glasfenster, aber auch Gerichtsakten, Ratsbücher oder Ratsprotokolle vor, welche die Memorialpraktiken, speziell die „Stiftungswirklichkeit" dokumentieren.[15]

In einem ersten Teil wird die Topographie der patrizischen Memoria vorgestellt, denn in ihrer räumlichen Entfaltung drückt sich die Repräsentation des Patriziats aus. Dann wird die Entwicklung der Art und Weise untersucht, wie die Patrizier ihre soziale Distinktion behaupteten und inszenierten, bevor schließlich aufgezeigt werden soll, wie und warum das Regensburger Patriziat seine eigene Memoria selbst disziplinierte.

1. Topographie der patrizischen Memoria

Die Memorialtopographie der Regensburger Bürger entwickelte sich parallel zur Anwesenheit von Verwandten oder Freunden in Klöstern außerhalb der Stadt. Da Nonnen- bzw. Mönchslisten die Ausnahme darstellen und die Namen sowieso oft schwierig einzuordnen sind, kann nichts Genaueres als eine Liste der in den Regensburger Bür-

---

12 Zum Aueraufstand vgl. Johann Schmuck, Ludwig der Bayer und die Reichsstadt Regensburg: der Kampf um die Stadtherrschaft im späten Mittelalter, Regensburg 1997, S. 88–133 und ders., Der Aueraufstand, in: Regensburg im Mittelalter. Beiträge zur Stadtgeschichte vom frühen Mittelalter bis zum Beginn der Neuzeit, hg. v. Martin Angerer/Heinrich Wanderwitz, Regensburg 1995, S. 131–136.

13 Vgl. Milo Edward Kearney, A Study of the Regensburg Rat in Connection with the Deceleration of the Town Political Movement in 1389, Michigan 1970 zeigte zwar, dass die beiden Gruppen auch nach dem Aueraufstand nicht streng zu unterscheiden sind und dass auch nach 1334 weiterhin Patrizier ministerialer Herkunft im Rat saßen, doch waren sie die Ausnahme und das Schema der Trennung gilt im Großen und Ganzen.

14 Zur Wirtschaftskrise neuerdings Klaus Fischer, Regensburger Hochfinanz. Die Krise einer europäischen Metropole (Regensburger Studien und Quellen zur Kulturgeschichte 14), Regensburg 2003.

15 Zum Begriff der „Stiftungswirklichkeit", vgl. Michael Borgolte/Wolfgang Eric Wagner (Hgg.), Stiftungen und Stiftungswirklichkeiten: vom Mittelalter bis zur Gegenwart (Stiftungsgeschichten 1), Berlin 2000.

gertestamenten bedachten Mitglieder von Konventen ermittelt werden, die auf der Karte 1 dargestellt wird. Im 14. Jahrhundert kommen 59 Mitglieder von Konventen außerhalb der Stadt in den 81 aufbewahrten Bürgertestamenten vor; sie lebten praktisch alle in Bayern, die meisten von ihnen in einem Umkreis von rund 20 km um Regensburg herum. Im 15. Jahrhundert befanden sich in den 125 Testamenten nur noch 12 Legatare, die Mitglieder von Konventen außerhalb der Stadt waren. Daraus kann geschlossen werden, dass die Regensburger Bürger im 14. Jahrhundert auf das Gebet von Angehörigen in vielen Klöstern der Umgebung zählen konnten oder wollten. Als Beispiel kann das Zisterzienserinnenkloster Pielenhofen angeführt werden, in dem 20 Legatare des 14. Jahrhunderts lebten. Es war um 1237–1240 gegründet worden, anscheinend nicht auf die Initiative des Hochadels, sondern von bischöflichen Ministerialfamilien wie den Ehrenfels, denen die Regensburger Ratsfamilien des frühen 14. Jahrhunderts nahestanden. Die Pielenhofener Nonnen stammten in großer Zahl aus dem niederen Landadel sowie aus dem Regensburger Patriziat – beide Gruppen sind für diese Zeit nicht zu trennen.[16] Von den 20 bedachten Pielenhofener Nonnen stammten 14 – dem Nachnamen nach – aus Regensburger Ratsfamilien, Auer, Ecker, Dürnsteter, Süß, Lech oder Simon; sie bekamen insgesamt 29 Legate, davon 23 von ratsfähigen TestatorInnen.
Im 15. Jahrhundert wurden in Klöstern lebende Angehörige Regensburger Bürger viel seltener bedacht, wie aus der Karte zu lesen ist. Ihre Zahl war stark zurückgegangen; darüber hinaus verkleinerte sich der Raum, in dem sie lebten, deutlich. Wiederum ist das Beispiel Pielenhofens das markanteste, denn keine einzige Nonne dieses Klosters wird in den Testamenten (1401–1512) bedacht, wobei wahrscheinlich nicht mehr viele Töchter von Regensburger Bürgern dort lebten.[17] Es ist anzunehmen, dass die engen Beziehungen zwischen dem Kloster und der Landaristokratie eine Rolle spielten, da sich der Landadel seit dem weitgehenden Weggang der Ministerialenfamilien aus der Stadt vom kaufmännischen Patriziat distanzierte. Die wirtschaftlichen und disziplinären Schwierigkeiten der Klöster der Umgebung Regensburgs mögen auch ihren Teil beigetragen haben.[18] Wie dem auch sei, die Regensburger, namentlich die Patrizier, konnten oder wollten nicht mehr auf die Gebete von Konventsmitgliedern außerhalb der Stadt rekurrieren.
Dieses Bild wird von der Untersuchung der Schenkungen und Stiftungen bestätigt. Sie kann anhand eines Vergleichs angegangen werden: 1356 bereitete sich der sehr vermögende und mächtige Ratsherr Gottfried Reich[19] auf den Tod vor, indem er zahlreiche

---

16 Vgl. Hans Schneider, Das Kloster Pielenhofen – ein geschichtlicher Überblick von der Gründung bis zur Säkularisation, in: Festschrift 750 Jahre Kloster Pielenhofen, München/Zürich 1987, S. 9–17, hier S. 12. Ein Ehrenfels war noch nach dem „Aueraufstand" (1330–1334) Bürgermeister in Regensburg.

17 Eine Kungund Dürnsteter begegnet noch 1400 (BayHStA Reichsstadt Regensburg Literalien [fortan RRLit.] 298 fol. 99r; sie ist 1404 bereits verstorben [ebd., fol. 119v]), sowie Katrein Ammanyn, Enkelin der Anna Sitauer (BayHStA RRLit. 298 ¼, fol. 3r), die aber im Testament ihrer Großmutter nicht mehr erwähnt wird (BayHStA RT 2966, 1420 05 10).

18 Vgl. das Beispiel Prülls in Anneliese Hilz, Benediktiner, Kartäuser, Iroschotten, Mendikanten, in: Peter Schmid (Hg.), Geschichte der Stadt Regensburg, Regensburg 2000, Bd. II, S. 764–807, hier S. 768. Die Ordenszugehörigkeit scheint dagegen keine große Rolle gespielt zu haben, denn alle Orden rekrutierten Regensburger Konventsmitglieder.

19 Zu Gottfried Reich vgl. Schmuck (wie Anm. 12), S. 46; Fritz Morré, Ratsverfassung und Patriziat in Regensburg bis 1400, *VHVO* 85 (1935), S. 1–147, hier S. 55 u. 84.

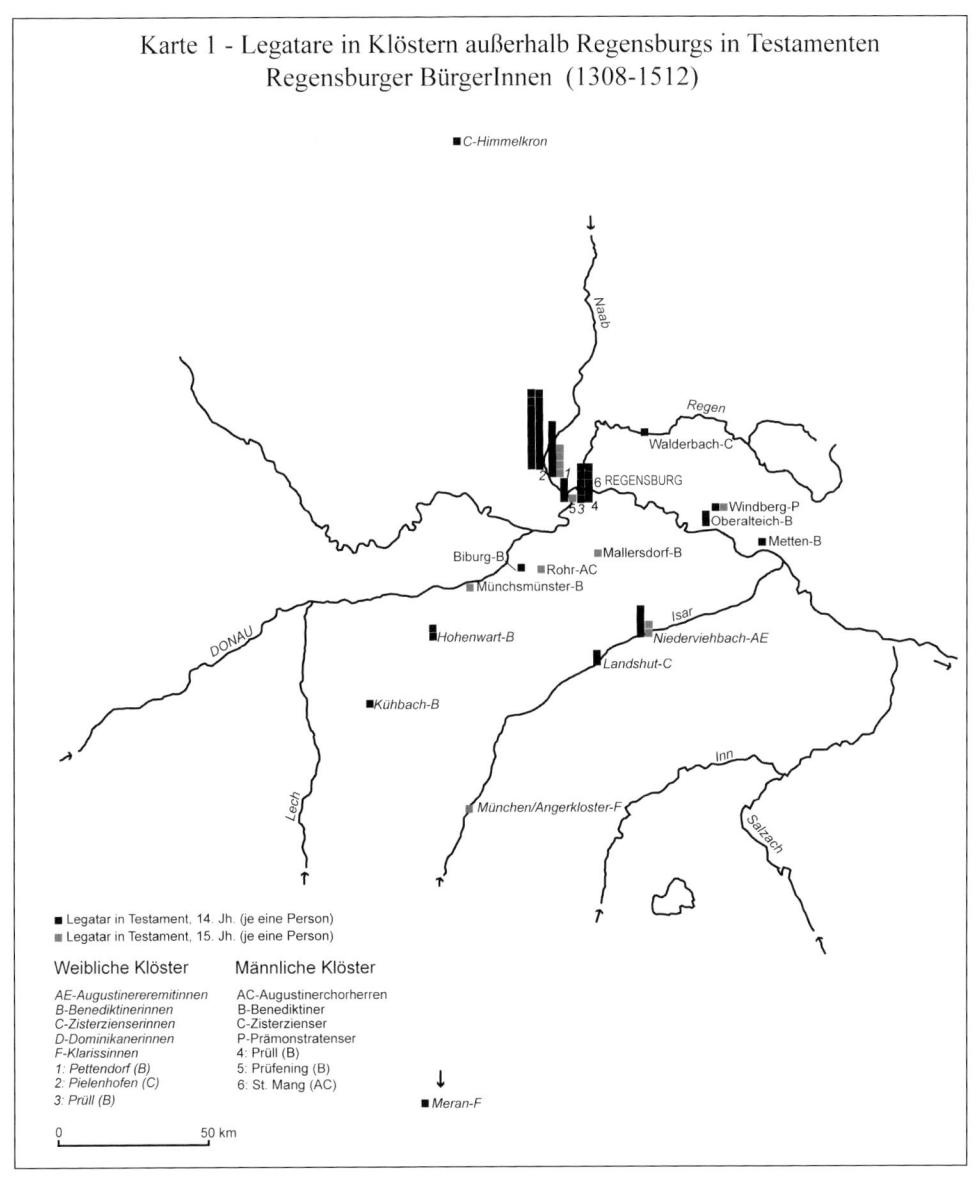

Karte 1 - Legatare in Klöstern außerhalb Regensburgs in Testamenten Regensburger BürgerInnen (1308-1512)

■ Legatar in Testament, 14. Jh. (je eine Person)
■ Legatar in Testament, 15. Jh. (je eine Person)

Weibliche Klöster
AE-Augustinereremitinnen
B-Benediktinerinnen
C-Zisterzienserinnen
D-Dominikanerinnen
F-Klarissinnen
1: Pettendorf (B)
2: Pielenhofen (C)
3: Prüll (B)

Männliche Klöster
AC-Augustinerchorherren
B-Benediktiner
C-Zisterzienser
P-Prämonstratenser
4: Prüll (B)
5: Prüfening (B)
6: St. Mang (AC)

Karte 1

Kirchen in der Stadt bedachte, allen Spitälern in Ober- und Niederbayern je zwei Pfund Regensburger Pfennige schenkte, sowie fünf Pfund den Nonnen in Prüll, fünf den Herren ebenda; er stiftete Anniversare in Prüll, Prüfening, Pettendorf, bei den Zisterzienserinnen in Seligenporten in der Oberpfalz, bei den Dominikanerinnen in Engelthal bei Nürnberg, in Niederviehbach, schließlich bei den Landshuter Zisterzienserinnen. Insgesamt gab er allein testamentarisch über 50 Pfund für sein Totengedenken außerhalb der Stadt aus.[20] Mit dieser Bemühung, seine Memoria in einem möglichst weiten Raum zu sichern, steht er geradezu beispielhaft für die Patrizier seiner Zeit.

1481 errichtete Erasmus Trainer sein Testament. Dieser vermögende Ratsherr, der lange als Stadtkämmerer amtiert hatte, ist sozusagen das Pendant von Gottfried Reich aus dem ausgehenden 15. Jahrhundert.[21] Abgesehen von einer Leibrente für eine Schwester im nahe gelegenen Dominikanerinnenkloster Pettendorf waren alle seine „frommen" Schenkungen in der Stadt Regensburg konzentriert: Trainer sah Begängnisse nach einer ersten Zeremonie in seiner Privatkapelle, im Dom und bei den Minoriten vor und stiftete drei Anniversare, je in seiner Hauskapelle, in der Dompfarrei und bei den Regensburger Dominikanern.[22] Von ihm sind auch sonst keine Stiftungen außerhalb der Stadt belegt.[23] Der räumlichen Entfaltung des Gedenkens bei Gottfried Reich folgte also eine extreme Konzentration der Memoria bei Erasmus Trainer.

Dieser Vergleich wird von der quantitativen Auswertung der Testamente bestätigt. Im 14. Jahrhundert machten die 81 Regensburger Testatoren 153 Schenkungen und Stiftungen in 52 verschiedenen Orten außerhalb Regensburgs – hauptsächlich in Bayern (Karte 2). Im 15. Jahrhundert jedoch nahmen die 125 Testatoren nur noch 65 Schenkungen oder Stiftungen in nur 34 Orten vor: Die räumliche Einengung der Memoria ist also klar zu sehen. Um eine andere Zahl zu nennen: Im 14. Jahrhundert wurden von Regensburger Testatoren 30 Anniversare oder Ewigmessen außerhalb Regensburgs gestiftet, im 15. Jahrhundert (bis 1512) nur noch fünf (Karte 3).

Diese Zahlen beziehen sich auf alle Testatorinnen und Testatoren; sie gelten aber besonders für die aus ratsfähigen Familien: Vor allem die Patrizier, die sich wie Gottfried Reich im 14. Jahrhundert bemühten, ihre Memoria weit zu verbreiten, beschränkten sich im 15. Jahrhundert auf die Freie Stadt. Die Erklärung ist sicherlich nicht oder nicht nur in der Krise des Regensburger Handels zu suchen, die etwa großzügige Stiftungen verhindert hätte, sondern vielmehr im Wandel des Patriziats: Wie bereits angedeutet, waren die Ministerialen seit der Mitte des 14. Jahrhunderts aus dem Regensburger Patriziat größtenteils verschwunden. Da sie das Bindeglied zwischen dem bayerischen Landadel, der die Klöster Bayerns beherrschte, und den Kaufleuten waren, verschwand mit ihnen die Verbindung zwischen den Regensburger Bürgern und diesen Klöstern. So wurde die Stadt gezwungenermaßen noch stärker zum Mittelpunkt der Bürgermemoria.

---

20 BayHStA Reichsstadt Regensburg Urkunden (fortan RRUrk.) 4038, 1356 01 25, Regest in: Franz Bastian, Josef Widemann (Hgg.), Regensburger Urkundenbuch. Bd. II: Urkunden der Stadt bis zum Jahre 1378 (Monumenta Boica 54), München 1956, Nr. 178.

21 Zu Erasmus Trainer, vgl. Klaus Fischer, Regensburger Hochfinanz. Die Krise einer europäischen Metropole, Regensburg 2003 (Regensburger Studien und Quellen zur Kulturgeschichte 14), S. 83.

22 BayHStA RT 1001, 1481 07 14.

23 Die Testamente sind kein Abbild der gesamten Memorialpraktiken der Testatoren, sie verschweigen wenn nicht systematisch, doch sehr häufig die Zuwendungen, die vor der Testamentserrichtung vorgenommen worden sind; so stiftete Erasmus Trainer 1481 eine Schüssel des sogenannten Reichen Almosens (StAR alm B 1490 fol. 53r, online-Edition Heidrun Boshof (Hg.), Das Stiftungsbuch des ‚Reichen Almosens' [Fontes Civitatis Ratisponensis], http://bhgw20.kfunigraz.ac.at/ab1490.htm [05.04.2008]), die in seinem im gleichen Jahr verfassten Testament unerwähnt bleibt.

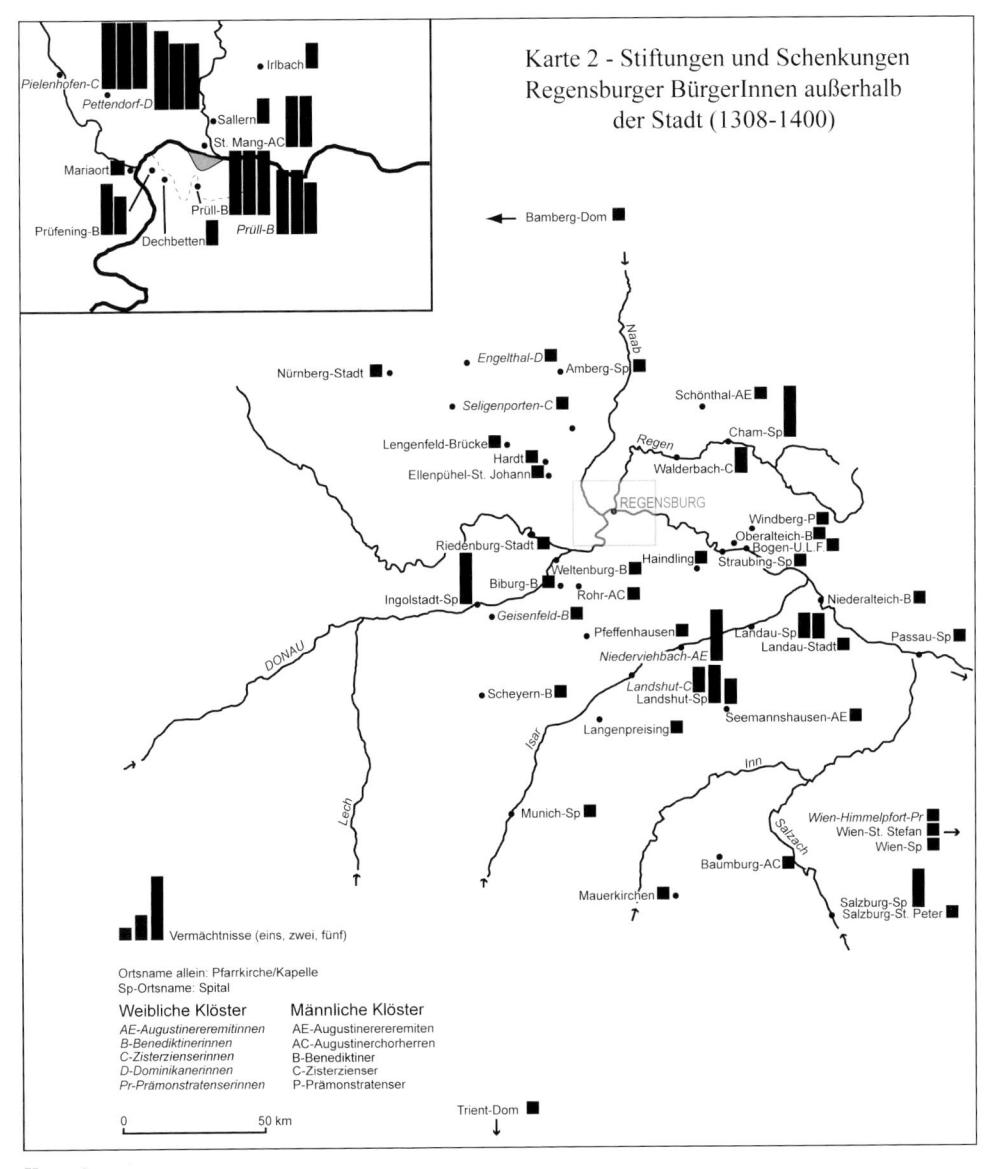

Karte 2 - Stiftungen und Schenkungen Regensburger BürgerInnen außerhalb der Stadt (1308-1400)

Karte 2

Die Stadt als Mittelpunkt der patrizischen Memoria

Die städtischen Kirchen wurden im Vergleich zu den auswärtigen Kirchen klar bevorzugt: Es wurden unvergleichlich mehr Stiftungen in der Freien Stadt als außerhalb vorgenommen. Die Zahl der Stiftungen in der Stadt erfuhr im 15. Jahrhundert zwar auch einen Rückgang, der aber viel geringer ausfiel als in den auswärtigen kirchlichen

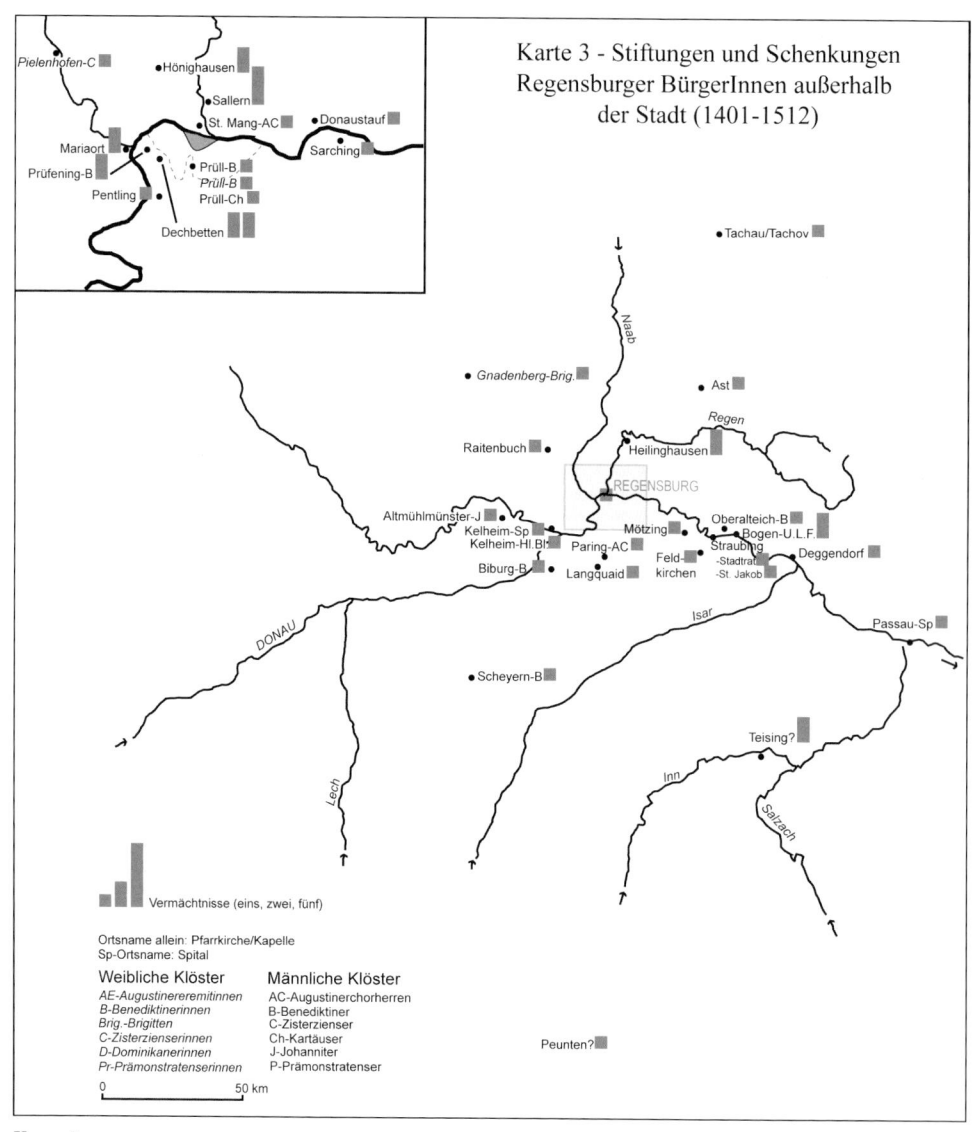

Karte 3 - Stiftungen und Schenkungen Regensburger BürgerInnen außerhalb der Stadt (1401-1512)

Karte 3

Einrichtungen, so dass sich die Dominanz der Stadt als Zentrum der Bürgermemoria noch verstärkte.

Diese Bevorzugung muss einerseits mit praktischen Gründen erklärt werden, denn die Einhaltung einer Stiftung konnte in Regensburg, wo die Testamentsvollstrecker oder die Verwandten der Testatoren lebten, leichter gewährleistet werden.[24] Doch

---

24 Vgl. dieses Argument in Bove (wie Anm. 10), S. 470.

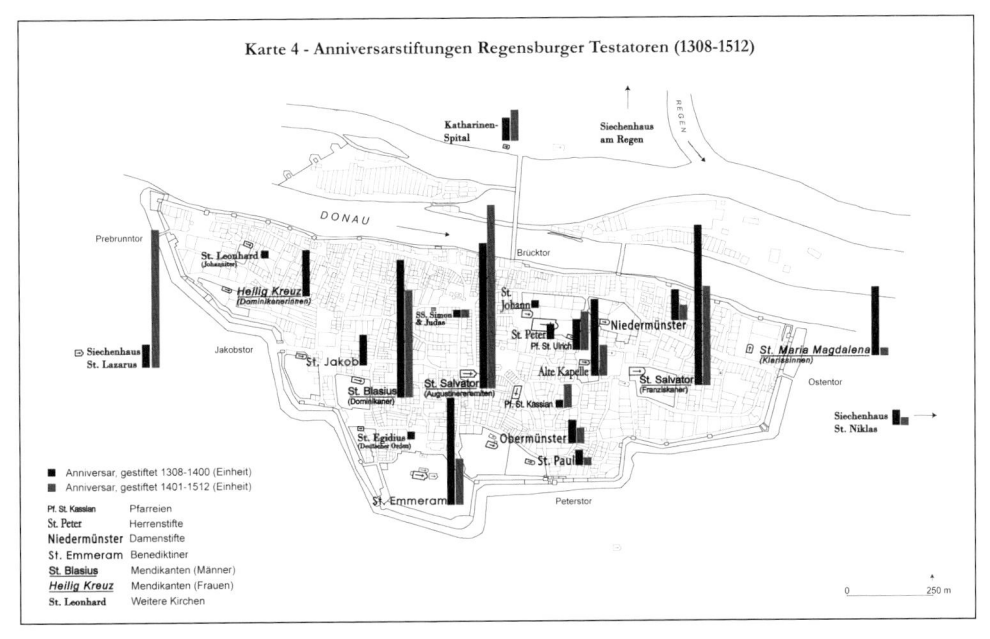

Karte 4 - Anniversarstiftungen Regensburger Testatoren (1308-1512)

Karte 4

muss angesichts der unterschiedlichen Beliebtheit der einzelnen kirchlichen Einrichtungen der Stadt bei den Testatoren nach anderen Gründen gesucht werden. Die religiöse Landschaft Regensburgs war außerordentlich dicht mit einem Dom, drei Damenstiften, der altehrwürdigen Benediktinerabtei St. Emmeram, weiter drei männlichen und zwei weiblichen Mendikantenkonventen sowie sechs Pfarreien – wobei die Dompfarrei dem Domkapitel inkorporiert war und die anderen von den großen Stiften abhingen und ursprünglich keine Territorialpfarreien, sondern Personalpfarreien waren.[25]

Die Karte der Anniversarstiftungen Regensburger TestatorInnen in der Stadt (Karte 4) zeigt deutlich, dass bereits im 14. Jahrhundert die Pfarreien eine sehr geringe Rolle spielten im Vergleich zu anderen Städten, was sicherlich auf das eigenartige Pfarrsystem zurückzuführen ist, wobei das geringere Prestige der Pfarrkirchen gegenüber den Stiftskirchen bestimmt mitspielte. Die Damenstifte, die nur adlige Damen aufnahmen und

---

25 Zur religiösen Landschaft Regensburgs vgl. zuletzt die verschiedenen Beiträge in Angerer/Wanderwitz (wie Anm. 12) und Schmid (wie Anm. 18) sowie zur Pfarrstruktur Artur Dirmeier, Das Pfarrsystem von Regensburg. Studien zur kirchlichen Infrastruktur, in: Kulturarbeit und Kirche. Festschrift Msgr. Dr. Paul Mai zum 70. Geburtstag (Beiträge zur Geschichte des Bistums Regensburg 39), hg. v. Werner Chrobak/Karl Hausberger, Regensburg 2005, S. 367–384; Jörg Oberste, Das Bistum Regensburg im Spätmittelalter zwischen Krise und Erneuerung. Zwei Reformschriften Konrads von Megenberg († 1374), in: Zeitschrift für Bayerische Landesgeschichte 64 (2001), S. 663–692, hier S. 684–686. Neben der Dompfarrei St. Ulrich hatte St. Emmeram eine Pfarrkirche (St. Ruprecht), sowie Obermünster (St. Dionys), St. Paul (St. Thomas), Niedermünster (St. Peter und Paul) und die Alte Kapelle (St. Kassian).

selbst die Patriziertöchter ausschlossen, wurden ebenfalls wenig bedacht.[26] Im Gegenteil dazu empfingen St. Emmeram, die Alte Kapelle und die Mendikantenklöster eine große Zahl Anniversarstiftungen.

Im 15. Jahrhundert sank die Zahl der Stiftungen in den großen Stiften, ob in den Damenstiften, in St. Emmeram, der Alten Kapelle oder im Dom St. Peter. Die Klarissen und Dominikanerinnen fielen fast gänzlich weg, vielleicht zum Teil wegen ihrer Ablehnung der vom Rat stark unterstützten Reformversuche.[27] Die Einrichtungen, die noch von vielen Stiftungen profitieren konnten, waren zum einen die männlichen Mendikantenklöster und die Spitäler, d. h. just die kirchlichen Institutionen, mit denen der Stadtrat eng verknüpft war: Die beiden großen Spitäler bzw. Leprosenhäuser, die größere Geldzuwendungen bekamen, St. Katharina und St. Lazarus, wurden vom Stadtrat verwaltet[28] und die Mendikanten waren auch von vorne herein von der Stadt gefördert worden.[29] Im Augustinereremitenkloster, das die Höchstzahl an Anniversarstiftungen und anderen bedeutenden Stiftungen erhielt,[30] traf bisweilen der Stadtrat zusammen.[31]

26 Im September 1352 bestätigte der bayerische Herzog Ludwig dem Stift Niedermünster das Recht, die Aufnahme von jungen Frauen abzulehnen, die nicht ritterlicher Herkunft waren („nicht mer fürbas anmuten, vordern noh beswaeren sullen noh wellen in dhein weis danne alein vmb erberer läut ritter vnd knehte kinde, die von geburt rittermaezzig sind", BayHStA KU Regensburg-Niedermünster 347, 1352 09 05). Dieser Schritt wurde eingeleitet, nachdem der Regensburger Schultheiß, Albrecht Zant, versucht hatte, seine Tochter in Niedermünster aufnehmen zu lassen. Im nächsten Januar nahmen Zant und Niedermünster das Prinzip eines Schiedsspruchs durch drei Ritter an (BayHStA KU Niedermünster 249 u. 350, 1353 01 05). Am gleichen Tag erklärte Albrecht Zant, dass er den Spruch ebenfalls für seinen Rechtsstreit mit Obermünster – wo er offenbar auch versucht hatte, seine Tochter zu unterbringen – akzeptieren würde (KU Regensburg-Obermünster 1353 01 05). Die Entscheidung ist nicht überliefert. Diese Affäre scheint dennoch die Unebenbürtigkeit der Regensburger Patrizier mit den Rittern zu besiegeln; Sondierungen in den Beständen KU Regensburger Obermünster und Niedermünster konnten die Anwesenheit von einer Zant bzw. anderen Patriziertöchtern nicht ermitteln; für wenige Ausnahmen (ohne Beleg: Sintzenhofer – eigentlich kein Patriziergeschlecht –, Türigl (?) und eben Zand) vgl. Alfred Schönberger, Die Rechtsstellung des Reichsstiftes Niedermünster zu Papst und Reich, Bischof, Land und Reichsstadt Regensburg, Diss. masch. Würzburg 1953, S. 16.

27 Vgl. Marianne Popp, Die Dominikanerinnen im Bistum Regensburg, in: Klöster und Orden im Bistum Regensburg (Beiträge zur Geschichte des Bistums Regensburg 12), hg. v. Paul Mai/Georg Schwaiger, Regensburg 1978, S. 259–308, hier S. 268.

28 Das Katharinenspital wurde vom Stadtrat und Domkapitel gemeinsam verwaltet, vgl. Artur Dirmeier, Das St. Katharinenspital zu Regensburg von der Stauferzeit bis zum Westfälischen Frieden. Eine Wohlfahrtseinrichtung im Spannungsfeld zwischen Reichsstadt, Hochstift und Herzogtum, Universität Regensburg (Mikrofiche-Ausgabe), 1988, bes. S. 251–268, sowie ders., Soziale Einrichtungen, Fürsorge- und Medizinalwesen der Reichsstadt, in: Schmid (wie Anm. 18), Bd. I, S. 265–282, bes. S. 267f. St. Lazarus wurde dagegen gänzlich vom Stadtrat verwaltet, der ihre Pfleger ernannte, vgl. ders., Armenfürsorge, Totengedenken und Machtpolitik im mittelalterlichen Regensburg. Vom *hospitale pauperum* zum Almosenamt, in: Angerer/Wanderwitz (wie Anm. 12), S. 217–236, hier S. 223–224.

29 Vgl. Anneliese Hilz, Mendikanten-Niederlassungen, in: Angerer/Wanderwitz (wie Anm. 12), S. 207–215 (mit weiteren Literaturhinweisen).

30 Altarstiftung 1403 (60 lb von Hans Lausser, BayHStA RT 2027), 1413 (10 lb von Erhard Lech, vgl. Thomas Engelke (Hg.), Eyn grosz alts stapuech. Das „gelbe Stadtbuch" der Stadt Regensburg. Forschungen und Edition [Regensburger Studien und Quellen zur Kulturgeschichte 2], Regensburg 1995, Nr. 711), Ewiglichtstiftung 1463 (40 lb von Albrecht Coppenwalder, BayHStA RT 752); weitere große Stiftungen BayHStA RRUrk. 3424 (1394 12 02), RRUrk. 3766 (1398 09 02), Spitalarchiv Regensburg Urk. 1914 (1406 12 03, BayHStA RRUrk. 1420 01 24, 1438 11 11 und 1442 07 24).

Die größte Anzahl Ewigmessen oder weiterer aufwändiger Stiftungen begegnet ebenfalls bei den Augustinereremiten. Eventuell konnte das Kloster von seiner topographischen Situation profitieren, namentlich gegenüber den Minoriten, da viele Patrizier um den Haidplatz und den Markt wohnten, d. h. unweit der Augustinereremitenkirche.[32] Doch konnten die im gleichen Stadtteil niedergelassenen Dominikaner davon keinen Nutzen ziehen.

Kurzum: Die Konzentration der Stiftungen erhöhte sich im 15. Jahrhundert, zum Nachteil der kommunefernen Institutionen und zugunsten der ratsnahen Einrichtungen.

Selbstverständlich erklärt sich die Entwicklung der Bürgermemoria nicht nur mit dem Verhältnis der jeweiligen Akteure zur Stadt bzw. zum Stadtrat; es müssten bei einer gesamten Untersuchung der Bürgermemoria andere Aspekte – beispielsweise pastoraler Natur – mit berücksichtigt werden. Es bleibt aber dennoch festzuhalten, dass sich die Memoria der Patrizier wie der anderen Bürger im Laufe des Spätmittelalters zunehmend auf die Stadt Regensburg konzentrierte. In der Stadt selber bevorzugten die Testatoren und Stifter die ratsnahen Kirchen und Konvente und wandten sich von den adligen Stiften ab. Angesichts dieses Phänomens stellt sich die Frage, ob die Betonung der kommunalen Zugehörigkeit zu den Motiven einer patrizischen Stiftung zählen konnte. Dieser Frage wird auf den nächsten Seiten nachgegangen, welche sich mit dem Ausdruck der sozialen Distinktion der Patrizier in ihren Memorialpraktiken befassen sollen.

2. Die Entwicklung distinktiver Memorialpraktiken

In den Memorialpraktiken drückte sich auch – neben der Hoffnung auf das Seelenheil – die soziale Distinktion aus: Sie waren ein Medium, die eigene soziale Position zur Schau zu stellen bzw. zu verbessern. Wie eingangs bereits angesprochen orientierten sich die Patrizier dabei am Adel und versuchten dessen Stiftungsverhalten nachzuahmen, indem sie wie Leonhard Grafenreuter sehr prachtvolle Begräbnisfeiern veranstalteten, schöne Grabplatten erbauen oder viele Glocken läuten ließen. Sie versuchten dann ebenfalls, die Anciennität des Geschlechts darzustellen bzw. erst zu kreieren. Dieser Prozess könnte als Dynastisierung bezeichnet werden – Schaffung einer Dynastie;[33] das Paradebeispiel dafür stellen die Fugger dar, dessen schillerndster Vertreter Jakob Fugger der Alte Anfang des 16. Jahrhunderts in Augsburg

---

31 Belege finden sich in den Stadtbüchern, vgl. Engelke (wie Anm. 30), Nr. 182 (1376 12 31), 645 (1393 02 15) bzw. in den Stadtrechnungen (StAR Cameralia 14, fol. 92 r, éd. en ligne M. Perstling, Die Cameralia des Stadtarchivs Regensburg, t. 14: Ausgaben der Stadt Regensburg 1452–1459, http://bhgw20.kfunigraz.ac.at/c14.htm [20.04.2008]).

32 Vgl. die Karte der Wohnstätten der Ratsherren bei Christian Forneck, Die Regensburger Einwohnerschaft im 15. Jahrhundert. Studien zur Bevölkerungsstruktur und Sozialtopographie einer deutschen Großstadt des Spätmittelalters (Regensburger Studien 3), Regensburg 2000, Karte 10 im Anhang (für das Jahr 1436). In Paris zwischen 1250 u. 1350 werden sehr viele Anniversarstiftungen von échevins (Schöffen) in Saint-Germain l'Auxerrois vorgenommen, in dessen Pfarrbezirk die meisten von ihnen wohnten, vgl. Bove (wie Anm. 10), S. 470.

33 Vgl. Christophe Duhamelle, L'héritage collectif. La noblesse d'Eglise rhénane, 17e et 18e siècles, Paris 1998.

eine Grabkapelle für die Männer seiner Familie errichten ließ; Teil des Programms war, in Augsburg und darüber hinaus bekannt zu machen, dass die Fugger eine Nobilitierung verdienten.[34]

Doch die Ausdrucksformen der sozialen Distinktion beim Regensburger Patriziat entwickelten sich fern von dieser Dynastisierung bzw. Nachahmung des (Land-)Adels, wie das Beispiel der Hauskapellen zeigt. Die reichsten Patrizier gaben sich nicht mit Ewigmessen zufrieden: Sie errichteten auch spektakulärere Stiftungen wie etwa Hauskapellen; gerade sie können eher als Zeichen der Distinktion – mit einer Hauskapelle gab der Besitzer zu erkennen, dass er teilweise ohne die Pfarrkirche auskommen konnte – als der Integration verstanden werden, wobei allerdings eine Stiftung nicht nur dem einzelnen Stifter, sondern der ganzen Gemeinschaft zugute kommen sollte.[35] Hartmann Schedel berichtet 1493, dass solche Hauskapellen in Regensburg besonders zahlreich seien.[36] Tatsächlich können bis zum Anfang des 16. Jahrhunderts 20 Hauskapellen gezählt werden, die vor kurzem sehr schön erforscht worden sind.[37] Aber 14 von ihnen stammen aus dem 13. oder aus dem 14. Jahrhundert und nur sechs aus dem 15. oder dem Anfang des 16. Jahrhunderts. Dabei war gerade diese Zeit der Höhepunkt der Hauskapellenerrichtung in anderen Städten des Reichs, denn die städtischen Patriziate schotteten sich oft zu dieser Zeit gegen den Rest der Bürgerschaft ab und drückten ihre herausgehobene soziale Stellung in Privatkapellen aus.[38]

Ganz anders in Regensburg: Die reichen Patrizier des 15. Jahrhunderts versuchten nicht mehr, ihre Memoria und gleichzeitig ihre Macht in Form von Hauskapellen zu inszenieren. Und auch Emporkömmlinge griffen nicht auf dieses Mittel zurück, um ihren sozialen Aufstieg zu manifestieren. Diese neue Situation erklärt sich nicht mit der wirtschaftlichen Krise der Stadt, die etwa neue Bauten verhindert hätte, denn die reichen Bürger gaben statt für eine Hauskapelle horrende Geldsummen für karitative Stiftungen aus, die der Stadt- bzw. der Bürgergemeinschaft zugute kommen sollten. So stiftete 1437 der Ratsherr Hans Kastenmair keine Hauskapelle in Regensburg, sondern ein Bruderhaus, eine Armenanstalt, wo zwölf alte, arbeitsunfähige Handwerker umsonst wohnen und essen durften, nach dem Vorbild der damals in Nürnberg und Augsburg bereits bestehenden Bruderhäuser. Das Bruderhaus sollte von zwei vom Stadtrat ernannten Pflegern verwaltet werden. Das bedeutet nicht, dass Kastenmair seinen Namen und seine Familie nicht glorifizieren wollte; so wurde beispielsweise in das Kopialbuch des Bruderhauses sein Wappen gemalt (Farbabb. 1);

---

34 Benjamin Scheller, Memoria an der Zeitenwende. Die Stiftungen Jakob Fuggers des Reichen vor und während der Reformation (ca. 1505–1555) (Stiftungsgeschichten 3), Berlin 2004.

35 Vgl. dazu Martial Staub, Les fondations de services anniversaires à l'exemple de Saint-Laurent de Nuremberg: prélèvement pour les morts ou embellissement du culte? in: La parrocchia nel Medio Evo. Economia, scambi, solidarietà, hg. v. Agostino Paravicini Bagliani u. Véronique Pasche, Rom 1995, S. 231–353, hier S. 252.

36 Hartmann Schedel, Weltchronik. Kolorierte Gesamtausgabe von 1493, hg. von Stephan Füssel, Köln 2001 (Facsimile-Ausgabe der Nürnberger Edition 1493), fol. XCVIII recto: „Viel hewser in diser statt haben geweihet kirchen vnnd aigen briester".

37 Hoernes (wie Anm. 8), auf dessen Ergebnisse hier weitgehend zurückgegriffen wird.

38 Vgl. Hoernes (wie Anm. 8), S. 28, wobei der Autor die frühere Forschung nuanciert, die vermutete, dass der wirtschaftliche Niedergang der Stadt die Bautätigkeit nach dem angehenden 15. Jahrhundert gänzlich gestoppt hätte.

aber der Ausdruck seiner Memoria ging einher mit der Behauptung seiner Zugehörigkeit zur Freien Stadt Regensburg.³⁹
Solche Beispiele von karitativen Stiftungen, die vom Stadtrat verwaltet wurden, ließen sich leicht vermehren, denkt man beispielsweise an das Reiche Almosen, das von dem aus Passau zugezogenen Hans Liskircher gegründet wurde,⁴⁰ oder an die Schenkung von Michel Schröfl an das Katharinenspital in Höhe von 1600 Rheinischen Gulden.⁴¹
Während also im 14. Jahrhundert die städtische Elite ihre soziale Stellung durch aufwändige liturgische Stiftungen oder die Errichtung von Hauskapellen demonstrierte und somit ihre Distinktion unterstrich, unternahm sie im 15. Jahrhundert karitative, der gesamten Stadtbevölkerung zugutekommende Stiftungen. Die Memoria ließ sich von der städtischen Identität nicht mehr trennen, was mit der Politik des Stadtrats zusammenhing.

3. Selbstdisziplinierung der patrizischen Memoria: die Entstehung einer kommunalen Memoria

Das Patriziat repräsentierte sich zunehmend in der Stadt, aber auch durch die Stadt. Diese Entwicklung ging einher mit der Ausweitung des Kompetenzbereichs des Stadtrates in der Memoria bzw. im Stiftungswesen.
Der Stadtrat schützte und verwaltete die Memoria seiner Bürger, so dass man ihn – oder die Kommune – als Impresario der Bürgermemoria bezeichnen könnte, so wie Peter Brown die Bischöfe der Spätantike die Impresarii des Heiligenkults nannte.⁴² Selbst wenn die Testamente bis 1512/14 nicht registriert wurden, war der Stadtrat an ihrer Errichtung beteiligt, insofern als die Testamentsurkunden von den städtischen Steuerschreibern niedergeschrieben und im 15. Jahrhundert fast systematisch vom Schultheiß bzw. Propstrichter – beide Ämter de facto vom Stadtrat kontrolliert – besiegelt wurden. Der Steuerschreiber, der die letztwilligen Verfügungen niederschrieb, konnte leicht Schenkungen von Liegenschaften an kirchliche Einrichtungen verhindern, die vom Stadtrat verboten waren, weil sie dann steuerfrei wurden und die Kommune auf wichtige Einnahmen verzichten musste.⁴³
Der Rat fungierte auch als Testamentsvollstrecker, zunächst als Stellvertreter, wenn die vom Erblasser ernannten Vollstrecker ihre Aufgaben nicht erfüllen konnten. Im 15. Jahrhundert wurde der Rat als *obrister Geschäfftherr*, also „oberster Testamentsvoll-

---

39 Zur Bruderhausstiftung und Kastenmairs Aussteuerstiftung, die sich nur an Regensburger Bürgerstöchter richtete, vgl. Franz Fuchs, Ulrich und Hans Kastenmayr. Straubinger Bürger im Dienst des Herzogtums Straubing-Holland, in: 650 Jahre Herzogtum Niederbayern-Straubing-Holland, hg. v. Johannes Prammer/Alfons Huber, Straubing 2005, S. 127–172, hier S. 131f.
40 Vgl. Dirmeier (wie Anm. 28), S. 229; Johann Schmuck, Die Entwicklung der Evangelischen Wohltätigkeitsstiftung. Bürgerliche Stiftungen, Almosenamt, Evangelische Wohltätigkeitsstiftung, in: Regensburger Spitäler und Stiftungen. Denkmalpflege, Sammlungstradition, Geschichte und Sozialwesen, Regensburg 1995, S. 38–46, hier S. 41–42.
41 BayHStA RRUrk. 1442 06 02.
42 Vgl. Peter Brown, Die Heiligenverehrung: ihre Entstehung und Funktion in der lateinischen Christenheit, Leipzig 1991 (1. amerikanische Ausgabe 1981).
43 Zur Testamentserrichtung vgl. Thomas Paringer/Olivier Richard, Die Testamente der Reichsstadt Regensburg aus Spätmittelalter und Früher Neuzeit. Entstehung – Überlieferung – Quellenwert, in: Archivalische Zeitschrift 87 (2005), S. 197–234, hier S. 219–220.

strecker" im Falle von Vollstreckungsschwierigkeiten herangezogen.[44] Diese Funktion ermöglichte ihm, die Vollstreckung der Stiftungen und Schenkungen zu überwachen. So konnte er insbesondere die Erben zwingen, die Zahlung für ein Anniversarium sicherzustellen.[45] Vor allem konnte der Rat die Oberhand über die Finanzen der Bürgermemoria erlangen: In den meisten Fällen kauften die Bürger die Ewigrenten, mit denen sie ihre Stiftungen finanzierten, bei der Stadt. Folglich zahlte die Stadt den Konventen bzw. den Priestern, die jeweils die Messen lesen sollten, jedes Jahr die Rente aus – wohlgemerkt nach der Feier der Messe. So wurde die Finanzierung der Memoria zu einem wichtigen Instrument ihrer Kontrolle; der Bürger Michel Schröfel beispielsweise gab dem Rat die Möglichkeit, seinen im Augustinereremitenkonvent gestifteten Jahrtag einer anderen, vom Rat frei gewählten Einrichtung zu verleihen, falls erstere die Stiftung fahrlässig verwaltet hätten.[46]
Die Kontrolle der Memoria drückte sich nicht nur in der Durchsetzung der testamentarischen Verfügungen aus, sondern auch in der Beschränkung der Memorialpraktiken und der Ausgaben: Als Instrument der sozialen Distinktion wurde die Memoria regelrechten Luxusordnungen unterzogen – ähnlich den Kleider-, Tauf-, Hochzeits- bzw. Begräbnisordnungen.[47] Letztere waren auch in Regensburg bekannt, wo eine 1361 erlassene Ordnung die Gästezahl oder die Getränkemengen bei solchen Feiern genau festlegte.[48] Diese Regelungen werden in einem Ratsgebot um 1450 übernommen, wobei die Zeitspanne, in der Totenmessen gefeiert werden durften, auf ein Jahr beschränkt wurde – für Anniversarien und besondere Feste des liturgischen Kalenders waren Ausnahmen vorgesehen.[49] Die Ordnung musste auf einer Tafel am Rathaus angebracht werden, wie das in anderen Städten für „klassische" Luxusordnungen bekannt ist.[50] Als der Regensburger Klerus sich wegen der Beschränkung der Totenmessen beschwerte, ließ der Rat antworten, dass sie keine Neuigkeit darstelle.[51]
Nun waren im patrizisch regierten Regensburg die Ratsherren die ersten Betroffenen der Beschränkung memorialer Ausgaben: Sie waren es in erster Linie, die sich mehrfache Totenfeiern und -messen leisten konnten und ihre Memoria inszenieren wollten. So müssen

44 Vgl. Paringer/Richard (wie Anm. 43), S. 221.
45 Um 1450 klagte das Minoritenkloster beim Stadtrat ein, dass dieser von den Erben des Ratsherrn Heinrich Lech die Zahlung der Rente, die sein Anniversarium finanzierte, bewirkte (BayHStA RRLit. 408 fol. 35v).
46 BayHStA RRUrk. 1442 07 24: „Es wär dann, daz dy vorgenanten herren der ewigen mesz nicht täglich hielten oder dy vier ewig jar tag im jar, daz ist zu yeglicher quatember ainen jartag nicht erberlich vnd redlich begiengen, als sy sich des gein mir verschriben habent, so mugent mein geschäfftherren oder mein offtgenant herren der rat zu R. ob dy geschäfftherren nicht enweren di selbigen viertzig vngrisch guldein jerlicher vnd ewiger gullt wol von den egenanten herren vnd gotzhaws zu den augustinern widerumb vodern vnd nemen annderswo solhen egeschriben gotzdinst darumb bestellen vnd stifften, wo sy des hie in der stat R. verlusst".
47 Vgl. Neithard Bulst, Feste und Feiern unter Auflagen. Mittelalterliche Tauf-, Hochzeits- und Begräbnisordnungen in Deutschland und Frankreich, in: Feste und Feiern im Mittelalter, hg. v. Detlef Altenburg, Sigmaringen 1991, S. 39–51; zu den Luxusordnungen in der Memoria vgl. Anna Esposito, La società urbana e la morte: le leggi suntuarie, in: La morte e i suoi riti in Italia tra Medioevo e prima età moderna, hg. v. Francesco Salvestrini, Florenz 2008, S. 97–130, die jedoch fast nur auf die Begräbnisordnungen eingeht.
48 Vgl. Henriette Kurschel (Hg.), Das älteste Stadtrechtsbuch und seine Abschrift. Quellenkritische Studien und Edition, Diss. masch. Universität Graz, 2000, Nr. 127.
49 BayHStA RRLit. 408, fol. 11r; Germanisches Nationalmuseum Reichsstadt Regensburg Akt. (fortan GNM RR Akt.) 200, fol. 9v.
50 GNM RR Akt. 200, fol. 10r. Bulst (wie Anm. 47), S. 45, nennt Beispiele für das Anschlagen von Luxusordnungen in Göttingen, Wismar, Bremen bzw. Köln.
51 BayHStA RRLit. 411, fol. 148r.

die Luxusordnungen des Rats zur Memoria als Selbstdisziplinierung bezeichnet werden. Tatsächlich ist in den Testamenten auch in diesem Sinne eine Änderung der patrizischen Memoria zu beobachten. Im 14. Jahrhundert bestimmten zahlreiche, sogar rund die Hälfte der TestatorInnen aus ratsfähigen Familien, dass ihre Memoria in allen Pfarreien oder gar in allen Kirchen der Stadt gefeiert werden sollte – sei es beispielsweise durch einen Eintrag in allen *selbriefen* oder durch ein Glockengeläut überall in der Stadt. Damit zeigten sie, dass sie sich nicht nur ihrer Pfarrei oder ihrem Lieblingskonvent, sondern der gesamten Stadt verbunden fühlten; sie konnten geradezu ihre Memoria dem gesamten städtischen Territorium aufzwingen. Die Erblasser aus anderen, weniger prominenten Bürgerkreisen dagegen kannten solche Praktiken fast nicht (2 von 24 TestatorInnen). Im 15. Jahrhundert jedoch stifteten auch die Patrizier immer weniger Totengedenken überall in der Stadt, so beispielsweise nur 2 von 22 Ratsherren.[52] Noch einmal: Diese Entwicklung im Memorialwesen lässt sich nicht mit finanziellen Schwierigkeiten erklären, die Stiftungen bzw. Schenkungen in allen Kirchen der Stadt verhindert hätten; vielmehr ließen sich die Patrizier anders repräsentieren. Sie wollten sich nicht mehr als Herrschende darstellen, die ihre Macht über die Stadt inszenierten, sondern als deren Vertreter und Helfer, die zu ihrem „gemeinen Nutzen" wirkten. Im 15. Jahrhundert zeigte der Zuwachs an Schenkungen und Stiftungen, die direkt der Stadt oder dem Stadtrat bzw. „Armen und Reichen zu gemeinem Nutz" zugedacht waren, dass Stiftungen und städtische Identität immer mehr zusammenhingen. So hinterließ der langjährige Propst und Stadtkämmerer Ulrich auf Donau Probst 1413 hundert Pfund zur Errichtung eines befestigten Turms am Donauufer. Falls der Stadtrat sein Geld anderweitig gebrauchen wolle, solle die Summe dem Domwerk übertragen werden.[53] Ob Schenkung an den Mauer- oder den Dombau, für Ulrich scheint also beides gleichwertig gewesen zu sein.

Ähnlich lässt sich die Fronleichnamsprozession, die wohl spektakulärste patrizische Stiftung im spätmittelalterlichen Regensburg, interpretieren. Im Repertoire der Rituale, die die städtische Einigkeit festigen sollten, nahmen religiöse Feste eine besondere Stellung ein. Wie in Augsburg oder Nürnberg wurde die Regensburger Fronleichnamsprozession von einem Patrizier gestiftet, dem Großkaufmann und Ratsherrn Matheus Runtinger, im Jahre 1396. Nach Runtingers Tod wurde ihre Organisation vom Stadtrat übernommen. Die Strecke der Prozession war genau festgelegt und umschloss das gesamte ummauerte Stadtgebiet, inklusive die kirchlichen Immunitäten, deren Vertreter selber am Umzug teilnahmen, als ob sie sich dem Rat unterstellen würden; die Prozession wurde von einer kleinen Soldatentruppe begleitet, die nur aus Bürgern bestehen durfte, nicht aus Söldnern. Es ging klar darum, die Einheit, die Solidarität und die Verteidigungsbereitschaft der Stadt zu zeigen, zu einer Zeit, in der der Herzog von Bayern-München kein Hehl aus seinen Annektierungsabsichten machte.[54]

---

52 Vgl. dazu ausführlich Olivier Richard, La *memoria* du patriciat et le contrôle du territoire urbain à Ratisbonne à la fin du Moyen Âge (XIIIe–début du XVIe siècle), in: Voisinages, coexistences, appropriations. Groupes sociaux et territoires urbains (Moyen Âge-XVIe siècle) (Studies in European Urban History 10), hg. v. Chloé Deligne/Claire Billen, Turnhout 2007, S. 95–118, hier S. 112–117.

53 BayHStA RT 971 (1413 11 29). Zwei Wochen später vermachte auch sein Schwiegersohn, der Schultheiß Peter Mäller, 200 Gulden zu diesem Turmbau, falls seine eigenen Schwiegersöhne ohne Erben sterben würden (RT 2233, 1413 12 07).

54 Vgl. dazu Johann Güntner, Die Fronleichnamsprozession in Regensburg, München/Zürich 1992; Richard (wie Anm. 52), S. 105–109 (mit Karte).

Runtinger konnte mit seiner Stiftung sein Prestige in der Stadt sicherlich erhöhen; er zwang die gesamte Stadtbevölkerung, an seiner Prozession teilzunehmen und seine führende Rolle dabei zu untermauern. Selbst Andreas von Regensburg erinnerte an seine Stiftung und beschrieb Runtingers Freude am Prozessionstag.[55] Das Fronleichnamsfest war zu einer Bekundung der städtischen Einigkeit geworden. Nun wurde dies unter die Leitung des Patriziats gestellt. Zwar eröffnete das Fest der ganzen Stadtbevölkerung Partizipationsmöglichkeiten, ob als Teilnehmer – für die Zünfte – oder als Zuschauer, aber es zeichnete vor allem das Patriziat aus, denn vier Ratsherren hielten den Himmel über dem heiligen Sakrament.[56] Das Patriziat trat damit als Initiator der Prozession auf, als Beschützer und Führungsgruppe der Stadt.[57]

In Regensburg zeichnet sich vom Anfang des 14. Jahrhunderts bis zum Anfang des 16. Jahrhunderts eine deutliche Entwicklung ab, die man folgendermaßen zusammenfassen könnte: von der Distinktion gegenüber der Stadtgemeinde zur Integration in die Stadt. Am Anfang versuchten die Patrizier, mit ihren Stiftungen ihre herausgehobene soziale Stellung in der Stadt zu zeigen bzw. zu verstärken; sie zwangen der Stadt ihre Memoria geradezu auf; dabei ähneln ihre Memorialpraktiken denen des Landadels. Im 15. Jahrhundert jedoch betonten sie mit Stiftungen zum Gemeinwohl ihre Zugehörigkeit zur Stadt. Gleichzeitig griff der Stadtrat, der ja in Regensburg, wo die Zünfte keine politische Rolle wahrnehmen konnten, als das politische Organ des Patriziats bezeichnet werden kann, immer mehr in die Memoria der Bürger ein und setzte ihr klare Grenzen. Dabei hätten eben die Ratsherren von einer prachtvollen Memoria profitieren können, sich mit prunkvollen Stiftungen wie Jakob Fugger aus der Stadtgesellschaft heraus zum Adel emporstiften können. Warum also diese Selbstdisziplin? Die hier zur Diskussion gestellte Hypothese lässt sich wie folgt zusammenfassen: Im 14. Jahrhundert waren die Regensburger Patrizier reich und mächtig und drückten ihre Herrschaft über die Stadt auch über ihre Memorialpraktiken aus. Im 15. Jahrhundert dagegen hatten sie wegen der Wirtschaftsflaute nicht mehr genügend Macht und Vermögen, um sich ohne die Stadt, oder gar wie die Fugger gegen die Stadt zu behaupten. Sie wussten, dass ihr bester Trumpf, um in der Stadt an der Macht zu bleiben, die Betonung der städtischen Identität war, einer Identität, als deren Garanten sie sich repräsentierten. Damit ging das Patriziat nicht in der übrigen Bürgerschaft auf, im Gegenteil: Wie das Beispiel der Fronleichnamsprozession deutlich zeigt, unterstrich diese Praxis den Führungsanspruch des Patriziats. Die Inszenierung der Integration in die Stadt wurde zum Distinktionsinstrument.

---

55 Andreas von Regensburg, Sämtliche Werke, hg. v. Georg Leidinger, Aalen 1969 (1. Ausgabe München 1903), S. 128: *Dum enim tempore vite sue processio illa sollempnis in festo corporis Christi per civitatem Ratisponam ex nomine non ageretur, ipse sollicitus fuit, ut non obmitteretur, ostendens die illa, qua agebatur, singularem voltus sui hylaritatem flores et rosas personaliter spargendo. Post cuius mortem clerus et cives sic convenerunt, ut eadem processio modo dominica proxima post festum corporis Christi annuatim ex nomine peragatur.*

56 Vgl. die Prozessionsordnungen 1462 (BayHStA Gemeiners Nachlass Karton 7 fol. 1) u. 1470 (hg. v. Franz Bastian, Das Runtingerbuch, Regensburg 1935–1943–1944, 3 Bde., hier Bd. I, Nr. 87).

57 Zur Prozession als Inszenierung der Herrschaft der Führungsgruppe, nicht des städtischen Konsenses vgl. Andrea Löther, Prozessionen in spätmittelalterlichen Städten. Politische Partizipation, obrigkeitliche Inszenierung, städtische Einheit (Norm und Struktur 12), Köln 1999.

Postmortale Präsenz und Repräsentation im spätmittelalterlichen und frühneuzeitlichen Regensburg

Walburga Knorr

Am 19. Mai 1839 hielt der damalige Domdekan und spätere Kardinal von Breslau, Melchior Diepenbrock, zur Wiedereröffnung des Regensburger Domes nach der Regotisierung eine Predigt unter dem Titel „Der Tempelbau Gottes in der Menschheit" mit folgenden Worten:
„Was im Laufe mehrerer Jahrhunderte ein verirrter Kunstgeschmack dahin verunstaltet, was unverständige Prunksucht und kleinliche Eitelkeit Entstellendes hineingebaut, sollte daraus entfernt, das oft schonungslos Verstümmelte und nachlässig Zerbrochene in ursprünglicher Gestalt wieder ergänzt, von Anfang her unvollendet Gebliebenes möglichst vollendet, und, soweit die Mittel reichten, die reine Urform, wie sie aus dem Geiste des sinnigen Baumeisters hervorgegangen, wieder hergestellt werden. […] Frei streben die gewaltigen und doch schlanken Pfeiler himmelwärts, nicht mehr verunstaltet durch geschmacklose Grabdenkmale, die die Eitelkeit gleich krüppelhaften Auswüchsen an sie hineinklebt, der es gleich galt, ob sie Gottes Haus verunstaltete, wenn nur ihr Name und Wappen über den modernden Gebeinen ihrer ehemaligen Träger prunkten […]; frei blickt nun das Auge auf den Hochaltar hin, ungehindert können die Gläubigen Theil nehmen an der heiligen Handlung des Priesters am Altare. Auch der steinerne Boden, der im Laufe von Jahrhunderten durch die Fußtritte darüber hingegangener frommer Geschlechter ausgehöhlt oder über deren vergessen Gräbern eingesunken war, – das einzig rührende in der großen wüsten Einstellung! – auch der Boden ist neu gelegt, und sicher gleitet nun der Fuß über die ebene Fläche dahin."[1]

Was war geschehen? Handelte es sich wirklich nur um das architekturästhetische Problem, klare Räume zu schaffen, oder konnten die Menschen im vorletzten Jahrhundert den Anblick der Totengedächtnismale mitten unter ihnen nicht mehr ertragen? Zu diesem Zeitpunkt glichen viele sakrale Räume Sepulturen, eine Tatsache, die zunehmend auch als hygienisches Problem empfunden wurde. War es ein Regredieren auf die vermeintlich „reine deutsche Architektur der Gotik", als sichtbares Zeichen einer nationalen Einigung, also ein Politikum?[2]
Beispielhaft für eine ab dem 11. Jahrhundert beginnende Entwicklung der Totengedächtnismale in sakralen Räumen, wird hier die bedeutendste Kirche Regensburgs,

---

1 Diese Rede erschien als Druckschrift im Jahre 1839 und ist publiziert von Veit Loers, Die Barockausstattung des Regensburger Domes und seine Restaurierung unter König Ludwig I. von Bayern (1827–1839), in: Beiträge zur Geschichte des Bistums Regensburg 10 (1976), S. 229–265, hier S. 256f.

2 Vgl. Susette Raasch, Restauration und Ausbau des Regensburger Doms im 19. Jahrhundert, in: Beiträge zur Geschichte des Bistums Regensburg 14 (1984), S. 137–304.

der Dom genannt. Bis zur Barockisierung unter Bischof Albert von Törring (1613–1649) hatten sich im Innenraum des Domes und im Dombereich zwischen 31 und 34 Altäre befunden, um die sich Grabmäler, Epitaphien, Gedenkschriften aller Art gruppierten. Etwa 17 Altäre verblieben im Dom bis zur Regotisierung; zumindest die Grabplatten, die im Boden eingelassen waren, behielten wohl ihren Platz bis zur Mitte des 19. Jahrhunderts. Nach der Purifizierung des Innenraumes verblieben neben dem Hochaltar noch insgesamt fünf Nebenaltäre; der größte Teil der einigermaßen erhaltenen Grabplatten im Boden wurde entfernt und im Kreuzgang an den Wänden aufgerichtet, einige dienten der Wiederverwertung an der Domaußenfassade oder auch für den Steinboden im Innenraum. Weniger dramatisch und pfleglicher als mit dem Dom und mit der Minoritenkirche, die zu Beginn des 19. Jahrhunderts profaniert wurde,[3] ging die Geschichte mit den anderen bedeutenden Sakralräumen in unserer Stadt um. Dennoch fand mit der Säkularisation eine fast tausendjährige Geschichte der Totengedenken und der Grabmäler inmitten der Stadt ein Ende.

In keiner anderen Stadt lässt sich jene postmortale Präsenz über Jahrhunderte hinweg in einer solchen Quantität und Qualität beobachten wie in Regensburg, gilt sie doch als die „inschriftenreichste Stadt Deutschlands".[4] Etwa zwei Drittel des umfangreichen Materials betreffen die Inschriften auf Toten- und Gedächtnismalen.

Jedoch sind bis heute nur wenige der angesprochenen mittelalterlichen und frühneuzeitlichen Inschriften aus Regensburg publiziert.[5] So verwundert es nicht, dass in kaum einer zusammenfassenden kunsthistorischen oder kulturhistorischen Publikation zum Thema Grabdenkmäler und Sepulkralplastik Objekte aus unserer Stadt auch nur erwähnt werden.[6] Es fehlt bislang auch eine Zusammenschau und Analyse von epigraphischer und kunsthistorischer Seite.[7] Diese beiden Forschungsansätze befassen sich

---

3 Vgl. Die Inschriften der Stadt Regensburg I, Minoritenkirche, ges. u. bearb. v. Walburga Knorr u. Gerhard Zipp unter Mitarb. v. Beate Meier (Die Deutschen Inschriften, Bd. 40), Wiesbaden 1996, hier Einleitungskapitel, S. XVIIf.

4 Unter dem Titel „Regensburg ist die inschriftenreichste Stadt Deutschlands" veröffentlichte die Mittelbayerische Zeitung am 20/21. Juli 1957 einen Artikel, der die Sammlung Regensburger Inschriften im Auftrag der Bayerischen Akademie der Wissenschaften vorstellte. Die Ziele des von den wissenschaftlichen Akademien in Deutschland und Österreich getragenen Forschungsunternehmens bilden die Sammlung, wissenschaftliche Bearbeitung und Edition in der Reihe „Die deutschen Inschriften". Es ist aber nicht nur die epigraphische Schrift, der das Interesse des Forschungsprojektes gilt. Wie in keiner anderen wissenschaftlichen Disziplin kann diese Quelle der Kunstgeschichte, der Literaturgeschichte, der lateinischen und deutschen Sprachforschung, der Volkskunde und der Mentalitätsgeschichte zuarbeiten.

5 Bisher ist nur DI Bd. 40 (Regensburg I) Minoritenkirche (wie Anm. 3) erschienen; der erste Teil der Inschriften des Domes bis zum Jahr 1500 befindet sich in Vorbereitung: Die Inschriften der Stadt Regensburg II, Dom 1. Teil, ges. u. bearb. v. Walburga Knorr u. Werner Mayer (Die Deutschen Inschriften). Die in diesem Beitrag genannten Objekte aus dem Dom werden mit der entsprechenden Katalognummer zitiert.

6 Vgl. Erwin Panofsky, Grabplastik. Vier Vorlesungen über ihren Bedeutungswandel von Alt-Ägypten bis Bernini, Köln 1964; Kurt Bauch, Das mittelalterliche Grabbild. Figürliche Grabmäler des 11.–15. Jahrhunderts in Europa, Berlin/New York 1976; Hans Körner, Grabmonumente des Mittelalters, Darmstadt 1997.

7 Vgl. hierzu Volker Liedke, Marginalien zur Entwicklung der Regensburger Sepulkralskulptur im 13. und 14. Jahrhundert, in: Die Inschriften des Domes, 1. Teil (wie Anm. 5). Liedke bietet einen Überblick über die Denkmäler, Künstler, Werkstätten und Werkmeister (in Vorbereitung).

aber nur mit einem Teil dieser komplexen und aussagekräftigen Quellen. In den vergangenen 50 Jahren nahm sich die Forschung zunehmend des Themas der Geschichte des Todes an.[8]

An die Frage, wie es überhaupt zu dieser sichtbaren Präsenz der Toten vor allem in den sakralen Räumen gekommen ist, knüpft das Thema der Memoria an, die, bedingt durch die Stiftungen, überaus langfristig angelegt waren. Diese Memoria betrafen eben nicht unbedingt nur die Sorge um das Seelenheil im Jenseits, sondern beinhalteten auch eine säkularisierte Erinnerung – hier ist der Schnittpunkt zur postmortalen Repräsentation zu suchen. Unter dem Aspekt, dass Grabmäler nicht selten schon zu Lebzeiten der Betroffenen bestellt wurden, stellt sich auch die Frage, was der jeweilige Auftraggeber dem Betrachter dieser Denkmäler vermitteln wollte. Welche Ausgestaltung erfuhr das Begräbnis hoher geistlicher und weltlicher Würdenträger, bei denen die *repraesentatio* eine so große Rolle spielte und welchen Einfluss hatte die Totenliturgie auf die Gestaltung der Denkmäler?[9] Wurde der Tote aufgebahrt, ein *castrum doloris* errichtet, Leichenpredigten gehalten, Effigies bei den Zeremonien verwendet? Im Zusammenhang mit der wissenschaftlichen Bearbeitung der „Feste in Regensburg" sind zu diesem Thema zumindest für die Frühe Neuzeit wertvolle Beiträge publiziert.[10]

Es ist nicht möglich, in diesem Beitrag auf all die Fragen umfassend einzugehen. Mit dem gestellten Thema und dessen Bearbeitung kann lediglich ein kurzer Überblick zur Situation in unserer Stadt im Mittelalter bis in die Frühe Neuzeit hinein gegeben werden. An einigen wenigen Beispielen aus dem Dom, aber auch aus der Minoritenkirche, der Dominikanerkirche und der Alten Kapelle soll gezeigt werden, wie und warum sich die Menschen, vor allem im hohen Mittelalter, als die Grabmäler personifiziert und individualisiert wurden, ihre Präsenz und Repräsentanz nach dem Tod sicherten.

Neben der Fülle von schriftlichen Quellen, die in Regensburg wie in vielen Städten Europas zur Aufarbeitung der Geschichte des Mittelalters und der Frühen Neuzeit herangezogen werden,[11] leisten jene sichtbaren Zeichen der Vergangenheit, die Totengedächtnismale, in all ihren Variationen wertvolle Beiträge. Trotz enormer Verluste über die Jahrhunderte hinweg bieten diese immer noch in großer Anzahl vorhandenen Denkmäler für die epigraphische und kunsthistorische Forschung ein weites und erkenntnisreiches Betätigungsfeld. In der neueren Forschung werden im Rahmen mentalitätsgeschichtlicher, theologischer und sozialhistorischer Fragestellungen Antworten auf jene postmortale Präsenz und Repräsentation vor allem im Spätmittelalter und der Frühen Neuzeit gesucht (Farbabb. 1).

---

8 Vgl. Philippe Ariès, Geschichte des Todes, München 1987 (3. Aufl.); anlässlich des Symposions in Salzburg im Jahre 1993 zum Thema „Der Tod der Mächtigen" wurden einige Fragen zum Thema formuliert; vgl. hierzu Lothar Kolmer (Hg.), Der Tod der Mächtigen. Kult und Kultur des Todes spätmittelalterlicher Herrscher, Paderborn 1997; ebd., Kolmer, Einleitung, S. 9–26.

9 Vgl. Renate Kroos, Grabbräuche – Grabbilder, in: MEMORIA. Der geschichtliche Zeugniswert des liturgischen Gedenkens im Mittelalter, hg. v. Karl Schmid/Joachim Wollasch, München 1984, S. 285–353.

10 Vgl. Karl Möseneder (Hg.), Feste in Regensburg. Von der Reformation bis in die Gegenwart, Regensburg 1986.

11 Vgl. Peter Schmid, Regensburg im Spätmittelalter. Fragen – Probleme – Perspektiven der Stadtgeschichtsforschung, in: Regensburg im Mittelalter (Forum Mittelalter-Studien 2) hg. v. dems., Regensburg 2007, S. 13–24.

Warum vor allem sakrale Räume zu den von vielen Bevölkerungsschichten bevorzugten Bestattungsorten werden konnten, ist seit geraumer Zeit Gegenstand der historischen Forschung.[12]

1. Entwicklung des Bestattungskultes von der Spätantike bis ins Mittelalter

Auf der zehnten Tafel des römischen Zwölftafelgesetzes fand sich die Bestimmung, dass Tote innerhalb der Städte weder verbrannt noch bestattet werden dürfen: *Hominem mortuum in urbe ne sepelito neve urito.* Diese Vorschrift mussten auch die frühen Christen akzeptieren.[13] Die ober- und unterirdischen Gräber, die *coemeterien* und auch die Märtyrermemorien lagen alle außerhalb der Stadtmauern, *extra muros.* Die Märtyrergräber entwickelten sich jedoch schnell zu Versammlungsorten der gläubigen Christen. Dort gedachten sie der Heiligen und feierten deren Jahrestage.[14]

Den theologischen Hintergrund lieferte der Glaube an die Auferstehung vom Tode mit Leib und Seele und die baldige Wiederkehr Christi zum Jüngsten Gericht. Die Sorge darüber, was den in unbekannten Regionen verweilenden Seelen bis zur Auferstehung zustoßen könnte, sei es, dass sie – je nach Lebenswandel – einer Bestrafung oder Sühne unterzogen werden könnten, ließ die sorgenden Hinterbliebenen darauf schließen, dass die Toten der Hilfe der Lebenden durch Gebete und Opfer bedürften. Tertullian (ca. 160–220 n. Chr.) berichtet ausführlich über den Zwischenzustand der Seelen nach dem Tode. Er beschreibt und unterscheidet den Ort der Erquickung für die Guten und den Ort der Qualen für die Bösen.

Der Kirchenvater Augustinus (345-430) kommt zu ähnlichen Unterscheidungen. Einer Gruppe Menschen, den Märtyrern, schrieb er die direkte Auferstehung mit Leib und Seele zu. Sie durften nach den Worten der Apokalypse (Apk. 6,9) an den Stufen des himmlischen Altares weilen und konnten Fürsprache und Fürbitte für die Menschen einlegen. Der Glaube an die Auferstehung und die Sonderstellung der Märtyrer, machte deren immer zahlreicher werdende Grabstätten bereits im 3. Jahrhundert zu Versammlungsorten und Kultstätten der Gläubigen. Der Kirchenlehrer und Bischof von Konstantinopel, Johannes Chrysostomos (um 354-407), sagt: „Wo die Gebeine der Märtyrer liegen, fliehen die Teufel wie vor dem Feuer und vor unerträglichen Qualen."[15]

Maximus, Bischof von Turin (ca. 380–ca. 466), vertritt in seinen Sermones dieselbe Ansicht: „Denn deshalb haben unsere Vorfahren dafür gesorgt, dass wir unsere Körper mit den Gebeinen der Heiligen verbinden, damit uns die Strafe nicht trifft, weil die Hölle

---

12 Die Zusammenfassung von Rechtsnormen und theologischen Vorstellungen zu dieser Problematik findet sich bei Sebastian Scholz, Das Grab in der Kirche – Zu seinen theologischen und rechtlichen Hintergründen in Spätantike und Frühmittelalter, in: Zeitschrift der Savigny-Stiftung für Rechtsgeschichte, hg. v. Rolf Knütel/Dieter Nörr u. a., Bd. 115 (CCXXVIII. Band der Zeitschrift für Rechtsgeschichte, Kanonistische Abteilung LXXXIV), Wien/Köln/Weimar 1998, S.270–306 mit Zusammenfassung der wichtigsten älteren Literatur zu diesem Thema.

13 Vgl. Hans Körner, Grabmonumente des Mittelalters, Darmstadt 1997, S. 5ff.

14 Vgl. Norbert Ohler, Sterben und Tod im Mittelalter, München/Zürich 1990, S. 134ff.

15 Zitiert nach Panofsky (wie Anm. 6), S. 51.

jene fürchtet, sowie damit uns die Dunkelheit der Finsternis flieht, weil Christus jene erleuchtet. Wenn wir also bei den heiligen Märtyrern ruhen, entgehen wir der Finsternis der Hölle, wenn nicht durch eigene Verdienste, so doch durch die Heiligkeit der Gemeinschaft."[16] So errichteten die Gläubigen über den Märtyrergräbern Kirchen, und damit setzte seit dem 4. Jahrhundert auch die Übertragung von Reliquien der Märtyrer in bereits bestehende Stadtkirchen ein. Der Wunsch, in der Nähe einer solchen geheiligten Person bestattet zu werden, also sichtbar präsent zu sein, war nur die logische Konsequenz, um sich der Fürbitte der Märtyrer vor Gott zu versichern.

2. Das Memorium

Neben diesem, im Glauben verankerten eher abstrakten Gedankengut über den Ort des Begräbnisses und dessen Kennzeichnung, gab und gibt es konkrete Gründe, die Denkmäler aus der Anonymität herauszubringen, sie mit Datierungen und Namen zu versehen und zunehmend in der Gestaltung zu individualisieren. Eine der wichtigsten Funktionen der sichtbaren Präsenz wurde und wird bis heute nach Auffassung der Christen vom Monumentum oder Denkmal erfüllt, die immerwährende Erinnerung, das „Nicht Vergessen-Werden". So hat das Grabmal „vielleicht mehr als andere Realien eine einzigartige Zwischenstellung zwischen Jenseits und Diesseits, zwischen Kirche und Welt, zwischen Ritus und Prestige".[17]

Bereits seit Augustinus dachte man vermehrt über das Memorium, die Erinnerungsfunktion des Grabmals in der Kirche nach, über die Kennzeichnung solcher Gedächtnismale und über die Vorteile für das Seelenheil der Toten. So schreibt Augustinus: „Aber aus keinem anderen Grund bezeichnet man das als Denkmäler oder Erinnerungszeichen, was die Gräber der Toten kennzeichnet, als deshalb, weil sie diejenigen, die den Augen der Lebenden durch den Tod entzogen worden sind, damit sie nicht durch das Vergessen auch aus dem Herzen getilgt werden, in Erinnerung rufen und durch die Erinnerung das Gedenken bewirken."[18]

Papst Gregor der Große (540–604) sagt zu diesem Thema in seinen Dialogi: „In der Kirche bestattet zu werden, nützt nur denjenigen, die nicht von schweren Sünden belastet seien. Sooft die Angehörigen in die Kirche kämen, erinnere der Anblick der Gräber an die Verstorbenen und an die Gebete für jene."[19]

Bei einem dritten, viel gelesenen Autor kommt ebenfalls die Erinnerungsfunktion der Grabmäler zur Geltung. Isidor v. Sevilla (um 560–636) äußert sich wie folgt: „Denkmal (*monumentum*) nennt man es deshalb, weil es den Geist zum Gedenken an die Verstor-

---

16 Zitat abgedruckt bei Scholz (wie Anm. 12), S. 274.
17 Klaus Kröger, Selbstdarstellung im Grabmal. Zur Repräsentation städtischer Führungsgruppen im Hanseraum, in: Regionale Aspekte der Grabmalforschung, hg. v. Wolfgang Schmid, Trier 2000, S. 77–94, hier S. 78.
18 Die Inschriften des Landkreises Bergstraße, ges. u. bearb. v. Sebastian Scholz (Die Deutschen Inschriften, Bd. 38), Wiesbaden 1994, S. XXVII; ders., (wie Anm. 12), S. 277.
19 Dieses Zitat ist u. a. abgedruckt bei Rüdiger Fuchs, Fromme Männer in der Welt. Totenlob auf Trierer Bischofsgrabmälern des Mittelalters, in: Regionale Aspekte der Grabmalforschung, hg. v. Wolfgang Schmid, Trier 2000, S. 95–110, hier S. 95.

benen mahnt. Wenn man das Denkmal nämlich nicht sieht, geschieht das, was geschrieben steht: Es ist, als ob der Tote aus dem Herzen entschwindet. Wenn man es aber sieht, ermahnt es den Geist und führt dich zum Gedenken zurück, sodass du dich der Toten erinnerst."[20]
Allein die Erinnerung und die Nähe der Gräber zu den Märtyrern genügten den Lebenden nicht als Hilfestellung, um die Seelen der Verstorbenen der Erlösung näher zu bringen. Leistungen in Form von Gebeten, Almosen, Totenmessen und vieles mehr sollten dargebracht werden. Dazu Augustinus: „Wir glauben nicht, dass irgendwas zu den Toten, für die wir sorgen, gelangt, außer dem, was wir feierlich für sie durch Opfer des Altars, der Gebete oder der Almosen erbitten. Allerdings nützt es nicht allen, für die es geschieht, sondern nur denen, die solange sie lebten, dafür gesorgt haben, dass es ihnen nützt. Aber weil wir nicht entscheiden können, wer diese sind, ist es notwendig, es für alle Getauften zu tun, damit keiner von denen übergangen wird, zu denen diese Wohltaten gelangen können und sollen."[21] Durch die Bestattungen an den viel besuchten Märtyrergräbern geraten die Verstorbenen also nicht in Vergessenheit und die Lebenden werden aufgefordert, Hilfe in jeder Form zu erbringen. Man erbittet diese Hilfe aber nicht direkt von Gott, sondern ruft den jeweiligen Heiligen um Vermittlung und Fürbitte an. Ein weiterer Aspekt kommt hier zum Tragen: Die von den Lebenden erbrachten Leistungen für die Toten werden direkt auch den Lebenden angerechnet. Damit können bereits zu Lebzeiten Sühne geleistet und eventuelle Strafen nach dem Tod vermindert werden. Für diejenigen Toten, für die niemand betet, ist die Kirche zuständig.[22]
Im 12. Jahrhundert schreibt der Scholastiker Honorius von Autun († ca. 1137): „Man bringt aber auch deshalb die Körper der Toten zur Kirche, damit ihnen das Gebet der versammelten Gemeinde zu Hilfe kommt. Und wie diejenigen, die in Sünden und in der Welt sterben, im Tod Christi durch Taufe im Schoße der Kirche von der Erde bedeckt, damit, wenn die Gläubigen dort zusammen kommen und die Gräber dieser dort sehen, sie für diese beten und sich daran erinnern sollen, welche Zukunft ihnen bevorsteht."[23]
Diese Ausführungen der bedeutenden Kirchenlehrer durch die Jahrhunderte legitimieren für die Christengemeinde Totengedächtnismale jeder Art, in dauerhaftem Material und mit individueller Kennzeichnung der Persönlichkeiten, zunächst jedoch meist nur durch die Nennung der Namen und Datierungen.

3. Das Fegefeuer

Bei einer Zusammenschau verschiedener Aspekte für die im Mittelalter stark zunehmende Zahl an Totengedächtnismalen, vor allem in sakralen Räumen, spielte wohl noch eine weitere Entwicklung des Jenseitsverständnisses eine Rolle, die im 12. Jahrhundert einen vorläufigen Abschluss fand. Das Fegefeuer erhielt in der Vorstellungs-

20 Fuchs (wie Anm. 19), S. 96.
21 Zitiert nach Scholz (wie Anm. 12), S. 276.
22 Zitiert nach Scholz (wie Anm. 12), S. 277.
23 Fuchs (wie Anm. 19), S. 96; zu Honorius vgl. A. Hamman, Honorius Augustodunensis, in: LThK, Bd. 5, Freiburg 1960, S. 478; Jörg Oberste, Zwischen Heiligkeit und Häresie. Religiosität und sozialer Aufstieg in der Stadt des hohen Mittelalters, Bd. 1, Köln/Weimar/Wien 2003, S. 63ff.

welt eine Art jenseitige Geografie, einen zeitlich und räumlich definierten Platz zwischen Himmel und Hölle. Es stellt eine Zwischenstation auf dem Weg vom Tod zum Jüngsten Gericht dar, als ein intermediärer Ort, an dem man nicht so glücklich ist, wie im Paradies, aber auch nicht so elend wie in der Hölle. Das *Purgatorium* wurde in den Jenseitsvorstellungen als Reinigung und Befreiung von kleineren Sünden wahrgenommen; mit dem Jüngsten Gericht sollte es im Gegensatz zur Hölle beendet sein.[24] Der Verbundenheit der Lebenden mit den Toten, der Hoffnung der Lebenden, nach dem Tod gleichen Beistand durch Fürbitten und Gebete zu genießen, wie sie ihn ihren verstorbenen Vorfahren angedeihen ließen, wurde durch die Erfindung des Fegefeuers neue Nahrung gegeben. Die große Zahl von Gedenkmälern gerade ab dem 12. Jahrhundert und vermehrt im 13. Jahrhundert gibt dieser Auffassung Recht. Was die Glaubenstheorie betrifft, wird dann auch das neue Jenseitssystem durch die Schriften der Kirchengelehrten untermauert.[25]

4. Buße und Bußpraxis

Von großer Bedeutung für die Erklärung der Existenz und des Aussehens der Totengedächtnismale ist die Buße bzw. das Verständnis, wie Vergehen aller Art gegen den christlichen Glauben abgegolten werden sollten. So stellt sich mit der Etablierung des Fegefeuers im 12. Jahrhundert auch die Frage nach der Bußpraxis. Hier standen hauptsächlich die religiösen Sühneleistungen im Mittelpunkt, die im Diesseits erbracht werden konnten. Die Möglichkeit einer Bußumwandlung, einer *commutatio* tat sich auf, wobei sich das Bußfasten zu einer Grundwährung herausbildete. Darauf basierend konnte auch diese Grundwährung einer weiteren *commutatio* unterzogen werden, z. B. in Messstiftungen, für die eine nicht mehr als metaphorisch aufzufassende Währung, sondern feste Tarife vereinbart wurden. Augustinus hatte bereits die Möglichkeit der Messfeiern und der Almosen als stellvertretende Sühneleistungen für Verstorbene beschrieben. Durch Stiftungen und Vergaben *ad pias causas*, festgeschrieben in Testamenten, erkaufte man sich nicht nur die Einträge in die Totenregister und damit immerwährendes Gedenken, hier konnte auch der begehrte Begräbnisort *ad sanctos*, in der Nähe der Heiligen erworben werden.[26]

Die mittelalterlichen Grabmäler wurden also in der Hoffnung auf Erlösung errichtet, sie formulieren durch ihre Präsenz diese Hoffnung, schreiben Verbindlichkeiten an die Nachkommen fest und machen diese Verpflichtungen anschaulich.[27]

Die Auswirkungen der eschatologischen Vorstellungen hatten insofern auch einen großen Einfluss auf das Totengedenken, als nicht mehr die Erlösung der gesamten Menschheit im Mittelpunkt stand; zunehmend erlangte das Schicksal des Individuums die

---

24 Zusammengefasst nach Jacques Le Goff, Die Geburt des Fegefeuers, Stuttgart 1984, 157ff.; Scholz (wie Anm. 12), S. 279; ders. (wie Anm. 18), S. XXVIII.
25 Vgl. Scholz (wie Anm. 12), S. 163f., S. 211ff.
26 Vgl. Renate Neumüllers-Klauser, Von der Memoria zum Grabmal, in: Sachsen und Anhalt (Jahrbuch der Historischen Kommission für Sachsen-Anhalt), Bd. 19 (1997), S. 257–285, hier S. 274f.; Scholz (wie Anm. 18), S. XXV; Körner, (wie Anm. 13), S. 1ff.
27 Vgl. Kroos (wie Anm. 9), S. 352; Körner (wie Anm. 13), S. 3.

Aufmerksamkeit der Nachwelt. Auch diese Haltung spiegelt sich wider in der Gestaltung der Denkmäler. Wie oben schon angedeutet, bedurfte es vermehrt der Kennzeichnung der Denkmäler zur Identifikation, denn die individuellen Anniversarfeiern und Gebete setzten das Totengedächtnismal voraus.[28]

5. Das Bestattungsrecht

Begräbnisse in sakralen Räumen galten aber über viele Jahrhunderte keineswegs als selbstverständlich und waren offensichtlich „das Privileg eines sozial eng umschriebenen Personenkreises, der sich besondere Verdienste spiritueller und materieller Art um die Kirche erworben hatte".[29] Lange wirkte das antike Verbot der Bestattung *intra muros* nach und wurde zunächst beispielsweise von den römischen Kaisern Gratian, Valentinian und Theodosius immer wieder formuliert. Als Gründe werden hauptsächlich die Störung der Totenruhe und die Verunreinigung der Lebenden durch die verwesenden Leichen genannt. Seit dem 6. Jahrhundert existieren kirchliche Bestimmungen zum Bestattungsrecht. Dem kanonischen Recht zufolge wurde sowohl den hohen geistlichen Würdenträgern, Bischöfen, Äbten und Priestern, als auch vornehmen Laien, gemeint waren damit Kirchenstifter und Adelige, das Privileg zuteil, den begehrten Platz *ad sanctos* zu erhalten. Der niedere Regularklerus und die Mönche fanden ihre Begräbnisstätten in den Kreuzgängen der Klöster oder in abgetrennten Sepulturen. Laien konnten das Begräbnisrecht innerhalb der Kirchenmauern über das Patronatsrecht erwerben, in dem sowohl das *ius sepulturae in ecclesia* als auch das *ius inscriptionis*, d. h. das Recht, Wappen oder Gedenktafeln innerhalb und außerhalb des Kirchenraumes anzubringen, inbegriffen war.[30] Aus den Beschlüssen zahlloser Konzilien über Jahrhunderte hinweg geht hervor, dass die Verbote der Bestattungen innerhalb der Kirchenräume immer von Neuem formuliert, aber auch in den meisten Fällen die Ausnahmen für die Geistlichkeit und die verdienten Laien bestätigt wurden. Wilhelm Durandus, Bischof von Mende, versuchte im 13. Jahrhundert zumindest den Chor der Kirchen von Bestattungen freizuhalten, den vor allem der hohe Klerus als begehrtesten Ruheort bevorzugte. Zu Lebzeiten dieses Bischofs glichen aber viele Kirchen bereits Nekropolen; die vordem aus der Stadt verbannten Toten hatten von den Städten Besitz genommen, waren längst zu ‚Mitbürgern' geworden. Vom 4. Jahrhundert an bis in das 18. Jahrhundert war die Bestattung in sakralen Räumen gängige Praxis.[31]
Wohl nicht nur die Sorge um das Seelenheil mit all den Unwägbarkeiten bis zur endgültigen Erlösung, auch die Angst vor dem ‚Vergessenwerden' (Erinnerungsfunktion des Grabmals) veranlassten die Menschen, dauerhafte Präsenz und damit die Nähe der Lebenden zu suchen. Die Allgegenwart des Todes, gerade was das Spätmittelalter, hier

---

28 Vgl. Kroos (wie Anm. 9), S. 287.
29 Neumüllers-Klauser (wie Anm. 26), S. 259.
30 Vgl. Ariès (wie Anm. 8), S. 63ff.; Rudolf Kloos, Einführung in die Epigraphik des Mittelalters und der frühen Neuzeit, Darmstadt 1992 (2., ergänzte Aufl.), S. 71ff.; ausführlich mit umfassenden Quellen- und Literaturangaben, Scholz (wie Anm. 12), S. 285ff.
31 Vgl. Ariès (wie Anm. 8), S. 63f.; Scholz (wie Anm. 18), S. XXXVIII; Körner (wie Anm. 13), S. 9ff.

speziell das 14. Jahrhundert betrifft,[32] war Grund genug, die größtmögliche Vorsorge für die eigene Erlösung zu treffen. Ein Ausdruck dieser Anstrengungen ist das dauerhafte, für jeden sichtbare Gedächtnismal inmitten des gesellschaftlichen Lebens.
Den Beginn der Grabkennzeichnung stellten zunächst die Namen und Sterbedaten der jeweiligen Verstorbenen dar. Bereits ab dem 9. Jahrhundert forderten dann die Inschriften den Betrachter direkt zum Gedenken, verbunden mit den Bitten um Gebete, auf.[33] Eines der frühesten und bekanntesten Beispiele ist die zwar verlorene, aber vielfach bezeugte Inschrift des Theologen und Lehrers Karls des Großen, Alkuin (um 730–804).[34]

In Regensburg setzt die Überlieferung von mittelalterlichen Totengedächtnismalen, die durch Inschriften und Darstellungen gekennzeichnet sind, im 11. Jahrhundert ein. Das wohl früheste noch vorhandene Zeugnis einer Aufforderung zur Fürbitte an die Lebenden findet sich im Kloster St. Emmeram. Abt Ramwold († 1000) hatte die Krypta als seine Grablege erbauen lassen, sie wurde im Jahre 980 geweiht.[35] In der Inschrift in Romanischer Kapitalis auf einer Steintafel, die kurz nach dem Tod des Abtes entstand, wird direkt für das Seelenheil um die Gebete und Anrufung der Heiligen durch die Mitbrüder des Abtes gebeten:

„[…] ORA PRO SPIRITV ET ANIMA FAMVLATVI […]."[36]

Für eine direkte Bitte an den ‚Leser' einer Grabschrift kann – neben vielen anderen – auch die Inschrift des Domherren und Kaplans am St. Georgsaltar, Ulrich Stegraiff († 1433), genannt werden, die sich in der Mittelhalle des Kreuzganges befand und heute nicht mehr vorhanden ist (Abb. 2). Die Inschrift ist überliefert von dem Regensburger Ratsherren Elias Eppinger (1563–1625), der in fast allen Kirchen Regensburgs Inschriften sammelte und transkribierte.[37]

Hic sunt in fossa Presbyterii Stegraifer ossa
De Gams est natus in Laiming beneficiatus,
Anno quo obit D(omi)n(us), sicut inde patebit 1400. orate pro eo[38]

Nach „klassischem" Vorbild ist diese Inschrift in gereimter Form, in zwei Hexametern, leoninisch zweisilbig gereimt, dargebracht.

---

32 Vgl. Arno Borst, Zusammenfassung, in: Arno Borst u. a. (Hg.), Tod im Mittelalter, Konstanz 1993, S. 398f.
33 Vgl. Ariès (wie Anm. 8), S. 280ff.
34 Vgl. Neumüllers-Klauser (wie Anm. 26), 258ff. mit Abdruck und Übersetzung des in Distichen verfassten Inschriftentextes.
35 Vgl. Kdm Regensburg I, S. 286ff. mit Abb. 197.
36 Neumüllers-Klauser (wie Anm. 26), S. 263. Übers. d. Autorin: „…bete für den Geist und die Seele des Dieners."
37 Vgl. Die Inschriften des Domes, 1. Teil (wie Anm. 5), Kat.-Nr. 178; zu Elias Eppinger vgl. DI Bd. 40, Minoritenkirche (wie Anm. 3), S. XXIVf.
38 Übers. d. Autorin: „Hier im Grab liegen die Gebeine des Priesters Stegraiff, in Gams geboren, in Laiming Benefiziat, im Jahr, in dem der Herr starb, so wie danach 1400 weitere sich zeigen werden. Betet für ihn."

6. Grabplatten

Die häufigste Form des mittelalterlichen Grabdenkmals ist die hochrechteckige Deckplatte, die, im Boden eingelassen, Begräbnisstätten verschloss. Es handelt sich hierbei um Konturen- oder Ritzplatten sowie um Reliefplatten.

Eine früh beginnende und über 350 Jahre dauernde Tradition bilden in Regensburg Grabplatten mit Symbolen, vor allem Kreuzen – zum Teil sehr schmucklos, wie auf der schon erwähnten Sarkophagdeckplatte des seligen Abtes Ramwold – oder auf halbkreisförmigen Kreuzfüßen mit Abtstab.[39] Bereits um die Mitte des 13. Jahrhunderts verfeinert sich diese Darstellungsweise: Der Kreuzfuß wird jetzt meist als Maßwerkdreiberg gestaltet, die Kreuze werden mit Kleeblattenden und Lilien geziert. Als neues Element tritt ab dem Ende des 13. Jahrhunderts der Wappenschild, der an der Kreuzstange von links nach rechts schräg aufgelegt ist, hinzu.[40] Im Bereich des Domes sind vom Ende des 13. Jahrhunderts an etwa sechs Grabplatten mit dieser Gestaltungsweise noch vorhanden.

Figürlich gestaltete Grabplatten mit Umschrift gibt es in Deutschland erst seit dem 11. Jahrhundert. Das früheste Beispiel hierzu ist die berühmte Grabplatte des Gegenkönigs Rudolf von Rheinfelden († 1080) in Merseburg.[41] Vom Ende des 12. Jahrhunderts bis zum Ende des 16. Jahrhunderts hat in Regensburg eine Fülle von Denkmälern mit figuraler Gestaltung die Zeit überdauert.[42] So entstanden im 12. Jahrhundert Deckplatten im Hochrelief für die Grabmäler der Königin Hemma, der seligen Aurelia, des Abtbischofes Tuto, des Herzogs Arnulf von Bayern, Herzog Heinrichs des Zänkers und das berühmte Hochgrab des Abtes Erminold aus dem Kloster Prüfening als Zeugnisse des herausragenden Kunstschaffens in unserer Stadt.[43] Eines der frühesten Grabdenkmäler, gestaltet in der Technik der Ritz- oder Konturenzeichnung, ist die Grabplatte des berühmten Predigers Bruder Berthold († 1272) in der Minoritenkirche. Das ‚Bild' des Mönches weist durch Gestus und Attribut auf seine Tätigkeit als Prediger und seinen hohen Bildungsstand hin.[44] Auch im Bestand des Domes sind vom Ende des 14. Jahrhunderts an Grabplatten vorhanden, die in der Ritz- oder Konturentechnik gearbeitet sind und eine hohe Qualität der Steinmetzarbeit erkennen lassen.

Ab dem 14. Jahrhundert ist eine Vielzahl figürlicher Grabplatten überliefert, die nicht nur das Kunstschaffen in der Sepulkralplastik repräsentieren, sondern in ihrer Gestal-

---

39 Vgl. Kdm Regensburg I, S. 290, Abb. 199.
40 Vgl. Peter Morsbach, Grabkreuzplatten in Regensburg, in: Oberpfälzer Heimat 26 (1982), S. 25–52.
41 Vgl. Ernst Schubert, Epigraphik und Kunstgeschichte – Die Grabplatte König Rudolfs von Schwaben im Merseburger Dom, in: Epigraphik 1982. Fachtagung für mittelalterliche und frühneuzeitliche Epigraphik, Klagenfurt 1982, hg. v. Walter Koch (Österreichische Akademie der Wissenschaften, phil.-historische Klasse. Denkschriften 169), Wien 1983, S. 87–100.
42 Eine umfassende neuere Darstellung zur mittelalterlichen und frühneuzeitlichen Grabplastik in Regensburg existiert nicht. Ältere Arbeiten zu diesem Thema: Alfred Seyler, Die mittelalterliche Plastik Regensburgs, Diss. München 1905; Berthold Riehl, Bayerns Donautal. Tausend Jahre deutsche Kunst, München/Leipzig 1912; Johannes Schinnerer, Die gotische Plastik in Regensburg, Straßburg 1918; Achim Hubel, Mittelalterliche Plastik in Kreuzgang und Kapitelhaus des Regensburger Domes, in: Der Dom zu Regensburg. Ausgrabung, Restaurierung, Forschung, München/Zürich 1989, S. 53–72; Den besten Überblick über das Kunstschaffen auf dem Gebiet der Grabplastik und Epitaphik bietet bislang immer noch die „Kunststatistische Übersicht" von Felix Mader in Kdm Regensburg III, S. 267–270.
43 Vgl. hierzu, Kdm Regensburg I, S. 252f.
44 Vgl. DI Bd. 40, Minoritenkirche (wie Anm. 3), Kat.-Nr. 1.

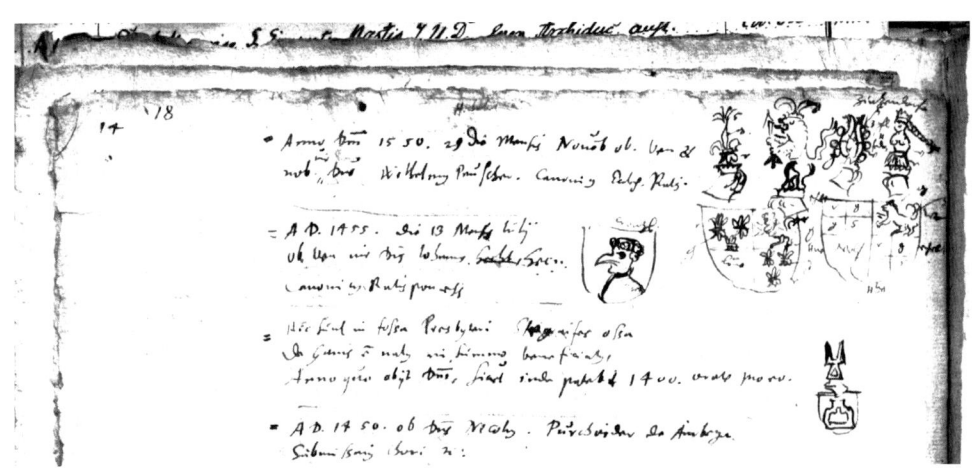

Abb. 2: Kopial überlieferte Inschrift des Ulrich Stegraiff, † 1431 (dritte Inschrift von oben)

tungsweise die Auffassung des Übertritts vom Leben in den Tod wiedergeben. Bis in das 16. Jahrhundert hinein werden die Verstorbenen als Ruhende dargestellt, deren Kopf häufig auf Kissen oder als Zeichen der Gelehrsamkeit auf ein Buch gebettet ist. Diese *gisants* sind weder Lebende noch Tote, sie sind dargestellt, als würden sie aufrecht stehen, erkennbar auch am Faltenwurf der Kleidung und tragen häufig die Attribute ihres Standes in den Händen. Sie dämmern als *beati*, als Glückselige, ihrer Auferstehung am jüngsten Tag entgegen.[45]

7. Epitaphe

Im 14. Jahrhundert entstand ein neuer Typus des Totengedenkens, der in der Forschung heute allgemein als Epitaph bezeichnet wird.[46] Diese Art von Gedächtnismal findet sich in Kirchen, Kapellen und Kreuzgängen, in denen Seelgerätstiftungen für einen oder mehrere Verstorbene betreut werden mussten. Die unter dem Begriff Epitaph geführten Denkmäler umfassen sowohl kleinformatige, einfach gestaltete Schrifttafeln bis hin zum monumentalen, dekorativen Wandgrabmal. Sie sind fast ausnahmslos an Innen- und Außenwänden der sakralen Räume angebracht. In den meisten Fällen befinden sie sich zumindest in der Nähe der Grablege; Stiftungen zu Kirchenbauten, Messen, Jahrtagen oder Ablässen machten es jedoch möglich, dem Wunsch nach sichtbarer Präsenz mehrfach in einer Kirche oder in mehreren Kirchen nachzukommen und so an den unterschiedlichsten Orten Hilfe für das Seelenheil zu erlangen.

45 Vgl. Ariès (wie Anm. 8), S. 308ff.
46 Vgl. Paul Schoenen, Epitaph, in: Reallexikon zur Deutschen Kunstgeschichte V (1967), Sp. 872–921; Anneliese Seeliger-Zeiss, Grabstein oder Grabplatte? – Anfragen zur Terminologie des mittelalterlichen Grabmals, in: Epigraphik 1988. Fachtagung für mittelalterliche und neuzeitliche Epigraphik, Graz, 10–14. Mai 1988, hg. v. Walter Koch (Österreichische Akademie der Wissenschaften. phil.-historische Klasse. Denkschriften, 213. Band), Wien 1990, S. 283–291.

8. Die dreifache Präsenz eines Domherren

So ist an den Domherrn Kaspar Türlinger, der am 12. Oktober 1431 starb, im Domkreuzgang dreifach erinnert. Ohne Datierung ließ er eine Wappentafel aus Sandstein anfertigen, die in die Westwand des Mortuariums im ersten Joch eingefügt ist. Im oberen Teil der Gedenktafel in einer Art Türstock ist eine Schriftrolle angebracht mit zweizeiliger Inschrift[47]:

her · kaspar· Turlin/ger· Tom· her

Den unteren Teil füllt das Vollwappen des Domherren, der aus dem Rittergeschlecht der Türlinger zum Thürlstein von Waldt stammte.
Ebenfalls in der Mittelhalle des Domkreuzganges befindet sich seine im Boden eingelassene Grabplatte aus rotem Marmor. Sie trägt die Umschrift in gotischen Minuskeln mit Versalien:

anno · d(omi)nj· M · cccc // xxxj · Starb · der · Erwirdig · herr · her · kasper // Tvrlinger · alther · // zo · dem · Tom · an · freitag · nach · s(ankt) · dyonisi

Die Grabplatte ist stark abgetreten. Zu erkennen ist die Gestalt des Domherren in Chorkleidung zwischen zwei schlanken Säulen.
Anlässlich der Renovierung des Kreuzganges im ersten Drittel des 15. Jahrhunderts finanzierte dieser Domherr ein Gewölbe. Der Scheitelstein im zweiten Joch des Südflügels auf der Westseite trägt sein Wappen und die Umschrift:

+ caspar · turlinger · can(oni)c(us) · ecc(les)ie · rat(isbonensis) +

9. Die Patrizierfamilie Graner

Handelt es sich bei dem Epitaph und der Grabplatte des Domherren Türlinger um relativ einfach gestaltete Denkmäler, die ihn im Kreuzgang bis heute präsent sein lassen, so gestaltet sich das Thema postmortale Präsenz im Falle eines Mitgliedes der Patrizierfamilie Graner schon in größeren Dimensionen. Sigmund Graner war lange Jahre Mitglied des Rates und einer der angesehensten Regensburger Bürger. Er starb am 31. August 1483. Seine Grabplatte aus rotem Marmor befand sich ursprünglich im Südflügel (Westseite) des Domkreuzganges im Boden eingelassen und ist heute ebenda an der Südwand aufgerichtet. Die Umschrift in gotischer Minuskel mit Versalien lautet:[48]

Anno · d(omi)ni · M° · CCCC° · lxxxiii° / Jar · starb · der · ersam · weiz · her · Sigmund · granner · / an · sant · Gilgen · abent · / Burger · dez · Rats · hye · dem · Got · genad

---

47 Die Inschriften des Domes, 1. Teil (wie Anm. 5), Kat.-Nrn. 171, 172, 175. Die Inschriften werden nach den Richtlinien des Deutschen Inschriftenwerkes wiedergegeben. Die Schrägstriche bedeuten Zeilentrenner, die Punkte zwischen den Worten sind Worttrenner, die zum größten Teil aus Quadrangeln bestehen. Minuskeln werden originalgetreu in Kleinbuchstaben transkribiert, Majuskeln und Versalien in Großbuchstaben.

48 Die Inschriften des Domes, 1. Teil (wie Anm. 5), Kat.-Nr. 277.

Im Feld ist im Viertelrelief unter einem Kielbogen das große Vollwappen der Patrizierfamilie herausgehauen. Die kopiale Überlieferung berichtet zudem von einem hölzernen Epitaph über der Grabplatte an der Wand. Es ist heute nicht mehr vorhanden. Neben der Grablege im Domkreuzgang hat ein Epitaph, das sich in der Kassianskirche befindet, die Zeit überdauert. Es ist der Frau des Sigmund Graner, Elisabeth, einer geborenen Englmar, gewidmet und zeigt eine Darstellung der Heimsuchung Mariens, darunter eine Schriftrolle mit dreizeiliger Inschrift über der knienden Familie.[49] Eine weitere bedeutsame Stiftung war der berühmte Arme-Seelen-Altar, der 1488 für die Alte Kapelle gestiftet wurde.[50] Elisabeth Graner stiftete diesen Altar für das Seelenheil ihres verstorbenen Mannes. Hinzu kommen zahlreiche weitere Stiftungen, unter anderem ein Jahrtag bei den Minoriten.

10. Der Domherr Johannes Geginger

An der Ostseite des Nordchores außen ist eine Votivtafel mit der Datierung 1479 (Abb. 3) in die Wand eingefügt. Der Domherr Johannes Geginger hat sie zu Lebzeiten anfertigen lassen. Im oberen Teil befindet sich unter von zwei Säulen getragenem Sprengwerk die Darstellung Mariens als Himmelskönigin, das Kind auf dem Arm haltend. Rechts unten die kniende Stifterfigur, an der linken Seite das Vollwappen des Domherren. Eine querrechteckige Inschriftentafel trägt eine fünfzeilige Inschrift:[51]

Inclita · que radiis · illustras · sidera · virgo
Afer · opem · miseris · natum · da · cernere · nos
1479 / Johannes · Geginger · hui(us) · / Eccl(es)ie · Ratispon(ensis) · Canonicus
· o mater · dei · // memento · mei · [52]

Im Südflügel des Domkreuzganges befindet sich die gut erhaltene große Grabplatte des Domherren, die liegend, leicht nach hinten geneigt in die Südwand eingemauert ist. Er starb am 22. Juni 1500 (Abb. 4). Im vertieften Feld unter perspektivisch dargestelltem Gewölbe, das mit Rundbogen und Maßwerk auf schlanken Säulen ruht, die Gestalt des betenden Kanonikers, leicht nach links geneigt. Er ist bekleidet mit Chorgewand, Almucia und Birett. Die Inschrift in gotischer Minuskel mit Versalien läuft auf erhöhtem Rand um den Stein:[53]

Anno · d(omi)ni · M° · ccccc · In · die · Sancti · Achacij · obyt · ven(erabi)lis · d(omi)n(u)s
/ Johannes · Geginger · Canonic(us) · Ratispon(ensis) · Requiescat · i(n) · pace ·[54]

---

49 Vgl. Kdm Regensburg II, S. 174, Abb. 129.
50 Der Altar befindet sich heute im Museum der Stadt Regensburg; vgl. auch Walter Hartinger, … denen Gott genad! Totenbrauchtum und Armen-Seelen-Glaube in der Oberpfalz, Regensburg 1979, S. 89 (Abb. S. 89).
51 Die Inschriften des Domes, 1. Teil (wie Anm. 5), Kat.-Nr. 266.
52 Übers. d. Autorin: „Berühmte Jungfrau, die du durch deine Strahlen den Sternen Glanz verleihst, bring den Elenden Hilfe und gib, dass wir deinen Sohn sehen. 1479 Johannes Geginger, Domherr der Regensburger Kirche. O Mutter Gottes, gedenke meiner."
53 Die Inschriften des Domes, 1. Teil (wie Anm. 5), Kat.-Nr.325.
54 Übers. d. Autorin: „Im Jahre des Herrn 1500 am Tag des Hl. Achatius starb der ehrwürdige Herr Johannes Geginger, Domherr in Regensburg. Er möge ruhen in Frieden."

Abb. 3: Votivtafel an der Ostseite des Nordchores außen am Dom von Johannes Geginger, 1479

Abb. 4: Grabplatte des Domherren Johannes Geginger, † 1500

Zur Grabplatte gehört eine Totenleuchte mit dem Wappen des Domherren, in der das ewige Licht brannte, sowie ein Weihwasserbecken in unmittelbarer Nähe, ein Hinweis darauf, dass der Verstorbene gleich nach dem Tod, in der Kirche und im Grab mit Weihwasser besprengt wurde.[55]

Johannes Geginger war im Jahr 1459 in das Domkapitel berufen worden. Von 1487 bis 1489 übte er das Amt des *magister fabricae* aus, er war also zuständig für die Finanzen des Dombaues. Für den Dom stiftete der Domherr zwei große silberne Bildwerke der Mutter Gottes und des Hl. Johannes des Täufers sowie eine *biblia sacra* für die Bibliothek des Domkapitels. Auch bei den Minoriten befand sich eine Gedenkinschrift, die heute nicht mehr vorhanden ist.[56] Dort hatte er einen immerwährenden Jahrtag gestiftet, der mit dem Jahrtag des Weihbischofs Ulrich Aumair, beider Eltern und *omnium fidelium defunctorum* am 15. Juli begangen wurde.

---

55 Vgl. Kroos (wie Anm. 9), S. 306f.

56 Vgl. DI Bd. 40, Minoritenkirche (wie Anm. 3), Kat.-Nr. 148.

11. Der Patrizier Stefan Notangst

Ein überaus erfolgreiches und vermögendes Mitglied einer Regensburger Patrizierfamilie, der Ratsbürger und Fernhandelskaufmann Stefan Notangst, verstorben am 6. Mai 1426, ist ein weiteres Beispiel für eine sehr repräsentative Präsenz an mehreren Orten. Er stiftete erhebliche Summen für den Dombau. Sein Wappen befindet sich an der Westfassade innen jeweils an den Strebepfeilern, die den Nordturm flankieren. Im Nordflügel (Westseite) des Domkreuzganges trägt ein Gewölbeschlussstein ebenfalls sein Wappen. Zudem ließ Stefan Notangst den Schildbogen des gesamten Joches mit Wandmalereien ausstatten und das Gewölbe selbst mit farbiger Ornamentdekoration gestalten. Hier befand sich im Boden eingelassen die monumentale Wappengrabplatte aus rotem Marmor (Abb. 5). Das Feld füllt das große Wappen mit Helm und Helmzier unter einem Kielbogen. Die Grabplatte ist heute an der Wand aufgerichtet und trägt die Umschrift in gotischer Minuskel mit Versalien:[57]

anno · d(omi)ni · Mille(sim)⁰ · cccc⁰ // xxvi⁰ · do · starb · der · erberg · man · steffan · der · // notangst · des · Manta//gs · nach · sand · phylip · vnd · iacobs · tag

Stefan Notangst stiftete 1419 ein Bruderhaus „In der Schwaig" (heute Haidplatz 2), in dem zwölf arme alte Handwerker wohnen durften, die ihren Lebensunterhalt nicht mehr selbst bestreiten konnten. Auch die Bettelorden der Minoriten und Dominikaner bedachte er mit großzügigen Stiftungen. Ein Gewölbeschlussstein im Nordflügel des Kreuzganges der Dominikaner trägt das Wappen der Notangst. Bei den Minoriten stiftete der Ratsherr und Stadtkämmerer einen Jahrtag für sich und seine Frau Anna. Auch hier findet sich sein Wappen auf dem Scheitelstein eines Gewölbes im Westflügel des großen Kreuzganges.[58]

Gerade diese beiden Beispiele von den Aktivitäten und großzügigen Stiftungen der Regensburger Patrizierfamilien sowohl in die Domkirche als auch in andere Kirchen und Klöster der Stadt, machen zwei Aspekte deutlich. Durch die Vergaben an kirchliche Institutionen ergab sich ein sehr profaner Nutzen, nämlich Einfluss auf deren politische, geschäftliche und personelle Entscheidungen. Der immaterielle Nutzen für die Mitglieder der Patrizierfamilien war eine privilegierte Stellung im Totengedenken.[59]
Neben den figural gestalteten Grabplatten finden sich, was den überlieferten Bestand des Domes betrifft, eine Vielzahl von Wappengrabplatten, die zum Teil ebenso aufwändig gestaltet wurden. Die beschriebenen Grabplatten des Stefan Notangst und des Sigmund Graner sind Beispiele dafür, dass vor allem das städtische Patriziat diese Form der Darstellung wählte. Aber auch für adelige Domherren wie Leopold von Paulsdorf († 1427) und Georg von Preysing († 1497) wurden repräsentative Wappengrabmäler gefertigt.

---

57 Die Inschriften des Domes, 1. Teil (wie Anm. 5), Kat.-Nr. 156.
58 Vgl. DI Bd. 40, Minoritenkirche (wie Anm. 3), Kat.-Nr. A13.
59 Vgl. Jörg Oberste, Macht und Memoria, in: Regensburg im Spätmittelalter, hg. v. Peter Schmid (Forum Mittelalter-Studien 2), Regensburg 2007, S. 25–49.

Abb. 5: Wappengrabplatte des Stefan Notangst, † 1426

12. Postmortale Repräsentation

Das Totengedächtnismal hatte für eine kleinere, aber sehr bedeutende Gruppe von Menschen eine weitere Funktion zu erfüllen. Vor allem im Spätmittelalter treffen traditionelle Verhaltensmuster im Umgang mit Sterben und Tod auf neuartige wirtschaftliche, soziale und politische Gegebenheiten, welche Änderungen in den mentalen Strukturen der Individuen bewirkten. Kleinere Territorien, Städte, Bistümer, Klöster bis hin zu Königreichen waren rechtlich konzipiert und damit einer Person oder einer Körperschaft aus mehreren Personen stellvertretend unterstellt, denen die Funktion des Handelns zugesprochen werden konnte. Es existierte die Vorstellung, dass durch die Erwählten oder die Gruppe von Erwählten diese rechtlichen Einheiten repräsentiert und hergestellt wurden.[60] So dienten vor allem Grabmonumente nicht nur dem Memorium

---

60 Vgl. Adalbert Podlech, Repräsentation (Geschichtliche Grundbegriffe. Historisches Lexikon zur politisch-sozialen Sprache in Deutschland, Bd. 5), S. 509–545, hier S. 511ff.

und den damit intendierten Verbindlichkeiten, die die Überlebenden einzulösen hatten, sie machten auch sichtbar, was über den Tod hinaus das irdische Dasein überdauern soll. Bei Königen und Kaisern ist es die Legitimität und Kontinuität der Herrschaft und der Herrschaftsanspruch der Familie, die Leistungen und der Ruhm des Verstorbenen, beim hohen Klerus vor allem die Würde des Amtes.[61]

13. Zwei Domherren aus dem Kreis der Frühhumanisten

Eine Personengruppe, der zwar in der stadtgeschichtlichen sowie überregionalen Forschung zunehmend mehr Beachtung geschenkt wird, deren Grabmäler aber bisher nahezu unbekannt blieben, ist der Kreis der Frühhumanisten.[62] Seit der zweiten Hälfte des 15. Jahrhunderts konnten Kanonikate zu einem Drittel mit nichtadeligen Mitgliedern besetzt werden, die allerdings theologische Gelehrsamkeit und akademische Titel nachweisen mussten.[63] So repräsentieren diese Herren nicht nur die Institution des Domkapitels und ihren geistlichen Stand. Ihren Leistungen, den Ämtern, die sie neben dem eines Domherren ausübten, und ihrer Stellung in der damaligen Welt der Wissenschaft wird in den Inschriften auf den Grabplatten Ausdruck verliehen.

Der Domherr Johannes Mendl († 8. Mai 1482) aus Amberg schloss im Jahr 1448 sein Studium an der Universität Wien mit dem Titel eines Magisters artium ab und hielt dort Vorlesungen über antike Autoren wie Terenz, Cicero und Lukian. Zudem hatte er zum Doktor der geistlichen Rechte promoviert. Seine weiteren Ämter sind in der Umschrift der Grabplatte aufgeführt, auf welcher der Domherr im Konturenbild dargestellt ist, bekleidet mit Chorgewand, Almucia und Birett. Die Umschrift ist ergänzt nach Text Eppinger:[64]

· anno · d(omi)nj · 1· 4 8 · 2 · die 8 / may · obyt · ven(erabi)lis · d[ecre]toru(m) · doctor · d(omi)nus · io[an/nes m]endl · de · amberg · / Can(oni)c(us) · Rat(isbonensis) · ac · b(ea) te · Ma(r)ie · v(ir)g(inis) · noui · collegy · Eysteten(sis) · / Eccl(es)iaru(m) · p(re)positus ·[65]

Stolz präsentiert sich auch ein weiterer Domherr, dessen Grabplatte ebenfalls in der Mittelhalle des Domkreuzganges zu finden ist. Johannes Tröster, ebenfalls aus Amberg, erwarb im Jahr 1470 den Doktor der geistlichen Rechte, er war Domherr zu Regensburg und Propst des Stiftes Mattsee. Die Darstellung auf der Rotmarmorplatte gleicht in der Konzeption der des Johannes Mendl. Auch sein Kopf ruht auf einem Buch als Zeichen der Gelehrsamkeit. Die Umschrift auf seiner Grabplatte lautet:[66]

---

61 Körner (wie Anm. 13), S. 3.
62 Vgl. Franz Fuchs/Claudia Märtl, Literarisches und geistiges Leben im 15. Jahrhundert, in: Geschichte der Stadt Regensburg, Bd. 2, hg. v. Peter Schmid, Regensburg 2000, S. 907–916.
63 Vgl. Karl Hausberger, Geschichte des Bistums Regensburg, Bd. I, Regensburg 1989, S. 179ff.; Paul Mai, Die Regensburger Kirche im Spätmittelalter, in: Regensburg im Spätmittelalter, hg. v. Peter Schmid (Forum Mittelalter-Studien 2), Regensburg 2007, S. 65–73, hier S. 67f.

64 Die Inschriften des Domes, 1. Teil (wie Anm. 5), Kat.-Nr. 272.
65 Übers. d. Autorin: „Im Jahr des Herrn 1482 am 8. Tag des Monats Mai starb der ehrwürdige Doktor der geistlichen Rechte, Herr Johannes Mendel aus Amberg, Domherr zu Regensburg und Propst der Kirche der Seligen Jungfrau Maria und des Neuen Kollegs der Kirche zu Eichstätt."
66 Die Inschriften des Domes, 1. Teil (wie Anm. 5), Kat.-Nr. 280.
67 Übers. d. Autorin: „Im Jahr des Herren 1485 am

Anno · d(omi)ni · 1485 · die · / 24 · aprilis · Obyt · ven(erabi)lis · decretoru(m) · doctor / d(omi)n(u)s · Joh(ann)es Troster de / amberg · Can(oni)c(us) · Rat(isbonensis) · et · p(re)(lig)p(osi)tus · Maticen(sis) · [67]

Johannes Tröster gehörte dem Kreis von Frühhumanisten um Aeneas Silvius Piccolomini, dem späteren Papst Pius II. an.[68]

14. Die Adelsfamilie Nothaft

Auf einer Rotmarmorplatte, die im Boden des Mortuariums eingelassen ist, lässt sich die Kontinuität der bedeutenden Adelsfamilie Nothaft im Domkapitel nachweisen. Sie hatte ihren Stammsitz im Schloss Wernberg, gelegen in der damaligen Grafschaft Leuchtenberg.[69] Aus ihr gingen bis zum Ende des 16. Jahrhunderts vier Kanoniker im Regensburger Domkapitel hervor. Für den Domherrn Georg Nothaft von Weißenstein wurde die Grabplatte zu Beginn des 16. Jahrhunderts angefertigt (Farbabb. 6). Im vertieften Feld ist im Viertelrelief die Gestalt des Kanonikers, bekleidet mit Chorgewand, Almucia und Birett, herausgehauen. Er ‚steht', leicht nach links gewandt, betend im hochrechteckigen ‚Bildrahmen', dessen Ecken abgerundet sind. In den vier Ecken auf dem erhöhten Rand befinden sich Wappenschilde mit Beischriften, die auf die adelige Herkunft des Domherrn hinweisen. Die Inschrift auf erhöhtem Rand ist erhaben in gotischen Minuskeln mit Versalien gearbeitet und lautet:[70]

Anno d(omi)ni M° ccccc° iiij° // die ix mensis Juny obyt ven(erabi)lis et nobilis d(omi)n(u)s Georgius // Notthafft de weissenstain // Canonic(us) et episcopalis capellan(us) i(n) eccl(es)ia Rat(isbonensis) C(uius) a(nima)[71]

Weitere Mitglieder der Adelsfamilie, der über 100 Jahre früher verstorbene Nikolaus Nothaft von Weissenstein († 30. Juli 1401) und der 38 Jahre später verstorbene Domherr Johannes Nothaft von Bodenstein († 1. September 1542), erhielten ebenfalls auf der Grabplatte ihre Inschriften, die in kleinerer Minuskelschrift eingehauen sind. Achaz Nothaft von Weißenstein zu Fischbach († 16. August 1596), ebenfalls Domherr, hat seine Grablege im südlichen Seitenschiff des Domes.[72]

24. April starb der ehrwürdige Doktor der geistlichen Rechte, Herr Johannes Tröster aus Amberg, Kanoniker in Regensburg und Propst in Mattsee."

68 Vgl. Burgi Knorr, Zum Erkenntniswert der Epigraphik. Ein Regensburger Domherr und Stiftspropst in Mattsee, in: Tassilo III. von Bayern. Großmacht und Ohnmacht im 8. Jahrhundert, hg. v. Lothar Kolmer/Christian Rohr, Regensburg 2005, S. 237–251; Mariarosa Cortesi/Franz Fuchs, Johannes Tröster. Ein deutscher „Schüler" des Enea Silvio Piccolomini, in: Pirckheimer-Jahrbuch für Renaissance- und Humanismusforschung 22 (Akten des interdisziplinären Symposions „Enea Piccolomini nördlich der Alpen" von 18. bis 19. November 2005 an der LMU München), hg. v. Klaus Arnold/Franz Fuchs/Stephan Füssel, 2008 (in Vorbereitung).

69 Vgl. Wiguläus Hund, Stammenbuch II, S. 180–194.

70 Die Inschriften des Domes, 1. Teil (wie Anm. 5), Kat.-Nr.125.

71 Übers. d. Autorin: „Im Jahr des Herrn 1504 am 9. Tag des Monats Juni starb der ehrwürdige und edle Herr Georg Nothaft von Weissenstein, Domherr und bischöflicher Kaplan der Regensburger Kirche, dessen Seele (möge ruhen in Frieden)."

72 Vgl. Kdm Regensburg I, S. 129.

Die vier Mitglieder zeigen sich nicht nur als Repräsentanten einer so vornehmen Institution wie des Domkapitels, sondern auch als Repräsentanten einer bedeutenden Adelsfamilie.

Andere Mitglieder dieser Familie, die nicht dem geistlichen Stand angehörten, fanden ihre Grablegen bei den Minoriten.[73]

15. Die Adelsfamilie der Paulsdorfer

Konrad von Paulsdorf, einer der prominentesten Vertreter des Oberpfälzer Adelsgeschlechts der Paulsdorfer, gilt als Stifter der einst im Klostertrakt der Minoritenkirche gelegenen Kapelle St. Peter und Paul. Er erwarb über das Patronatsrecht das *ius sepulturae* für sich und weitere Mitglieder der Familie. Hier befanden sich die vermutlich ältesten Rittergrabplatten in Regensburg, die Grabplatte des Konrad von Paulsdorf († 1299)[74] und seines Sohnes Heinrich († 1334).[75] Beide sind als kraftvolle Ritter mittleren Alters mit kurzem Waffenrock und weitem Umhang, der von Brustriemen mit Spangen gehalten wird, dargestellt. Das Schwert und der Schild lassen sie als Vertreter ihres Standes erkennen. Aus dieser Adelsfamilie gingen bis in das 16. Jahrhundert hinein auch im kirchlichen Bereich bedeutende Mitglieder hervor, deren Totengedächtnismale heute noch vorhanden sind. Der Domherr, Scholastikus und bischöfliche Kaplan Georg von Paulsdorf stiftete das großformatige Epitaph, das über dem Portal der Kapelle zur Verlassenheit eingemauert ist (Abb. 7).[76] Die Darstellung zeigt die Erweckung des Lazarus; der Wappenschild in der linken unteren Ecke, das dazugehörige Oberwappen in der rechten unteren Ecke und die vierzeilige Inschrift zeugen vom Selbstbewusstsein des Domherren:[77]

Anno d(omi)ni M⁰ ccccc⁰ in vigilia pasce Obijt venerabilis et nobilis d(omi)n(u)s Georgius de / Paulsdorff Canonic(us) Scolastic(us) et Episcopalis Capellanus In Ecclesia Ratisponensi(s) / p(a)rochialis sancti dionisy superioris mo(na)stery pleban(us) In Ambitu sub lapide leopol/di de Paulstorff sui agnati sepult(us) Cuius anima in pace Cristi Requiescat amen

d(omi)ne · iam · fetet · // quadriduan(us) // · enim · est · // ⁽ᶜ⁾ lazare · // veni · foras [78]

---

73 Vgl. DI Bd. 40, Minoritenkirche (wie Anm. 3), Kat.-Nrn. 66, 125.
74 Sie wurde vor 1869 vom Bayerischen Nationalmuseum erworben und befindet sich bis heute dort; DI Bd. 40, Minoritenkirche (wie Anm. 3), Kat.-Nr.14.
75 Wie Anm. 73, Kat.-Nr. 46, diese Grabplatte ist heute nur noch in Abzeichnung vorhanden.
76 Vgl. Die Inschriften des Domes, 1. Teil (wie Anm. 5), Kat.-Nr. 163.
77 Vgl. Die Inschriften des Domes, 1. Teil (wie Anm. 5), Kat.-Nr. 323.

78 Übers. d. Autorin: „Im Jahr des Herrn 1500 am Vorabend des Osterfestes starb der ehrwürdige und edle Herr Georg von Paulsdorf, Domherr, Scholasticus und bischöflicher Kaplan in der Regensburger Kirche, Pfarrer der Pfarrei St. Dionysius zu Obermünster, im Kreuzgang unter dem Stein seines Verwandten, Leopold von Paulsdorf, begraben. Seine Seele ruhe im Frieden Christi. Amen.
Herr, er riecht aber schon, denn es ist bereits der vierte Tag. Lazarus, komm heraus (Ioh 11, 39, 43)."

Abb. 7: Epitaph des Domherren Georg von Paulsdorf, † 1500

Eine Seltenheit in den Inschriften eines Epitaphs ist hier der ausdrückliche Hinweis, dass Georg von Paulsdorf in der Grablege seines im Jahre 1426 verstorbenen Vorfahren und Domherren, Leopold von Paulsdorf, seine letzte Ruhestätte fand.

Den ephemeren Trauerzeremoniellen, die für herrschende Personen immer prunkvoller wurden, steht im Bereich der Repräsentation die zu Stein gewordene, quasi für die Ewigkeit gebaute Pracht des Grabmonuments gegenüber. Eine zunehmende Individualisierung findet Ausdruck in von hochrangigen Künstlern gestalteten figürlichen Darstellungen, die Herkunft wird durch beigefügte Wappen unterstrichen, die immer ausführlicheren Inschriftentexte geben Auskunft über Rang und Titel und benennen zudem auch Stiftungen und weitere Verdienste des Verstorbenen.

16. Die Bischofsgrablegen

Naturgemäß kommt den Totengedächtnismalen der Bischöfe eine vorrangige Bedeutung zu; besonders hier lässt sich die Entwicklung von Formen und Inhalten über eine lange Zeitspanne beobachten. Seit dem 12. Jahrhundert wurden die Bischöfe im Dom und Dombereich bestattet. Diese Tradition begann mit Bischof Hartwig II. von Sponheim, der sich, angrenzend an die Mittelhalle des Domkreuzganges, die Allerheiligenkapelle als repräsentative Grablege erbauen ließ.[79] Seine direkten Nachfolger fanden im Vorgängerbau des gotischen Domes ihre letzte Ruhestätte.

79 Vgl. Die Inschriften des Domes, 1. Teil (wie Anm. 5), Kat.-Nr. 2.

Postmortale Präsenz und Repräsentation   249

Mit Ausnahme der sehr abgetretenen Grabplatte des Bischofs Siegfried († 1246),⁸⁰ die heute im Lapidarium gelagert ist und durch Zufall entdeckt wurde, sind bis zum Ende des 14. Jahrhunderts keine Denkmäler von Bischöfen erhalten. Die Grabdenkmäler so bedeutender Bischöfe wie Leo Thundorfer, Heinrich von Rotteneck und Konrad von Lupburg fielen der Barockisierung im 17. Jahrhundert und der Regotisierung im 19. Jahrhundert zum Opfer.

Die erste figural gestaltete Bischofsgrabplatte ist heute im südlichen Seitenschiff (Turmjoch) des Domes im Boden eingelassen. Den Kopf auf ein Kissen gebettet, ruht die Gestalt, im bischöflichen Ornat gekleidet. Die Umschrift in der Form der gotischen Minuskel folgt der üblichen Reihung, zunächst das Todesjahr, dann der Name, der Rang des Verstorbenen, der Todestag nach dem christlichen Kalender und das Formular, das bei lateinischsprachigen Inschriften des 14. Jahrhunderts längst allgemein in Gebrauch ist:⁸¹

+ anno · d(omi)ni · M · ccc lxx//xi · o(biit) · clunradus de hainb(lig)erg · ep(iscopu)s · ecc(lesi)e · ratispon//ensis · in vigilia · b(lig)eati · // petri · ap(osto)li · ad · vincula · cuius · a(n)i(m)a req(ui)(lig)escat ⁸²

Knapp hundert Jahre später zeigt sich dem Betrachter ein anderes Bild postmortaler Repräsentation. Rupert war der Sohn des Pfalzgrafen Otto I. von Pfalz-Mosbach und dessen Gemahlin Johanna, Schwester Ludwigs des Reichen von Landshut. Er erhielt bereits in früher Jugend Kanonikate an drei Bischofssitzen, in Freising, Passau und Regensburg.

Als nach dem Tod des Bischofs Friedrich III. von Plankenfels ein neuer Bischof gewählt werden musste, entschied sich das Domkapitel für Heinrich von Absberg. Herzog Ludwig focht jedoch diese Wahl an. Das Kardinalskollegium in Rom wurde offensichtlich vom Herzog beeinflusst und ernannte daraufhin den jungen Herzog Rupert zum Bischofsadministrator. Dieser befand sich noch an der Universität in Pavia. Erst im Jahr 1461 ergriff er als Administrator Besitz vom Bistum. Noch vor der offiziellen Bischofsweihe starb er im Alter von 28 Jahren. Die monumentale Grabplatte aus rotem Marmor ist 280 cm hoch und 149 cm breit und befand sich ursprünglich im Presbyterium neben der Sakristei der Domkirche. Heute ist sie im Turmjoch des südlichen Seitenschiffes an der Wand aufgerichtet (Abb. 8).

Eine Interpretation der Darstellung auf der Grabplatte ist nur mit Wissen dieser Fakten möglich. Die jugendlich wirkende Gestalt ist mit Rauchmantel und Birett bekleidet. Der Kopf ruht auf einem großen Kissen. Das Pedum und die Mitra sind an der rechten Seite angeordnet, der Zeigefinger der linken Hand weist auf die Insignien hin zur Verdeutlichung, dass der junge Kandidat auf dem Bischofssitz die Konsekration nicht erhalten hat. Neben dem Wappen des Hochstifts präsentiert sich das Haus Wittelsbach durch das Vollwappen. Die erhaben gearbeitete Inschrift, sorgfältig ausgeführt in

---

80 Vgl. Die Inschriften des Domes, 1. Teil (wie Anm. 5), Kat.-Nr. 5.
81 Die Inschriften des Domes, 1. Teil (wie Anm. 5), Kat.-Nr. 93.

82 Übers. d. Autorin: „Im Jahre des Herrn 1381 ist Konrad von Haimburg, Bischof der Regensburger Kirche, am Vorabend des Petri Kettenfestes gestorben (31. Juli). Seine Seele möge ruhen."

gotischer Minuskel auf erhöhtem Rand, gibt durch Nennung von Rang und Titel ausführlich Auskunft über die edle Herkunft des Verstorbenen:[83]

A(n)no · d(omi)nj · M⁰ · cccc⁰ · lxv⁰ // xv · kal(endas) · novembris · obyt · Reverend(us) · in · chr(ist)o [a)] *// · pater · jllustris · // princeps · et · d(omi)n(u)s · d(omi)n(u)s · Rvpertvs · Comes · pala//tinvs · Renj · pavarie · // Dvx · ac · administrator · Eccl(es)ie · Ratisponensis · // · hic · Sepvltvs · // · cvivs · anima · Reqviescat · jn · pace ·* [84]

Nach dem Tod des Bischofsadministrators wählte das Domkapitel im Jahre 1465 einstimmig Heinrich von Absberg zum neuen Bischof. Schon zu Lebzeiten kümmerte sich der aus adeligem Haus stammende und hochgebildete Bischof um sein Grabdenkmal, das als Höhepunkt der Regensburger Sepulkralkunst bezeichnet werden kann. Selbstverständlich transportiert auch dieses Denkmal den religiösen und mentalitätsgeschichtlichen Kontext. Dennoch spielen wohl gerade hier auch die politischen Umstände eine große Rolle, ähnlich der Denkmäler für weltliche Herrscher.

Das monumentale Wandgrabmal (Höhe: 300 cm, Breite: 150cm, Abb. 9) ist im Nordchor der Domkirche an der Südwand aufgerichtet. Die Grabplatte aus rotem Marmor wird flankiert von einer Arkatur aus Kalkstein, die von einem spätgotischen, ornamentierten Wimperg bekrönt ist. Mit großer Wahrscheinlichkeit hat Bischof Heinrich bereits zu Lebzeiten bei dem damaligen Dommeister Matheis Roriczer den Auftrag gegeben, sein Grabbild zu meißeln und dann mit Sicherheit Einfluss auf Gestaltung und Bildprogramm genommen.[85] Das Bildnis zeigt den Bischof in vollem Pontifikalornat und Rationale. Zu beiden Seiten des Hauptes halten Engel das Grabtuch. Das Bildprogramm beginnt mit der Darstellung der Verkündigung mit der Inschrift:[86]

Ave gratia plena // d(omi)n(us) // tec(um)

In der Krümme des Pedums ist die Figur des Hl. Petrus eingehauen. Auch auf dem Rationale sind mit Astwerk gerahmte Halbfiguren abgebildet. Von links beginnend der Apostel Andreas, daneben der Pelikan, bildhaft für die aufopfernde Liebe (des Opfertodes Christi), mittig der Hl. Paulus mit dem Schwert, daneben der aus der Asche aufsteigende Phönix, bildhaft für Tod und Auferstehung Christi, rechts gegenüber der Andreasfigur der Apostel Bartholomäus. Auf dem Pectorale, das der Bischof in seiner linken Hand hält, ist die Kreuzigungsgruppe dargestellt. Die beiden oberen Ecken füllen Schilde mit dem Wappen des Hochstifts und der Familie Absberg. Unten in den beiden Ecken unter Rundbögen die beiden Vollwappen. Die Inschrift auf erhöhtem Rand mit erhaben herausgehauenen Minuskeln mit Versalien lautet:

---

83 Die Inschriften des Domes, 1. Teil (wie Anm. 5), Kat.-Nr. 238.

84 Übers. d. Autorin: „Im Jahr des Herrn 1465 am 15. Tag vor den Kalenden des November (18. Oktober) starb der hochwürdige Vater in Christus, edle Fürst und Herr, Herr Rupertus, Pfalzgraf bei Rhein, Herzog von Bayern und Administrator der Regensburger Kirche. Er ist hier bestattet. Seine Seele möge ruhen in Frieden."

85 Vgl. Karl Hausberger, Die Grablegen der Bischöfe von Regensburg, in: Beiträge zur Geschichte des Bistums Regensburg 10 (1976), S. 365–383, hier S. 374; Achim Hubel/Peter Kurmann, Der Regensburger Dom. Architektur, Plastik, Ausstattung, Glasfenster (Großer Kunstführer 165), München/Zürich 1989, S. 84; Liedke (wie Anm. 7), Einleitungskapitel.

86 Die Inschriften des Domes, 1. Teil (wie Anm. 5), Kat.-Nr. 293.

Postmortale Präsenz und Repräsentation 251

Abb. 8: Grabplatte des Bischofsadministrator Rupert I. von der Pfalz, † 1465

Abb. 9: Wandgrabmal des Bischofs Heinrich IV. von Absberg, † 1492

Anno · d(omi)nj · M° · CCCC xcij · // vij · k(a)l(endas) · augusti · Obyt · Reuerenend(us) · In · chr(ist)o ᵃ⁾ *· pater · et · // d(omi)n(u)s · d(omi)n(u)s · heinricus · // de · absperg · E(pisco)pus · eccl(es)ie · Ratisponen(sis) · c(uius) · a(n)i(m)a · i(n) · pace · Req(uiescat)*

Sedit a(n)nis xxvi mens(ibus) viii die(bus) vij [87]

Vor diesem Wandgrabmal befindet sich im Boden die Grablege des Bischofs, deren Deckplatte relativ einfach mit vier Wappen und mit einer siebenzeiligen Inschrift gestaltet ist.[88]
Rückt man von der kunsthistorischen Betrachtungsweise ab und vergegenwärtigt sich die Situation des Bistums selbst und der Stadt Regensburg während der 26-jährigen Amtszeit Bischof Heinrichs, so kommen hier politische Aspekte zum Tragen. Um zu verhindern, dass die Stadt in herzogliche Hände fiel, bot der Bischof dem Magistrat finanzielle Hilfe an. Dennoch ergriff Herzog Albrecht IV. im Jahre 1486 Besitz von der Freien Reichsstadt. Die Rückkehr der Stadt unter die Herrschaft Kaiser Friedrichs III. erlebte der Bischof nicht mehr. Dass sich die bayerischen Herzöge neben der Herrschaft über die Stadt auch die Herrschaft über das Bistum einverleiben wollten, wurde schon evident bei der Wahl des Vorgängers, des Administrators Rupert I. Im Jahre 1482 zeigte dann auch die Hochstiftspolitik der bayerischen Herzöge gegen die Einflussnahme des Kaisers auf die Besetzung des Bischofsstuhls Erfolge. 1487 wurde dem Bischof der Mainzer Kanonikus Rupert, ein Sohn des Pfalzgrafen Friedrich von Sponheim, als Koadjutor zur Seite gestellt, der nach dem Tod Heinrichs auch zum Nachfolger gewählt und vom Papst bestätigt wurde.[89] Die Grabplatte des Bischofs Rupert II. († 1507) ist von der Konzeption her ein ‚Zitat' der Grabplatte des Bischofsadministrators Rupert I. Die große postmortale ‚Performance' Ende des 15. Jahrhunderts im Regensburger Dom hat jedoch der Bischof Heinrich von Absberg; die Frage nach Willkürlichkeit oder Zufall der Gestaltung erübrigt sich hier.

Was bei einer kurzen Zusammenschau einiger weniger Aspekte deutlich wird, kann kurz zusammengefasst werden: Der komplexe Inhalt der Gedächtnismale bedarf eines ebenso komplexen Ansatzes, um diese Art der Quellen lesen und verstehen zu können, wobei es keine Wertigkeiten in den Betrachtungs- und Forschungsansätzen geben sollte. Die kunsthistorische und historische Fragestellung, der theologisch-mentalitätsgeschichtliche Ansatz, d. h. die Sorge um das Seelenheil im Jenseits und um das Memorium, die Liturgie, das Sterben, der Tod und das postmortale Zeremoniell, die Frage nach der sozialen Stellung der genannten Personen und die Problemstellungen der Epigraphik und Inschriftenpaläographie müssen alle an die Denkmäler herangetragen werden. Bewusst wurden hier einige wenige Inschriften dargeboten, die neben den

---

[87] Übers. d. Autorin: „Im Jahr des Herrn 1492 am 7. Tag vor den Kalenden des August starb der hochwürdige Vater in Christus und Herr, Herr Heinrich von Absberg, Bischof der Regensburger Kirche, dessen Seele möge ruhen in Frieden. Er amtierte 26 Jahre, 8 Monate und 7 Tage."

[88] Die Inschriften des Domes, 1. Teil (wie Anm. 5), Kat.-Nr. 294.

[89] Hausberger (wie Anm. 62), S. 222f.; Peter Morsbach, „Der Bischof ist tot, es lebe der Bischof!" Zu zwei Regensburger Bischofsgrabmälern des späten Mittelalters, in: Regensburger Bistumsblatt Nr. 2 (1993), S. 10f.

figürlichen und Wappendarstellungen ein gestaltendes Element unserer Denkmäler sind und ihnen Wort und Stimme verleihen.

Bei der Arbeit und den Recherchen über die Totengedächtnismale stellt sich naturgemäß heraus, dass der ‚Output' für all die oben angesprochenen Fragestellungen bei den Denkmälern der bedeutenden und mächtigen Persönlichkeiten sehr groß sein kann. Wie breitgefächert jedoch die Bandbreite im Bereich der Totendenkmäler tatsächlich ist, zeigt sich an einer halb verwitterten, querrechteckigen Inschriftentafel aus Kalkstein, die in der nördlichen Begrenzungswand des ehemaligen Domfriedhofs eingemauert ist. Die dreizeilige Inschrift in gotischer Minuskel lautet:[90]

1491 · starb · dy · ebe/rg · fraw · kvni(gunde) · pad/in · d(er) · got · genad ·

Über diese Frau wissen wir nichts, außer dass sie im Jahr 1491 gestorben ist.

Die Präsenz der Toten inmitten Regensburgs in den Kirchen und den zahlreichen Kirchhöfen fand ab der Säkularisation ihr Ende.[91] Nach der Auflassung der zahlreichen Friedhöfe in der Innenstadt entstanden der katholische und der evangelische Friedhof im Süden der Stadt. So bleibt bis heute das Memorium, das Erinnern an die Toten, verbunden mit der Pflege und dem Besuch der Begräbnisstätten. Die direkte Kommunikation zwischen den Lebenden und den Toten unter den verschiedensten Aspekten, die kurz angesprochen wurden, findet heute zumeist nicht mehr statt. Das Privileg der postmortalen Präsenz und Repräsentation inmitten der Stadt steht lediglich den Bischöfen in der in den 80er Jahren des letzten Jahrhunderts erbauten Bischofsgruft im Dom zu. Ebenso besitzt das Fürstenhaus seine private Grablege unter der im 19. Jahrhundert erbauten Gruftkapelle, die an den Westflügel des Kreuzgangs von St. Emmeram anschließt.[92]

---

90 Die Inschriften des Domes, 1. Teil (wie Anm. 5), Kat.-Nr. 292.
91 Vgl. Karl Bauer, Regensburg. Geschichte und Geschichten, Regensburg 1994, S. 697ff.
92 Bauer (wie Anm. 91), S. 291; Kdm Regensburg I, S. 352.

Farbabbildungen

Farbabbildungen 257

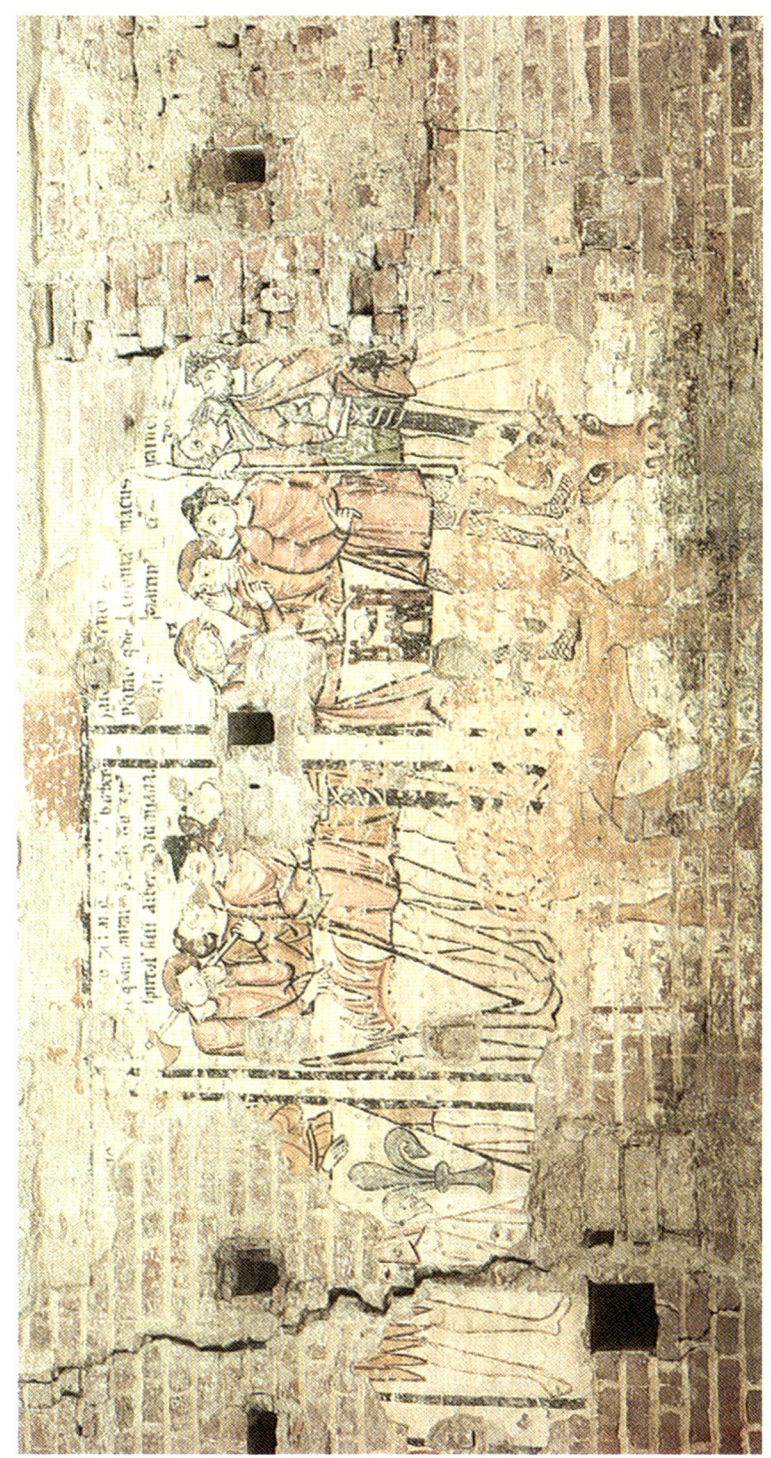

Farbabb. 3 (*Blume*): Mailand, Palazzo della Ragione, Großer Saal, Westwand, Vertreter der Kommune

Farbabb. 4 *(Blume)*: Ancona, Palazzo degli Anziani, Hafenseite

Farbabb. 11 *(Blume)*: Der Brudermord Kains, Relief, Ancona, Pinacotheca Communale

Farabb. 1 *(Wolff):* Siegelstempel der Parte Guelfa von Siena, Mitte 13. Jahrhundert

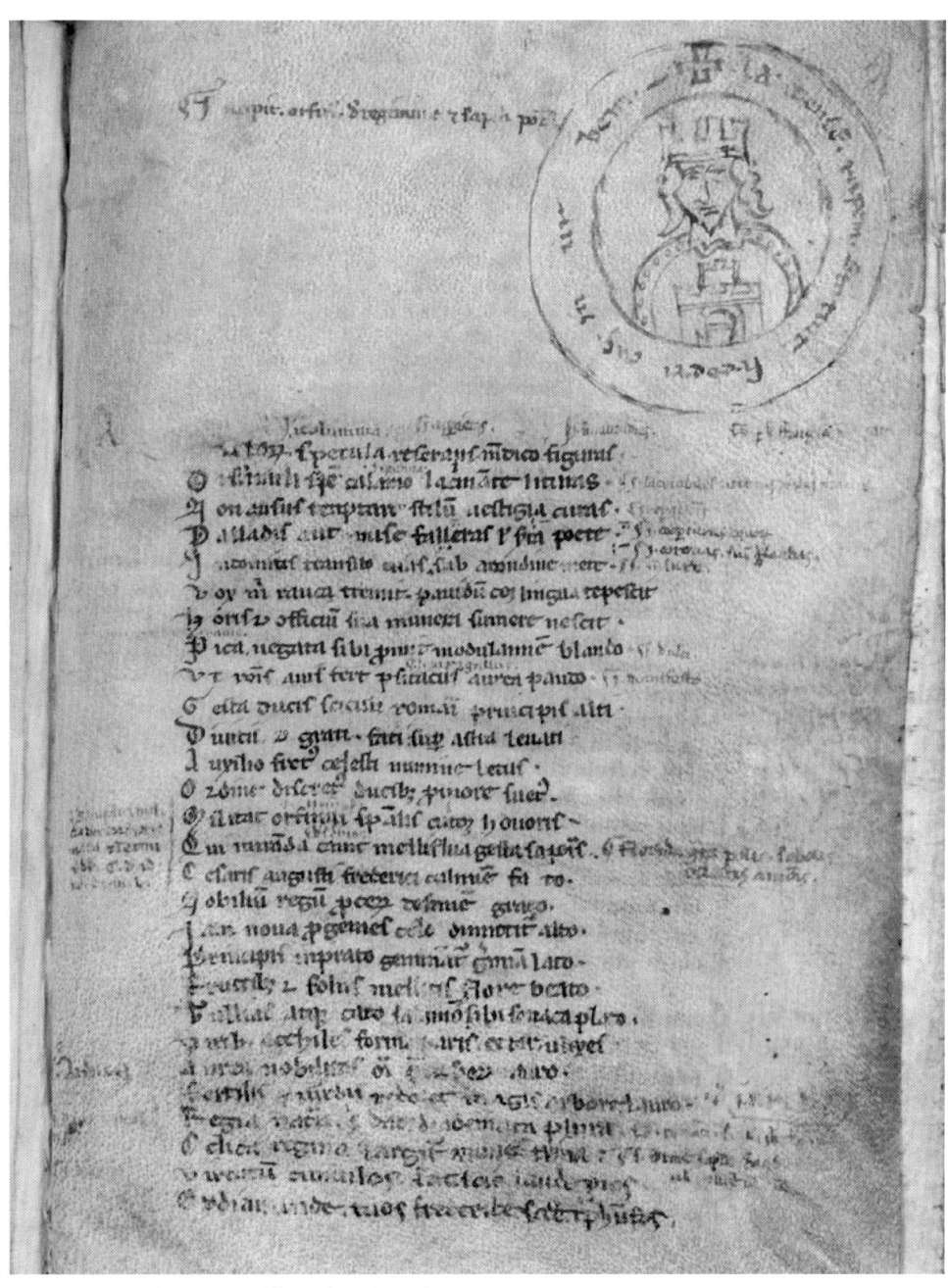

Farbabb. 6 *(Wolff):* Orfino da Lodi, De regimine et sapientia potestatis, ca. 1245

Farbabb. 7 *(Wolff)*: Simone Martini, Maestà, Detail mit der Abbildung des Abdrucks des Stadtsiegels von Siena, 1315

Farbabb. 3 *(Dietl)*: Pisa, Dom, Fassade, Künstlerinschrift des Magisters Rainaldus

Farbabb. 8 *(Dietl):* Città Castellana, Dom, Vorhalle

Farbabb. 1 *(Haug)*: Siena, Palazzo Pubblico, Sala dei Nove, Detail aus dem Buon Governo mit Justitia

Farbabb. 3 *(Haug)*: Siena, Palazzo Pubblico, Sala del Mappamondo, Val di Chiana-Schlacht

266 Farbabbildungen

Farbabb. 4 *(Haug)*: Siena, Palazzo Pubblico, Sala del Mappamondo, Schlacht von Poggio Imperiale

Farbabb. 3 *(Dirmeier)*: Stadtabbreviatur- und Heiligensiegel der Stadt Regensburg (3), 1253
Umschrift: + SIGILLVM CIUIVM RATISPONENSIUM

Farbabbildungen 267

Farbabb. 18 *(Dirmeier)*: Symbolsiegel der Stadt Nürnberg, bel. 1254
Umschrift: SIGILLUM UNIVERSITATIS CIVIUM DE NURENBERCH

Farbabb. 23 *(Dirmeier)*: Wappensiegel der Stadt Dingolfing, bel. Ende 13. Jh.
Umschrift: S(IGILLUM) CIVIVM IN DINGOLVING

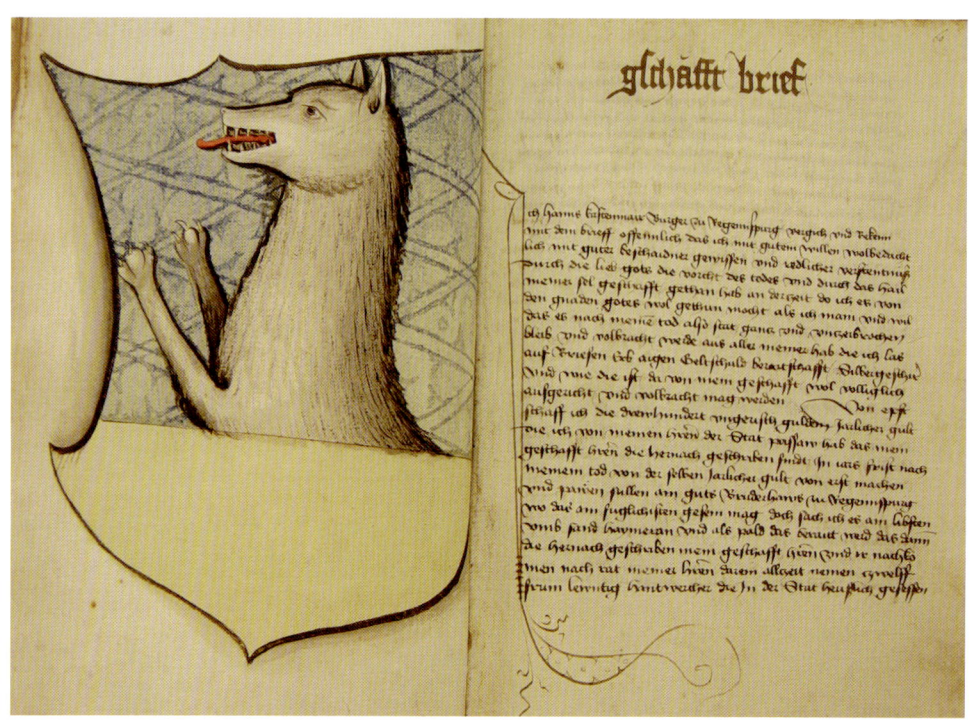

Farbabb. 1 *(Richard)*: Hans Kastenmairs Wappen im Stiftungsbuch des Bruderhauses

Farbabbildungen 269

Farbabb. 1 *(Knorr)*: Innenansicht der Mittelhalle des Domkreuzgangs (Mortuarium)

Farbabb. 6 *(Knorr)*: Grabplatte der Domherren Nikolaus, † 1401,
Georg, † 1504 und Johannes Nothaft, † 1542

Abbildungsnachweis

Umschlag:

nach Jacques Le Goff, Die Liebe zur Stadt. Eine Erkundung vom Mittelalter bis zur Jahrtausendwende. Aus dem Franz. von Klaus Jöken, Frankfurt/M. u. a. 1998, S. 66

Klein:

Abb. 1: nach Hans Reinhardt, Das Strassburger Münster. Zur Erinnerung an den Präsidenten des Münstervereins, Etienne Fels (1900–1970), Lyon 1970, S. 23

Blume:

Abb. 1: nach Rolf Toman (Hg.), Die Kunst der Romanik. Architektur, Skulptur, Malerei, Köln 1996, S. 116

Abb. 2/3: nach Maria Laura Gavazzoli Tomea, Le pitture duecentesche ritrovate nel Broletto di Milano, Documento di un nuovo volgare pittorico nell'Italia Padana, in: Arte medievale, 2. Serie, IV, 1990, S. 58, Abb. 5 und S. 59, Abb. 7 (Fotografien v. Giovanni Rossi)

Abb. 4–7 und 10–14: Verfasser

Abb. 8/9: nach Helen C. Evans (Hg.), The Glory of Byzantium. Art and Culture of the Middle Byzantine Era. A.D. 843–1261, New York 1997, S. 235, 158A und 158C

Abb. 15: CISST (Centro Internazionale di Storia dello Spazio e del Tempo), Brugine/Italien

Abb. 16: nach Hans Belting/Dieter Blume (Hgg.), Malerei und Stadtkultur in der Dantezeit. Die Argumentation der Bilder, München 1989, Abb. 5

Wolff:

Abb. 1: Siena, Museo Civico, Inv. Nr. 17; mit freundlicher Genehmigung des Museo Civico, Siena

Abb. 2: Comune di Cremona, Archivio Segreto, Nr. 15; Foto von Pietro Diotti; mit freundlicher Genehmigung des Archivio di Stato di Cremona

Abb. 3: nach I sigilli dell'Archivio Vaticano, hg. v. Pietro Sella unter Mitarbeit von M. H. Laurent O. P., Bd. 2/2, Città del Vaticano 1946, Tafel XCI, Nr. 2068

Abb. 4: nach Andrea Balletti, Storia di Reggio nell'Emilia, Reggio nell'Emilia 1925, S. 154

Abb. 5: nach I sigilli dell'Archivio Vaticano, hg. v. Pietro Sella unter Mitarbeit von M. H. Laurent O. P, Bd. 1.1, Tafel LXXXV, Nr. 1105

Abb. 6: Monza, Biblioteca Capitolare, cod. b 11/71, fol. 31r; mit freundlicher Genehmigung der Biblioteca Capitolare, Monza

Abb. 7: Siena, Palazzo Pubblico; mit freundlicher Genehmigung des Palazzo Pubblico, Siena

Dietl:

Tab. 1/2: Verfasser

Abb. 1–6, 8, 9–12: Verfasser

Abb. 7: nach Peter Cornelius Claussen, Magistri Doctissimi Romani. Die römischen Marmorkünstler des Mittelalters (Corpus Cosmatorum 1), Wiesbaden 1987, Tafel 10, 17

Abb. 13: nach Marina Massa, Le prime identità del XIII secolo: „Magister Philippus" e gli altri, in: Scultura nelle Marche, hg. v. Pietro Zampetti, Florenz 1993, S. 154, Abb. 1

Haug:

Abb. 1: Siena, Palazzo Pubblico, Sala dei Nove, KHI Florenz, Photothek; mit freundlicher Genehmigung des Kunsthistorischen Instituts in Florenz

Abb. 2–4: Siena, Palazzo Pubblico, Sala del Mappamondo, KHI Florenz, Photothek; mit freundlicher Genehmigung des Kunsthistorischen Instituts in Florenz

Abb. 5: Biccehrnatafel von 1479, in: Le Biccherne di Siena. Arte e Finanza all'alba dell'economia moderna, hg. v. Alessandro Tomei, Azzano San Paolo 2002, S. 215

Abb. 6: Biccehrnatafel von 1483, in: Le Biccherne di Siena. Arte e Finanza all'alba dell'economia moderna, hg. v. Alessandro Tomei, Azzano San Paolo 2002, S. 219

Abb. 7: Siena, Dom, Vico Consorti, KHI Florenz, Photothek; mit freundlicher Genehmigung des Kunsthistorischen Instituts in Florenz

Igel:

Abb. 1–3: Verfasser

Dirmeier:

Graphik 1/2: Quellengrundlage Erich Keyser/Ernst Stoob (Hgg.), Bayerisches Städtebuch, 2 Bde., Stuttgart 1971

Graphik 3: Quellengrundlage Toni Diederich, Rheinische Städtesiegel (Jahrbuch des Rheinischen Vereins für Denkmalpflege und Landschaftsschutz 1984/1985), Neuss 1984

Abb. 1: nach Toni Diederich, Rheinische Städtesiegel (Jahrbuch des Rheinischen Vereins für Denkmalpflege und Landschaftsschutz 1984/1985), Neuss 1984, Farbtafel 4

Abb. 2: nach Toni Diederich, Rheinische Städtesiegel (Jahrbuch des Rheinischen Vereins für Denkmalpflege und Landschaftsschutz 1984/1985), Neuss 1984, Farbtafel 5

Abb. 3, 7/8 und 22: Spitalarchiv Regensburg; mit freundlicher Genehmigung des Spitalarchivs Regensburg

Abb. 4: München, Bayerisches Hauptstaatsarchiv (Klosterurkunden Prüfening 127); mit freundlicher Genehmigung des Bayerischen Hauptstaatsarchivs, München

Abb. 5, 12, 19, 21 und 24: München, Bayerisches Hauptstaatsarchiv (Metallabguss-Slg., S 723, S 298, S 369, S 426, S 339); mit freundlicher Genehmigung des Bayerischen Hauptstaatsarchivs, München

Abb. 6: nach Toni Diederich, Rheinische Städtesiegel (Jahrbuch des Rheinischen Vereins für Denkmalpflege und Landschaftsschutz 1984/1985), Neuss 1984, Farbtafel 2

Abb. 11: nach Fridolin Solleder, München im Mittelalter, Neudruck der Ausgabe München 1938, Aalen 1962, S. 7, Abb. 1

Abb. 9/10, 17/18, 20, 23 und 25: München, Bayerisches Hauptstaatsarchiv (Lackabdruck-Slg., Gden.: Ingolstadt I, Augsburg I, Donauwörth III, Nürnberg I, Bad Windsheim III, Dingolfing I, Landshut I); mit freundlicher Genehmigung des Bayerischen Hauptstaatsarchivs, München

Abb. 13: nach Georg Köglmeier, Neustadt an der Donau. Eine bayerische Landstadt und ihre Bewohner im Wandel der Jahrhunderte, Band I – Von den Anfängen bis um 1800, hg. v. der Stadt Neustadt an der Donau 1994, Tafel 5, Abb. 1

Abb. 14: nach Otto Hupp, Die Ortswappen des Königreichs Bayern. Heft I: Kreise Oberbayern und Niederbayern, Bremen 1910

Abb. 15: nach Toni Diederich, Rheinische Städtesiegel (Jahrbuch des Rheinischen Vereins für Denkmalpflege und Landschaftsschutz 1984/1985), Neuss 1984, Abb.teil, Abb. 22

Abb. 16: Spitalarchiv Regensburg (Siegelabguss); mit freundlicher Genehmigung des Spitalarchivs Regensburg

Richard:

Karten 1–4: Verfasser

Abb. 1: StAR alm B 1488 fol. 59v; mit freundlicher Genehmigung des Stadtarchivs Regensburg

Knorr:

Abb. 1, 6 und 7: Julia Knorr; mit freundlicher Genehmigung des Staatlichen Bauamts Regensburg

Abb. 2: mit freundlicher Genehmigung des Historischen Vereins für Oberpfalz und Regensburg

Abb. 3–5 und 8/9: mit freundlicher Genehmigung des Staatlichen Bauamts Regensburg

Register

Ortsregister:

Aachen 54, 209
Absberg 250
Ägypten 40
Alexandria 16, 40
Almeria 171
Amberg 197, 198, 245
Amiens 90
Ancona 113, 119,118, 123,161, 163, 164, 258, 259
Andernach 199
Antiochia 18
Aquitanien 65, 70
Aragon 70
Arborea 132
Arco Ferretti, Ancona 163
Arezzo 12, 61, 124
Arles 137
Arnheim 206
Ascoli Piceno 60, 151
Astagno 163
Athen 18, 20
Atri 164
Augsburg 203, 211, 223, 227

Babylon 13–20, 22–24
Bad Windsheim 210
Balkan 40
Bamberg 199
Bergneustadt 210
Bernkastel 207
Bevagna 164
Béziers 69
Bogen 207, 211
Bologna 54, 129, 138, 175
Bona 146
Bonn 205
Boppard 203, 205
Borgo San Lorenzo 60
Bovara 155
Brandigan, Burg im „Erec" Hartmanns von Aue 30–32, 42
Brescia 100
Bretagne 40
Burgund 61
Byzanz 51, 137

Cagliari 150
Cambrai 203

Camerino 61
Canterbury 208
Castelginest 81
Castelgunt, Stadt in „Der guote Gêrhart" Rudolfs von Ems 30, 36
Castres 130
Cathay 40
Cingoli 152, 153
Cîteaux 72
Cività Castellana, Dom 158, 263
Cochem 210
Colle di Val d'Elsa 175
Colle Guasco 163
Colmar 88
Comask 99
Corso Mazzini, Ancona 163
Cremona 60, 131

Deggendorf 203, 204
Deutschland 9, 11, 38, 53, 56, 75
Deutz 203
Dingolfing 211, 267
Donauwörth 206
Dorfen 207
Dubrovnik 56
Duisburg 199
Düren 203, 210

Eichstätt 199
Emmerich 204
Engelthal 217
England 40, 46
Ephesos 18
Essen 199, 200
Europa 22, 40, 52, 142

Faenza 60
Famagusta 40, 41
Ferrara 54, 61, 175
Flandern 40
Florenz 52, 55, 57, 60, 61, 101, 123, 131, 136, 170, 171, 175, 177
Foligno 60, 154
Forlì 60
Frankreich 40, 70, 90
Freising 199, 208, 249
Füssen 207

Garmisch 208

Garrone 70, 80
Genua 98, 99, 101, 103–107, 110, 137, 140, 168, 171
Gomorrah 14
Grandmont 70
Grandselve 80
Greifswald 179–182, 187–192
Grieth 204
Grippia, Land in „Herzog Ernst" 33, 34, 43
Guzzone 142

Hallein 209
Hausbergen 86
Heiligenkreuz 20
Henneberg 210

Ilion 149
Imperium Romanum 49
Indien 34, 40
Ingolstadt 199, 201, 202, 212
Italien 9, 40, 51, 53–55, 78, 103, 107, 127, 132, 136, 138, 139, 146

Jerusalem 9, 10, 13–15, 17–24, 34, 197
Jülich 204

Kaiserswerth 206
Kalabrien 175
Kalkar 203
Karlstadt 210
Kelheim 203, 204
Kemnath 207
Kleve 203, 204
Koblenz 203
Köln 9, 11, 30, 37–39, 43, 55, 56, 58–61, 63, 93, 196–198, 201, 206, 212
Königshofen 88, 89
Konstantinopel 40, 47
Konstanz 10, 110
Kreuznach 207

Landau 211
Landshut 211, 217
Languedoc 70
Latium 152, 158
Lechenich 199
Leuchtenberg 246
Ligurien 100
Limburg 90
Lindau 207
Lodi 54, 142
Lübeck 180–182, 186, 192, 214
Lucca 60, 132
Lüttich 59, 199

Macerata 152
Magdeburg 30, 35, 36, 37
Mailand 47, 52, 53, 55–57, 59, 60, 75, 98,101, 111, 133, 137, 168, 171, 175, 257
Mainz 9, 59, 196, 197, 208, 253
Marokko 36
Marseilles 137
Massa Marittima 58
Mattsee 245
Mérida 56
Merseburg 238
Messina 132, 146
Metz 208
Modena 52, 60, 61
Montaperti 58, 171–173, 175, 177, 178
Monte Pincio, Rom 56
Mont Geneviève, Paris 20
Montopoli 60
Montpellier 141
München 195, 203
Münnerstadt 210, 212
Münster 23, 24
Münstermaifeld 203

Nabburg 203, 204
Neumarkt 206
Neuss 59, 197, 211
Neustadt a. d. Donau 203, 204
New York 24
Niederaltaich 202
Niederviehbach 217
Ninive 16, 39
Nola 56
Nürnberg 206, 217, 227, 267

Oberitalien 51, 71, 75, 76
Oberwesel 203, 210
Oppenheim 203, 210
Orange 65
Orvieto 131
Osimo 60
Österreich 20
Otranto 177

Padua 124, 133, 134, 138
Palazzo degli Anziani, Ancona 258
Palazzo della Ragione, Mailand 111, 124, 257
Palazzo Mengoni Ferretti, Ancona 163
Palazzo Pubblico, Siena 58, 142, 264–266
Palermo 149
Paris 19, 20, 23, 77, 79, 100
Parma 60
Passau 199, 211, 225, 249
Pavia 249

Persien 40
Perugia 60
Pettendorf 217, 218
Piacenza 57, 60
Piazza Silvestri, Bevagna 164
Pielenhofen 216
Piombino 152, 153
Pisa 60, 132, 136, 146, 149, 168, 171, 263
Pistoia 101, 153
Poggio Imperiale 169, 175, 177
Porta di San Giovanni al Calamo, Ancona 163
Porta di San Pietro, Ancona 163
Porta Romana, Mailand 59
Porto Maurizio 103
Posamille 72
Provence 70
Prüfening 217, 238
Prüll 217
Pyrenäen 79

Ragusa 56
Rees 196, 197
Regensburg 8, 11, 12, 59, 63, 194, 195, 197, 199–201, 203, 212–218, 220, 221, 223–229, 231, 237, 238, 240, 243, 245–247, 249, 250, 253, 254, 266
Reggio Calabria 146
Reggio Emilia 60, 135
Reims 90
Remagen 203
Rom 9, 10, 13, 16–18, 47, 49, 139, 149, 156, 197, 208, 249
Rosenheim 207
Rostock 180, 182
Russland 46

Saint-Aubin-Château-Neuf 208
Saint-Cyprien 81
Saint-Gilles 70
Saint-Jean d'Angély 208
Saint-Sernin 72, 77, 79–81
Salzburg 203, 209
San Ambrogio, Mailand 137
San Ciriaco, Ancona 163
San Francesco, Assisi 12
San Gimignano 58
San Michele Arcangelo, Bevagna 164
San Pelegrino, Ancona 163
San Salvatore, Ancona 163
San Silvestro, Bevagna 164
San Zeno, Verona 110
Sangemini 152, 153
Santa Maria della Piazza, Ancona 162
Santa Maria Maggiore, Bergamo 164
San Lorenzo, Genua 104

Sardinien 100, 132, 140, 146, 150
Schottland 46
Schweden 46
Seligenporten 217
Sella 136
Siegburg 205
Siena 9, 52, 57, 58, 60- 62, 130, 132, 136, 137, 140, 142, 143, 165–167, 169 -171, 175, 177, 260, 262, 264–266
Sinzig 203, 210
Sizilien 141
Sodom 14
Soest 55, 196
Spanheim-Ortenburg 202
Spanien 40
Spello 61
Speyer 205
Spoleto 60, 156
Straßburg 83–93, 196–198
Straubing 211

Terra Ferma 58
Todi 60, 61
Tortosa 171
Toskana 58, 152
Toul 208
Toulouse 9, 65–73, 75–81
Tours 72
Traben-Trarbach 210
Treviso 60
Tulln 195
Turriano 162

Uedem 204
Uerdingen 199
Umbrien 154
Utrecht 203

Val di Chiana 169, 170, 172, 178
Valence 137
Valenciennes 203
Venedig 52, 53, 57, 58, 63, 113, 133, 175
Ventimiglia 104–107
Verdun 70
Verona 61, 110, 132, 133
Via Flaminia, Rom 158
Via Matteotti, Ancona 163
Vicenza 60
Villeneuve 72
Viterbo 152
Volterra 152, 153

Wachtendonk 203
Weiden 207

Weilheim 212
Wernberg 246
Wesel 207, 209
Wien 206, 245
Worms 196, 205
Worringen 55
Würzburg 56, 197, 198

Xanten 206

Zion 23
Zülpich 211
Zürich 63
Zypern 41

Personenregister:

Abaelard 20
Abel 116, 117
Abraham 15
Achaz Nothaft von Weißenstein zu Fischbach, Domherr zu Regensburg 246
Acto, Steinmetz und Architekt 154
Adalbert von Törring, Bischof von Regensburg 230
Adam 118, 119
Adson von Montier-en-Der 22
Agrippa 39
Aimericus de Castronovo, Ritter 74
Albert Slupwachter 190
Albertus, Bischof von Lodi 54
Albrecht IV., Herzog von Bayern 253
Alessandro Galilei 156, 157
Alexander III., Papst 70, 71, 138, 157
Alfons Jourdain, Graf von Toulouse 65, 66, 68
Alfons von Poitiers, Graf von Toulouse 73
Alfonso, Herzog von Kalabrien 175, 177
Alkuin 19, 237
Amalrich von Bena, Ketzer 21
Amelius, Bischof von Toulouse 66
Ambrogio Lorenzetti, Maler 9, 62, 167
Ambrosius, Bischof von Mailand 47, 48, 51–53, 56, 57, 59
Andreas, Heiliger 46, 250
Andreas von Regensburg, Historiograph 228
Angelus 156
Anglico 129
Anno, Bischof von Köln 37–40, 43
Antonio Guidotti, Gesandter 177
Arnaldus de Villanova, Capitularius in Toulouse 73
Arnaldus Guilaberti, Stadtvikar in Toulouse 67
Arnold Rubenow 192
Arnulf II., Erzbischof von Mailand 137

Arnulf, Herzog von Bayern 238
Auer, Regensburger Ratsfamilie 216
Augustinus 19, 47, 167, 232–235
Aurelia, Selige 238

Barisone, König von Arborea (Sardinien) 132
Bartholomäus, Apostel 250
Bassianus, Stadtpatron von Lodi 54
Bencius Alexandrinus/ Benzo d'Alessandria 133, 141
Bernard Gui, Inquisitor 77
Bernardus Adalberti, Bruderschaftsführer in Toulouse 72
Bernardus Bruno, Großkaufmann aus Toulouse 81
Bernardus Carabordas, Capitularius in Toulouse 73
Bernardus de Capitedenario 77, 80
Bernardus Petrus de Cossa, Capitularius in Toulouse 73
Bernhard von Clairvaux 13, 19–21, 23, 67
Berthold, Prediger 238
Bertrand, Graf von Toulouse 65
Bertrandus Ato de Tolosa, Capitularius in Toulouse 73
Bezo, Vikar in Bologna 54
Binellus, Bildhauer und Architekt 164
Blasius, Heiliger 56
Bonaguida Lucari 175
Bonannus, Bronzegießer 150
Boncompagno da Signa, Rhetoriklehrer 163
Bonfilio, Bildhauer 150
Bonifaz VIII, Papst 131
Bonus Mancipius (Bonmacip) Maurandus 67
Borromini 156

Caffaro, Historiograph 168, 171
Capitedenario 80
Carraresen 134
Cäsarius von Heisterbach 21
Catull 133
Ceccolo degli Orsini 170
Cicero 123, 245
Cione Ugucione delle Ballaste di Pistoia, Richter 133
Conques 79
Conrad Lowe 192
Cosmas, Heiliger 200
Cosmas Marmorarii 158, 159
Curvus de Turribus, Capitularius in Toulouse 67

Dädalus 149
Damian, Heiliger 200
Daniel Specklin, Chronist 88
David de Roaxio (Roais), Capitularius in Toulouse 73

De Capitedenario 77
De Tolosa 68
Donato, Heiliger 61
Donato di Neri, Chronist 169, 170
Drei Könige, Heilige 55, 59, 61, 63
Drudus Marcellinus, Podestà 100
Duccio di Buoninsegna, Maler 58
Dürnsteter, Regensburger Ratsfamilie 216

Ecker, Regensburger Ratsfamilie 216
Eleonore von Aquitanien 70
Elias Eppinger, Ratsherr in Regensburg 237
Elisabeth Graner 241
Ellenhard, Prokurator 91–93
Enite, Figur im „Erec" Hartmanns von Aue 30
Erasmus Trainer, Ratsherr in Regensburg 218
Erec, Hauptfigur im „Erec" Hartmanns von Aue 29, 31, 32, 42
Erich, Heiliger 46
Erminold, Abt des Klosters Prüfening 238
Escalquencis 68
Espanolus, Subvicar 70
Eulalia, Heilige 56
Euphemia, Heilige 57
Eusebius 47
Eva 118, 119
Everhard Rubenow 191, 192
Exuperius, Heiliger 81
Ezzelino da Romano 134

Felix, Heiliger 56, 63
Fortunatus, Hauptfigur im Prosaroman „Fortunatus" 40, 41, 43
Fra Dolcino 22
Francesco d'Andrea, Maler 169
Francesco Sforza, Herzog von Mailand 101
Franziskus, Heiliger 12
Friedrich I. Barbarossa, Kaiser 54, 55, 111, 136, 142, 163, 171
Friedrich II., Kaiser 141, 142
Friedrich III., Kaiser 253
Friedrich III. von Plankenfels, Bischof von Regensburg 249
Friedrich von Antiochien 142
Friedrich von Sponheim, Pfalzgraf 253
Fulko, Bischof von Toulouse 76
Fulkrand, Bischof von Toulouse 74

Galvana Fiamma, Chronist 111
Geminianus, Bischof von Mailand 52, 58
Georg, Heiliger 46, 137, 198
Georg Nothaft von Weißenstein, Domherr zu Regensburg 246, 270
Georg von Preysing, Domherr zu Regensburg 243

Geraldus de Caturcio, Capitularius in Toulouse 73
Gereon, Heiliger 55, 56, 60, 61
Gerhard, Hauptfigur in „Der guote Gêrhart" Rudolfs von Ems 30, 35, 36, 39, 43
Gervasius, Märtyrer 47, 51
Gervasius von Canterbury, Chronist 73
Giangaleazzo Visconti, Herzog von Mailand 177
Giorgio Vasari 114, 124
Giotto 12, 123
Giovanni Crisostomo, Heiliger 57, 135
Giovanni di Cristofano Ghini, Maler 169
Giovanni Giustino Ciampini, Zeichner und Archäologe 156
Giovanni Maria Platin 132
Gottfried Hagen, Stadtschreiber in Köln 11
Gottfried Reich, Ratsherr in Regensburg 216, 218
Gottfried von Auxerre, Biograph 67
Gratian, Kaiser 236
Gregor der Große, Papst 233
Guccio di Mannaia, Goldschmied 142, 143
Guglielmu, Bildhauer und Baumeister 150
Guido, Bildhauer 150
Guido da Siena, Maler 58
Guido Tarlati, Bischof von Arezzo 124
Guido, Bischof von Pisa 148

Hans Kastenmair, Ratsherr in Regensburg 224, 268
Hans Liskircher 225
Hartmann Schedel, Humanist 224
Hartmann von Aue 29
Hartwig II. von Sponheim, Bischof von Regensburg 248
Heinemann Schupplenberg 191, 192
Heinrich II., König von England 70, 73
Heinrich VII., Deutscher König 101, 133, 169
Heinrich der Zänker, Herzog von Bayern 238
Heinrich von Absberg, Bischof von Regensburg 249, 250, 253
Heinrich von Rotteneck, Bischof von Regensburg 249
Hemma, Königin 238
Hermann Slupwachter 190, 191
Hesiod 14
Hinrich I. Rubenow 190
Hinrich III. Rubenow 191, 192
Hinrich Schupplenberg 191, 192
Hinrich von Lübeck 186
Honorius von Autun, Scholastiker 234
Hugo, Abt von Saint-Sernin 72
Hugo von Santa Sabina, Kardinallegat 83

Innozenz III., Papst 158
Isidor, Bischof von Sevilla 233

Jacobus, Magister 158, 159
Jakob Fugger, Kaufmann 223, 228
Jan Matthys 23
Joachim von Fiore 22
Johann Bucholt, Ratsherr in Regensburg 191
Johann Kogeler, Schneider 189
Johann Lowe 192
Johann Slupwachter 190, 191
Johannes 13, 16, 17
Johannes Chrysostomos, Bischof von Konstantinopel 18, 232
Johannes der Täufer 55, 242
Johannes Geginger, Domherr zu Regensburg 241, 242
Johannes Mendl, Domherr zu Regensburg 245
Johannes Nothaft von Bodenstein, Domherr zu Regensburg 246, 270
Johannes Tröster, Domherr zu Regensburg 245, 246
Johannes von Leyden 23, 24
Johannes von Viterbo 102
Jona 16

Kain 116, 117, 259
Karl IV., Kaiser 101, 169
Karl der Große, Kaiser 19, 54, 237
Karl der Kühne, Herzog von Burgund 61
Kaspar Türlinger, Domherr zu Regensburg 240
Kilian, Heiliger 56, 198, 199
Klemens III., Papst 157
Kogeler, Familie in Greifswald 189, 190
Konrad II., Kaiser 132, 139
Konrad, Bischof von Konstanz 10
Konrad von Lichtenberg, Bischof von Straßburg 87, 88, 93
Konrad von Lupburg, Bischof von Regensburg 249
Konrad von Paulsdorf, Ritter aus Regensburg 247
Konstantin, Kaiser 47
Korbinian, Heiliger 208

Lampert, Heiliger 59
Lampert von Hersfeld, Abt und Historiograph 37
Lantelmus, Notar 141
Latino, Kardinallegat 101
Lech, Regensburger Ratsfamilie 216
Leo Thundorfer, Bischof von Regensburg 249
Leonhard (Lienhart) Grafenreuter, Schultheiß 213
Leopold von Paulsdorf, Domherr zu Regensburg 243, 248
Lippo Vanni, Maler 169, 172
Loth 15
Ludwig VII., König von Frankreich 70, 73
Ludwig der Bayer, Kaiser 169
Ludwig der Deutsche, Ostfränkischer König 201

Ludwig der Reiche, Herzog von Bayern-Landshut 249
Luigi Socini Guelfi, Podestà 177
Lukian 245

Mabonagrin 31, 32, 42
Manegold de Tetocio, Podestà 100
Manfred, König von Sizilien 172, 173
Maragone, Chronist 171
Marcus, Heiliger 53, 57, 58
Marcus, Bischof von Foligno 154
Maria 57, 58, 61, 62, 87
Mario Toccabelli, Erzbischof von Siena 177
Matheis Roriczer, Dommeister zu Regensburg 250
Matheus Runtinger, Ratsherr in Regensburg 227, 228
Martin, Heiliger 59, 208
Matteo Griffoni, Notar 141
Maurandi 77
Mauritius, Heiliger 35, 202
Maximus, Bischof von Turin 232
Melchior Diepenbrock, Kardinal von Breslau 229
Michel Schröfl 225, 226
Michele di Ser Memmo 143
Moses 137

Niccolo von Montefeltro 170
Nicolaus Angeli 156
Nikolaus Kogeler 189
Nikolaus Nothaft von Weißenstein, Domherr zu Regensburg 246, 270
Nikolaus Rose 191, 192
Ninus, König 9, 39
Noah 121

Obertus Spinola 105
Odysseus 149
Olgerius Falamonica 104
Olricus Caraboradas, Capitularius in Toulouse 71
Orfino da Lodi, Richter 142, 261
Orlando Malavolti 171
Otto, Kaiser 33, 35
Otto I. von Pfalz-Mosbach, Pfalzgraf 249
Otto, Bischof von Freising 75
Ovid 14

Parte Guelfa di Siena 130
Patroclus, Heiliger 55
Paulinus, Bischof von Nola 51
Paulus, Heiliger 18, 250
Petronius, Heiliger 54
Petrus, Heiliger 54–56, 59, 197, 198, 201, 206, 250
Petrus Arnaldus, Kaufmann aus Toulouse 81
Petrus Guido, Ratsherr in Toulouse 69

Petrus de Roaxio (Roais), Ratsherr in Toulouse 67, 69, 73
Petrus Maurandus, Patrizier in Toulouse 73
Petrus Raimundus 72
Petrus Raimundus Descalquencis, Capitularius in Toulouse 73
Philippa, Tochter Wilhelms IV. von Toulouse 65
Philippus, Magister 161–164
Pius II., Papst 246
Pontius David, Münzer 81
Pontius de Capitedenario, Kaufmann in Toulouse 77, 80
Pontius de Soreda, Ratsherr in Toulouse 69
Pontius de Villanova, Ratsherr in Toulouse 66, 67, 69, 70
Pontius Vitalis, Notar 67
Prosperus, Heiliger 135
Proculus, Bischof 54
Proculus, Krieger 54
Prokop 56
Protasius, Märtyrer 47, 51

Quirin, Heiliger 59

Raimon Gairart 80
Raimund V., Graf von Toulouse 69–74
Raimund von Saint-Gilles, Graf von Toulouse 65
Raimundus Ato de Montibus, Capitularius in Toulouse 73
Raimundus de Roaxio 71
Raimundus Galinus 71
Rainaldus, Domarchitekt 150
Rainaldus, Magister 263
Rainald von Dassel, Erzkanzler 55
Rambertinus Guidonis de Bovarello, Podestà 104, 105
Ramwold, Abt von St. Emmeram 237, 238
Reginhard, Abt 37
Regula, Heilige 63
Reparta, Heilige 55
Riccobaldo da Ferrara, Notar 141
Richard Löwenherz, König von England 74
Rodulfus 164
Rudolf, Römischer König 87
Rudolf von Ems 30, 35
Rudolf von Rheinfelden, Deutscher König 238
Rupert, Kanoniker zu Regensburg 249
Rupert I., Bischofsadministrator von Regensburg 253
Rupert II., Bischof von Regensburg 253

Salimbene Salimbeni 173
Saturninus, Heiliger 9, 66, 67, 79
Scotus Eriugena 19

Segharelli 22
Seneca 123
Siegfried, Bischof von Regensburg 249
Sigmund Graner, Ratsherr in Regensburg 240
Simon, Regensburger Ratsfamilie 216
Simon Bufferius 104
Simone Martini, Maler 58, 142, 143, 262
Simon von Montfort 76
Slupwachter, Familie aus Greifswald 190
Stefan Notangst, Patrizier in Regensburg 243
Stephan, Heiliger 66, 208
Stephana de Capitedenario 80
Stephanus Carabordas, Capitularius in Toulouse 67, 73
Stranmur, Burggraf in „Der guote Gêrhart" Rudolfs von Ems 36
Süß, Regensburger Ratsfamilie 216
Sybille, von Tibur 22

Taddeo di Bartolo, Maler 58
Tanchelm von Antwerpen, Wanderprediger 22
Terenz 245
Tertullian 18, 20, 232
Theoderich, Bischof von Orvieto 131
Theodosius, Kaiser 236
Tommaso Montauri 172
Tosetus de Tolosa, Capitularius in Toulouse 73, 74
Trencavel, Familie in Toulouse 69, 70
Tuto, Abtbischof 238
Twinger von Königshofen, Chronist 89

Ulrich Aumair, Weihbischof von Regensburg 242
Ulrich Stegraiff, Domherr zu Regensburg 237
Ursula, Heilige 55, 56, 60, 61

Valentinian, Kaiser 236
Vincent, Heiliger 130

Walter von Geroldseck, Bischof von Straßburg 88
Wessel Santkroger, Pferdehändler 189
Wetzel, Graf im „Herzog Ernst" 33, 34
Wichard Vredeland, Ratsherr in Greifswald 188, 189
Wilhelm IV., Graf von Toulouse 65
Wilhelm IX., Herzog von Aquitanien 65
Wilhelm Durandus, Bischof von Mende 236
Wilhelm von Montmaurel, Viguier 65
Wilhelm von Puylaurens 74
Wilhelmus Valoria, Konsul in Ventimiglia 105
Willelmus de Brugariis, Ratsherr in Toulouse 67, 69
Willelmus de Castronovo, Capitularius in Toulouse 73
Willelmus Rainaldi, Ratsherr in Toulouse 69

Zeno, Heiliger 55, 57, 61